Andreas Bärtels

Tropenpflanzen

Zier- und Nutzpflanzen

405 Farbfotos
5., überarbeitete Auflage

VERLAG
EUGEN
ULMER

Umschlagfoto *Strelitzia reginae*
von Hans Reinhard, Heiligkreuzsteinach

Bibliografische Information Der Deutschen Bibliothek
Die Deutsche Bibliothek verzeichnet diese Publikation in der
Deutschen Nationalbibliografie; detaillierte bibliografische Daten
sind im Internet über http://dnb.ddb.de abrufbar.

ISBN 3-8001-3937-5

© 1989, 2002 Eugen Ulmer Verlag GmbH & Co.
Wollgrasweg 41, 70599 Stuttgart (Hohenheim)
Printed in Germany
Lektorat: Agnes Pahler, Sabine Drobik, Hermine Tasche
Herstellung: Thomas Eisele
Satz: Typomedia GmbH, Ostfildern
Druck und Bindung: Appl, Wemding

Inhaltsverzeichnis

Vorwort

Jährlich machen sich Hunderttausende auf den langen, aber keineswegs mehr beschwerlichen Weg nach Südost-Asien, Afrika und Lateinamerika, um die viel besungenen Tropenparadiese zu erleben. Die Menschen wollen dem tristen und grauen Winter unserer Breiten entfliehen, suchen Sonne und Wärme, fremdartige Kunst und Kulturen sowie all die anderen exotischen Reize tropischer Länder.

Ganz beiläufig kommen sie dabei auch mit der vielfältigen Flora ihrer Gastländer in Berührung, an Straßen und Plätzen, am Strand, im Hotelgarten und auf den Märkten. In manchen Pflanzen und Produkten trifft man alte Bekannte, die einem als Topf- und Schnittblumen oder als tropische Früchte vertraut sind. Viele Bäume, Sträucher und Kräuter oder angebotene Früchte und Fruchtstände wird man zunächst aber nicht benennen können. Die Abbildungen und Texte in diesem Farbatlas sollen eine Hilfe sein, die häufigsten Zier- und Nutzpflanzen der Tropen zu bestimmen.

Selbst für den Fachbotaniker ist die Artenfülle tropischer Regionen fast unübersehbar groß. Nur ein sehr kleiner Teil dieser Arten ist aber als Zier- und Nutzpflanzen von Bedeutung, selbst wenn gerade in den letzten Jahren erstaunlich viele »neue« Pflanzen zu uns gekommen sind. Noch geringer ist die Zahl tropischer Nutzhölzer, die hier aber nicht berücksichtigt werden können.

Nicht nur die für den Menschen nützlichen Pflanzen, auch attraktive Blütenpflanzen sind schon vor langer Zeit und oft über weite Strecken aus ihrer ursprünglichen Heimat in andere Länder und Kontinente gebracht worden. Das hat dazu geführt, dass uns zahlreiche Pflanzenarten heute in allen tropischen Regionen begegnen. Sie sind zu wahren Kosmopoliten geworden. Von vielen Nutzpflanzen, deren Domestikation schon vor Jahrtausenden begann, sind die ursprünglichen Verbreitungsgebiete heute nicht mehr sicher nachweisbar.

Nicht alle hier behandelten Pflanzen haben ihre ursprüngliche Heimat in den Tropen. Vorgestellt werden auch einige Arten, die aus subtropischen und mediterranen Regionen stammen. Entscheidend für ihre Berücksichtigung war allein die Tatsache, dass sie in tropischen Gärten als Zier- oder Nutzpflanzen zu finden sind.

Dieses Buch wurde vor allem für den botanisch und gärtnerisch interessierten Laien geschrieben. Deutsche Pflanzennamen, im Text oft auch englische, stehen deshalb vor den wissenschaftlichen Bezeichnungen. Diese sind für eine internationale Verständigung aber unerlässlich.

Die Beschreibung beschränkt sich nicht nur auf Angaben zur Morphologie wie Habitus, Blüten und Früchte. Sie bezieht auch Aspekte von allgemeinem Interesse mit ein, etwa die Nutzung zahlreicher Zierpflanzen durch die einheimische Bevölkerung als Nahrungs- und Heilpflanzen oder die Bedeutung verschiedener Pflanzen in Brauchtum und Religion. Die Einteilung der Kapitel folgt dem Verwendungszweck der Pflanzen, deshalb werden Zier- und Nutzpflanzen getrennt behandelt.

Die Gliederung der *Zierpflanzen* in sieben Kapitel wird vom Wuchsverhalten der Pflanzen bestimmt, von ihrem äußeren Erscheinungsbild also. Behandelt werden Bäume, Sträucher, Kletterpflanzen, krautige Pflanzen einschließlich Wasserpflanzen und Epiphyten. Ihrer besonderen Stellung wegen werden Palmen, Palmfarne und Baumfarne noch vor den anderen Blütenpflanzen besprochen. Weil der Leser unbekannte Arten oft durch das unmittelbare Vergleichen zwischen blühenden Pflanzen und Abbildungen im Buch bestimmen will, wurden die Pflanzen in den einzelnen Kapiteln nach den Hauptfarben ihrer Blüten – Rot, Gelb, Blau, Weiß – zusammengestellt.

Bei der Gliederung der *Nutzpflanzen* spielt naturgemäß der Verwendungszweck der verschiedenen Pflanzenteile die ausschlaggebende Rolle. Im Anschluss an die wichtigsten

Rosen und Blüten anderer Duftpflanzen für Opfergaben auf einem Markt in Java.

Grundnahrungsmittel werden Obst und Gemüse, Gewürze, Getränke sowie einige technisch nützliche Pflanzen behandelt.

Zu danken habe ich einigen Kollegen, den Herren Dietrich Barthe, Friedrich Nolte, Prof. Dr. Siegfried Rehm und Daan Smit, für manche Anregung und für die fachliche Durchsicht des Manuskripts. Dem Verleger Roland Ulmer und den Mitarbeitern des Hauses danke ich für die gute Betreuung und Gestaltung des Buches.

Andreas Bärtels

Die Vegetation der Tropen und Subtropen

Das Klima der Tropen

Beiderseits des Äquators, zwischen den Wendekreisen des Steinbocks und des Krebses (23° 27′ nördlicher und südlicher Breite), erstreckt sich der Tropengürtel der Erde. Er stellt eine der großen Klimazonen dar, die als Folge der allgemeinen Zirkulation der Atmosphäre und ihrer jahreszeitlichen Verlagerung entstehen. Es sind die Passat- und Monsunwinde, die in Form von Schauern und Gewittern regelmäßig hohe Feuchtigkeitsmengen in tropische Zonen transportieren. Passatwinde werden verursacht durch das ganzjährig konstante Luftdruckgefälle vom Subtropenhoch zur äquatorialen Tiefdruckrinne. Sie treten, abgelenkt durch Bodenreibung und Erdrotation, auf der Nordhalbkugel als Nordost-, auf der Südhalbkugel als Südost-Strömung auf, die eine Breite von 8–10 km haben kann. Über der durchschnittlich 1 km hohen Passatgrundschicht greift das Westwindsystem der mittleren Breiten als Antipassat in die Innertropen hinein.

Die Monsunwinde sind wie der Passat ein großräumiges Windsystem; ihr Auftreten wird in tropischen Breiten vor allem durch die jahreszeitliche Verlagerung der äquatorialen Tiefdruckfurche ausgelöst. Sie wandert über den subtropischen Kontinenten der jeweiligen Sommerhalbkugel weit polwärts, wobei es zu einem Druckgefälle vom Äquator weg kommt. Als Folge davon treten westliche Winde und häufige Schauer in einem Gebiet auf, in dem das Winterhalbjahr hindurch östlicher Passat herrscht.

Im typischen Fall ist das tropische Klima geprägt durch die geringe Variabilität von Tageslänge und Kulminationshöhe der Sonne. Die tageszeitlichen Schwankungen der Temperatur sind ausgeprägter als die jahreszeitlichen. Die mittleren Jahrestemperaturen schwanken auf Meeresniveau nur zwischen 26 und 27 °C, die absoluten Extremwerte liegen selten unter 18 und über 35 °C. Die relative Luftfeuchtigkeit ist mit 70–80 % sehr hoch.

In der äquatorialen Regenzone, die im Wesentlichen den Gürtel von 0–10° nördlicher Breite umfasst, sind die hohen Regenmengen ganz unregelmäßig über das Jahr verteilt. Sie erreichen, besonders in Steigungsgebieten von Hochgebirgen, beträchtliche Höhen, im Extremfall über 10 000 mm, wie zum Beispiel in der Bucht von Guinea, südwestlich des Kamerunberges.

Den äquatorialen Regenzonen schließt sich die Sommerregenzone der Randtropen an. Sie entsteht durch die jahreszeitliche Verlagerung der äquatorialen Regenzone in Richtung auf die jeweilige Sommerhalbkugel. In der anderen Jahreshälfte herrscht bei Passatwind meist heiteres, trockenes Wetter. Die heißeste Jahreszeit fällt oft in das Ende der Trockenzeit, in Indien und im Sudan auf April bis Mai. Während in der Karibik und über Südost-Asien die kühle Jahreszeit nie ganz regenfrei bleibt, treten in subtropischen Bereichen des nördlichen Pakistan und in Nordwestindien regelmäßig zwei Re-

---

Vegetationszonen (stark vereinfacht ohne edaphisch oder anthropogen beeinflusste Vegetationsgebiete, WALTER 1984).

I   Tropische und subtropische Zonen:
1   immergrüne Regenwälder der Niederungen und der Gebirgshänge (Nebelwälder);
2   halbimmergrüne und regengrüne Wälder;
2a trockene Gehölze, natürliche Savannen oder Grasland;
3   heiße Halbwüsten und Wüsten polwärts bis zum 35. Breitengrad (sonst siehe unter 7a).

II Gemäßigte und arktische Zonen:
4   Hartlaubgehölze mit Winterregen;
5   feuchte warmtemperierte Wälder;
6   sommergrüne (nemorale) Wälder;
7   Steppen der gemäßigten Zone;
7a Halbwüsten und Wüsten mit kalten Wintern;
8   boreale Nadelwaldzone;
9   Tundra;
10 Gebirge.

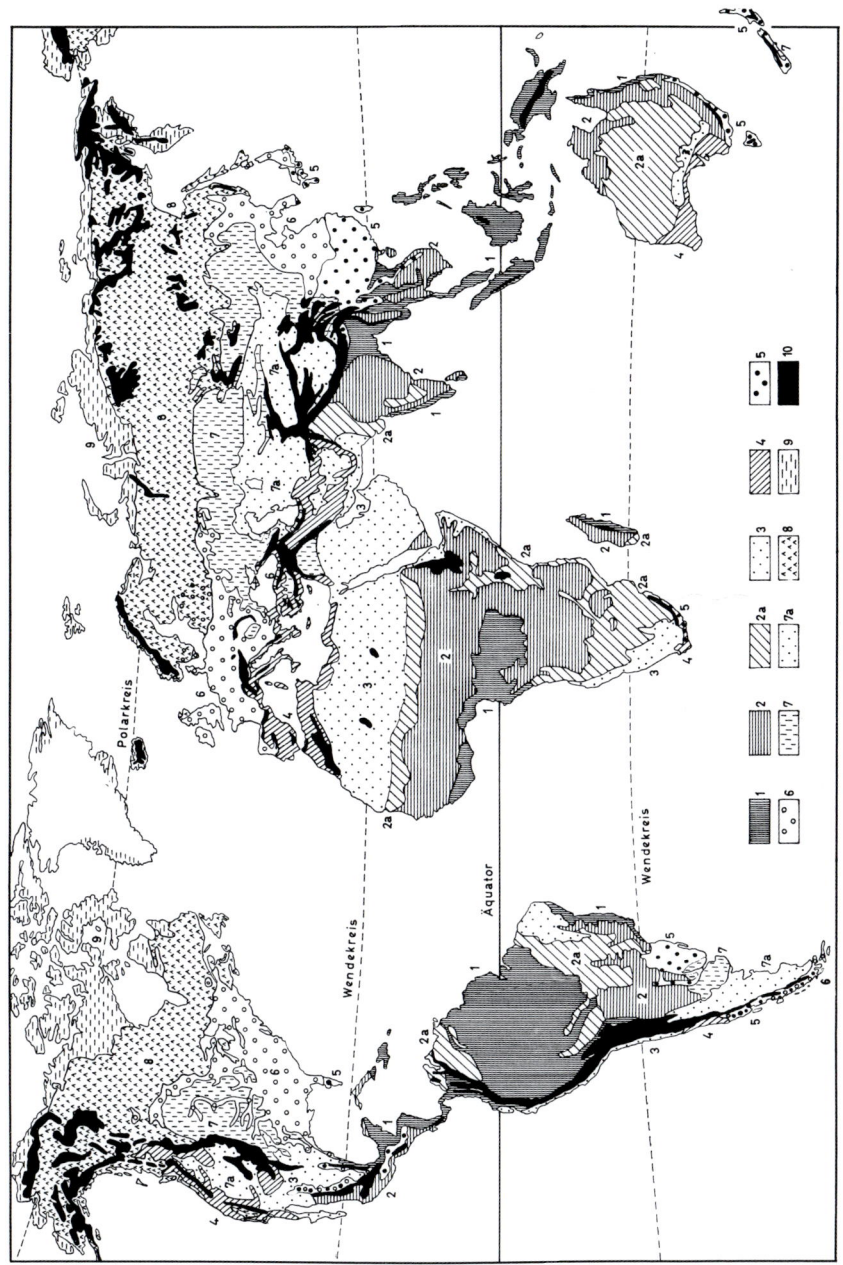

Polarkreis

Wendekreis

Äquator

Wendekreis

9

genzeiten auf – der sommerliche Monsunregen und der außertropische Winter- oder Frühjahrsregen.

Die subtropischen Trockengebiete beschränken sich auf einzelne Räume zwischen 20 und 30° nördlicher und südlicher Breite. Dazu gehören die Sahara und Innerarabien, Niederkalifornien, die Namib, die Kalahari und das Innere Australiens.

Die subtropischen Winterregengebiete schließen sich polwärts an die subtropischen Trockengebiete an. Hier wirken sich im Winter und Frühjahr die Schlechtwettergebiete der außertropischen Westdrift voll aus, während im Sommer die polwärts verlagerten Hochdruckzellen den Wetterablauf bestimmen. Zu dieser Klimazone gehört das Mittelmeergebiet mit Ausläufern längs des Himalaja bis nach Südchina und zum Pazifik, außerdem Kalifornien, Mittelchile, das südafrikanische Kapland und Süd-Australien (nach WALTER 1973).

Der tropische Regenwald

Der Tropengürtel zwischen den Wendekreisen birgt etwa 45 % der globalen Waldfläche. In Abhängigkeit von Klima und Standort haben sich neben dem geschlossenen Wald aber auch andere Vegetationsformen wie Wüsten, Halbwüsten und Dornsavannen entwickelt, in den Grenzzonen von festem Land und Wasser entstand die eigenartige Vegetationsform der Mangrove.

Der tropische Wald lässt sich in drei Vegetationsformen gliedern: den tropischen Regenwald, den halbimmergrünen und regengrünen Wald und den montanen Regenwald, der auch als Nebel- oder Mooswald bezeichnet wird.

In der tropischen Vegetation ist der Baum die bestimmende Lebensform. Während Bäume an der Flora von Deutschland mit nur 15 % vertreten sind, beträgt etwa im Amazonasgebiet der Anteil der Bäume an der Vegetation 88 %. Nach VARESCHI (1980) besteht der extreme Regenwald »fast ausschließlich aus Bäumen, wenn man nur die im Boden wurzelnden Pflanzen berücksichtigt. Kräuter und Stauden kommen nur als Epiphyten in Betracht und auch dort nur in viel kleinerer Arten- und Individuenzahl als die Bäume«. Die Bäume dominieren nicht nur hin-

sichtlich ihrer Zahl, sie zeigen auch eine viel größere Mannigfaltigkeit als in höheren Breiten. Die günstigen klimatischen Bedingungen der Tropen »erlauben« die Ausbildung sehr verschiedener Baumformen. Typisch für die Tropen sind z. B. die Schopfbäume (Palmen), Bäume mit schirmförmigen Kronen (zahlreiche Arten tropischer Trockenzonen), die Blattfächerbäume *(Ravenala)*, die Etagenbäume *(Terminalia)*, die Baumfarne oder die sukkulenten Bäume tropischer Trockenzonen.

Nicht nur die Fülle an Pflanzenformen ist eindrucksvoll, sondern auch die Artenzahl. Verglichen mit den Pflanzengemeinschaften nördlicher Breiten ist sie überwältigend groß. Weit über 10 000 Baumarten wurden bereits im tropischen Regenwald bestimmt, und auch heute werden noch ständig neue Arten entdeckt. Auf einer Fläche von einem Hektar können bis zu 200 verschiedene Baumarten vorkommen; im Naturwald unserer Breiten finden wir dagegen auf der gleichen Fläche selten mehr als drei Arten.

Obwohl im Grundcharakter des Aufbaus ähnlich, sind die tropischen Regenwälder der verschiedenen Kontinente sehr unterschiedlich zusammengesetzt, aber alle sind im Wesentlichen zwischen 10° nördlicher und 10° südlicher Breite bis in Höhen von etwa 600 m über NN angesiedelt. Ihr Vorkommen ist an gleichmäßig hohe Durchschnittstemperaturen von 24–28 °C bei geringen täglichen und jahreszeitlichen Schwankungen und an hohe Niederschläge (jährlich mindestens 1 800 mm) während des ganzen Jahres gebunden. Die Niederschläge dürfen in nicht mehr als 2,5 Monaten im Jahr unter 100 mm liegen.

Der tropische Regenwald zeichnet sich durch das Fehlen jahreszeitlicher Rhythmen aus. Es gibt weder periodischen Austrieb noch Laubfall, keine Massenblüte im Frühjahr oder herbstliche Laubfärbung. Alle Lebensvorgänge vollziehen sich gleichzeitig nebeneinander, nicht selten erneuern beispielsweise die einzelnen Äste eines Baumes ihr Laub zu verschiedenen Zeiten. Ungeachtet seiner Formenfülle wirkt der tropische Regenwald aus der Entfernung einheitlich graugrün, fast monoton. Die oft spektakulär gefärbten Baumblüten treten erst in Erscheinung, wenn der Baum, aus der Fülle des Urwaldes herausgehoben, als Solitär im Garten oder im Park auftritt.

Der Eindruck von Üppigkeit und unerschöpflicher Fruchtbarkeit täuscht darüber hinweg, dass fast alle Regenwälder auf mineralisch weitgehend verarmten Böden stocken. Wärme und Feuchtigkeit beschleunigen den Abbau organischer Substanz und verhindern die Bildung von Humus. Reichliche Regenmengen lösen die Nährsalze weitgehend heraus. Der tropische Regenwald hält nahezu alle verfügbaren Nährstoffe in Umlauf, das heißt, er lebt fast ausschließlich von den eigenen »Exkrementen«. Die Zerstörung des Regenwaldes durch Brandrodung oder Abholzung hat zur Folge, dass die Fruchtbarkeit des Bodens innerhalb kürzester Zeit und auf Jahrzehnte hinaus völlig zunichte gemacht wird.

Seine größte Ausdehnung und zugleich die artenreichste Ausbildung, überwiegend mit Vertretern der Hülsenfrüchtler, findet der tropische Regenwald in der Hyläa von Südamerika, vor allem in den Hanglagen im Amazonas- und Orinokobecken. In Afrika sind Kongogebiet, Kamerun und Guineaküste Hauptverbreitungsgebiete des Regenwaldes. Trotz seiner geringeren Artenvielfalt ist er für Europa der wichtigste Lieferant tropischer Nutzhölzer. In Südost-Asien kommen Regenwälder vor allem in Malaya, Teilen Hinterindiens, auf den Philippinen, Sumatra, Borneo und Westjava vor. Er ist dank seiner mächtigen, bis 60 m hohen Bäume (*Shorea*-, *Hopea*- und *Dipterocarpus*-Arten) der ertragsreichste der drei großen Tropenwaldblöcke.

Über einige ökologische Aspekte tropischer Baumarten, ihre oft gewaltigen Dimensionen, über Besonderheiten wie Brettwurzeln, Laubausschüttung und Kauliflorie (= Blütenentwicklung aus dem Stamm heraus) berichtet das Kapitel »Blütenbäume der Tropen«.

Tropische halbimmergrüne und regengrüne Wälder

An den äquatorialen Gürtel des Regenwaldes, der sich zwischen 10 und 23° nördlicher und südlicher Breite erstreckt, schließt sich eine Zone an, in der »regengrüne« Gehölze vorherrschen. Diese Zone wird geprägt von einem tropischen Sommerregenklima mit einer Dürreperiode in der kühlen Jahreszeit. Es tritt dort auf, wo der zenitale Regen durch den Sommermonsun abgelöst wird, wie zum Beispiel in Indien.

Innerhalb dieser Zone unterscheidet man zwischen Feucht- und Trockenwäldern. Feuchtwälder werden durch 7–9,5 humide Monate (Niederschläge über 100 mm) geprägt, während die Region der Trockenwälder nur 4,5–7 humide Monate aufweist.

Bäume und Sträucher dieser Region passen sich den Klimabedingungen an, indem sie periodisch ihr Laub abwerfen. In der Feuchtsavanne verlieren während der Trockenzeit nur die Bäume der höchsten Vegetationsschicht ihr Laub. Die Bäume und Sträucher der Unterschicht bleiben immergrün. Der Wassermangel in der Trockensavanne zwingt auch die Bäume und Sträucher der Unterschicht zu einem regelmäßigen Laubfall.

Eigenartigerweise fallen Austrieb und Blüte nicht mit dem Beginn der Regenzeit zusammen, sondern gehen ihr voraus. Der auslösende Faktor für Austrieb und Blüte ist das Ansteigen der Temperatur, die ihr Maximum kurz vor dem Einsetzen der Regenzeit erreicht.

In Indien und Südost-Asien erstrecken sich diese Wälder von der äquatorialen Regenwaldzone bis weit über den Wendekreis hinaus. Sie werden durch den Monsun geprägt, der im Sommer hohe Niederschläge verursacht. In feuchten Gebieten bildet der Wald einen geschlossenen Bestand, Lianen und Epiphyten treten häufig auf. Teak- und Sal-Bäume sind die wichtigsten Nutzholzlieferanten dieser Region. Der Übergang zu den trockenen, Laub abwerfenden Wäldern vollzieht sich allmählich.

In Südamerika tritt in großen Teilen des tropischen Sommerregengebietes, so in ganz Mittelbrasilien, an die Stelle der Laub abwerfenden Wälder eine savannenähnliche Vegetation aus niedrigen, immergrünen Holzarten. Die typischen Laub abwerfenden Wälder liegen dagegen in der äquatorialen Zone, wo Passatwinde eine fünfmonatige Dürrezeit verursachen.

In Afrika ist die tropische Sommerregenzone nördlich und südlich des Äquators besonders breit. Große Waldflächen treten aber kaum mehr auf, weil gerade die Zone der halbimmergrünen und feuchten regengrünen Wälder dicht besiedelt und seit langer Zeit durch Ackerbau treibende Menschen stark verändert

Baumfarne, wie hier an einem Berghang in Java, prägen nicht selten das Bild der montanen Regenwälder.

ist. Nur die trockenen regengrünen Wälder, deren Klima sich für den Ackerbau weniger gut eignet, sind großflächig erhalten geblieben. Sie weisen, in Abhängigkeit von Standort und Klima, in ihrer floristischen Zusammensetzung eine große Mannigfaltigkeit auf.

Eine typische Baumart im Grenzgebiet zwischen Trockenwald und Savanne ist der Affenbrotbaum. Er wird bei der Waldrodung oft stehen gelassen und bildet dann mit seinen bizarren Formen eine markante Erscheinung in der Landschaft.

Der montane Regenwald

Im tropischen Regenwald und in der Zone der tropischen halbimmergrünen und regengrünen Wälder schließt sich in Höhen über 600–800 m der montane Regenwald der Tropen an. Er tritt hauptsächlich an der Luvseite aller tropischen Gebirge auf, wenn sie quer zur vorherrschenden Windrichtung stehen.

Diese Zone ist geprägt durch eine gleichmäßige Verteilung der Niederschläge während des ganzen Jahres sowie geringe Schwankung der Durchschnittstemperatur. Auch fehlen ausgeprägte Trockenzeiten. Im Tagesablauf ergeben sich allerdings größere Schwankungen von Temperatur und Luftfeuchtigkeit als in den tiefen Lagen des Regenwaldes. Besonders nebelreich ist die Höhenzone zwischen 1 400 und 2 300 m. Oft tragen die Berge in dieser Höhe am Vormittag einen Wolkenkranz, etwa die Vulkankegel auf Java, Bali und Sumatra. Typisch für diese Waldregion, vor allem für die nebelreichen Zonen, ist die überwältigende Fülle von Epiphyten – Moose, Farne, Orchideen und Bromeliaceen –, die Stamm und Äste der Bäume dicht und üppig besetzen. Verstärkt wird der Eindruck tropischer Fülle durch das Auftreten von zahlreichen urtümlichen Baumfarnen und haushohen Bambusarten sowie durch die undurchdringlichen Gebüsche aus kletternden Rotangarten.

Neben Laubbäumen treten in dieser Region auch Nadelholzarten auf, die in anderen tropischen Regionen weitgehend fehlen. *Agathis*-Arten kommen von Neuguinea bis Celebes, in Australien, Neuseeland und in Südamerika vor. *Podocarpus*-Arten sind in allen tropischen Regionen und Kiefern in Mittelamerika und von Nordamerika über den Malaiischen Archipel, Indochina und den Philippinen zu finden. In allen dicht besiedelten Gebieten sind Tieflandwälder weitgehend verschwunden, sie wurden in Kulturland für den Anbau von Nutzpflanzen umgewandelt. Montane Wälder blieben dagegen häufig erhalten, vor allem dort, wo die Bergflanken für eine landwirtschaftliche Nutzung zu steil sind.

Mangroven

Zu den eigenartigsten Vegetationsformen tropischer Zonen gehören die Mangroven. Es sind niedrige, oft dicht bestockte Wälder, die im Einflussbereich der Gezeiten im Salzwasser von Meeresküsten wachsen. Bei Hochwasser ragen nur die Kronen aus dem Wasser heraus. Mangroven können sich an Meeresküsten oder in Flussmündungen nur dort halten, wo vorgelagerte Korallenriffe oder Inseln die Wucht des Wellenschlages brechen.

Am besten und artenreichsten sind die Mangroven in tropischen Zonen ausgebildet. Ihre Verbreitung erstreckt sich aber weit über die Wendekreise hinaus. Alle Mangrovengesellschaften setzen sich aus nur wenigen Arten zusammen. Sie sind durch ökologische Anpassungen in der Lage, als Halophyten (Salzpflanzen) an diesem eigentlich pflanzenfeindlichen Standort zu überleben.

Durch die Anreicherung von Kochsalz in ihren Zellen sind sie in der Lage, ihren Wasserbedarf aus dem salzigen Bodenwasser zu decken. Ihre sukkulenten Blätter können Wasser speichern und die Abgabe von Wasserdampf reduzieren. Einige Arten sind außerdem in der Lage, überflüssige Salzkonzentrationen über spezielle Drüsen abzuscheiden.

Auffälligstes Merkmal verschiedener Mangrovenarten sind ihre Stelzwurzeln mit heller Rinde. Sie werden bei Niedrigwasser sichtbar. Dem Stamm entspringen sprossbürtige Nebenwurzeln, die dann in einem weiten Bogen, in der Regel unverzweigt, nach unten wachsen. Nach dem Eindringen in den Boden werden zahlreiche Nährwurzeln gebildet. Für andere Arten sind so genannte Wurzelknie typisch. Sie ragen als knorrige, knie- oder pfahlförmige Erhebungen über die Bodenoberfläche und werden bei Niedrigwasser oft in großer Zahl sichtbar.

Stelzwurzeln und Wurzelknie dienen nicht nur der Verankerung der Pflanzen im Boden. Sie sind gleichzeitig auch Atemwurzeln und führen den Wurzeln, die in einem außerordentlich sauerstoffarmen Boden wachsen, den notwendigen Sauerstoff zu.

Von besonderem biologischem Interesse ist die bei vielen Mangroven-Arten vorkommende Viviparie, die so genannte Lebendgeburt. Die Früchte enthalten einen einzigen Samen mit einem großen Embryo. Sein Wachstum und seine Entwicklung beginnen bereits auf der Mutterpflanze. Das Hypokotyl (das Verbindungsstück zwischen Wurzel und Keimblättern) durchwächst den Scheitel der Frucht und kann Längen von 20–40 cm erreichen, ehe der Keimling zusammen mit der Frucht oder allein abfällt. Findet die junge Pflanze, durch Ebbe und Flut verfrachtet, einen geeigneten Standort, setzt ein intensives Wurzelwachstum ein, und die Pflanze wird rasch verankert.

An offenen Meeresküsten fehlen die Mangroven ganz. Bedingt durch die starke Brandung wird an solchen Stellen ein mehr oder weniger breiter Sandstrand gebildet, stellenweise entstehen auch Dünen. Naturgemäß bildet sich auch an solchen Standorten eine charakteristische Vegetation. Am weitesten zum offenen Meer hin drängt häufig die blau blühende Ziegenfuß-Winde vor. Bald folgt ein lichter Wald, in dem unter anderem typische Strandbaumarten wie Schraubenpalme, Kasuarine, Indischer Mandelbaum oder Pappelblättriger Eibisch vertreten sind. Einige von ihnen kommen an allen tropischen Küsten vor. Von den Palmen sind vor allem Kokospalme und Seychellennusspalme Bewohner küstennaher Standorte.

Tropische Kulturlandschaften

Wie überall auf der Erde ist auch in dicht besiedelten Gebieten der Tropen nicht mehr viel von den ursprünglichen Vegetationsformen übrig geblieben. Überall dort, wo Klima und Topographie günstig waren, wurde der Urwald gerodet, um Platz zu schaffen für den Anbau von Nahrungsmitteln. Ursprüngliche Wälder finden sich nur noch in dünn besiedelten Regionen, in unbebaubaren Höhenlagen und in geschützten Naturreservaten, die auf den verschiedenen Kontinenten in unterschiedlich großer Zahl ausgewiesen sind.

Trotz intensiver landwirtschaftlicher Nutzung machen Kulturlandschaften, wie etwa auf Java und Bali, keinen ausgeräumten, leeren Eindruck. Überall zwischen den meist kleinflächigen Reisfeldern, die von den Ebenen bis in niedrige Höhenlagen mit ihren kunstvoll errichteten Terrassen und dem satten Grün das Landschaftsbild prägen, wachsen Kokospalmen in mehr oder weniger dichten Beständen. Sie bestätigen nicht nur die weithin gehegte Vorstellung vom Aussehen tropischer Landschaften, sie ersetzen wenigstens optisch den fehlenden Wald. Mit ihren schlanken Stämmen und zierlichen Kronen prägen sie das Gesicht ganzer Landstriche und lassen sie freundlich erscheinen.

In anderen Regionen, etwa in Vorder-Asien und Nord-Afrika, hatte das Abholzen von Primärwäldern katastrophale Auswirkungen auf die Umwelt. Ihre Anfänge liegen schon in der Zeit vor Christi Geburt. Wasserhaushalt und Nährstoffkreislauf wurden gestört, lange Trockenperioden wechseln heute mit kurzen, heftigen Regenzeiten ab. Der aufgrund von Ackerbau und Überweidung ungeschützte Boden wurde durch Erosion abgetragen, aus einst fruchtbaren Ackerbaugebieten entstanden ausgedehnte Wüsten. Einen ähnlichen Vorgang erleben wir gegenwärtig in den Hungergebieten der Sahelzone.

Katastrophale Entwicklungen sind auch im äquatorialen Regenwald des Amazonasgebietes zu beobachten, wo riesige Waldflächen gerodet werden, um Platz zu schaffen für die expandierende Bevölkerung. Für die Anlage von Ackerbau- und Weideflächen, die oft nur wenige Jahre den erhofften Ertrag liefern. Der tropische Regenwald Südamerikas gilt als größter Sauerstoffproduzent auf der Landfläche der Erde. Schreitet seine Vernichtung im bisherigen Tempo fort, so lässt sich ausrechnen, wann von dem einst acht Millionen Quadratkilometer großen Regenwaldgebiet nichts mehr übrig sein wird. Die negativen Folgen würde man weltweit zu spüren bekommen.

Tropische Zierpflanzen

Palmen

Für viele Tropenreisende bedeuten Palmen den Inbegriff der Tropen schlechthin. Sie stehen mit ihrer exotisch anmutenden Eleganz für Sonne, Wärme, lauwarme Nächte und schier endlose Sandstrände. Tatsächlich können Palmen in tropischen Kulturlandschaften ganze Landstriche prägen. Das gilt vor allem für die schlanke, hoch aufragende Kokospalme.

Die Bevölkerung tropischer Länder dagegen verbindet mit den Palmen keineswegs romantische Vorstellungen. Für sie sind fast alle Palmen überaus nützliche Pflanzen. Dies gilt für Kokos-, Öl- und Dattelpalmen und nicht zuletzt für die wild wachsenden Kletterpalmen, aus deren schlanken Stämmen unter anderem unsere Rattanmöbel hergestellt werden.

Die Früchte zahlreicher Palmen bilden vielerorts seit Jahrtausenden die Nahrungsgrundlage der Menschen. Aber auch die anderen Teile der Palmen waren früher unentbehrlich. Der Stamm lieferte Bau- und Brennholz, die junge Stammspitze den so genannten Palmkohl, das Mark der Stämme stärkereiches Mehl, die Blätter Fasern für die Herstellung von Körben, Seilen, Netzen und Besen oder Material zum Decken der Hütten. Wir kennen mit Ausnahme der Gräser keine Pflanzenfamilie, die so viele Nutzpflanzen enthält wie die der Palmen.

Es ist deshalb nicht verwunderlich, dass Palmen in Religion, Mythologie und Brauchtum eine große Rolle spielen. Für die Menschen des Vorderen Orients und den Indianer des tropischen Regenwaldes symbolisiert die Palme den Baum schlechthin. Palmen wurden, nicht zuletzt ihrer Zweigeschlechtigkeit wegen, vermenschlicht und damit den Menschen gleichgestellt.

Palmen besiedeln mit genau 200 Gattungen und etwa 2 675 Arten nicht nur den immerfeuchten Regenwald tropischer Zonen, sondern auch Savannen, Steppen und Oasen subtropischer Regionen. Einige Arten kommen auch in kühleren Regionen vor, man findet sie z. B. am Mittelmeer, im Himalaja, in Borneo bis in Höhen von 3 000 m und in den Anden bis in 4 000 m Höhe.

Palmen sind einkeimblättrige Pflanzen; sie gehören alle einer einzigen Familie, den Palmae, an. Nach einer Überarbeitung der Gattung (UHL und DRANSFIELD 1987) wird diese in sechs Unterfamilien gegliedert. Die einzelnen Gattungen werden von 1–200 durchlaufend nummeriert.

I.	Coryphoideae	1–3
II.	Calamoideae	40–61
III.	Nypoideae	62
IV.	Ceroxyloideae	63–73
V.	Arecoideae	74–197
VI.	Phytelephantoideae	198–200

Die hier behandelten Arten werden in der Reihenfolge dieser Nummerierung beschrieben.

Palmen unterscheiden sich von anderen Bäumen nicht allein durch ihre schopfartige Blätterkrone, sondern auch durch den Aufbau ihres Stammes. Bis auf wenige strauchige und die zahlreichen kletternden Arten (insgesamt etwa 22 % aller Palmen) sind alle Palmen einstämmige Bäume, die nur einen Vegetationskegel an der Spitze des Stammes besitzen. Verliert der Baum seinen Vegetationskegel, zum Beispiel bei der Ernte von Palmkohl, so stirbt er ab. Palmenstämme weisen, im Gegensatz zu allen anderen Bäumen, kein sekundäres Dickenwachstum auf – sie wachsen von Anfang an mit ihrer endgültigen Stammstärke in die Höhe. Nach der Keimung verbreitert sich die Sprossachse zu einem kräftigen Postament, dessen Entwicklung einige Jahre dauern kann; bei der Gattung *Borassus* entwickelt sich der Stamm zum Beispiel 19 Jahre lang im Boden. Nach der Ausbildung des Blattschopfes gliedert der Sprossvegetationskegel ständig gleichzeitig Zellen in Längs- und Querrichtung ab, sodass der Stamm gleichmäßig stark in die Höhe wächst.

Palmen entwickeln in ihren Kronen stets eine nahezu gleich bleibende Anzahl von Blättern, die man relativ genau angeben kann, zum Beispiel mit acht bis zehn oder in Schätzungen wie 50–100. Ein abgefallenes Blatt wird fast gleichzeitig durch ein neues ersetzt.

Die auffallenden Früchte der Salakpalme (siehe Seite 32) haben ein saftiges, erfrischendes Fruchtfleisch.

Die Blattspreite der Palmblätter ist entweder gefiedert oder gefächert. Die einzelnen Blattabschnitte werden bei den Fiederblättern als Blättchen, bei Fächerblättern als Segmente bezeichnet. Die Faltung der meisten Blättchen oder Segmente ist Λ-förmig (gesprochen A-förmig), in den Beschreibungen dieses Buches wird nur die Ausnahme davon, die V-Faltung, erwähnt.

Die Blüten der Palmen sind zu Blütenständen vereint, die in den Achseln reduzierter (zurückgebildeter) Blätter stehen:

1. Oberhalb des Blattschopfes (= suprafoliar).
2. Unterhalb des Blattschopfes (= infrafoliar). Kommt meist an Palmen mit Kronenschaft vor, an dessen unterstem Ende sich die Blütenstände entwickeln.
3. Zwischen den Blättern der Krone (= interfoliar). Diese Form der Blütenentwicklung tritt bei den meisten Arten auf. Sie wird in den Beschreibungen deshalb nicht ausdrücklich erwähnt.

Die Blütenstände bilden in der Regel mehrfach verzweigte Rispen, aber auch Ähren oder Köpfe. Die Blüten können zwittrig, polygam oder getrennt geschlechtlich und ein- oder zweihäusig sein; sie stehen einzeln, häufiger aber zu zweit (Dyaden) oder zu dritt (Triaden).

Hanfpalme
Trachycarpus fortunei

Unterfamilie: Coryphoideae
Habitus: Kleine bis mittelhohe Fächerpalme, im Alter bis 20 m hoch, Krone mit 30 Blättern, Stamm in der Jugend vollständig, später nur im oberen Teil dicht mit braunen Fasern bedeckt. Diese Fasern sind die Reste der Blattscheiden und der aufwärts gerichteten Blattgrundreste.
Blätter: Im Umriss rundlich, bis 1,25 m breit, die 30–36 V-förmigen Segmente unterschiedlich tief, oft bis zum Blattgrund eingeschnitten und an der Spitze 2-spaltig, oberseits dunkelgrün, unterseits oft mit silbrigem Schimmer, der Blattstiel mit Dornen besetzt.
Blüten: Gelb, duftend, sehr zahlreich, getrenntgeschlechtlich (einhäusig) oder polygam, in aufrechten oder überhängenden Inforeszenzen, diese anfangs von zwei bis vier Hüllblättern umgeben.
Früchte: Blaue, nierenförmige, etwa 1,2 cm dicke glatte Beeren, sehr zahlreich, in schweren Fruchtständen. Weil lange haltbar, gelegentlich in der Floristik verwendet.

Verbreitung: Heimisch in Myanmar, China und Südjapan.
Allgemeines: Die Hanfpalme ist eine der kälteresistentesten Arten, weshalb sie oft auch in mediterranen Gärten zu finden ist; selbst in Meran, am Gardasee, im Tessin und in Südwestengland gedeiht sie noch. *T. fortunei* ist die am häufigsten kultivierte Art der insgesamt sechs *Trachycarpus*-Arten. Einst war sie eine wichtige Nutzpflanze, denn ihre äußerst zähen Fasern wurden zu Matten, Stricken, Bürsten und Regenumhängen verarbeitet. Auch das dauerhafte, gegen Nässe widerstandsfähige Stammholz wird sehr geschätzt.

Chinesische Hanfpalme
Livistona chinensis

Unterfamilie: Coryphoideae
Habitus: Bis zu 25 m hohe Fächerpalme. Stamm bis 25 cm dick, am oberen Ende mit einigen Blattbasisresten, im Alter mit ringförmigen, welligen Blattnarben, Krone 7–8 m breit.
Blätter: Im Umriss elliptisch, bis zur Mitte oder tiefer gespalten, Segmente V-förmig, 2-spaltig, mit lang herabhängender Spitze (das Blatt wirkt wie geknickt), grün, Blattstiel bis 1,8 m lang, von der Basis bis zur Mitte mit rückwärts gerichteten Stacheln, die im Alter verschwinden.
Blüten: Zwittrig, cremefarben bis gelb, einzeln oder bis zu fünf auf dünnen Verzweigungen an den Ästen großer Rispen, die nicht länger sind als die Blätter, Seitenäste der Blütenrispen oft mit zahlreichen röhrenförmigen Tragblättern.
Früchte: Blaugrüne, 1,6–2,2 cm große, sehr attraktive Beeren, Schale dünn und leicht lösbar.
Verbreitung: Heimisch in Japan (Kyushu, Shikoku, Riukiuinseln) und Taiwan. Mit ihrem breiten Blättern stellt sie eine der schönsten Ar-

ten der Gattung dar und wird deshalb häufig angepflanzt.
Allgemeines: Die Gattung ist mit 28 Arten von Afrika und den arabischen Ländern bis zum Himalaja und den Riukiuinseln, südlich davon in Indochina und Melanesien bis Neuguinea, auf den Salomoninseln und zudem mit fast 50% aller Arten in Nordwest-, Ost- und Mittel-Australien verbreitet. Neben *L. chinensis* wird vor allem die folgende Art häufiger kultiviert.
L. australis, heimisch in den feuchten Regenwäldern von Südost-Australien, wird bis 25 m hoch; der Stamm ist säulenförmig, nur ganz oben von braunen Blattstielbasen und Fasern bedeckt, später mit treppenförmig angesetzten Blattnarben, im Alter längsrissig. Blätter (etwa 50) 1–1,6 m breit, dunkelgrün und metallisch glänzend, kreisförmig, bis etwa zur Mitte in 40–50 schmale, an der Spitze meist ungeteilte Segmente gegliedert, die herunterhängen. Segmente mit goldgelbem Mittelnerv. Blattstiel 2–3 m lang, seitlich mit gebogenen Dornen besetzt. Heimisch in den feuchten Regenwäldern von Südost-Australien. Sie ist die widerstandsfähigste von allen Arten der Gattung.
L. rotundifolia stammt aus Java. Die Waldpalme erreicht eine Stammhöhe von 10–14 m. Der Stamm ist im Alter durch gut ausgebildete Ringfurchen gezeichnet, die durch senkrechte Fissuren gegliedert sind. Die Blattspreite ist kreisrund, bis 2 m breit und mit zahlreichen Strahlen eingeschnitten. Die Strahlen sind nur im oberen Drittel frei und im Alter tief gespalten. Gelbe Blüten entwickeln sich an etwa 2,5 m langen Rispen. Die schwarzbraunen Beerenfrüchte sind 2–3 cm groß.

Großblättrige Strahlenpalme
Licuala grandis

Unterfamilie: Coryphoideae

Habitus: Kleine, einstämmige Fächerpalme mit relativ großer, dichter Krone aus rundlichen Blättern, Stamm sehr dünn, 2–3 m hoch, von Blattstielresten eingehüllt.

Blätter: Ungeteilt, 90 cm breit, etwas breiter als lang, am Rande kaum eingeschnitten, jedes Segment V-förmig, an der Spitze mit zwei Zähnen, dunkelgrün und glänzend, Blattstiel etwa 90 cm lang, am Grunde und im mittleren Teil bedornt.

Blüten: 1 cm breit, gelb, zwittig, in bis 5 m langen, überhängenden, einfachen oder 1- bis 3-fach verzweigten Ähren.

Früchte: Kugelige, 1,2 cm dicke, glänzend karminrote, am Grunde von Klechblättern umgebene Beeren.

Verbreitung: Die Gattung ist mit etwa 108 Arten als Unterwuchs tropischer Regenwälder in Indien und Südchina, in Südost-Asien bis Melanesien, in Australien, auf den Salomoninseln und auf den Neuen Hebriden verbreitet. Das Verbreitungszentrum liegt in Malaysia, Borneo und Neuguinea. Von allen Arten wird *L. grandis*, die auf Vanuatu heimisch ist, ihrer auffallenden Blätter wegen am häufigsten als Zierpalme in tropischen Gärten gepflanzt.

Allgemeines: Fast alle Arten der Gattung bleiben niedrig, einige wachsen buschig. Sie bilden eigenartig geformte, breite Blätter, die ganz selten in völlig freistehende Strahlen auslaufen; meist sind mehrere Segmente zusammengefasst oder das Blatt ist ungeteilt wie bei *L. grandis*.

Aus den Blüten verschiedener Arten werden mancherorts Sonnenhüte hergestellt. Aus den Stämmen einiger Arten werden schwere Spazierstöcke, die so genannten »Penang Lawyers«, gefertigt.

Erytheapalme, Blaue Palme
Brahea armata

Unterfamilie: Coryphoideae
Habitus: Fächerpalme mit kräftigem, etwa 15 m hohem und 45 cm starkem, an der Basis angeschwollenem Stamm, dieser anfangs von sparrig abstehenden Blattstielbasen bedeckt, später mit einer dicken, rissigen und korkigen Borke, Krone mit etwa 60 Blättern.
Blätter: Sehr groß, kreisrund, bis zur Mitte regelmäßig in bis zu 50 starr abstehende, am Rande schwach faserige Segmente gespalten, Segmente V-förmig, an der Spitze eingerissen, beiderseits silbrig blau, Blattstiel etwa 1,5 m lang, am Rande mit weißen Dornen, die Bedornung setzt sich bis in die Spreite fort.
Blüten: Klein, elfenbeinfarben, zwittrig, sehr zahlreich in bis über 5 m langen, überhängenden Rispen.
Früchte: Gelbe bis braune, bis 2,5 cm lange, eiförmige bis kugelige Steinfrüchte.
Verbreitung: Heimisch in Mexiko und Baja California. *B. armata* (Syn. *Erythea armata*) stellt vergleichsweise geringe Klimaansprüche, sie

hält auch in wärmeren Zonen Europas aus, etwa an der Mittelmeerküste und im Tessin.
Allgemeines: Die Gattung ist mit zwölf Arten in Niederkalifornien, auf Guadeloupe, in Mexiko und Guatemala verbreitet.
Neben *B. armata* wird nicht selten auch *B. edulis* kultiviert. Sie unterscheidet sich von *B. armata* unter anderem durch wesentlich kürzere Blüten- und Fruchtstände. Die Fruchtstände werden bis zu 25 kg schwer. Sie tragen dicht gedrängt stehende, kirschgroße, glänzende, süße, steinfruchtartige Beeren, die essbar sind. Beide Arten sind mit ihren großen, auffallend gefärbten Blättern sehr dekorative Schmuckpalmen.
Auch die Früchte der in El Salvador heimischen *B. salvadoriensis* sind süß und essbar, aus den Samen lässt sich Speiseöl gewinnen. Aus den Blattfasern werden Hüte geflochten.

Breitfächrige Wachspalme, Petticoatpalme
Copernicia macroglossa

Unterfamilie: Coryphoideae
Habitus: 4–5 m hohe Fächerpalme mit rundlicher, im Alter kugeliger Krone aus 12–15 Blättern, Stamm etwa 16 cm dick, in der Jugend vollkommen, später nur im oberen Stammteil von einem Mantel aus dicht stehenden, abgestorbenen, abwärts gerichteten Blättern umgeben.
Blätter: Etwa 2 m breit, kreisrund, vielstrahlig, die 60 V-förmigen Segmente 1,5 m lang und an der Spitze gespalten.
Blüten: Klein, zwittrig, in bis 2,5 m langen Ähren.
Früchte: Eiförmige bis kugelige, bis 2 cm lange, braune Beeren.
Verbreitung: Ausschließlich auf Kuba. Ihres eigenartigen Aussehens wegen ist sie eine häufige Zierpalme in tropischen Gärten.
Allgemeines: Die Gattung umfasst etwa 24 Arten, von denen allein 20 in Kuba heimisch sind. Die wirtschaftlich wichtigste Art der Gattung ist die in Nordostbrasilien heimische Carnauba-

oder Wachspalme, *C. prunifera.* Ihre fast kreisförmigen, blaugrün bereiften Blätter sind in der Jugend dicht mit kleinen Wachsschuppen bedeckt, die als Verdunstungsschutz dienen und ein hochwertiges Wachs liefern. Zu dessen Gewinnung werden in Abständen von drei Monaten jeweils sechs bis acht Blätter abgeschnitten und auf Matten oder Folien ausgebreitet. Beim Trocknen schrumpfen die Blätter, und die Wachsschuppen lockern sich. Sie werden abgeklopft und abgestreift. Durch Kochen und Reinigen gewinnt man das Carnauba-Wachs, das seines hohen Schmelzpunktes (bei etwa 85 °C) wegen als Zusatz zu Auto- und Möbelpolituren und für die Herstellung von Kerzen und Lippenstiften Verwendung findet. Ein Baum liefert pro Jahr nur 120–160 g Wachs.
Der Name des Wachses bezieht sich auf den Stamm der Carnaubeira-Indianer, die im Verbreitungsgebiet der Palme leben. Die Indianer nutzen die Palme auch anderweitig: Sie liefert Palmkohl und Sagomehl, Palmsirup und Arrak. Das harte Holz wird als Bau- und Tischlerholz verwendet, die Blätter zum Decken der Dächer und zur Herstellung von Hängematten.
Die Cobijapalme, *Copernicia tectorum,* besiedelt bei hohem Grundwasserstand auf weiten Strecken als einzige Holzpflanze die Baumsavannen der venezolanischen Llanos. Sie wird regelmäßig von den Würg-Feigen *Ficus prinoides* und *Ficus palmicida* »befallen«. Sie umschlingen entweder die am Stamm haftende Hülle der Blattreste oder den nackten Stamm mit dicht anliegenden Strosssträngen, nachdem die Blattreste dem Feuersturm eines Brandes zum Opfer gefallen sind.
Die Palme wird bis 10 m hoch. Der bis 1,6 m lange Blattstiel trägt bis 2 cm lange Dornen. Bis 1 m lang sind die grünen, orangeweiß gesprenkelten Blattsegmente. Bis 1 m lang wird der Blütenstand mit den 3,5 mm breiten Blüten.

Washingtonie
Washingtonia robusta

Unterfamilie: Coryphoideae
Habitus: Hohe, schlanke Fächerpalme, Krone mit 30 Blättern, Stamm bis 25 m hoch, an der Basis verdickt nach oben hin stark verjüngt, glatt, braungrau. Die abgestorbenen Blätter hängen herab und bedecken das obere Stammende, deshalb auch der Name Petticoat- oder Priesterpalme.
Blätter: Kreisrund, bis 1,8 m breit, glänzend frischgrün, Segmente 50–70, überhängend, V-förmig gefaltet, an der Spitze auf einer Länge von 6–8 cm geteilt, bei jungen Pflanzen mit weißen Fäden, Blattstiel bis 1,2 m lang, bedornt, sich bis in die Blattspreite fortsetzend.
Blüten: Fleischfarben, zwittrig, zahlreich, in 2–3,6 m langen, hängenden Infloreszenzen mit braunen Tragblättern.
Früchte: Zahlreiche fast kugelige, erbsengroße, steinfruchtartige Beeren.
Verbreitung: Heimisch in Nordwestmexiko, in der südlichen Wüste von Sonora und in Baja California.

Allgemeines: Die Gattung umfasst nur zwei sehr nahe verwandte Arten.
Das Verbreitungsgebiet von *W. filifera* liegt in Kalifornien, Westarizona und Niederkalifornien, etwas nördlich von dem der *W. robusta*. Ein berühmter Standort mit vielen tausend Bäumen aller Altersstufen ist der Palmcañon, etwa 40 km östlich von Banning im Riverside County in Kalifornien. Der Stamm von *W. filifera* ist kürzer und dicker als der von *W. robusta*, die Borke längs gefurcht. Die Blätter sind graugrün, hängen graziös über und besitzen lange, feine Fasern, die beim Einreißen der Blattspreite zwischen den Segmenten entstehen. Der Blattstiel ist grün, die Blüten sind weiß.
Beide Arten, vor allem *W. filifera*, sind robust und anspruchslos. Man sieht sie deshalb häufig in mediterranen Gärten, auf den Kanarischen Inseln und in anderen warmen Klimazonen.
Die Gattung wurde nach George Washington (1732–1799) benannt.

Talipotpalme
Corypha umbraculifera

Unterfamilie: Coryphoideae

Habitus: Fächerpalme mit massigem Stamm, dieser 12–24 m hoch, durch horizontal verlaufende Querriegel gezeichnet, Krone geschlossen, kompakt, mit 36 Blättern.

Blätter: Etwa 2,4 m lang und 5,4 m breit, mit bis zu 130 V-förmig gefalteten Segmenten, Blattstiel sehr dick, gezähnt, 2 m lang, mit zwei ohrförmigen Verbreiterungen an der deutlich geteilten Basis, sich bis in die Blattspreite fortsetzend.

Blüten: Nur einmal in ihrem Leben, im Alter von 50–70 Jahren, entwickeln alle *Corypha*-Arten an der Stammspitze einen mächtigen, vielfach verzweigten, 6–8 m hohen Blütenstand mit Millionen kleiner, zwittriger Blüten. Nach der Fruchtreife sterben die Pflanzen ab.

Früchte: Asymmetrische, 4 cm dicke Steinfrüchte mit sehr dünner Fruchtwand, bis zu 250 000 je Pflanze.

Verbreitung: Die ursprüngliche Heimat der Talipotpalme sind Indien und Sri Lanka. In anderen Ländern Südost-Asiens ist sie eine uralte Kulturpflanze.

Allgemeines: Mit acht Arten ist die Gattung in Süd-Asien, einschließlich des Malaiischen Archipels, und in Nordaustralien an relativ trockenen Standorten verbreitet. *Corypha*-Arten gehören zu den imposantesten Palmen. Ihre mächtigen Blütenstände gelten als die größten im ganzen Pflanzenreich.

Neben *C. umbraculifera* werden auch andere Arten der Gattung als Nutzpalmen gehalten. Sie liefern einen zuckerhaltigen Saft und ein stärkehaltiges Mark, aus dem Sago bereitet wird. Die Blätter werden als Deckmaterial für Häuser benutzt und zu Flechtwerk weiterverarbeitet, aus den Fasern werden Matten und Seile gefertigt. Die Blattsegmente dienten in Indien früher auch als »Schreibpapier«. In Museen finden sich noch über 1000 Jahre alte Dokumente aus Blättern von *C. umbraculifera* und *C. utan*.

Der Name Talipot ist den Hindusprachen (Sanskrit) entlehnt und bedeutet »Blatt des Tal-Baumes«.

Palmettopalme
Sabal palmetto

Unterfamilie: Coryphoideae
Habitus: Prachtvolle, robuste, hohe, unbewehrte Fächerpalme, Stamm grau, glatt und geringelt oder von gespaltenen Blattstielbasen umgeben, mehr als 25 m hoch, vom Boden an oft zunächst schräg aufsteigend, Krone dicht, kompakt, mit rund 30 Blättern
Blätter: 1–2 m lang, um ein Drittel breiter als lang, in Längsrichtung gebogen und tief eingeschnitten, die 60–90 Segmente fast zu zwei Drittel miteinander verwachsen und dabei V-förmig gefaltet, Blattstiel bis 2,7 m lang und sich bis in die Blattspreite fortsetzend.
Blüten: Weiß oder cremefarben, zwittrig, in reich verzweigten Rispen.
Früchte: Kleine, kugelige, glänzend braune bis schwarze Steinfrüchte mit fleischigem Mesokarb.
Verbreitung: Im Küstengebiet von Florida und South Carolina sowie auf den Bahamas heimisch. Von allen Palmenarten der Neuen Welt reicht ihr Verbreitungsgebiet am weitesten nach Norden.

Allgemeines: Die Gattung umfasst etwa 14 Arten, ihre Verbreitung reicht von Kolumbien bis Nordostmexiko und in den Südosten der USA. Die meisten Arten sind mächtige, stammbildende Palmen, nur zwei Arten bilden unterirdische Sprossachsen aus. Zu diesen gehört *Sabal minor*, die Kleine Palmettopalme. Sie bildet einen meist niederliegenden, selten aufrechten, bis 3 m langen Stamm und bis 1,5 m breite, blaugrüne Blattfächer. Die bis 40 Blattsegmente sind bis zur Hälfte der Blattspreite eingeschnitten. Der bis 2 m lange Blütenschaft überragt zunächst die Krone, hängt später aber über. Die bis 13 mm dicken, kugeligen Früchte sind glänzend schwarz. Die Art kommt als Unterwuchs in lichten Kiefernwäldern vor. Sie hat ihre natürliche Verbreitung in Nordcarolina, Südflorida, Alabama, Louisiana, Südwestarkansas und Osttexas.

Von den im Verbreitungsgebiet lebenden Indianern wurden *S. palmetto* und andere *Sabal*-Arten vielfältig genutzt. Die Blätter lieferten Material für die Herstellung von Hüten, Körben, Säcken und Seilen. Die frischen Früchte wurden gegessen, der ausgepresste Fruchtsaft diente als Heilmittel gegen Bronchitis und als Aphrodisiakum. Aus frischen, gepressten Wurzeln bereitete man ein Getränk gegen zu hohen Blutdruck. Nordamerikanische Kräuterheiler verarbeiten auch heute pulverisierte Früchte, zusammen mit Blättern von Damiana *(Turnera diffusa* var. *aphrodisiaca)*, zu aphrodisierenden Pillen. Auf den Bahamas verabreichen die Kräuterheiler der ehemaligen Sklaven in Gin eingelegte Früchte bei Fischvergiftungen.

Dattelpalme
Phoenix dactylifera

Unterfamilie: Coryphoideae

Habitus: Bis etwa 36 m hohe Fiederpalme, Stamm schlank, von den Narben abgefallener Blätter gemustert, Krone relativ lockerer, mit maximal 20–40 Blättern.

Blätter: Unpaarig gefiedert, lang und schmal, Blättchen schmal linealisch, unregelmäßig, oft zu mehreren beieinander stehend, V-förmig gefaltet, Mittelrippe und Blättchen blaugrün.

Blüten: Zweihäusig, in aufrechten oder hängenden, von einem später verholzenden Hüllblatt umgebenen Inforeszensen. Seit dem Altertum wird die Befruchtung durch Einhängen männlicher Blütenstände in weibliche Bäume verbessert.

Früchte: 4–7 cm lange, länglich-ellipsoide Beeren (Datteln) mit ledrigem, gelbem bis braunem Exokarb und dickem, süßem Fruchtfleisch, es enthält etwa 60 % Invertzucker und 6–7 % Eiweiß.

Verbreitung: Als Ursprungsland wird die afroasiatische Trockenzone von Marokko bis Pakistan vermutet, sie deckt sich mit dem gegenwärtigen Hauptanbaugebiet. Wildformen dieser alten Kulturpflanzen sind nicht bekannt.

Allgemeines: Die Dattelpalme ist für die Menschen in den Wüstenräumen Vorderasiens und den Oasen des arabischen Raumes von lebenswichtiger Bedeutung. Alle Teile des Baumes sind nutzbar. Die Früchte werden als Dattelbrot zusammengepresst und bilden die tägliche Nahrung. Junge Blätter werden als Gemüse (Palmkohl) gegessen, ältere dienen als Viehfutter oder werden zu Flechtwerk verarbeitet und zum Decken der Häuser benutzt. Die Stämme liefern Bauholz, die gerösteten Dattelkerne eignen sich als Kaffeeersatz und Viehfutter. Datteln werden nicht nur frisch verzehrt, sondern auch vergärt oder zu Marmelade und Süßwaren verarbeitet.

Die Dattelpalme gehört zu den ältesten Kulturpflanzen der Menschen. Nachweise für ihren Anbau reichen bis 6 000 v. Chr. zurück.

Kanarische Dattelpalme
Phoenix canariensis

Unterfamilie: Coryphoideae
Habitus: Mittelhohe, kompakte, unbewehrte Fiederpalme, Krone dicht, eindrucksvoll, mit 50–100 Blättern, Stamm gedrungen, 15–18 m hoch, durch Blattnarben gemustert.
Blätter: Unpaarig gefiedert, 5–6 m lang, breit, kurz gestielt (1,5 m) und bogig überhängend, Blättchen derb, schmal lanzettlich, V-förmig gefaltet.
Blüten: Zweihäusig, Blütenstände reich verzweigt, in der Jugend von einem Hüllblatt umgeben, männliche Blüten dicht gedrängt an der Blütenstandsachse, weibliche Blüten mit breiteren Hüllblättern, die Blütenstandsachsen weiblicher Bäume zur Reifezeit leuchtend gelb bis orangerot.
Früchte: Zahlreiche eiförmige, dicht gedrängt stehende Beeren. Sie sind im Gegensatz zu den Früchten der Dattelpalme, *P. dactylifera*, nicht essbar.
Verbreitung: *P. canariensis* ist ein Endemit der Kanarischen Inseln, kommt also nur dort von Natur aus vor. Natürliche Vorkommen sind selten geworden. Die Kanarische Dattelpalme gehört zu den am häufigsten kultivierten Palmen in den wärmeren Zonen der Erde.
Allgemeines: Insgesamt umfasst die Gattung etwa 17 Arten. Deren Areal reicht von den Kanarischen Inseln über Afrika einschließlich Madagaskar, Kreta, den mittleren Osten und Indien bis Hongkong, Taiwan, die Philippinen und die Malaiische Halbinsel. Zur Gattung *Phoenix* gehören die bekanntesten und wohl auch am häufigsten kultivierten Palmen. Die wirtschaftlich wichtigste Art ist die Dattelpalme, *P. dactylifera*.

Neben der Europäischen Zwergpalme, *Chamaerops humilis*, die in den Küstenregionen des westlichen Mittelmeergebietes heimisch ist, stellt *P. theophrastii* eine der beiden europäischen Palmenarten dar.

In tropischen Gärten wird als Zierpalme oft auch *P. roebelinii* kultiviert. Die Zwerg-Dattelpalme wächst entweder buschig oder bildet einzeln stehende 1–2 m hohe Stämmchen aus.

Rote Latanpalme
Latania lontaroides

Unterfamilie: Coryphoideae

Habitus: Mittelhohe, unbewehrte Fächerpalme, Stamm bis 10 m hoch, an der Basis leicht geschwollen, geringelt, oft von sparrig abstehenden Blattstielresten bedeckt.

Blätter: Bis 2,5 m breit und ebenso lang, lang gestielt, die Blattstielbasis geteilt, Segmente bis zu einem Drittel frei, starr abstehend, steif, fast stechend, V-förmig, der breite Blattstiel und der untere Teil der Blattspreite in der Jugend violett- bis purpurrot gefärbt, im Alter verblasst die Färbung, die dunkelgrünen Blätter wirken dann blaugrau überlaufen, Blattstiele und Blattspreitenbasis von einem dichten, weißlichen Wollfilz bedeckt.

Blüten: Zweihäusig, Blütenstände bis 1,8 m lang.

Früchte: Zahlreiche, kugelige, 4–5 cm große, glänzend braune Steinfrüchte.

Verbreitung: Die Gattung ist mit drei Arten auf den Maskarenen-Inseln verbreitet. *L. loddigesii* kommt auf Mauritius und Round Island, *L. lontaroides* auf Réunion und *L. verschaffeltii* auf Rodrigues vor. Alle Arten sind in den Tropen beliebte Zierpalmen. Auf Mauritius sollen zahlreiche Hybriden zwischen den drei Arten vorkommen.

Allgemeines: Die Blaue Latanpalme, *L. loddigesii*, benannt nach dem britischen Gärtner Loddiges, unterscheidet sich von *L. lontaroides* durch die schmaleren und weniger intensiv gefärbten Blattstiele sowie den höheren Wuchs. Die Blattsegmente sind relativ breit und laufen in kleinen Dornenspitzen aus.

L. verschaffeltii, die Gelbe Latanpalme, zeichnet sich vor allem durch die auffallend goldgelbe bis orangefarbene Zeichnung der Blattstiele und -adern aus. Die Segmente sind bis weit in die Blattspreite hinein geteilt, die grünen Blätter sind fein rot gerändert und von einem gelblichen Schimmer überzogen. Der Blattstiel wirkt sehr stark filzig.

Dumpalme
Hyphaene coriacea

Unterfamilie: Coryphoideae

Habitus: Niedrige, gabelig verzweigte, einzeln oder in Gruppen stehende Fächerpalme, oft buschig wachsend und bis 5 m hoch, Stamm mindestens unterhalb der Krone von den Resten der Blattstiele bekleidet.

Blätter: Fächerförmig, steif aufrecht stehend, Stiel bis 70 cm lang, mit scharfen, gebogenen Dornen besetzt, Blattsegmente 30–80 cm lang, starr und steif, graugrün bis bläulich.

Blüten: Zweihäusig, in kurzen, verzweigten Ständen zwischen den Blättern, am Grunde mit einem ausdauernden, röhrenförmigen Hüllblatt, auch unter jedem Seitenzweig ein röhrenförmiges Hüllblatt.

Früchte: Ei- oder birnenförmige, 4–5 cm dicke, orangerote oder dunkelbraune, steinfruchtartige Beeren, meist in großen Mengen angesetzt, bis zu 2000 je Baum, die Samen von einem schwammigen, faserigen, süßen, nach Ingwer schmeckenden Fruchtfleisch umgeben, Früchte werden gern von Elefanten und Affen verzehrt.

Verbreitung: Somalia bis Mosambik, Süd-Afrika und Madagaskar, meist in trockenheißen Regionen auf leichten, sandigen Böden, oft entlang zeitweise austrocknender Wasserläufe.

Allgemeines: Die Gattung ist mit etwa zehn Arten in Afrika, in Madagaskar und Arabien verbreitet. Ihre derben Blätter dienen als Deckmaterial beim Hausbau, die Blattfasern zur Herstellung von Matten, Stricken und Körben. Zur Gewinnung des zuckerhaltigen Blutungssaftes, aus dem sich ein schwach alkoholhaltiger Palmwein herstellen lässt, werden Teilstämme der Bäume kurz unterhalb der Krone gekappt. Ein Baum kann 60–70 l Saft liefern. Aus dem Palmwein wird ein hochprozentiger Likör hergestellt. Das harte, weiße Nährgewebe des Samens wurde als »vegetabilisches Elfenbein« zur Herstellung von Schnitzwerk benutzt.

Palmyrapalme
Borassus flabellifer

Unterfamilie: Coryphoideae
Habitus: Mächtige, bis 30 m hohe Fächerpalme, Stamm an der Basis verstärkt, geringelt und unregelmäßig von zersplissenen Blattgrundresten bedeckt ist, Krone mit 25–40 Blättern.
Blätter: Kreisrund bis keilförmig, bis zu 3 m breit, Blattstiel unregelmäßig dornig, bis 1,5 m lang, bis in die Blattspreite reichend, Segmente V-förmig, fast bis zur Mitte eingerissenen.
Blüten: Zweihäusig, in bis zu 1,8 m langen, wenig verzweigten Infloreszenzen.
Früchte: Glatte, gelbe bis braune Steinfrüchte, 15–20 cm dick, bis 2 kg schwer, mit drei harten Samen.
Verbreitung: Indien, Sri Lanka, Myanmar, Malaiischer Archipel.
Allgemeines: Die Palmyrapalme, benannt nach der altsyrischen Stadt Palmyra, gehört zu den wichtigsten Nutzpalmen. Sie trägt auch zahlreiche andere Namen wie Toddypalme, Weinpalme, Talapalme oder Lontarpalme. Sie gilt vor allem in Indien als ein für die Menschen unentbehrlicher Baum, der hohe Verehrung genießt. Ein alter indischer Lobgesang, der »Tala Vilasam«, führt 801 Nutzungsmöglichkeiten an. Wie bei der Zuckerpalme nutzt man den Blutungssaft aus jungen, männlichen Blütenständen, die zur Anregung der Sekretion zunächst gequetscht und einige Tage später abgeschnitten werden. Der Saft wird zu Palmwein (Toddy) vergoren, zu Arrak destilliert oder zu Palmzucker (Joggery) eingedickt. Zum Hausbau verwendet man wegen ihrer höheren Festigkeit bevorzugt weibliche Stämme. Das harte und sehr dauerhafte Holz ist resistent gegen Salzwasser, es wird unter anderem zum Bau von Flößen benutzt. Aus den Blättern wird die 30–50 cm lange Palmyrafaser gewonnen, die zu Matten, Pinseln und Besen verarbeitet wird. Getrocknete Blättchen dienten als Schreibunterlage, bevor man in China Papier herstellen konnte. Das zur Reifezeit orangefarbene, im Geruch an Melonen, Quitten und Ananas erinnernde Fruchtfleisch wird ausgesogen, nach dem Entfernen der Fasern zu Mus verarbeitet, zu Limonade verdünnt oder mit Mehl verbacken. Vergorene Früchte liefern ein käseähnliches Nahrungsmittel. Schließlich gilt der meterlange, an der Spitze verdickte Keimling als Delikatesse.
Mit insgesamt sieben Arten ist die Gattung in den Tropen der Alten Welt bekannt.

Seychellennusspalme
Lodoicea maldivica

Unterfamilie: Coryphoideae
Habitus: Bis 30 m hohe, unbewehrte Fächerpalme, Stamm bis 30 cm stark, an der Basis
knollig und mit einem natürlichen Becken
(Pfanne, Postament) ausgestattet, das leichte
Stammbewegungen erlaubt.
Blätter: Bis 5,5 m lang und 3,5 m breit, Blattstiel derb, 2,5–3,5 m lang, sich fast bis zur Spitze der Spreite fortsetzend, Segmente V-förmig,
bis zu ein Drittel eingeschnitten, sehr steif,
Blattstielbasis deutlich gespalten, die Blütenstände wachsen hindurch.
Blüten: Zweihäusig, männliche Blüten an oft
unverzweigten, 1–1,8 m langen, gekrümmten,
armdicken Infloreszenzen, weibliche Blüten
nach Vanille duftend, an unverzweigten Infloreszenzen.
Früchte: Sehr große, tief 2-lappige, 10–18 kg
schwere Steinfrüchte. Sie sind 3-mal größer als
eine Kokosnuss und erinnern in der Form an
zwei miteinander verwachsene, lang gestreckte Kokosnüsse. Erst nach 4–8 Jahren, nachdem

das Nährgewebe des Samens die gesamte Höh-
lung ausgefüllt hat, sind die Samen keimfähig.
Die gehärtete Masse findet dann gelegentlich
als vegetabilisches Elfenbein Verwendung.
Verbreitung: Nur auf den Inseln Praslin und
Curieuse des Seychellen-Archipels.
Allgemeines: *L. maldivica* hat die größten
Früchte aller Palmen und gleichzeitig die größ-
ten Samen im ganzen Pflanzenreich. Bis zur
Mitte des 18. Jahrhunderts wurde über die
Herkunft der riesigen Früchte, die man an den
Stränden des gesamten Indischen Ozeans fand,
gerätselt. Man vermutete, sie wüchsen im Meer
an einer kokosähnlichen Pflanze, und nannte
sie »Meerkokos« (Coco fesse, Buttocks Coco).
Auf den Malediven besaß der König ein Han-
delsmonopol auf die sehr geschätzten Früchte.
Erst 1734 löste sich das Geheimnis, als man die
Palmen auf einigen Inseln der Seychellen-
gruppe fand. Keimfähige Früchte haben ein
spezifisches Gewicht von 1,2 kg/dm^2, außerdem ein viel dünneres Mesokarp als Kokosnüsse, sie sind also nicht schwimmfähig. Nur
sterile Nüsse können schwimmen. Das erklärt,
warum die angeschwemmten Früchte nie zum
Keimen gebracht werden konnten.

Sagopalme
Metroxylon sagu

Unterfamilie: Calamoideae
Habitus: Mittelhohe, Ausläufer treibende Fiederpalme, Stamm hellbraun, 8–10 m hoch, 0,5 cm dick, grob geringelt und von breiten Blattstielbasen bedeckt.
Blätter: 5–7 m lang, schräg aufgerichtet, an der Spitze übergeneigt, Blattstiel derb, mit zahlreichen hellgrünen Blättchen, Blattscheiden unbewehrt oder mit Wirteln von schlanken Dornen besetzt.
Blüten: Nach einer Lebenszeit von etwa 15 Jahren entwickeln sich nur einmal im Leben oberhalb der Krone die 5–7 m langen, aufrecht stehenden, verzweigten Blütenstände mit zwittrigen und eingeschlechtlichen Blüten. Die Hüllblätter sind unbewehrt oder mit schwarzen Dornen bedeckt. Nach der Fruchtreife stirbt der Stamm ab, die Pflanze lebt durch ihre Ausläufer weiter.
Früchte: Etwa 4 cm große, kugelige, hellbraune bis mattgelbe, mit Schuppen bedeckte Beeren.

Verbreitung: Malaiischer Archipel, Neuguinea.
Mit sechs monokarpen Arten ist die Gattung von Malaysia bis zu den Fidschiinseln verbreitet.
Allgemeines: Unter allen Stärke liefernden Palmenarten besitzt die Sagopalme die größte Bedeutung. In einigen Gebieten stellt das aus dem Mark des Stammes hergestellte Sago anstelle von Reis das Grundnahrungsmittel dar.
Zur Gewinnung von Mark werden die Palmen im Jahr vor ihrer Blühreife geschlagen. Das innere Stammgewebe wird mit Äxten und Raspeln fein zerkleinert, um möglichst viele Wände der stärkereichen Zellen zu zerstören.
Nach der Ernte wird durch wiederholtes Waschen die Stärke aus dem Geweben isoliert und anschließend getrocknet.
Zur Herstellung von Perlsago benutzt man nicht völlig getrocknete Stärke. Sie wird auf Blechen bei 60 °C erhitzt, was die Stärkekörner zum Quellen bringt. Durch eine Bearbeitung mit Holzrollen kommt es zur Bildung von perlartigen Klumpen.
Heute wird Perlsago allerdings überwiegend aus den Wurzeln von Maniok, *Manihot esculenta* (Seite 262), gewonnen.
Auch andere Teile der Sagopalme wurden in den Anbauländern weiter verarbeitet: Die Blätter lieferten Flechtmaterial und eine besonders gute Dachabdeckung. Aus den Blattstielen fertigte man Zäune, Hauswände und Dachsparren. Der ausgehöhlte Stamm diente als Kanu oder Trog zum Ausschlämmen des Palmmarkes.

Salakpalme
Salacca zalacca

Unterfamilie: Calamoideae
Habitus: Bis 6 m hohe, sehr dichte und sparrige Fiederpalme, meist mit einem unterirdischen Spross buschig wachsend.

Blätter: Schlank, mit einem 2 m langem Blattstiel, der mit großen, glänzend schwarzbraunen Dornen besetzt ist, Blättchen zahlreich, relativ breit, in einer Ebene, aber einzeln, paarweise oder zu dritt in Gruppen, dazwischen etwas größere Lücken, oberseits glänzend grün, unterseits weißlich grün.

Blüten: Zweihäusig, unmittelbar über dem Erdboden, zwischen den Blättern versteckt, die männlichen Blüten an wenig verzweigten, bis 2 m langen Ständen, die weiblichen gedrängt an kurzen, aufrechten Ähren.

Früchte: 6–8 cm große, eiförmige bis kugelige, mit glänzend orangebraunen Schuppen bedeckte, als Panzerfrüchte bezeichnete Beeren (Fruchtschuppen sind für alle Arten der Unterfamilie charakteristisch.), die drei Samen von einer angenehm süßsäuerlich schmeckenden,

weißlichen Pulpa umgeben (Bild Seite 16).

Verbreitung: *S. zalacca* ist im gesamten Malaiischen Archipel als ganz oder halb domestizierte Palme in zahlreichen Unterarten und Varietäten zu finden. Meist wächst sie an schattigen Plätzen. Ihre ursprüngliche Herkunft ist unbekannt.

Allgemeines: Von den 10–15 *Salacca*-Arten, die in Assam, Myanmar, Indochina, Sumatra, Java, Borneo und auf den Philippinen verbreitet sind, ist *S. zalacca* (Syn. *S. edulis*) die bekannteste. Ihre Früchte werden in den Anbaugebieten auf allen lokalen Märkten angeboten. Sie fallen durch ihre Schlangenhaut-ähnliche, hoch glänzende Schale auf und sind aufgrund ihres erfrischenden Geschmacks und der durststillenden Wirkung sehr geschätzt.

Kosipalme
Raphia australis

Unterfamilie: Calamoideae
Habitus: Stammlose oder sehr kurzstämmige, bis 28 m hohe, sehr großblättrige Fiederpalme, einzeln wachsend oder durch Adventivsprosse Gruppen oder kleine Gebüsche bildend
Blätter: Steil aufgerichtet, bis 20 m lang und 3 m breit, sie gehören damit zu den größten Blättern im Pflanzenreich, an einem sehr starken Blattstiel, der von den Eingeborenen als Bootsausleger verwendet wird, sehr zahlreiche schmale, am Rande dornige, bis 1,5 m lange Blättchen.
Blüten: Die Gattung gehört zu den hapaxanthen Pflanzen, sie blühen und fruchten nur einmal und sterben dann ab. Nach einem Lebensalter von 25–30 Jahren entwickeln sich innerhalb von zwei bis drei Jahren die zweihäusigen Blüten in riesigen, bis 3 m langen, aufrechten, endständigen Infloreszenzen.
Früchte: Bis 9 cm lange, mit sich überlappenden, glänzenden, goldbraunen Schuppen bedeckte Beeren.

Verbreitung: An sumpfigen Standorten im südlichen Mosambik und an der Kosi Bay im nördlichen Zululand.
Allgemeines: Die Gattung ist mit 28 Arten vorwiegend in feuchteren Gebieten Afrikas verbreitet. Einige Arten haben eine wirtschaftliche Bedeutung.
Der im Garten- und Weinbau verwendete Raphia-Bast wird von der Bastpalme, *R. farinifera*, heimisch in Madagaskar, gewonnen, indem man die Blättchen am Grunde abschneidet und dann die Bastleitbündel mitsamt der Oberhaut bis zur Spitze hin abzieht. Die Einwohner Madagaskars stellen aus dem Bast feine Korbwaren, Hüte, Matten, Wandbehänge und Gürtel her.
Die Weinpalme, *R. vinifera,* liefert, wie viele andere Palmen, einen zuckerhaltigen Saft, der sich zum Vergären besonders gut eignet. Man gewinnt den Saft aus den Wunden abgeschnittener Blütenstände – dann stirbt der Baum – oder aus einem Zapfloch am oberen Stammende.

Nipapalme
Nypa fruticans

Unterfamilie: Nypoideae
Habitus: Unbewehrte Fiederpalme, Stamm kriechend oder unterirdisch, gabelig verzweigt.
Blätter: Bis 13 m lang, aufgerichtet und an der Spitze zurückgebogen, Blättchen bis 1,2 m lang, lanzettlich, steif, lang zugespitzt, Blattoberseite glänzend grün, Unterseite weiß.
Blüten: Blütenstände aus einem endständigen, zitronengelben weiblichen Blütenkopf und seitenständigen männlichen, locker verzweigten, cremefarbenen Teilblütenständen (Kätzchen), Hüllblätter orangefarben. Die Bestäubung erfolgt wahrscheinlich durch feuchtigkeitslieben-de Taufliegen *(Drosophila)*.
Früchte: Kastanienbraune Steinfrüchte, dicht gedrängt in einem kopfartigen Fruchtstand.
Verbreitung: Sri Lanka, Myanmar, Malaiischer Archipel, Philippinen, tropisches Australien. Besiedelt den Mangrovengürtel der breiten, flachen, schlammigen Flussmündungen, die vom Gezeitenhub noch beeinflusst werden.

Breitet sich durch Samen und Ausläufer aus und bildet stellenweise fast reine Bestände.
Allgemeines: Die Nipapalme ist eine Nutzpalme mit vielseitigen Verwendungsmöglichkeiten. Ihre Blätter gelten als hochwertiges Bedachungsmaterial, im Malaiischen »Atap« genannt. Die jungen Blütenstände liefern einen zuckerhaltigen Blutungssaft, der zu dunkelbraunem Zuckersirup eingedickt wird. Bis zum Beginn des Zweiten Weltkrieges wurde er auch zu Nipa-Whisky und Nipa-Branntwein verarbeitet. Die dünne, abziehbare, getrocknete Kutikula der Blätter wird in Malaysia als Zigaretten benutzt. Die jungen, noch weichen Früchte sind essbar.
Besonders ihrer kopfigen weiblichen Blütenstände wegen hat die Nipapalme innerhalb der Familie der Palmen eine Sonderstellung. Sie bildet allein die Unterfamilie der Nypoideae.

Flaschenpalme
Hyophorbe lagenicaulis

Unterfamilie: Ceroxyloideae
Habitus: Niedrige, unbewehrte Fiederpalme mit auffallendem, bis 4,5 m hohem Stamm, dieser in der Jugend wie ein großer, dickbauchiger, quer geringelter Krug wirkend, später etwas schlanker und flaschenförmig, Krone meist mit 6–8 Blättern, Kronenschaft (Blattscheide) groß, grün und glatt, den Stamm verlängernd. Kronenschaft und Blattstiele in der Jugend rot überlaufen.
Blätter: Derb, aufrecht, leicht bogenförmig übergeneigt, beiderseits der kräftigen Mittelrippe 30–60 dunkelgrüne, ungewöhnlich breite, etwa 60 cm lange Blättchen.
Blüten: Unterhalb des Kronenschaftes (in der Achsel eines bereits herabgefallenen Blattes) in rispenförmigen Infloreszenzen, Blüten in Gruppen, die aus einer weiblichen Blüte und drei bis sieben darüberstehenden männlichen Blüten bestehen, Blütenstand in der Jugend von papierdünnen Hüllblättern umgeben und

in einem leichten Bogen fast senkrecht nach oben gerichtet.
Früchte: Bis 2,5 cm lange, ellipsoide, glatte, schwarze oder orangefarbene Beeren.
Verbreitung: Round Island.
Mit fünf Arten ist die Gattung auf den Maskarenen-Inseln Mauritius, Réunion und Rodrigues heimisch. Darauf bezog sich der heute ungültige Gattungsname *Mascarena*. Die Flaschenpalmen sind an ihren natürlichen Standorten heute nahezu ausgerottet.
Allgemeines: Ihrer eigentümlichen Gestalt wegen hat *H. lagenicaulis* als Zierpalme in den Tropen eine weltweite Verbreitung erfahren. Sie ist widerstandsfähig gegen Trockenheit und Salzeinwirkung.
Auch *H. verschaffeltii*, die Spindelpalme, ist als Zierpalme weit verbreitet. Sie unterscheidet sich von *H. lagenicaulis* durch den weniger stark ausgeprägten Stamm.
Die Früchte aller *Hyophorbe*-Arten werden als Schweinefutter verwendet. Man bezeichnet sie deshalb gelegentlich auch als »Futterpalmen«.

Zierliche Bergpalme
Chamaedorea elegans

Unterfamilie: Ceroxyloideae

Habitus: Unbewehrte Fiederpalme, mehr oder weniger große Horste aus dicht zusammenstehenden, bis 3 m hohen Stämmchen bildend, Stämmchen rohrartig, etwa 2,5 cm stark, grün, durch Blattnarbenreste geringelt, Krone im Mittel mit 5–15 Blättern in einem graziös überhängenden Schopf

Blätter: Jederseits mit 11-20 hellgrünen, 12–20 cm langen Blättchen.

Blüten: Zweihäusig, in aufrechten, bis 1 m langen, rispig verzweigten Infloreszenzen

Früchte: Kleine, rundliche, zur Vollreife schwarze, 6 mm dicke Beeren. Zur Fruchtreife färben sich die Blütenstandsachsen orange.

Verbreitung: Heimisch ist die Bergpalme in Mexiko und Guatemala. Sie wächst dort in dichten, undurchdringlichen Bergwäldern. Bei uns gilt die Bergpalme gegenwärtig als eine der beliebtesten Zimmerpalmen.

Allgemeines: Mit rund 100 Arten ist die Gattung überwiegend in den kühlfeuchten Bergwäldern Mexikos, Süd- und Mittelamerikas verbreitet. Viele Arten bilden Ausläufer und wachsen deshalb in Horsten. Sie werden maximal 6 m hoch und tragen kleine, lockere Wedelkronen.

Die Blütenstände entwickeln sich meist unterhalb der Krone, sie sind vor der Entfaltung von mehreren unvollständig entwickelten, tütenförmigen Hüllblättern umgeben. Aus den wohlriechenden weiblichen Blüten entstehen kleine Früchte unterschiedlicher Färbung, deren Schmuckwirkung durch die sich zur Fruchtreife hochrot oder orange verfärbenden Blütenstandsachsen noch unterstrichen wird.

Zu den wirtschaftlich genutzten Arten der Gattung gehört die Pacayapalme, *C. tepejilote*, aus Mexiko und Kolumbien. Blüten und jüngste Blätter werden wie Palmkohl zubereitet und gegessen. Von *C. pacaya*, heimisch in Costa Rica und Panama, wird der männliche Blütenstand als Gemüse verzehrt.

Zuckerpalme
Arenga pinnata

Unterfamilie: Arecoideae
Habitus: Massige, bis 20 m hohe, hapaxanthe Fiederpalme mit sehr großer, steil aufgerichteter Krone aus 24 Blättern, Stamm kräftig, von großen Blattnarben bedeckt und in dicke, schwarze, bedornte, Rosshaar-ähnliche Fasern gehüllt, die Rudimente der Blattstielbasis darstellen.
Blätter: Bis zu 12 m lang, Mittelrippe außerordentlich derb, Blättchen 120–200, V-förmig gefaltet, in verschiedenen Winkeln abstehed.
Blüten: In 2,5 m langen, hängenden, bisexualen Inforeszenzen, vor der Entfaltung von zahlreichen Hüllblättern umgeben, zahlreiche männliche und weibliche Blütenähren stehen dicht gedrängt an einer kurzen Grundachse, die Entwicklung der Blüten erfolgt von oben nach unten.
Früchte: 3-samige Steinfrüchte. Das Fruchtfleisch ist sehr stark mit giftigen Oxalatkristallen angereichert. Nach dem Erreichen der Fruchtreife sterben die Pflanzen ab.

Verbreitung: Malaiischer Archipel. Die Gattung ist mit 17 Arten von Indien, Südchina, den Riukiuinseln und Taiwan über ganz Südost-Asien, Melanesien (einschließlich den Weihnachtsinseln) bis Nordostaustralien verbreitet. Die größte Artenvielfalt kommt am Sunda-Schelf vor.
Allgemeines: Die Zuckerpalme ist eine von zahlreichen Palmenarten mit wirtschaftlicher Bedeutung. Seit Urzeiten wird sie zur Gewinnung von Zuckersaft angezapft. Dazu werden die jungen männlichen Blütenstände abgeschnitten. Aus der Schnittstelle fließen in einem Zeitraum von zwei bis fünf Monaten täglich 2–7 l Saft. Hat sich die erste Schnittstelle erschöpft, wir ein weiter unterseits stehender Blütenstand angezapft. Eine Palme soll bis zu 1800 l Saft liefern, der in Bambusröhren abgeleitet wird. Der Saft enthält etwa 15 % Saccharose, er wird zu Palmwein vergoren oder durch Kochen zu braunem Rohrzucker verarbeitet, der in Scheiben gepresst zum Kauf angeboten wird. Aus den derben, dunklen Fasern fertigt man Besen, Bürsten und Matten. Früher dienten sie zum Decken der Eingeborenenhütten. Noch heute tragen die Merus in den hinduistischen Tempelanlagen Balis schwarze Dächer aus den Fasern der Zuckerpalme.
Die Zuckerpalme wird außerdem zur Gewinnung von Sago genutzt.
Die Gattung *Arenga* gehört zu den Palmenarten, die nur einmal in ihrem Leben blühen und fruchten und danach absterben.

Fischschwanzpalme,
Ostindische Brennpalme
Caryota urens

Unterfamilie: Arecoideae
Habitus: Auffällige, bis 24 m hohe, unbewehrte, hapaxanthe Fiederpalme, Stamm säulenförmig, bis 40 cm dick, durch furchenartige Ringe (die Narben abgefallener Blätter) gegliedert, Krone mit 10–20 Blättern.
Blätter: 5–6 m lang, 3,5 m breit, doppelt gefiedert (in der Jugend nur einfach), Blättchen V-förmig gefaltet, rhombisch keilförmig mit unregelmäßig gezähntem und zerschlissenem Rand, sie erinnern an Fischflossen, deshalb auch die Bezeichnung Fischschwanzpalme.
Blüten: Männliche und weibliche Blüten in bis 3,5 m langen, herabhängenden, von zahlreichen Hüllblättern umgebenen Infloreszenzen. Zur Blühreife des Baumes, in den Tropen etwa vom 13. Lebensjahr an, entwickeln sich Blütenstände zuerst an der Stammspitze, dann über etwa fünf Jahre jeweils weiter abwärts, schließlich in der Nähe der Stammbasis. Nach der Fruchtreife stirbt der Baum langsam ab.

Früchte: Kugelig, 1- bis 2-samig, glatt, etwa kirschgroß, Außenhaut ledrig und dünn, rötlich braun, Fruchtfleisch anfangs rot, giftige Oxalatkristalle enthaltend, deshalb von brennendem Geschmack.
Verbreitung: Natürliches Vorkommen in Vorderindien, Sri Lanka, Myanmar und im Malaiischen Archipel. Eine der häufigsten und bekanntesten Arten in tropischen Gärten.
Allgemeines: Aus dem Saft der wertvollen Nutzpflanze lässt sich Palmzucker von besonderer Qualität, natürlich auch Palmwein, erzeugen. Der Stamm wird zum Hausbau verwendet, aus dem harten und dauerhaften Außenholz werden Latten und Gerüste gefertigt. Aus dem Mark des Stammes wird ein vorzügliches Stärkemehl (Sago) hergestellt. Die schwarzen Fasern der Blattscheiden (Kittulfasern) lassen sich zu Körben, Seilen und Bürsten verarbeiten.
Von den zwölf Arten der Gattung kommt auch die Buschige Fischschwanzpalme, *C. mitis*, in tropischen Gärten öfter vor. Sie ist in Indien, Myanmar, Malakka, Java und auf den Philippinen beheimatet. Ihre 5–8 m hohen Stämme stehen in Gruppen. Nach der Fruchtreife stirbt nur der jeweilige Stamm ab, nicht die ganze Pflanze. Die doppelt gefiederten Blätter werden etwa 3 m lang, ihre SeitenBlättchen sind fast dreieckig, abgestumpft, mit unregelmäßig gezähntem Rand. Die Endblättchen sind unregelmäßig gezähnt bis gespalten, fächerförmig. Die Blattscheiden tragen kurze schwarze Schuppen. Die Blütenstände erreichen hier nur eine Länge von 50–60 cm. Sie entwickeln sich zuerst in den Achseln der oberen Blätter, dann weiter abwärts, bis der Stamm nach dem Fruchten des untersten Blütenstandes abstirbt.

Goldblattpalme
Chrysalidocarpus lutescens

Unterfamilie: Arecoideae

Habitus:. 9–10 m hohe, dekorative, unbewehrte Fiederpalme mit in Gruppen stehenden, schlanken, 12–15 cm dicken, glatten, grünen, durch stammumfassende Blattstielnarben quer geringelten Stämmen, Krone mit sechs bis acht, anfangs aufrechten, später in eleganten Bögen überhängenden Blättern.

Blätter: Bis 2 m lang, Blättchen bis 60 cm lang, linealisch-lanzettlich, grün, nur an sonnigen Standorten goldgelb überlaufen, Blattscheiden (Kronenschäfte) auffallend groß, 40–50 cm lang, zylindrisch, glatt, am Grunde leicht blasig aufgetrieben, plötzlich in die stielrunde Mittelrippe übergehend.

Blüten: Getrenntgeschlechtlich, in Dreiergruppen, zwischen zwei männlichen entwickelt sich eine weibliche Blüte, in kleinen Rispen in den Blattachseln, umgeben von zwei Hüllblättern, von denen eines bald abfällt.

Früchte: 1–2 cm lang, eiförmig, violett-schwarz, Fruchtfleisch faserig und fest.

Verbreitung: Ursprünglich in Madagaskar heimisch. Als Zierpflanze ist die Goldblattpalme in tropischen Gärten weltweit verbreitet.

Allgemeines: Die Goldblattpalme (häufig auch als Goldfruchtpalme oder Schmetterlingspalme bezeichnet) entwickelt ihre typische goldgelbe Blattfarbe nur an vollsonnigen Standorten. Bei ausreichender Bewässerung gedeiht sie auf jedem Boden. Bei uns gilt sie als eine der dankbarsten und schönsten Palmen für Gewächshäuser und große Räume. Oft wird sie unter dem Namen Arecapalme angeboten.

Die Gattung umfasst etwa 20 Arten, die auf Madagaskar, den Komoren und auf der Insel Pemba verbreitet sind.

Dreieckspalme
Neodypis decaryi

Unterfamilie: Arecoideae
Habitus: Kleine, unbewehrte Fiederpalme, Stamm im Alter 3–6 m hoch, rund, bis 40 cm dick, in der Jugend, solange die Palme noch keinen Stamm gebildet hat, bilden die 3-zeilig angeordneten Blätter einen dreieckigen »Stamm«, Krone mit 20 streng 3-zeilig angeordneten Blättern.
Blätter: 2,5 m lang, schräg aufrecht stehend, an der Spitze sich in eleganten Bögen überneigend, jederseits mit 50–50 graugrün gefärbten Blättchen, Blattstiel mit 40 cm breiter, kahnförmiger Basis, Blattscheide und Mittelrippe mit einem feinen rotbraunen bis braunen Flaum bedeckt. Die unteren, sehr langen und dünnen »Blättchen« stellen so genannte Zügel dar. Sie haben das Blatt im Knospenzustand zusammengehalten und sich bei der Blattentfaltung gelöst. Sie sind länger als die Blättchen, er reichen aber nicht die Länge der Blattspreite. Es gibt sie auch bei anderen Fiederpalmen, sie fallen dort aber stets ab.

Blüten: In Dreiergruppen, die aus einer zentralen weiblichen und zwei seitlichen männlichen Blüten bestehen (Es kommen auch einzeln stehende oder gepaarte männliche Blüten vor.), in rispenförmigen, anfangs von zwei Hüllblättern umgebenen Inforeszenzen, an jüngeren Pflanzen zwischen den Blättern, an älteren unterhalb des Blattschopfes.
Früchte: Knapp 1,5 cm breit, olivgrün.
Verbreitung: Heimisch in niedrigen Lagen auf Madagaskar, wurde dort erst 1933 entdeckt.
Allgemeines: Mit ihren eigenartig angeordneten Blättern und der auffälligen Blattfärbung zeichnet sich *N. decaryi* als ganz unverwechselbare Gestalt unter den Palmen aus. Ihr Artname erinnert an den französischen Botaniker und Pflanzensammler Decary, der vor allem auf Madagaskar gearbeitet hat.
Die Gattung ist mit insgesamt 14 Arten ausschließlich auf Madagaskar verbreitet.

Assaipalme
Euterpe edulis

Unterfamilie: Arecoideae
Habitus: Hohe, schlanke Fiederpalme mit lichter Krone, Stamm bis 30 m hoch, hellgrau. Die Palme vermehrt sich durch basale Wurzelschösslinge und tritt deshalb oft in Gruppen auf.
Blätter: 2–3 m lang, bogenförmig ausgebreitet, an der Spitze überhängend, jederseits mit 70–80 schmalen, linealischen bis lanzettlichen, fein zugespitzten Blättchen, dessen 3-kantiger Blattstiel sich in der deutlich hervortretenden Rhachis fortsetzt.
Blüten:. In Dreiergruppen mit je einer weiblichen zwischen zwei männlichen Blüten, die weiblichen Blüten mit abgestumpft dreieckigen, weißen Kelch- und dunkelpurpurnen Kronblättern, in achselständigen, knapp 1 m langen Infloreszenzen
Früchte: Dunkelviolette bis schwarzblaue Beeren mit einem süßen, saftigen, ölhaltigen Fruchtfleisch.

Verbreitung: Südstaaten von Brasilien und in den benachbarten Regionen von Argentinien.
Allgemeines: Zur Gewinnung von Palmito (= Palmherzen, Palmkohl) wird der von den Blattbasen eingeschlossene, lange Vegetationskegel verwendet. Palmito lässt sich von vielen Palmenarten gewinnen. Alle einstämmigen Palmenarten gehen nach der Entnahme des Vegetationskegels ein. Bei den in Gruppen lebenden *Euterpe*-Arten stirbt nur der beerntete Stamm. Deshalb lassen sich *Euterpe*-Arten zur Gewinnung von Palmito in Plantagen halten.
Aus dem Fruchtfleisch lässt sich ein pflaumenblaues, durch den Ölgehalt rahmartiges Getränk herstellen. Es wird in Brasilien, vor allem im Staat Para, aber auch in Paraguay als beliebtes Erfrischungsgetränk angeboten.
Von den etwa 28 Arten im tropischen Amerika ist auch die Kohlpalme, *E. oleracea*, von wirtschaftlicher Bedeutung. Sie kommt im Amazonasgebiet häufig vor und ist von Brasilien bis Venezuela verbreitet.

Kubanische Königspalme
Roystonia regia

Unterfamilie: Arecoideae
Habitus: Hohe, majestätische, unbewehrte Fiederpalme, Stamm bis 40 m hoch und 60–70 cm stark, grau, glatt, leicht geringelt, säulenförmig, oft nicht gleichmäßig dick, sondern oft mit einer Anschwellungszone, der eine Verjüngungszone folgt, am oberen Ende ein 2–3 m langer, grüner, an der Basis verdickter Kronenschaft.
Blätter: 3–4 m lang, Blattstiel 50–60 cm lang, Blättchen sehr zahlreich, 90 cm lang, in verschiedene Richtungen abstehend.
Blüten: In reich verzweigten, einhäusigen Infloreszenzen unterhalb des Kronschaftes, im Knospenstadium von zwei Hüllblättern umgeben, schräg nach oben vom Stamm abstehend.
Früchte: Etwa 1 cm große, zur Reife dunkelbraune bis schwarze, essbare Beeren
Verbreitung: Heimisch ist die Königspalme in den Wäldern Kubas. Sie wächst dort überwiegend im Flachland auf nährstoffreichen, tiefgründigen Roterdeböden. In den offenen Landschaften Kubas beherrscht sie völlig das Bild der Vegetation. Da sie als Wappenpflanze des Landes unter Schutz steht, hat sich ihr Bestand stark vergrößert. Sie gilt als eine der elegantesten unter allen Palmen, und man findet sie häufig in Gärten der Tropen als Zierpalme.
Allgemeines: Die etwa zehn bis zwölf Arten der Gattung sind von Südflorida über Südwestmexiko, entlang der Nordküste Südamerikas, bis hin zu den Antillen verbreitet.
In tropischen Gärten ist als Zierpalme oft auch die Karibische Königspalme, *R. oleracea*, zu finden. Sie hat ihre Heimat auf den Kleinen Antillen, in Trinidad, Tobago und Venezuela. Sie erreicht Höhen bis 40 m und unterscheidet sich von der Kubanischen Königspalme durch längere Blätter (bis 3,6 m) und durch die 2-zeilige Anordnung der Blättchen. Aus ihren Früchten lässt sich Öl pressen, aus den Vegetationskegeln Palmkohl gewinnen.

Feuerpalme
Archontophoenix cunninghamiana

Unterfamilie: Arecoideae
Habitus: 20–25 m hohe, schlanke Fiederpalme, Stamm dunkelgrau und durch Ringnarben gekennzeichnet, an der Basis nicht verdickt, Krone mit 8–12 Blättern.
Blätter: 2–3 m lang, bogig überhängend, beiderseits grün, die etwa 50 cm langen und 4–5 cm breiten, V-förmigen Blättchen vorne zugespitzt, am Grunde lang ausgezogen und mit herabhängenden Fasern versehen, Blattstiele am Grunde verbreitert und zu einen 60–100 cm langen, glatten, grünen bis purpurbraunen Kronenschaft vereint.
Blüten: Getrenntgeschlechtlich, in Dreiergruppen mit je einer weiblichen und zwei männlichen Blüten, rot bis lila gefärbt, in mehrfach verzweigten Rispen unterhalb der grünen Blattscheiden, im Kolbenstadium von einem papierdünnen Hüllblatt umgeben.
Früchte: Etwa 2 cm große, kugelige, rote Beeren, Samen von anliegenden Fasern umgeben.

Verbreitung: Australien: Queensland und Neusüdwales. Als dekorative Schmuckpalme in tropischen und subtropischen Gärten weit verbreitet.
Allgemeines: Von den zwei Arten der Gattung, die im tropischen und subtropischen Ostaustralien beheimatet sind, ist auch die Alexandrapalme, *A. alexandrae*, als Schmuck- und Nutzpalme von Bedeutung. Sie hat ihre natürliche Verbreitung in Queensland und wird häufig in den Gärten von Florida, Jamaika und Venezuela angepflanzt. Von *A. cunninghamiana* unterscheidet sie sich vor allem durch den helleren, an der Basis stärker geschwollenen Stamm und die weiß- oder aschgraue Unterseite der Blatt-Blättchen.
Aus Neuguinea wird berichtet, dass die Palme von den Papuas vielseitig verwendet wird. Aus dem Mark der Blattstiele wird ein sehr kalziumreiches Gemüse zubereitet. Es schmeckt etwas bitter, weil ein kleiner Prozentsatz an Bitterstoffen vorhanden ist, der auch durch Erhitzen nicht völlig beseitigt wird. Die reifen Samenkerne werden als Alkoholersatz gekaut, sie besitzen eine berauschende Wirkung. Aus dem fein gespaltenen Stammholz fertigen die Papuas die Fußböden und die Dachkonstruktion ihrer auf Pfählen stehenden Häuser.

Rotstielpalme, Siegellackpalme
Cyrtostachys renda

Unterfamilie: Arecoideae

Habitus: Zierliche, buschartig wachsende, unbewehrte, 10–12 m hohe Fiederpalme, Stämme in dichten Gruppen, rohrartig, glatt und grün, mit gut entwickeltem, wachsartig belegten Kronschaft und hellen, Stamm umfassenden Blattnarben.

Blätter: 1,2–1,5 m lang, steif aufgerichtet, die jederseits bis zu 50 Blättchen bis zu 45 cm lang, unterseits graublau, Blattbasen, -stiel und Mittelrippe der Blätter stumpfrot.

Blüten: Grün, in Dreiergruppen, neben einer zentralen weiblichen je zwei männliche Blüten, die Dreiergruppen gleichmäßig auf der ganzen Länge der Blütenstandsachse verteilt, in mehrfach verzweigten, rispigen, zunächst grünen, später sich rot färbenden Infloreszenzen unterhalb des Kronschaftes, zunächst von zwei Hüllblättern umgeben.

Früchte: Rund bis ellipsoid, 1-samig, 1 cm lang, schwarze, an der Basis rot.

Verbreitung: *C. renda* ist, ausschließlich in Torfmooren und meist nahe der Küste, auf dem Malaiischen Archipel, Sumatra und Kalimantan heimisch, die anderen sieben oder acht Arten kommen in Neuguinea und in Melanesien in niedrig gelegenen Regenwäldern und in Höhen bis 500 m vor.

Allgemeines: *C. renda* zeichnet mit ihrem zierlichen Wuchs und den auffallend gefärbten Blattbasen eine besondere Schönheit aus. Sie ist deshalb in den Gärten der Tropen weit verbreitet. Dort sieht man häufig auch Pflanzen, die als *C. lakka* (rechtes Bild) bezeichnet werden und die sich von *C. renda* durch einen niedrigeren, grazilen Wuchs und durch die leuchtende, hochrote Färbung der Blattbasen und Mittelrippen, die wie lackiert wirken, unterscheiden. Die Botaniker führen *C. lakka* heute nicht mehr als selbstständige Art, sondern stellen sie zu *C. renda*.

Kentiapalme
Howea forsteriana

Unterfamilie: Arecoideae

Habitus: Grazile, bis 18 m hohe Fiederpalme mit kleiner Wedelkrone, Stamm kräftig, an der Basis kaum verdickt, durch die Narben der Blattstiele ringförmig gezeichnet.

Blätter: 3–4 m lang, aufrecht bis abstehend und nur leicht übergeneigt, Blättchen dicht und regelmäßig gegenständig, abstehend bis übergeneigt, Mittelrippe auf der Ober- und Unterseite deutlich sichtbar, beiderseits gleichmäßig grün, unterseits mit punktartigen Schuppen.

Blüten: In Dreiergruppen, die männlichen Blüten größer als die weiblichen und mit je 80–100 Staubblättern, in langen, zylindrischen, ährenartigen, zwischen den Blättern stehenden Infloreszenzen, sie stehen in Gruppen von 3–8 auf einem gemeinsamen, kurzen Stiel, der ganze Blütenstand anfangs von einem röhrenartigen, papierartig dünnen Hüllblatt umschlossen.

Früchte: Orangefarben bis tiefrot, 2–3 cm lang, ellipsoid, mit lang ausgezogener, konisch verjüngter Spitze.

Verbreitung: Heimisch auf den Lord-Howe-Inseln im Südpazifik. Als Zierpflanzen weit darüber hinaus verbreitet.

Allgemeines: Die Gattung umfasst nur zwei Arten. Auch *H. belmoreana* ist auf den Lord-Howe-Inseln heimisch. Sie wächst noch zierlicher als *H. forsteriana* und wird nur etwa 7 m hoch, ihr schlanker, ebenfalls ringförmig gezeichneter Stamm ist an der Basis stark verdickt. Die Blätter sind nur etwa 2 m lang, ihre Blättchen lassen lediglich auf der Oberseite die Mittelrippe deutlich erkennen. Die Blütenstände stehen einzeln in den Blattachseln, ihre männlichen Blüten haben nur 30–40 Staubblätter. Auch die Früchte zeigen Unterschiede, sie sind 3–4 cm dick, elliptisch und haben eine schnabelartig aufgesetzte Spitze, sie sind grünlich grau gefärbt und gelegentlich rötlich getönt.

Betelpalme
Areca catechu

Unterfamilie: Arecoideae
Habitus: Bis 30 m hohe Palme mit kleiner Wedelkrone und sehr schlankem Stamm.
Blätter: 1,5–2 m lang, steif, deutlich bogenförmig übergeneigt, Fieder dicht beisammen, steif nach vorn gerichtet.
Blüten: Blüten zitronengelb, wohlriechend, relativ wenig weibliche Blüten am Grunde und zahlreiche männliche an der Spitze der Infloreszenzen, diese zu mehreren unter der Ansatzstelle der Blattbasen. Blütenkolben anfangs von einem Hüllblatt umgeben.
Früchte: Bis 5 cm dicke, gelbe bis orange oder scharlachrot gefärbte, glattschalige Beeren mit einem großen, fettreichem Samen, der fälschlich als »Betelnuss« bezeichnet wird.
Verbreitung: Natürliche Vorkommen der Betelpalme sind bisher nicht gefunden worden. Sie wird aber seit sehr langer Zeit in fast jedem Dorf von Vorder-Asien bis zu den Salomoninseln kultiviert. Die Gattung umfasst 50–60 Arten.

Allgemeines: Seit Jahrtausenden soll, vor allem im indomalaiischen Raum, die Sitte des Betelkauens verbreitet sein. Dazu werden die gerösteten oder gekochten Samen in Scheiben geschnitten und mit Kalk, Zimt und anderen Gewürzen gemischt, in die Blätter des Betelpfeffers (Seite 349) gewickelt und gekaut. Häufig kommt auch bengalisches Catechu (aus *Acacia catechu*) oder Gambir-Catechu (aus *Uncaria gambir*) hinzu. Das strahlig zerklüftete, fettreiche Nährgewebe der Samen enthält mehrere Alkaloide, darunter als wirksame Substanz Arecolin und Gerbstoffe, vor allem Areca-Rot. Als leicht narkotisierende Substanz (Hemmung der Herztätigkeit) ist das Betelkauen wenig schädlich. Die unmittelbaren Folgen sind Blutstauungen im Kopf und ein roter Speichelfluss. Es soll zu einer Stärkung von Zahn- und Gaumenfleisch führen und Eingeweidewürmer abtöten, gleichzeitig soll es aber Krebsgeschwüre in der Mundhöhle hervorrufen.

Butiapalme
Butia capitata

Unterfamilie: Arecoideae

Habitus: Kompakte, etwas plump wirkende, bis 6 m hohe Fiederpalme, Stamm bis 45 cm dick, lange von den harten, unregelmäßig angeordneten Blattbasen bedeckt. Krone rundlich, die 40–50 Blätter zunächst steil aufgerichtete, dann in eleganten Bögen tief nach unten geneigt, mit der Spitze oft fast den Boden berührend.

Blätter: 2–3 m lang, die 140 derben, linealisch-lanzettlichen, in eine lange Spitze ausgezogen, blaugrünen Blättchen jeweils zu zweit oder zu dritt in Gruppen, Blattstiel mit Faserzähnen.

Blüten: Gelb, rot oder purpurn. Sie stehen in Dreiergruppen aus je einer weiblichen und zwei männlichen Blüten. Zur Spitze des Blütenstandes hin erscheinen oft nur männliche Blüten, die einzeln oder in Paaren stehen, in bis 1,5 m lang, vor der Entfaltung von einem kahnförmigen, ausgeprägt zugespitzten, verholzten Hüllblatt umgebenen Inforeszenzen.

Früchte: 3 cm große, gelbe bis orangefarbene, 1- bis 3-samige Beeren. Die bis 30 kg schweren Fruchtstände biegen sich tief nach unten. Das an Vitamin C reiche Fruchtfleisch lässt sich zu Gelee (deshalb auch der Name Geleepalme) und für Bowlen verarbeiten. Gelegentlich werden ganze Früchte in Alkohol eingelegt.

Verbreitung: Heimisch in Südbrasilien und Uruguay, Nordargentinien. *B. capitata* ist eine anspruchslose und robuste Palme, die sogar leichten Frost erträgt. Als Zierpalme ist sie weit verbreitet, zum Beispiel reicht ihre Verbreitung bis in die Gärten an der Schwarzmeerküste.

Allgemeines: Die Gattung *Butia* umfasst acht bis zwölf gut voneinander abgegrenzte Arten. Sie alle sind in den kühleren und trockenen Gebieten von Südbrasilien, Paraguay, Uruguay und Argentinien heimisch.

Honigpalme
Jubaea chilensis

Unterfamilie: Arecoideae

Habitus: Wuchtige, bis 24 m hohe, unbewehrte Fiederpalme, Stamm bis 1,8 m dick (vermutlich der dickste unter den Palmen), bleigrau, mit zackig vorstehenden Blattgrundresten, am oberen Ende etwas verjüngt, Krone mit zahlreichen Blättern.

Blätter: Bis 5 m lang, Blättchen zahlreich, bis 60 cm lang, an der Spitze gespalten. Blattstiel kurz und mit breiter Basis.

Blüten: Blüten purpurlila, im unteren Teil des Blütenstandes in Dreiergruppen mit je einer zentralen weiblichen und zwei seitlichen männlichen Blüten, an der Spitze stehen die männlichen Blüten einzeln oder in Paaren. Blütenstände etwa 1,5 m lang, zwischen den Blättern stehend, an einer abstehenden Hauptachse zahlreiche gewellte, dicht stehende Seitenachsen, in der Jugend von einem kleineren äußeren und einem größeren inneren, verholzenden Hüllblatt umgeben. Die Blütenbildung setzt erst ab dem 60. Lebensjahr ein.

Früchte: 4–5 cm lange, eiförmige, 1-samige, orangegelbe, glattschalige Steinfrüchte mit einem dicken süßen Fruchtfleisch.

Verbreitung: Heimisch an der Pazifikküste Mittelchiles, dort aber nur noch selten zu finden. Heute in warm temperierten Zonen weltweit verbreitet.

Allgemeines: Bis zu dem 1971 erlassenen Nutzungsverbot wurde die Honigpalme als Lieferant von zuckerhaltigem Blutungssaft genutzt. Nach Entfernung der Blattkrone treten bei täglicher Erneuerung der Schnittwunde über einen Zeitraum von sechs bis acht Monaten täglich 300–400 l des zuckerhaltigen Saftes aus. Zu Sirup verarbeitet, war er als »Palmhonig« ein weit verbreitetes und begehrtes Süßungsmittel, was schließlich zum Raubbau führte.

Zu dieser Gattung zählt nur eine Art. Ihr wissenschaftlicher Name erinnert an König Juba II. von Mauretanien, der um die Zeitenwende lebte.

Kokospalme
Cocos nucifera

Unterfamilie: Arecoideae
Habitus: Unbewehrte, bis 30 m hohe Fiederpalme, Stamm schlank, nicht selten an der Basis verdickt und bogig aufrecht wachsend, Krone mit 28–30 Blättern.
Blätter: 4–6 m lang, mit starker, holziger Mittelrippe und den Stamm weit umfassender Blattbasis, die 150–180 linealischen Blättchen 90 cm lang, zäh und ledrig.
Blüten: An der Basis der Infloreszenzen in Dreiergruppen mit je einer weiblichen und zwei männlichen Blüten, oben nur männliche Blüten, einzeln oder in Paaren, in Rispen, die in der Jugend von einem kurzen und einem sehr großen, kahnförmigen, verholzenden Hüllblatt umgeben sind.
Früchte: 10–15 Steinfrüchte (»Nüsse«) pro Fruchtstand. Früchte von einer ledrigen Haut (Exokarp) umgeben. Das Mesokarp besteht aus einer dicken, lufthaltigen Faserschicht, die den Kern (Endosperm) umschließt. Ausgewachsene, aber noch unreife Früchte enthalten als Nährmedium eine stärkereiche, zunächst fast wasserhelle, später trübe Flüssigkeit, die als Kokosmilch bezeichnet wird.

Die schwimmfähigen Früchte werden von der Meeresströmung über weite Strecken transportiert, in der Regel ohne dass die Keimfähigkeit darunter leidet.

Verbreitung: Als ursprüngliche Heimat wird der melanesische Raum angesehen, dort liegt auch heute noch das Hauptanbaugebiet der Kokospalme. Darüber hinaus wird sie in allen Ländern der Tropen angebaut. Zur Gattung zählt nur eine Art.

Allgemeines: Die Kokospalme bedeutet für viele Tropenreisende das Symbol der Tropen schlechthin, man begegnet ihr nahezu überall. Die Kokospalme war schon zu Lebzeiten von Kolumbus ein pantropischer Kosmopolit.

Zur Gewinnung von Kokos-Öl wird das Endosperm (Nährgewebe) zu Kopra getrocknet, das 60–70% Öl enthält. Daraus wird Palmin hergestellt, das bei Zimmertemperatur weiß und fest, unter tropischen Temperaturen dagegen flüssig ist. Zur Gewinnung von Kopra werden die Steinfrüchte immer noch überwiegend von Hand, mit Buschmessern und Äxten, geöffnet, um das Exokarp (die äußere Schicht der Fruchtwand) von den Steinschalen (Endokarp) zu trennen.

Aus dem Fleisch werden außerdem Kokosflocken hergestellt. Die harten Schalen dienen zur Gewinnung von Aktivkohle, sie werden auch als Heizungsmaterial genutzt. Kokoswasser ist ein erfrischendes Getränk, das aus sechs bis sieben Monate alten Früchten gewonnen wird. Zur Bereitung von Palmwein wird der Blutungssaft (mit 15% Zucker) aus den Blütenständen gezapft.

Auch alle anderen Teile der Kokospalme werden auf vielfältige Weise genutzt.

Romanzoffianische Kokospalme
Syagrus romanzoffiana

Unterfamilie: Arecoideae
Habitus: Unbewehrte, bis 12 m hohe, locker-kronige Fiederpalme, Stamm kompakt, säulen-förmig, 40–60 cm dick, glatt, grau, Blattnarben ringförmig und wellig.
Blätter: Bis 6 m lang, bogig überhängend, hell-grün, die etwa 400 Blättchen bis 1 m lang, nur 3 cm breit und in der Mitte abrupt nach unten gebogen, die Ansatzstelle der Blätter und der Blattgrund sind von zahlreichen Fasern umge-ben.
Blüten: Blüten klein, weißgelb bis cremefar-ben, im unteren Teil des Blütenstandes in Dreiergruppen mit je einer weiblichen und zwei männlichen Blüten, weiter oben nur männliche Blüten, die einzeln oder in Paaren stehen, in ein-fach verzweigten Rispen. Von den zwei Hüll-blättern bleibt das erste in den Blattscheiden verborgen, das zweite ist viel länger, zuerst spindelförmig, später kapuzenförmig und hol-zig.

Früchte: Gelbe bis orangefarbene, etwa 3 cm lange, kurz geschnäbelte Steinfrüchte, die ku-gelförmigen Samen von langen, schmalen Fa-sern umhüllt, die ölreichen Samen können roh gegessen werden.
Verbreitung: Das ursprüngliche Verbreitungs-gebiet ist Brasilien. In Südostbrasilien dringt diese Kokospalme bis in die Dünengebiete der Atlantikküste vor. Die anspruchslose und ro-buste Palme wird heute weltweit in tropischen, subtropischen und mediterranen Gärten kulti-viert.
Allgemeines: Der Botaniker und Dichter Adal-bert von Chamisso entdeckte die Art in Süd-amerika, als er von 1815–1818 mit dem Segel-schiff Rurik auf Entdeckungsreise war. Er nannte sie zu Ehren seines Gönners, des russi-schen Fürsten M. P. Romanzoff, *Cocos roman-zoffiana*. Den Artnamen trägt die Palme heute noch, ihren Gattungsnamen musste sie mehr-fach wechseln. In zahlreichen Sammlungen ist sie noch als *Arecastrum romanzoffianum* aus-gezeichnet.
Die Gattung umfasst insgesamt 32 Arten, die von Venezuela bis Argentinien verbreitet sind. Die meisten Arten sind in Brasilien heimisch, eine Art auf den Kleinen Antillen.

Cohunepalme
Orbignya cohune

Unterfamilie: Arecoideae
Habitus: Imposante, unbewehrte Fiederpalme, Stamm 15–18 m hoch, 30–40 cm dick, nur am oberen Ende mit Blattstielresten bedeckt.
Blätter: Bis 9 m lang und 2,5 m breit, in spitzem Winkel aufrecht stehend, an der Spitze übergeneigt, Blättchen lang und hängend.
Blüten: Einhäusig, männliche und weibliche Blüten getrennt in 1–1,5 m langen, hängenden, einfach verzweigten Blütenständen, es kommen auch männliche und weibliche Blüten an einem Blütenstand vor.
Früchte: Sehr zahlreiche, 6 cm lange, an kleine Kokosnüsse erinnernde Steinfrüchte mit aufgesetzter Spitze. Ein Fruchtstand kann 800–1000 Früchte tragen.
Verbreitung: Heimisch von Südmexiko bis Mittelamerika, kommt oft in sumpfigen Niederungen vor.
Allgemeines: Das Fruchtfleisch von *O. cohune* ist essbar. Wertvoller aber sind die Samen mit ihrem Fettgehalt von 65–75%. In Mexiko werden jährlich 20000 t der Nüsse geerntet, aus denen Speise- und Schmieröl gewonnen wird.
Eine noch größere wirtschaftliche Bedeutung hat *O. phalerata*, die in Brasilien in riesigen Wildbeständen vorkommt. Ihre Früchte werden Babassu-Nüsse genannt. Aus der jährlichen Samenernte von 200000 t werden 60000 t Öl gewonnen, das teilweise exportiert wird. Das helle, nussartig riechende Fett besitzt als haltbares Speisefett in Brasilien große Bedeutung. Die Pressrückstände liefern ein wertvolles Futtermittel.
Aus den Schalen wird in großem Umfang Holzkohle gewonnen.
Die Gattung trägt den Namen des französischen Paläontologen A. D. d'Orbigny, der von 1826–1834 Südamerika bereiste. Er wurde später Professor am Botanischen Garten in Paris. Die Gattung besteht aus etwa 20 Arten, die von Mexiko bis Peru, Bolivien und Brasilien verbreitet sind.

Pfirsichpalme, Chontapalme
Bactris gasipaes

Unterfamilie: Arecoideae
Habitus: In dichten Gruppen wachsende, 10–20 m hohe Fiederpalme, Stamm bis 15 cm dick, dicht mit langen, nadelförmigen, schwarzen Stacheln besetzt; sie sind in Kreisen angeordnet, die mit den Blattnarben abwechseln, Krone mit 8–12 Blättern.
Blätter: Bis 3,6 m lang, lichtgrün, Stiel etwa 1,5 m lang, bestachelt, Blättchen in Gruppen zu zwei bis fünf, in verschiedenen Ebenen angeordnet und mit der Spitze fast senkrecht herabhängend.
Blüten: In Dreiergruppen mit je einer weiblichen und zwei männlichen Blüten, männliche Blüten kommen auch einzeln oder in Paaren vor. Blütenstände einfach verzweigt, von zwei Hüllblättern umgeben, von denen eines bleibt und holzig wird
Früchte: 3-kantige, orangerote, 4–6 cm große, äußerlich pfirsichähnliche Steinfrüchte, in einem Fruchtstand dicht gedrängt bis zu 200 Stück. In Kultur sind samenlose Früchte entstanden.
Verbreitung: Die ursprüngliche Heimat der Pfirsichpalme ist nicht genau bekannt; sie wird in Peru vermutet.
Allgemeines: Als alte Kulturpflanze der Indios ist die Pfirsichpalme in Süd- und Mittelamerika weit verbreitet, vor allem im Einzugsgebiet von Amazonas und Orinoko. Ihre Früchte bilden oft die Grundlage der Indianerernährung. Sie sind reich an Stärke (im frischen Fruchtfleisch sind 34–40% Stärke enthalten) und haben einen öligen Geschmack. Sie werden gekocht oder geröstet gegessen und zu Mehl verarbeitet. Aus den Früchten lässt sich Palm-Öl gewinnen sowie ein alkoholisches Getränk. Der rote Farbstoff des Fruchtfleisches wird zum Anfärben von Speisen verwendet. Die Samen liefern Macanilla-Fett. Das Palmherz und die jungen Blätter sind in gekochtem Zustand essbar. Das äußere, besonders harte Stammholz dient als Baumaterial und zur Herstellung verschiedenster Gerätschaften.
Eine andere Art, B. insignis, war Lebensgrundlage der Yurakare-Indios, im Osten Boliviens. Sie konnten dank dieser Palme, die sie »Tembe« nannten, vor der spanischen Invasion eine eigenständige Kultur entwickeln.
Die große Gattung umfasst 239 Arten, die von Mexiko und den Westindischen Inseln südlich bis Paraguay verbreitet sind, die größte Artenvielfalt kommt in Brasilien vor.
Bei den Shuar, die im Regenwald der östlichen Andenvorgebirge Venezuelas leben, wird jährlich ein Fest gefeiert, bei dem B. gasipaes eine große Rolle spielt. Wenn im Frühjahr heftige Winde die nahe Regenzeit und damit die Rückkehr Uwi's, dem Herrn der Fruchtbarkeit, ankündigen, feiern die Shuar ein sakrales Fest. Dazu werden Palmenfrüchte gesammelt und das Fruchtfleisch zur Vorbereitung der Gärung von den Frauen durchgekaut. Später wird von den Männern das Bier getrunken. Dazu werden verschiedene sakrale Lieder gesungen, die alle Leben und Nutzung der Palme beschreiben.

Afrikanische Ölpalme
Elaeis guineensis

Unterfamilie: Arecoideae
Habitus: Bis 30 m hohe Fiederpalme (in Kultur meist viel niedriger) mit 30–50 cm dickem Stamm und dichter Krone.
Blätter: Krone mit 40, bis 7,5 m langen Blättern, die 200–300 Blättchen bis 120 cm lang, Blattstiel etwa 1 m lang, am oberen Ende mit bis zu 4 cm langen Dornen.
Blüten: Der Baum entwickelt männliche und weibliche Blütenstände im periodischen Wechsel. Selten kommen Blütenstände mit männlichen und weiblichen oder sogar zwittrigen Blüten vor. Die Anlage der Blütenstände erfolgt 33–34 Monate vor der Blüte, die Bestimmung des Blütengeschlechtes ist 24 Monate vor der Blüte möglich. Bei jungen Pflanzungen kommt es vor, dass zur Bestäubung der weiblichen Blüten zu wenig männliche Blütenstände vorhanden sind. Dann kann der Ertrag durch künstliche Bestäubung erhöht werden. Der trockene Pollen ist ohne weitere Behandlung einen Monat lang lagerfähig.

Früchte: Asymmetrische, 3–3,5 cm lange, 1-samige Steinfrüchte, orange mit roter bis schwarzer Pigmentierung, die Schale ist dünn, das Fruchtfleisch ölhaltig. Sie sind zu rundlichen, 15–25 kg schweren Fruchtständen zusammengefasst, die jeweils 1000–4000 Früchte tragen.
Verbreitung: Das natürliche Verbreitungsgebiet erstreckt sich auf die feuchten Regionen des tropischen Afrikas, möglicherweise ist die Palme im Osten Madagaskars eingeführt. Angebaut wird sie außer in der ursprünglichen Heimat vor allem in Malaysia und Indonesien, seit langer Zeit auch in Süd- und Mittelamerika. Die Selektion ertragreicher Typen hat die Ertragsfähigkeit der Ölpalmen wesentlich gesteigert. Während die Wildpalmen Afrikas Erträge von 0,6–1 t Öl pro ha lieferten, liegen die heutigen Erträge über 6 t. Damit ist die Ölpalme die weitaus ertragreichste Ölpflanze geworden.
Allgemeines: Ölpalmen beginnen schon nach vier bis fünf Jahren Früchte zu tragen. Plantagen werden etwa 25–30 Jahre lang beerntet, danach werden die Bäume für eine leichte Ernte zu hoch. Die größte Ölmenge liefert das Fruchtfleisch, etwa ein Achtel der verwertbaren Menge auch die Samen. Das Öl des Fruchtfleisches wird in Schraubenpressen gewonnen, auch die von den Steinschalen getrennten Kerne werden ausgepresst oder extrahiert.
Palm-Öl wird nach dem Raffinieren überwiegend zu Margarine und Kochfett verarbeitet. Das Palmkern-Öl entspricht in seiner Zusammensetzung völlig dem Kokos-Öl, es wird zu den gleichen Endprodukten verarbeitet. Der eiweißreiche Palmkern-Presskuchen dient als Viehfutter.
Die Amerikanische Ölpalme, *E. oleifera*, ist von Costa Rica bis zum mittleren Amazonas verbreitet, wird nur 2–3 m hoch und hat eine wesentlich geringere wirtschaftliche Bedeutung als *E. guineensis*.

Baum- und Palmfarne

Nur wenige Vertreter aus den beiden Familien der Baum- und Palmfarne, der Cyatheaceen und Dicksoniaceen, können hier vorgestellt werden. Die Vertreter beider Familien der unterscheiden sich nur so geringfügig voneinander, dass sie von einigen Taxonomen zu einer Familie, den Cyatheaceen, zusammengefasst werden. Insgesamt umfassen die Echten Baumfarne knapp 900 Arten aus neun Gattungen.

Baumfarne unterscheiden sich von anderen Farnen durch ihren baumförmigen Wuchs. Unter günstigen Bedingungen erreichen sie Höhen von 4–6 m, einige Arten auch deutlich mehr.

Baumfarne kommen in den Tropen und Subtropen der ganzen Welt vor, ihr Verbreitungsschwerpunkt liegt jedoch auf der südlichen Hemisphäre. Hier reicht ihre Verbreitung auch bis in gemäßigte Zonen. Die wichtigste Voraussetzung für ihr Gedeihen ist ein ganzjährig möglichst ausgeglichenes, luftfeuchtes Klima. Sie besiedeln deshalb vorwiegend tropische Bergwälder von der unteren Bergwaldstufe bis zu den verhältnismäßig kühlen Nebel- und Wolkenwäldern.

Die Stämme der Baumfarne sind in der Regel schlank, man bezeichnet sie als Blattwurzelstämme. Im Inneren des Stammes bilden Gefäßplatten eine netzförmige Röhre. Sie ist von einem Mantel umgeben, der aus den stehen gebliebenen untersten Teilen der Blattstiele und zahlreichen herablaufenden Adventivwurzeln besteht. Der Mantel übernimmt den Hauptteil der Festigungsfunktion.

Baumfarne sind nicht selten Pflanzen des Unterwuchses, sie leben dort während der ersten Jahre als stammlose Blattrosetten. In Optimalwäldern bleibt der Stamm meist niedrig, nur in den Bergregenwäldern werden Höhen bis 18 m und damit die Kronenschicht erreicht.

Baumfarne bilden eine Krone aus großen, oft mehrere Meter langen Blättern, die meist 2- bis 4-fach gefiedert sind und deshalb sehr zart und feingliedrig wirken. Ihres dekorativen Charakters wegen fehlen sie in geeigneten Klimazonen selten in tropischen Gartenanlagen.

Palmfarne sind Holzgewächse, die in ihrem Aussehen an Palmen oder Baumfarne erinnern, mit beiden aber nicht verwandt sind. Die neun lebenden Gattungen mit etwa 100 Arten gehören alle zu einer Familie, den Cycadaceen. Die zurzeit lebenden Arten sind nur ein Relikt einer einst sehr formenreichen Gattung, die ihre größte Verbreitung und Mannigfaltigkeit im Mesozoikum hatte. Als »lebende Fossilien« sind die Palmfarne gegenwärtig stark bedroht, nicht zuletzt wegen ihrer Eignung als Zierpflanzen. Einige Arten wurden vielleicht schon ausgerottet oder existieren nur noch in botanischen Gärten.

Obwohl von baumförmigem Habitus, erreichen die Stämme der Palmfarne nur selten Höhen über 2 m. Oft sind ihre Stämme wesentlich kürzer, sie können auch unterirdisch wachsen und knollig, kugelig oder rübenförmig sein.

Die Blattkrone besteht bei den meisten Arten aus einfach gefiederten Wedeln, die beträchtliche Längen erreichen können.

Bei allen Palmfarnen sind die Blüten zweihäusig verteilt. Mit Ausnahme der Gattung *Cycas* sind männliche und weibliche Blüten zu Zapfen vereint, die an der Stammspitze zwischen den Wedeln stehen. Bei *Cycas* sind zahlreiche Samenblätter um die Spitze des Stammes gedrängt, die später wieder Blätter bildet und dadurch die Samenblätter abspreizt. Die weiblichen Zapfen erreichen bei einigen Arten eine beachtliche Größe und ein hohes Gewicht. Männliche und weibliche Zapfen sind sich äußerlich sehr ähnlich.

Palmfarne stellen eine altertümliche Gruppen von Pflanzen dar, die in vergangenen Erdepochen in großer Artenvielfalt auf der ganzen Erde verbreitet war. Sie nehmen in systematischer Hinsicht eine Übergangsstellung zwischen den Nadelhölzern und den eigentlichen Blütenpflanzen ein.

Antarktischer Baumfarn
Dicksonia antarctica

Familie: Dicksoniengewächse, Dicksoniaceae

Habitus: Baumfarn. Bis 12 m hoch, aber sehr langsam wachsend. Stamm borstig, kräftig und dick.

Blätter: Groß, rau, in einem endständigen Schopf. 3-fach gefiedert, breit oval, ledrig, bis 2 m lang. Blättchen sitzend, breit linealisch, mit fast bis zur Mittelrippe eingeschnittenen, gezähnten Lappen.

Blüten: Es werden keine Blüten ausgebildet, sondern nur ungeschlechtliche Sporen, die in Sporenbehältern (Sporangien) an der Unterseite fertiler Blätter sitzen. Diese Sporangien sind wiederum zu Häufchen (Sori) zusammengefasst.

Verbreitung: Heimisch in Australien: Queensland. Oft im Unterwuchs alter *Eucalyptus*- und *Nothofagus*-Wälder. Kommt dort mit einem äußerst geringen Lichtgenuss aus. Sehr widerstandsfähige und harte Art. Die Pflanzen werden in botanischen Gärten oft in Kübeln gehalten.

Allgemeines: Die Gattung umfasst etwa 25 Arten, die meist in den gemäßigten Zonen der südlichen Halbkugel verbreitet sind.

Wie allen Farnpflanzen ist auch den Baumfarnen ein Generationswechsel eigen. Die Farnpflanze (Sporophyt) stellt dabei die ungeschlechtliche Generation dar. Gelangen Sporen auf ein geeignetes Medium, entwickelt sich aus ihnen ein kleines, unscheinbares und kurzlebiges Gebilde (Prothallium), an dem die Geschlechtszellen in so genannten Gametangien entstehen. Das sind Antheridien, die begeißelte und bewegliche männliche Spermatozoiden enthalten, oder die flaschenförmigen, weiblichen Archegonien, welche die befruchtungsfähigen Eizellen bergen. Durch die Vereinigung männlicher und weiblicher Gameten, die nur bei ausreichender Feuchtigkeit vollzogen werden kann, entsteht die Zygote. Aus ihr wächst die neue Farnpflanze.

Australischer Baumfarn
Cyathaea australis

Familie: Cyatheagewächse, Cyatheaceae
Habitus: Baumfarn mit ausladendem, endständigem Blattschopf, in der Heimat bis 20 m hoch. Stämme an Standorten mit hoher Luftfeuchtigkeit von einem dicken Wurzelmantel bedeckt, unter trockenen Bedingungen mit Narben abgefallener Blattstiele.
Blätter: Bis über 3 m lang. Doppelt, im unteren Teil 3-fach gefiedert. Unterseits blassgrün, an den Adern mit blasigen Schüppchen bedeckt. Blättchen 8–10 cm lang, linealisch oder lanzettlich, die unteren deutlich bis zur Mittelrippe getrennt, die oberen ineinander fließend. Fertile Blätter ganzrandig, die sterilen Blätter oft gesägt. Blattstiel und Spindel stachelig rau, von langen Schuppen und borstigen Haaren bedeckt.
Blüten: Sori klein, zahlreich, unterseits auf den Blattnerven oder in den Blattachseln.
Verbreitung: Heimisch in Australien: Queensland. Als besonders schöne und raschwüchsige Art der am häufigsten gepflanzte Baumfarn.

Allgemeines: Mit rund 600 Arten ist die Gattung von den tropischen bis in die gemäßigten Zonen verbreitet.
Alle Baumfarne gedeihen nur in Klimabereichen, in denen ganzjährig eine hohe Luftfeuchtigkeit herrscht. Sie treten vor allem in tropischen Bergwäldern bis zu den relativ kühlen Nebel- und Wolkenwäldern auf. Weiter südlich steigen sie fast bis auf Meereshöhe herab. Ihre Empfindlichkeit gegenüber Austrocknung hat dazu geführt, dass sie auf der nördlichen Halbkugel fast vollständig fehlen.

Eingerollter Palmfarn
Cycas circinalis

Familie: Palmfarngewächse, Cycadaceae
Habitus: 2–3 m hohe, palmenähnliche Pflanzen mit kurzem, dickem Stamm, der dicht mit Schuppen und bleibenden Blattstielresten bedeckt ist.
Blätter: An der Spitze des Stammes als Wedel ausgebildet. In der Jugend wie bei Farnen schneckenartig eingerollt, zu mehreren gleichzeitig aufbrechend. Bis über 2 m lang, zunächst aufrecht, später zurückgebogen. Blattstiel oberseits fast dreieckig, nach oben 2-reihig bedornt. Fiederblätter mit nur einem Blattnerv, 50–60 je Seite, schmal lanzettlich, gerade oder sichelähnlich, bis 25 cm lang, sehr dicht stehend.
Blüten: Zweihäusig. Bei weiblichen Blüten sitzen goldbraune Fruchtblätter ziemlich locker angeordnet an der Stammspitze; sie werden später von den neu gebildeten Laubblättern zur Seite gedrängt. Sie sind im oberen, unfruchtbaren Teil gefiedert oder gezähnt und tragen im unteren Teil vier bis acht randständige Samenanlagen. Männliche Blüten in 30–50 cm langen, imposanten Zapfen. Sie sind aus zahlreichen Staubblättern zusammengesetzt, jedes auf der Unterseite mit mehr als 1000 Pollensäcken. Die Bestäubung erfolgt durch den Wind.
Früchte: Große Samen mit fleischiger Außenhaut, harter Mittelschicht und viel fleischigmehligem Nährgewebe.
Verbreitung: Heimisch in Südindien, Sri Lanka, Malaiischer Archipel, Philippinen, Taiwan. Als Ziergehölz bis in mediterrane Klimazonen verbreitet.
Allgemeines: Die Gattung besteht aus etwa 20 Arten im tropischen Asien, Afrika, Australien und Polynesien.
Cycas-Arten enthalten in allen Teilen Gift (siehe *C. revoluta*). Die männlichen Zapfenschuppen von *C. circinalis* sollen, ebenso wie die Pollen von *C. rumphii*, stark narkotisch wirken. Sie werden auf indischen Märkten als schmerzstillende Mittel gehandelt.

Japanischer Palmfarn
Cycas revoluta

Familie: Palmfarngewächse, Cycadaceae
Habitus: Palmenähnliche, bis 3 m hohe Pflanze. Stamm walzenförmig und dick, von einem Schuppenpanzer bedeckt.
Blätter: Wedel 50–200 cm lang, dunkelgrün. Blättchen schmal linealisch, am Rand zurückgerollt, sehr dicht gestellt, zum Grunde hin kleiner werdend, zuletzt dornig.
Blüten: Zweihäusig. Weibliche Blüten nicht in geschlossenen Zapfen. Am Stammende werden Blätter mit Samenanlagen entwickelt, die zwischen den Blattstielen der Laubblätter stehen. Männliche Blüten in geschlossenen, konischen grau behaarten Zapfen, die in stumpfen Spitzen auslaufen.
Früchte: Große, walnussförmige Samen, im Aufbau wie bei *C. circinalis.*
Verbreitung: Südjapan, Riukiuinseln. Als widerstandsfähigste *Cycas*-Art bis in die Gärten am Mittelmeer verbreitet.
Allgemeines: Wie alle Vertreter der Cycadaceae giftig. Samen und Stamm sind, auch bei anderen Arten, erst nach einer Entgiftung durch Rösten oder Auslaugen essbar. Den Gehalt an Giftstoffen macht man sich nutzbar, indem zum Beispiel die frischen Samen von *C. thouarsii* zu einem Rattengift verarbeitet werden. In Kambodscha werden die zerquetschten Samen von *C. circinalis* als Lähmungsgift zum Fischfang eingesetzt.
Die Blätter von *C. revoluta* haben einen hohen Stickstoffgehalt. Sie werden auf den südjapanischen Riukiuinseln als Düngemittel für Feldfrüchte verwendet. Getrocknete Blätter, nicht selten gebleicht und wieder eingefärbt, werden als »Palmwedel« zu Kränzen verarbeitet oder für Sargdekorationen verwendet. Auf den südjapanischen Inseln werden sie in großen Mengen gesammelt und exportiert.
Bei der schon erwähnten *C. thouarsii*, der einzigen *Cycas*-Art Afrikas, erreichen die männlichen Zapfen eine Länge von 70 cm, sie sind orangerot bis -gelb.

Mexikanischer Palmfarn
Dioon edule

Familie: Zamiagewächse, Zamiaceae
Habitus: Palmenartige Pflanze mit reicher Blattkrone. Stamm zunächst kugelig, später walzenförmig; wie bei allen Cycadeceae mit einer Schuppenpanzerung versehen, die aus stehen gebliebenen Niederblättern und Laubblattfüßen besteht. Im Blattstiel entwickelt sich knapp über dem Blattstielgrund ein Trennungsgewebe, das die Ablösung der Blätter veranlasst.

Blätter: Zahlreich, aufrecht, kurz gestielt und im Umfang länglich lanzettlich, steif und flach, tief fiederspaltig, in der Jugend behaart. Blättchen schmal, flach, zugespitzt und stechend. Pro Jahr werden etwa zehn neue Blätter gebildet, die zwei Jahre am Leben bleiben.

Blüten: Samenblätter zottig, abgeflacht und keilförmig verschmälert, mit zwei eiförmigen, grundständigen Samenanlagen in endständigen, breit eiförmigen, geschlossenen Zapfen. Die Eizellen sind mit einer Größe von etwa 6 mm ungewöhnlich groß. Männliche Blüten auf anderen Pflanzen, ebenfalls endständig und in großen Zapfen. Die etwa 0,3 mm großen Spermatozoiden (männliche Geschlechtszellen) gelten als die größten im ganzen Pflanzen- und Tierreich. Zwischen Bestäubung und Befruchtung kann bei den Cycadeen ein Zeitraum von mehreren Monaten liegen. Die Bildung des Keimes erfolgt erst, nachdem der Samen abgefallen ist.

Früchte: Die großen Samen sind wie bei *Cycas* aufgebaut. Sie liefern ein ausgezeichnetes Stärkemehl.

Verbreitung: Heimisch in Mexiko, dort eine weit verbreitete Zierpflanze. Bis in die mediterranen Gärten als auffällige Zierpflanze häufig zu sehen.

Allgemeines: Die Gattung besteht aus zehn Arten. *D. edule* kann ein hohes Alter erreichen. Man hat Exemplare mit 10000 Blattfüßen gefunden, die auf ein Alter von 1000 Jahren schließen lassen. Die Pflanzen erreichen dabei lediglich Höhen von knapp 2 m.

Makrozamie
Macrozamia communis

Familie: Zamiagewächse, Zamiaceae
Habitus: Immergrüne, palmen- oder farnähnliche, bis 3 m hohe Pflanze mit einem endständigen Blattschopf und einem kurzen, knolligen, aufrechten oder nieder liegenden, bis 60 cm dicken Stamm, der oft von Schuppen und Blattstielresten bedeckt ist, die später faserig zerschlitzt sind.
Blätter: Bis zu 50 in einer dicht gedrängten Krone, gefiedert, bis 2 m lang, übergebogen, mit bis zu 130 gegenständigen, bis 25 cm langen und 1 cm breiten, ledrigen, weit abspreizenden, linealischen, ganzrandigen Blättchen. Die Blättchen haben keine Mittelrippe, sondern bis zu 13 parallel verlaufende Nerven. Die Blättchen dunkelgrün, die Rachis und der Ansatz der Fiederblätter auffallend gelbgrün gefärbt. Junge Blätter vor der Entfaltung straff aufrecht und die Blättchen dachziegelig gefaltet.
Blüten: Zweihäusig. Weibliche Zapfen zylindrisch, bis 45 cm lang und bis 20 cm breit, achselständig zwischen den Blättern, die schild-förmigen Zapfenschuppen mit vorgezogener Spitze und jeweils zwei freiliegenden Samenanlagen. Die männlichen Zapfen länger und schmaler.
Früchte: Groß, eiförmig, von einem fleischigen Samenmantel umgeben.
Verbreitung: Heimisch in Australien: Neusüdwales.
Allgemeines: Die Gattung umfasst zwölf Arten, die alle in Australien heimisch sind. Einige von ihnen haben eine wirtschaftliche Bedeutung. Das Mark der Stämme ist reich an Stärke. Bei einigen Arten wird das Mark nach dem Abkochen in Wasser an Geflügel und Kälber verfüttert. Aus dem Mark von *M. spiralis* wurde Alkohol gewonnen. Außer Stärke enthalten die Stämme von *Makrozamia* noch 20% Fasern, deren Nutzung heute aber ohne große Bedeutung ist.

Modjaji-Brotpalmenfarn
Encephalartos transvenosus

Familie: Zamiagewächse, Zamiaceae
Habitus: Palmenähnliche Pflanze mit endständigem Blattschopf, 6–10 (15) m hoch, Stamm 40–60 cm dick, einzeln oder zu mehreren, mit zahlreichen Mustern der Blattstielnarben.
Blätter: 1–2,5 m lange, steife Wedel mit zahlreichen, 10–20 cm langen, stechend zugespitzten Blättchen, die seitwärts zwei bis fünf Zähne tragen.
Blüten: Zweihäusig. Weibliche Zapfen zu zwei bis vier endständig, eiförmig, 50–80 cm lang und bis 55 kg schwer. Fruchtblätter mit schildförmig abgerundetem Endteil und zwei großen, freiliegenden Samenanlagen. Männliche Blütenzapfen ebenfalls endständig, 30–40 cm lang, goldgelb gefärbt.
Früchte: Zapfen mit großen, glänzend roten Samen. Die Samen werden von Affen verbreitet, die das Fruchtfleisch essen.
Verbreitung: Südafrika, weit verbreitet in den Soutpansbergen, in Venda und in Nordosttransvaal. Die größte Population mit 10 000–15 000 Exemplaren kommt im Modjadji Naturreservat in der Nähe von Duiwelskloof vor.
Allgemeines: Die Gattung ist mit 25 Arten im tropischen und südlichen Afrika verbreitet. Der Gattungsname *Encephalartos* bedeutet »im Kopfe Brot«. Aber nicht nur die »im Kopf« gebildeten stärkereichen Samen wurden verzehrt, sondern auch, nach einer Gärung, das stärkereiche Innere der Stämme.

Encephalartos transvenosus ist die größte der südafrikanischen Arten. Der große Bestand im Brotbaumwald von Modjaji konnte wohl nur erhalten werden, weil er als heiliger Wald den Schutz der Regengöttinnen des Bolodebu-Stammes genoss.

Zu einer eindrucksvollen Größe mit einem starken Stamm entwickelt sich auch *Encephalartos woodii*. An ihrem natürlichen Standort ist die Art inzwischen ausgestorben, und in Kultur sind nur männliche Exemplare bekannt.

Blütenbäume der Tropen

Die meisten tropischen Bäume sind Laubbäume. Nadelbäume fehlen in der natürlichen Vegetation der Tropen nahezu völlig. Einige Arten sieht man öfter in hoch gelegenen tropischen Gärten. Zwei der häufigsten Arten werden deshalb hier behandelt.

Tropische Bäume beeindrucken durch ihre Dimensionen und ihre oft gewaltigen Höhen und Stammstärken. Ihre säulenförmigen Stämme sind häufig hell gefärbt und glatt. Einige Arten entwickeln am Stammfuß Brettwurzeln. Diese können bei einer vergleichsweise geringen Breite mehrere Meter hoch werden und sehr weit streichen. Sie dienen den mächtigen Bäumen als zusätzliche Stütze und Verankerung gegen den beträchtlichen Winddruck. Andere Baumarten entwickeln statt großer Höhe weit ausladende, oft schirmförmige Kronen über kurzen Stämmen.

Eine Stützfunktion haben auch die Säulen- oder Luftwurzeln, die man regelmäßig an alten Feigenbäumen findet und die oft in großer Zahl angelegt werden. Sie wachsen von den waagerecht abstehenden Ästen senkrecht zur Erde herunter, stützen die ausladenden Äste ab und versorgen sie gleichzeitig mit Wasser und Nährstoffen. Nicht selten überleben sie den Mutterstamm und können schließlich, ausgehend von einem Baum, ein ganzes Wäldchen bilden.

Tropische Bäume weisen darüber hinaus noch einige Eigenheiten auf, die wir von Bäumen gemäßigter Breiten nicht kennen. Im tropischen Regenwald fehlt die Periodizität der Jahreszeit, das heißt für die Pflanzen besteht keine Notwendigkeit, sich etwa durch den Abwurf von Blättern oder die Anlage von Blüten einer bestimmten Jahreszeit anzupassen.

Zahlreiche tropische Bäume sind deshalb immergrün und haben oft derbe, ledrige Blätter. Im Stammquerschnitt zeigen sich keine oder nur schwach ausgebildete Jahresringe. Viele Arten wechseln ihr Laub, indem sie kontinuierlich einen Teil ihrer Blätter abwerfen oder nacheinander einzelne Zweige und Äste entblättern. Zwischen dem dunkelgrünen, alten Laub leuchten dann einzelne helle Zweige mit jungem Laub hervor. Andere Arten werfen in der Trockenzeit für eine relativ kurze Zeit alles Laub ab.

Bei manchen Baumarten vollzieht sich der Austrieb auf ganz eigenartige Weise. Für den plötzlichen Austrieb des jungen Laubes im Frühjahr hat die deutsche Sprache eine sehr treffende Bezeichnung gefunden: »Die Bäume schlagen aus.« Bei tropischen Bäumen geschieht das oft so rasch, dass in kurzer Zeit ganze Zweige entstehen. Sie hängen dann in langen, oft bunt gefärbten Quasten schlaff herab und erreichen erst nach einigen Tagen ihre volle Turgeszenz, richten sich dann also auf. Man bezeichnet diesen Vorgang als Laubausschüttung.

In den Tropen gibt es keine Massenblüte wie in den Frühjahrsmonaten gemäßigter Breiten. Im Herbst kennt man dementsprechend auch keine bunte Verfärbung des Laubes wie etwa in Mittel-Europa, Japan oder dem östlichen Nordamerika. Viele Reisende sind enttäuscht von der scheinbaren Blütenarmut tropischer Regionen. Sie lässt sich zunächst einmal durch die fehlende Periodizität begründen. Außerdem verhindert der große Artenreichtum tropischer Wälder das Entstehen großer Bestände einzelner Gehölzarten. Wir werden aber entschädigt, weil zu jeder Jahreszeit blühende Bäume zu finden sind und diese dann, im Gegensatz zu den meisten Baumarten unserer Breiten, sehr auffällige Blüten tragen. Nicht wenige Arten produzieren nicht nur während ihrer Hauptblütezeit, sondern das ganze Jahr über Blüten.

An Tropenbäumen kann man gelegentlich ein Phänomen entdecken, das an Bäumen unserer Breiten nicht vorkommt: Blüten und Früchte werden unmittelbar an Stämmen und dicken Ästen angelegt. Man findet diese als Kauliflorie bekannte Erscheinung nicht nur beim Kakaobaum, sondern auch an zahlreichen anderen Bäumen aus der Mittel- und Unterschicht tropischer Wälder. Erklärt wird dieses Verhalten dadurch, dass viele tropische Bäume durch Vögel und Fledermäuse bestäubt werden, die natürlich im Bereich der Stämme bessere Anflugmöglichkeiten finden als im dichten Gewirr der Baumkronen. Einen ähnlichen Zweck verfolgt die öfter zu beobachtende Geißelblütigkeit, bei der die Blüten an oft meterlang herabhängenden Blütenstandsachsen sitzen und sich damit ebenfalls außerhalb des Kronenbereiches finden. Von Fledermäusen bestäubte Blüten öffnen sich nachts, sie verströmen einen besonders starken Duft und sind am folgenden

Senna occidentalis, einer der markanten Blütenbäume Thailands.

Morgen, nach erfolgter Bestäubung, verblüht. Aus der riesigen Fülle tropischer Baumarten kann hier nur eine kleine Auswahl vorgestellt werden – vornehmlich solche Arten, die in Gärten, auf Plätzen und an Straßen gepflanzt werden und die durch Blüte, Blätter oder Habitus auffallen. Der leichteren Auffindbarkeit wegen werden die Bäume nach Blütenfarben geordnet, unabhängig von ihrer botanischen Verwandtschaft. Den ausgesprochenen Blütenbäumen folgen einige Arten, die durch ihre Blätter oder ihren Habitus auffallen. Unberücksichtigt bleiben forstwirtschaftlich wichtige Baumarten.

Für fast alle Baumarten gilt, dass sie nicht nur als Zierpflanzen beliebt sind. Viele haben oder hatten im Leben der Menschen auch eine praktische Bedeutung.

Flammenbaum, Flamboyant
Delonix regia

Familie: Caesalpiniengewächse, Caesalpiniaceae

Habitus: Baum von 15–18 m Höhe, im Alter mit auffallend breiter, schirmförmiger Krone. In der Trockenperiode für kurze Zeit ohne Laub. Stamm in der Jugend glatt und hell.

Blätter: Doppelt gefiedert, bis 50 cm lang, mit 22–40 Fiederpaaren; jedes Fiederpaar mit 20–50 elliptischen bis länglichen, 5–15 mm langen Blättchen.

Blüten: Gegen Ende der Trockenzeit beginnt der Baum zu blühen. Bis nach der Laubentfaltung trägt er eine Fülle großer, bis 15 cm breiter, scharlachroter Blüten in lockeren, endständigen Büscheln. Von den fünf genagelten Blütenblättern sind vier nahezu einfarbig rot, während das fünfte, etwas vergrößerte Blütenblatt weiß oder gelb gezeichnet ist. Zur Schmuckwirkung der Blüten tragen auch die langen, nach oben gebogenen Staubfäden bei. Wie viele andere rote Blüten tropischer Bäume werden auch diese von Vögeln bestäubt.

Früchte: Bis 60 cm lange, abgeplattete, braune Fruchthülsen. Einige bleiben manchmal bis zur nächsten Blütezeit hängen.

Verbreitung: Heimisch auf Madagaskar, wurde dort 1824 entdeckt. Heute als Park-, Straßen- und Schattenbaum sehr beliebt und über die ganzen Tropen verbreitet. In Nord-Australien und auf Jamaika bereits eingebürgert.

Allgemeines: Von allen Tropenreisenden wird der Flammenbaum seiner schönen Blüten wegen überschwänglich gepriesen. Seine Blüten sind die Nationalblume von Puerto Rico. Der ursprüngliche Gattungsname, *Poincinia*, erinnert an M. de Poinci, der im 17. Jahrhundert Gouverneur auf den Antillen war.

Aus dem Baum gewinnt man sehr haltbares Bauholz, die Rinde liefert Farbstoff und Harz, die Blüten ebenfalls Farbstoff. Im tropischen Afrika und auf Madagaskar sind zwei weitere Arten der Gattung verbreitet.

Tohabaum
Amherstia nobilis

Familie: Caesalpiniengewächse, Caesalpiniaceae

Habitus: Immergrüner, 12–16 m hoher, rundkroniger Baum.

Blätter: Einfach gefiedert, bis 1 m lang, dunkelgrün. Wie bei manchen tropischen Baumarten hängen sie in der Jugend in meterlangen, weichen und schlaffen Quasten herab, sie sind dabei blass rötlich gefärbt. Man nennt diese Erscheinung »Laubausschüttung«.

Blüten: In 80–100 cm langen, schmal kegelförmigen, herabhängenden Trauben. Einzelblüten 20 cm lang und 12 cm breit. Sie bestehen aus drei oberen roten, vorne schwarz umrandeten und gelb gefleckten, gleich langen Kronblättern. Das oberste ist fahnenartig entwickelt und damit wesentlich breiter als die beiden seitlichen, während die zwei unteren verkümmert sind. Die Hauptblütezeit dauert zum Beispiel in Sri Lanka von November bis April, der Baum blüht aber fast während des ganzen Jahres.

Früchte: Fruchthülsen werden nur selten gebildet.

Verbreitung: Die ursprüngliche Heimat ist Myanmar. *A. nobilis* verlangt eine hohe Luftfeuchtigkeit und einen nahrhaften, gut dränierten Boden. Sie ist schwierig zu vermehren und zu kultivieren und deshalb fast nur im südostasiatischen Raum als Ziergehölz zu finden.

Allgemeines: Die Gattung besteht nur aus einer Art.

Der »Stolz von Burma« die »Königin der Blütenbäume« gilt als einer der schönsten unter den tropischen Bäumen. Er wurde 1826 in einem burmesischen Tempelgarten entdeckt und genoss bald darauf schon weltweiten Ruhm. In England nennt man ihn Flame Amherstia. Sein wissenschaftlicher Gattungsname erinnert an Lady Amherst (gestorben 1838), die Gattin des englischen Generalgouverneurs von Indien, Earl Amherst, die in den Jahren 1823–1828 Indien bereiste und dabei auch Pflanzen sammelte.

Afrikanischer Tulpenbaum
Spathodaea campanulata

Familie: Trompetenbaumgewächse, Bignonia-ceae

Habitus: Stattlicher, 15–20 m hoher Baum mit geschlossener, rundlicher Krone. In trockenen Gebieten Laubfall im Februar.

Blätter: Gegenständig, bis 35 cm lang, mit 9–19 eiförmig-länglichen, bis 4 cm langen, ganzrandigen Blättchen.

Blüten: Am Ende der vegetativen Triebe entfalten sich an einer stark gestauchten Blütenstandsachse nacheinander zahlreiche, 7–13 cm lange, stark nach oben gekrümmte, glockige, orange- bis scharlachrote Blüten, die sich seitlich aus dem hornförmig gekrümmten braunen Kelch im Zentrum des Blütenstandes herausschieben. Der Blütensaum ist gefranst und goldgelb gefärbt. In den noch nicht geöffneten Blütenknospen sammelt sich reichlich wässriger Nektar, weshalb die Blütenstände auch als »Wasserkelche« bezeichnet werden. Die Bestäubung der Blüten wird von Fledermäusen besorgt. Der Tulpenbaum blüht nach der Hauptblüte (Januar bis Anfang März) während des ganzen Jahres.

Früchte: 20 cm lange, aufrechte, braune, wie eine Speerspitze geformte Kapseln, die seitlich aufspringen und zahlreiche essbare Samen mit durchsichtigem Flugsaum enthalten.

Verbreitung: Tropisches Afrika. Heute im gesamten Tropengürtel verbreitet und darüber hinaus bis nach Ägypten und auf den Kanarischen Inseln.

Allgemeines: Wegen der auffallenden Blüten ist der Afrikanische Tulpenbaum, die einzige Art der Gattung, einer der beliebtesten Blütenbäume der Tropen. Schon 1873 kam er nach Indien. Von den Briten wurde er unter anderem als Flame of the Forest und als Flame Tree bezeichnet. Afrikanische Medizinmänner schnitzen aus dem Holz des Baumes ihre Kultstäbe; aus Blättern, Blüten und Rindenstücken bereiten sie ein Heilmittel gegen Hautkrankheiten.

Scharlachkordie
Cordia sebestena

Familie: Borretschgewächs, Boraginaceae
Habitus: Kleiner, zierlicher Strauch oder 4–5 m hoher Strauch.
Blätter: Wechselständig, einfach, bis 20 cm lang, eiförmig, oberseits rauh behaart.
Blüten: Leuchtend orange- bis scharlachrot, gedrängt in großen Trugdolden an den Zweigenden. Einzelblüten mit grünem Kelch und tellerförmiger, 5-teiliger Blütenkrone über einer schlanken Kronröhre.
Früchte: 5-kammerige, schleimige, süße Beeren, die medizinisch verwendbar sind.
Verbreitung: Heimisch im karibischen Raum. Wegen der prächtigen Blüten heute in allen tropischen Gebieten als Ziergehölz angepflanzt. Der raschwüchsige Baum liefert ein schönes, leicht zu bearbeitendes Holz, aus dem auf Hawaii unter anderem auch Götzenbilder geschnitzt wurden. Der Baum ist wind- und trockenresistent, er wird deshalb gerne für Schutzpflanzungen verwendet.

Allgemeines: Der nahe verwandte Myxabaum, *C. myxa*, wird seiner fleischigen, orangefarbenen, ovalen Früchte wegen von Ägypten bis Südost-Asien und Australien als Obstgehölz kultiviert. Auch die Früchte des Myxabaumes, als Schwarze Brustbeeren bekannt, dienten zur Herstellung von Hustenmitteln. Als Droge waren sie in Ägypten schon zur Zeit des Mittleren Reiches vor 4 000 Jahren bekannt.

C. myxa, auch als Assyrische Pflaume bezeichnet, ist eine im tropischen Asien, Afrika und Arabien heimische Art. Sie ist ein einhäusiger, immergrüner Strauch oder bis 12 m hoher Baum mit eiförmigen bis nahezu rundlichen Blättern. Weiße oder cremefarbene, trichterförmig glockige Blüten stehen in lockeren, endständigen Rispen zusammen. Bis 3,5 cm dick werden die eiförmigen, gelb oder orangerosa bis schwarz gefärbten, in der oberen Hälfte vom bleibenden Kelch umgebenen, süßfleischigen, klebrigen Früchte.

Eine andere, südamerikanische Art, *C. nodosa*, gehört zu den so genannten Ameisenpflanzen, Pflanzen also, die ständig mit Ameisen vergesellschaftet sind. Die Ameisen leben in den Anschwellungen der Sprosse unterhalb der wirtelähnlich zusammengedrängten Blätter.

Insgesamt umfasst die Gattung rund 300 Arten in tropischen und subtropischen Ländern, vorwiegend in der westlichen Hemisphäre. Zahlreiche Arten liefern essbare Früchte, Nutzholz und Fasern oder dienen als Schattenbäume in Kaffee- und Kakaokulturen. Blätter und Rinde von *C. ovalis* wurden in Ost-Afrika als Heilmittel gegen Lepra verwendet.

Die Gattung wurde zu Ehren der deutschen Botaniker, Vater und Sohn, Enricus Cordus (1486–1535) und Valerius Cordus (1515–1544) benannt.

Korallenbaum
Erythrina abyssinica

Familie: Schmetterlingsblütler, Fabaceae
Habitus: Bis 12 m hoher, Laub abwerfender Baum. Die ausladende Krone ist nur wenig verzweigt. Äste und Zweige dick. Rinde korkig, rissig, hellgrau.
Blätter: Wechselständig, lang gestielt, 3-zählig. Blättchen bis 14 cm lang, elliptisch bis nahezu rundlich.
Blüten: An jedem Triebende entwickeln sich mehrere kurze Seitenzweige mit endständigen, dichten, pinselförmigen Blütenköpfen aus feuerroten Blüten; deshalb auch der Name Feuerbaum (engl. Red Hot Poker Tree).
Früchte: Flache, zwischen den Samen eingeschnürte Hülsen. Die Samen enthalten ein Curare-ähnliches Gift, das zu Paralyse und zum Tod führen kann.
Verbreitung: Zentral- und Ost-Afrika.
Allgemeines: 108 Arten finden sich in den Tropen und Subtropen der ganzen Welt. Einige davon sind beliebte Zierbäume. Die wichtigste strauchige Art, *E. crista-galli*, wird im folgen-

den Kapitel behandelt. *E. corallodendron*, Madre del Cacao. Wichtiger Schattenbaum in Kakaokulturen. Die roten Samen werden wie Korallen zu Ketten verarbeitet. Sie enthalten halluzinogene Stoffe.
E. edulis. Die Samen werden in den Anden gegessen.
E. variegata. Bis 18 m hoher, in Indien heimischer Baum mit wirren Ästen. Zur Blütezeit, Januar bis März, an blattlosen Zweigen, eine Fülle korallenroter Blütenstände, die eifrig von Vögeln besucht werden. Das Gift, welches in Rinde und Samen enthalten ist, wird zum Fischfang eingesetzt.
E. livingstoniana. Mit den endständigen, 20 cm langen, tiefroten Blütenrispen und den feuerroten Samen einer der schönsten Blütenbäume Afrikas.
E. latissima, Breitblättriger Kaffernbaum, Kaiserlicher Kaffernbaum, Korkbaum. Heimisch im südlichen Afrika und Mosambik. Der bis 9 m hohe, dickstämmige Baum trägt an abstehenden Zweigen sehr starke Dornen und sehr große, rundliche Blätter. In lichten, bis 11 cm langen Köpfen sitzen die karminroten Blüten zusammen.

Kalebassen-Muskatnussbaum
Monodora myristica

Familie: Schuppenapfelgewächse, Annonaceae
Habitus: Bis 20 m hoher Baum. In Kultur oft niedriger.
Blätter: 30–50 cm lang, einfach, ledrig, länglich bis verkehrt eiförmig, im Austrieb purpurn, später grün.
Blüten: Die an langen Stielen herabhängenden, zwittrigen, weinrot bis braun gefleckten Blüten (Pendelblüten) sind von einer eigenartig geformten, 3-lappigen Blütenhülle umgeben. Die zahlreichen Staubblätter sind zu einer Säule verwachsen. Das einzige Fruchtblatt umhüllt eine grundständige, 1-fächrige, aber vielsamige Samenanlage.
Früchte: Die einzelnen Fruchtblätter sind zu einer 12 cm dicken, nahezu kugeligen, gefurchten, syncarpen Frucht verbunden, bei denen das Fruchtfleisch mit seinen zahlreichen holzigen Samen von einer derben Schale umschlossen ist.

Verbreitung: West-Afrika, Zentral-Afrika, Angola, Uganda. Als Zierbaum bis in die Tropen der Neuen Welt verbreitet.
Allgemeines: Die nach Muskatnuss riechenden Samen werden als Gewürz und Medizin verwendet. Mit den afrikanischen Sklaven gelangte der Baum auf die Westindischen Inseln. Dort werden die Früchte Jamaika-Muskat und Kalebassen-Muskat genannt.
Mit 20 immergrünen Baum- und Straucharten ist die Gattung im tropischen Afrika und Madagaskar verbreitet. Alle besitzen sehr ansehnliche, duftende Blüten, die einzeln oder zu zweit an langen Stielen herabhängen. Die Blüten bestehen aus drei klappenartigen Kelchblättern, sechs an der Basis verwachsenen Kronblättern, die in zwei Kreisen angeordnet sind, zahlreichen kurzen Staubblättern und einem Stempel, der aus zahlreichen verwachsenen Fruchtblättern gebildet wird.

Indische Lagerstroemie
Lagerstroemia indica

Familie: Weiderichgewächse, Lythraceae
Habitus: Kleiner, 5–7 m hoher, Laub abwerfender Baum. An Stamm und älteren Ästen ist die Rinde ganz glatt und rosabraun gefärbt. Da sich die Blüten am Ende diesjähriger Triebe entwickeln, wird die Krone meist regelmäßig zurückgeschnitten. Sie baut sich dann mit langen, emporstrebenden Ästen fast besenartig auf.
Blätter: Oft gegenständig, verkehrt eiförmig bis länglich, bis 10 cm lang, glänzend dunkelgrün.
Blüten: Rosa, weiß oder purpurn, 3–5 cm breit, in 15–20 cm langen, endständigen Rispen. Blüten mit sechs lang genagelten, am Rand gekrausten Blütenblättern und zahlreichen Staubblättern. Die sehr reiche Blüte erstreckt sich über mehrere Wochen.
Früchte: Mit Klappen aufspringende Kapseln.
Verbreitung: Das natürliche Areal erstreckt sich von Japan, Korea und China bis zum Himalaja. Darüber hinaus in allen tropischen, sub-

tropischen und mediterranen Ländern als Ziergehölz verbreitet.
Allgemeines: *L. indica* wird wegen des reichen, prachtvollen Blütenflors als Queen of Flowers bezeichnet.
Von den 53 Arten der Gattung wird in den Tropen *L. speciosa* (engl. Rose of India) besonders geschätzt. Sie erreicht an ihren natürlichen Standorten, den Flussniederungen von Assam, Myanmar und Sri Lanka, Höhen um 20 m, bleibt in Kultur aber niedriger. Die Art gilt als einer der schönsten Blütenbäume Ostasiens. Zur Blütezeit sind die Baumkronen von einer Fülle prächtiger lilarosa Blüten, die in großen Rispen stehen, bedeckt. Der Baum liefert außerdem ein sehr wertvolles Holz. Samen, Rinde und Blätter werden in der Volksmedizin unter anderem als Diuretikum verwendet.
Der Gattungsname erinnert an Magnus von Lagerstroem (1696–1759), einen Freund Linnés.

Brasilianischer Florett-seidenbaum
Chorisia speciosa

Familie: Wollbaumgewächse, Bombacaceae

Habitus: Raschwüchsiger, Laub abwerfender, bis 15 m hoher Baum, oft mit auffallendem, leicht flaschenförmig aufgetriebenem Stamm. Die Rinde ist glatt und grün. Stamm und Äste sind dicht mit kräftigen Stacheln besetzt.

Blätter: Handförmig gelappt, Blättchen 5–7, bis 12,5 cm lang, lanzettlich, gesägt, im Austrieb lichtgrün.

Blüten: Endständig an Kurztrieben, bis 15 cm breit, mit fünf rosa, weinrot oder lila gefärbten, am Grunde deutlich helleren Blütenblättern. Staubblätter zu zwei Röhren zusammengewachsen. Antheren weiß. Blüten vor der Laubentfaltung.

Früchte: Im August, zur Zeit der Laubentfaltung, öffnen sich die großen, braungrünen, 5-klappigen Fruchtkapseln, werfen die Kapselwände ab und geben die glänzenden, reinweißen Wollhaare mit den erbsengroßen, schwarzbraunen Samen frei.

Die Früchte hängen wie seidige Ballons zwischen den frischgrün austreibenden Blättern.

Verbreitung: Die Chorisie (engl. Floss Silk Tree) ist ein Charakterbaum der unter dem Namen Caatinga bekannten Trockenwälder Brasiliens. Der flaschenförmig aufgetriebene, Wasser speichernde Stamm ist eine ökologische Anpassung an den Standort.

Allgemeines: Die Gattung *Chorisia* ist mit fünf Arten im tropischen Südamerika verbreitet. Sie erinnert mit ihren leicht aufgetriebenen Stämmen an den nahe verwandten Affenbrotbaum, *Adansonia digitata*. Die langen, seidigen oder baumwollartigen Samenhaare hat sie auch mit dem Kapokbaum, *Ceiba pentandra*, gemeinsam.

Zur Familie der Wollbaumgewächse gehört auch *Pachira aquatica*, Guianakastanie, Wasserkastanie. Verbreitet ist die Art von Mexiko bis zum nördlichen Südamerika. Ein kleiner immergrüner Baum, der zur Blütezeit auffällt. Seine Blüten bestehen aus langen und schmalen, weißlich gelben, zurückgeschlagenen Blütenblättern und zahlreichen langen, gelbroten Staubblättern. Wie Reiherfedern stehen die attraktiven, bis 20 cm langen Blüten über den ledrigen Blättern. Ihre pinselartigen Blüten wegen trägt die Gattung auch den Namen Rasierpinselbaum.

Bauhinien, Orchideenbäume
Bauhinia-Arten

Familie: Caesalpiniengewächse, Caesalpiniaceae

Habitus: Kleine immergrüne Bäume oder Sträucher, einige Arten auch kletternd.

Blätter: Wechselständig, einfach, nierenförmig bis zweilappig und dann oft hufeisenförmig, zwischen den Blättchen als Verlängerung des Blattstieles oft eine kurze Granne.

Blüten: In achselständigen Trauben, angenehm duftend, mit fünf schmalen Kronblättern, von denen eines lippenartig vergrößert ist. Dadurch erinnern die Blüten an die – allerdings 6-blättrigen – Orchideenblüten: deshalb auch der Name Orchideenbaum (engl. Orchid Tree). Auffallend sind außerdem die langen, aufwärts gebogenen Staubfäden und Griffel.

Früchte: Flache, bis 20 cm lange Hülsen.

Verbreitung: Mit 250–300 Arten in den Tropen aller Erdteile. Viele sind als Zierpflanzen weit verbreitet.

Allgemeines: Als Zierbäume werden unter anderem folgende, überwiegend in China und Indien heimische Arten gepflanzt:

B. acuminata. Blüten weiß.

B. alata. Heimisch in Brasilien. Blüten groß, dunkelpurpurviolett.

B. × blakeana (linkes Bild). Nationalbaum von Hongkong. Blüten groß, purpurrot, heller geadert.

B. monandra. Blüten weißlich rosa, ein Kronblatt (die Lippe) rot mit gelben Streifen, nach einem Tag rosa.

B. purpurea. Blüten groß, besonders schön, purpurn mit schwach ausgeprägten hellen Adern.

B. tomentosa (rechtes Bild). Blüten gelb.

B. variegata, Bergebenholz. Blüten relativ klein, karminrosa mit dunkelpurpurnen Streifen.

Zahlreiche Arten werden nicht nur als Zierpflanzen verwendet, sondern auch in der Volksmedizin verwendet, außerdem als Nahrungs-, Holz- und Rindenfaserpflanzen sowie zum Gerben und Färben. Die Blätter einiger Arten dienen auch als Viehfutter.

Die Gattung wurde nach den Botanikern Johann und Caspar Bauhin (1541–1613 und 1560–1624) benannt.

Hortensienbaum
Dombeya wallichii

Familie: Sterkuliengewächse, Sterculiaceae
Habitus: Kleiner Baum oder breiter Strauch von 6–8 m Höhe.
Blätter: Wechselständig, 20–25 cm breit, breit eiförmig bis eiförmig-rundlich, herzförmig, gelegentlich 3-kantig, rau, Nebenblätter bis 5 cm lang.
Blüten: In kopfförmigen, 12–15 cm breiten Blütenständen, an langen Stielen hängend, die den Blattachseln entspringen. Sie bleiben als vertrocknete Blütenbälle lange hängen und erinnern an die Blütenköpfe der bei uns als Topfpflanzen kultivierten Hortensien. Einzelblüten dicht gedrängt, bis 2 cm groß, 5-zählig, rosa- oder lachsfarben, mit hervortretenden, gespreizten Narben.
Früchte: Kleine Trockenfrüchte, die von den lange haftenden, verwelkten und braun gefärbten Kronblättern verdeckt werden.
Verbreitung: Heimisch auf Madagaskar, als Zierbaum heute über die ganzen Tropen verbreitet.

Allgemeines: Mit rund 200 Arten, die als Bäume und Sträucher in allen Waldtypen des tropischen Afrika und auf Madagaskar verbreitet sind, zählt die Gattung zum umfangreichen Verwandtschaftskreis jener Familie, zu der auch der Kakaobaum gehört.
Die im tropischen Afrika heimische *D. calantha* gehört mit ihren 4 cm großen, rosa Blütenbällen, die über den 30 cm breiten, 3- bis 5-lappigen Blättern stehen, zu den schönsten Arten der Gattung.
Auf Madaskar und Réunion wird *D. acutangula* als Faserpflanze verwendet. Die Bastfasern dienen zur Herstellung von Seilen und groberseits Geweben. *D. acutangula* subsp. *rosea*, endemisch auf Mauritius, gehört mit ihrer Fülle von rosa Blüten zu den schönsten Arten der Gattung.
Der Hortensienbaum wird im Englischen Pink Ball Tree genannt. Sein wissenschaftlicher Name bezieht sich auf den Amerika-Reisenden J. Dombey (1742–1795).

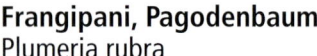

Frangipani, Pagodenbaum
Plumeria rubra

Familie: Hundsgiftgewächse, Apocynaceae

Habitus: Etwa 10 m hoher, oft knorriger Baum mit kurzen, dicken Ästen und fleischigen, Milchsaft führenden Zweigen, die große Blattnarben aufweisen.

Blätter: Wechselständig, bis 40 cm lang, verkehrt eiförmig bis breit elliptisch oder länglich lanzettlich, oberseits glänzend dunkelgrün, mit auffallender hellerer Nervatur.

Blüten: Etwa 2,5 cm breit, 5-zählig, angenehm stark und schwer duftend, mit tellerförmiger Krone, rot, rosa, purpurn, weiß oder gelb (Bild: *P. rubra* 'Carmine Flush' und *P. alba*). Endständig in Büscheln. Vollblüte zu Beginn der Regenzeit, einzelne Blüten während des ganzen Jahres.

Früchte: Ledrige, beinahe stielrunde, schmale, bis 25 cm lange Balgkapseln.

Verbreitung: Ursprünglich in Mittelamerika. Heute über die ganzen Tropen verbreitet und vor allem im Orient häufig bei Tempeln und auf Friedhöfen gepflanzt.

Allgemeines: Von den acht Arten der Gattung, die von den Westindischen Inseln bis ins nördliche Südamerika verbreitet sind, ist als Blütenbaum auch die weiß blühende *P. alba* von Bedeutung.

Der Pagodenbaum, auch als Tempelblume bezeichnet, gehört zu den schönsten blühenden Tropenbäumen des amerikanischen Kontinents; er ist außerdem eine Duft- und Heilpflanze. In Ost-Asien steht er im Ruf der Unsterblichkeit, weil er angeblich selbst dann noch grünt und blüht, wenn er schon ausgerissen ist.

Eine Legende erklärt den Namen: Im 12. Jahrhundert stellte der Italiener Frangipani ein beliebtes Parfüm her. Vier Jahrhunderte später entdeckten europäische Einwanderer in der Karibik den Baum mit ähnlichem Duft.

Der wissenschaftliche Gattungsname erinnert an den Botaniker Charles Plumier (1646–1704).

Plossobaum
Butea monosperma

Familie: Schmetterlingsblütler, Fabaceae
Habitus: In der Trockenzeit ein kahler, 10–15 m hoher, oft kurzstämmiger Baum mit behaarten Zweigen.
Blätter: Lang gestielt, 3-zählig, Blättchen 10–20 cm lang, rautenförmig, ledrig, unterseits dicht seidig behaart.
Blüten: Große, 3–5 cm breite, prachtvoll blutrot bis orange, seltener gelb leuchtende Schmetterlingsblüten mit vergrößertem Schiffchen.
Früchte: Flache, 1-samige Hülsen.
Verbreitung: Natürliche Vorkommen in den Trockenwäldern von Sri Lanka, Indien und Myanmar. In den Anbaugebieten gleichzeitig Schmuck- und Nutzbaum. Bei den Hindus als Kultbaum verehrt.
Allgemeines: *B. monosperma*, auch als Kino- oder Lackbaum bezeichnet, ist eine der Nährpflanzen der Lackschildlaus, *Laccifer lacca*. Ihre harzigen Ausscheidungen sind als Schellack bekannt. Schellack wird nur in Indien und Thailand in größeren Mengen produziert.

Neben einjährigen Pflanzen benutzt man in Indien seit alters auch beblätterte Zweige des Plossobaumes zur Gründüngung von Wasserreisfeldern. Die Gründüngung dient nicht direkt der Pflanzenernährung, sie fördert vielmehr die Entwicklung von Bakterien, deren Schleim die Tonteilchen des Bodens zu Krümeln bindet. Dadurch entstehen Hohlräume, die den schwach dränierten Boden auflockern und so die Ausspülung schädlicher Salze ermöglichen.
B. monosperma ist darüber hinaus eine altbekannte Arzneipflanze. Aus Rindeneinschnitten kann ein roter, gerbstoffreicher, an der Sonne rasch trocknender Saft, das Butea- oder Bengalische Kino, gewonnen werden. Es gehörte früher zu den wichtigsten adstringierenden Arzneimitteln. Die Wurzeln liefern einen gelben, die Blüten dagegen einen roten Farbstoff. Die Gattung trägt den Namen des schottischen Botanikers Graf Bute (1713–1792).

Rose von Venezuela
Brownea grandiceps

Familie: Caesalpiniengewächse, Caesalpiniaceae

Habitus: Bis 12 m hoher, immergrüner Baum.

Blätter: Wechselständig, paarig gefiedert, bis 30 cm lang. Junge Blätter und Triebe entwickeln sich sehr rasch, hängen anfangs in schlaffen Quasten herab und sind rosa bis braun gefärbt. Man nennt diesen Vorgang Laubausschüttung.

Blüten: An den Triebenden imposante, kugelförmige Blütenstände, die aus zahlreichen dicht gedrängten, leuchtend rot bis rosa gefärbten Einzelblüten mit gelben Staubblättern zusammengesetzt sind.

Früchte: Bis 26 cm lange, flache Hülsen.

Verbreitung: Natürliche Verbreitung in Venezuela. Ende des vergangenen Jahrhunderts nach Ost-Asien eingeführt. Sehr schöner, reich blühender Schmuckbaum der Tropen.

Allgemeines: Von den 26 baum- oder strauchförmig wachsenden Arten, die im feuchtwarmen tropischen Amerika verbreitet sind, werden auch die folgenden häufig als tropische Zierbäume angepflanzt:

B. coccinea ist ein kurztriebiger Baum, dessen scharlachrote Blüten in zahlreichen Büscheln direkt an Stämmen und stärkeren Ästen entstehen. Diese an tropischen Bäumen häufiger auftretende Erscheinung wird Stammblütigkeit (Kauliflorie) genannt.

B. macrophylla (rechtes Bild), Großblättriger Nadelkissenbaum. Stark wachsender Baum aus Kolumbien. Blüten weniger zahlreich als bei *B. grandiceps*. Die Blütenköpfe sind aber größer und fallen vor allem durch die zahlreichen langen, bürstenförmig dicht stehenden, leuchtend roten Staubfäden auf.

Die Gattung wurde nach Patrick Browne (1720–1790) benannt, einem englischen Botaniker irischer Herkunft, Verfasser einer Naturgeschichte von Jamaika und Freund Linnés.

Asokabaum
Saraca indica

Familie: Caesalpiniengewächse, Caesalpiniaceae

Habitus: Dekorativer, langsam wachsender, immergrüner Baum.

Blätter: Gefiedert, 10–50 cm lang, Blättchen in 1–7 Paaren, 5–30 cm lang, elliptisch, eiförmig oder lanzettlich.

Blüten: Klein, in der Knospe gelb, später orangerot, in 3–15 cm breiten, dichten Doldentrauben über dem Laub. Den Blüten fehlen die Kronblätter, deren Funktion von den vier Kelchblättern übernommen wird. Die langen Staubblätter sind rot. Blüht nach der Hauptblüte von Februar bis Mai während des ganzen Jahres.

Früchte: Bis 25 cm lange, elliptische bis länglich lanzettliche Hülsen.

Verbreitung: Indien, Myanmar, Indonesien.

Allgemeines: Wird von zwei Religionen verehrt und ist in Ost-Asien deshalb ein weit verbreiteter Tempelbaum. Seine Blüten sind ein wichtiger Bestandteil religiöser Opfergaben. Die Hindus betrachten ihn als Symbol der Liebe – er ist Kama, dem Gott der Liebe, geweiht. Besondere Achtung bringen ihm die Buddhisten entgegen, denn der Überlieferung nach wurde Buddha im 6. Jahrhundert v. Chr. unter einem Asokabaum geboren. Der Baum hat auch eine praktische Bedeutung: Rindenauszüge werden zur Behandlung von Frauenleiden eingesetzt.

Zwei weitere Arten werden in den Tropen als Zierbäume gehalten:

S. declinata (engl. Red Saraca), heimisch in Malaysia und Indonesien. Baum mit gefiederten, bis 50 cm langen Blättern; Blättchen bis 30 cm lang. Kelchblätter gelblich blutrot, Staubblätter scharlachrot.

S. thaipingensis (engl. Yellow Saraca), heimisch auf den Malaiischen Inseln. Blüten in 30 cm langen Blütenständen. Gelbe Kelch- und Staubblätter.

Die Gattung ist mit acht Arten im tropischen Asien verbreitet.

Kanonenkugelbaum
Couroupita guianensis

Familie: Topffruchtgewächse, Lecythidaceae
Habitus: Großer Baum, der jährlich mehrfach sein Laub in schnellen Schüben wechselt.
Blätter: Bis 31 cm lang, lanzettlich bis verkehrt eiförmig, zu 7–23 in Büscheln an den Zweigenden.
Blüten: Zwittrig, bis 10 cm breit, mit rosaroten, am Grunde gelblichen Blütenblättern. Sie stehen in maximal 1 m langen, lockeren Ähren zusammen, die in großer Zahl an den Zweigenden, vor allem aber aus dem Stamm entstehen. Diese Kauliflorie tritt oft bei Tropenbäumen der unteren Baumschicht auf und ist häufig, wie auch hier, mit einer Bestäubung durch Fledermäuse verbunden. Die kurzlebigen Blüten haben sechs fleischige, weit geöffnete Blütenblätter und zahlreiche Staubgefäße. Sie verströmen besonders nachts einen intensiven, süßlichen Duft.
Früchte: Kugelig, 6–8 kg schwer. Sie erreichen den Durchmesser eines Menschenkopfes. Eine verhältnismäßig derbe, rotbraune Fruchtwand

umschließt ein zur Reife unangenehm riechendes Fruchtmus, in dem die zahlreichen, an einer zentralen Plazenta mit einem kurzen Stielchen angehefteten Samen eingebettet sind. Die Fruchtreife dauert acht bis neun Monate. Der Baum trägt zu jeder Jahreszeit Blüten und Früchte.
Verbreitung: Heimisch in den tropischen Regenwäldern Südamerikas. Gegen Ende des 19. Jahrhunderts in Südost-Asien eingeführt, seither ein beliebter Zierbaum in tropischen Zonen.
Allgemeines: Insgesamt ist die Gattung mit drei Arten von Mittelamerika und den Antillen bis zum nördlichen Südamerika verbreitet. Der Kanonenkugelbaum (engl. Cannonball Tree) gehört durch seine Stammblütigkeit und die zahlreichen großen Früchte zu den auffallendsten tropischen Baumarten.

Flammenbaum
Brachychiton acerifolius

Familie: Sterkuliengewächse, Sterculiaceae
Habitus: Kräftiger, bis 30 m hoher, Laub abwerfender Baum mit geradem Stamm und glatter, Elefantenhaut-ähnlicher Rinde.
Blätter: Wechselständig, 10–25 cm lang, 5–25 cm breit, eiförmig oder handförmig gespalten, glänzend dunkelgrün.
Blüten: Nach dem Laubfall. An kahlen Zweigen zahlreiche hängende Trauben mit kleinen, 15 mm breiten, glockigen, brennend roten Blüten ohne Kronblätter. Die Schmuckwirkung geht allein vom Kelch aus.
Früchte: Ungeflügelte, dunkle, zur Reife aufspringende Balgfrüchte, die an langen Stielen hängen.
Verbreitung: Im Regenwald Australiens entlang der Küsten von Neusüdwales und Queensland. Als Parkbaum vor allem auf dem afrikanischen Kontinent südlich des Äquators zu finden. Auch im Mittelmeerraum ausreichend frosthart.

Allgemeines: Unter den 31 australischen Arten der Gattung, die Steppengebiete besiedeln, sind auch einige bizarre Flaschenbäume, etwa *B. ruprestris* (engl. Queensland Bottle Tree), die in ihren Stämmen Wasser speichern können. Die Art entwickelt sich zu einem 6–15 m hohen Baum mit einem kurzen, kegelig flaschenförmigen, bis 3 m dicken Stamm und variablen, glänzend grünen, fingerförmigen oder gefiederten Blättern. Als »Glücksbaum« wird die Art bei uns gelegentlich als Topfpflanze angeboten. Die Früchte werden gerne in Trockenblumengestecken verarbeitet.
B. discolor kann 10–30 m hoch werden. Relativ große, rosarote Blüten mit bis zu 5 cm Durchmesser sind das auffälligste Merkmal dieses Baums. Die herzförmigen oder handförmig gelappten Blätter werden zur Blütezeit abgeworfen. Blattunterseiten, Blüten und Balgfrüchte sind dicht behaart.

Burenbohne, Baumfuchsie
Schotia brachypetala

Familie: Caesalpiniengewächse, Caesalpiniaceae

Habitus: Mittelgroßer, 10–15 m hoher, Laub abwerfender Baum mit einer breiten, im Alter rundlichen bis schirmförmigen Krone und überhängenden Zweigen.

Blätter: Wechselständig, paarig gefiedert, bis 18 cm lang, Blättchen in 4–6 Paaren, 2–4,5 cm lang, elliptisch bis länglich, asymmetrisch, glänzend dunkelgrün, im Austrieb auffallend braun oder rotbraun.

Blüten: Sehr auffällig, wachsartig, duftend, in dicht gedrängten, 6–13 cm breiten Büscheln an den Triebenden oder auch aus älterem Holz, bis auf die gelben Staubgefäßen in allen Teilen dunkelrot, der röhrenförmige, knapp 2 cm lange Kelch bleibt erhalten, während die fünf Kronblätter rasch abfallen, die zehn Staubblätter ragen weit aus der Blüte heraus.

Früchte: Flache, harte, dunkelbraune, bis 10 cm lange Hülsen, Samen 2 cm breit, dunkelbraun.

Verbreitung: Simbabwe und Mosambik südwärts bis Transvaal, Natal und Swaziland. Wird wegen der attraktiven Blüten und Blätter weit über das ursprüngliche Verbreitungsgebiet hinaus als Zierbaum gehalten.

Allgemeines: Der überaus reiche Nektarertrag bietet zahlreichen Insektenarten und Vögeln reiche Nahrung. Die Blüten werden außerdem gern von Affen gefressen. Aus dem harten und schweren, dunkelbraunen und schwarzen, fein gemaserten Holz werden Schnitzereien gefertigt. Von den fünf Arten im tropischen und südlichen Afrika haben auch S. afra, Hottentottenbohne, und S. capitata, Zwerg-Burenbohne, auffallende, leuchtend rote Blüten, bei S. latifolia, Elefanten-Bohnenbaum, ist der Blütenkelch rotbraun, die Kronblätter hellrosa oder fleischfarben gefärbt.

Der Gattungsname Schotia erinnert an Richard van der Schot (gest. 1819), einem österreichischen Gärtner und Pflanzensammler.

Natalflaschenbaum, Honigbaum
Greyia sutherlandii

Familie: Honigbaumgewächse, Melianthaceae

Habitus: Kleiner Baum oder Strauch, 3–7 m hoch, mit dicken, spröden und zerbrechlichen Zweigen nur sparsam verzweigt.

Blätter: Wechselständig, einfach, an den Zweigenden gehäuft und etwas schirmförmig stehend, lang gestielt, breit eirund bis rundlich, 7–11 cm breit, gelappt und grob gezähnt.

Blüten: Sehr auffallend, scharlachrot, glockig, 2 cm lang, in dichten, bis 12 cm langen, endständigen Trauben, die je fünf Kelch- und Kronblätter gleich gefärbt, die Staubblätter weit herausragend, ebenfalls rot gefärbt. Die Blüten sondern aus einer ringförmigen Nektarscheibe reichlich Nektar ab, Voraussetzung für den Besuch der Vögel und die Bestäubung der Blüten.

Früchte: 4- bis 5-teilige, konische, 2 cm lange, vielsamige Kapseln, die einzelnen Sektionen öffnen sich entlang der Innennaht und entlassen die Samen.

Verbreitung: Bergland im östlichen Südafrika, Natal.

Allgemeines: Die kleine Familie der Honigbaumgewächse, zu der drei Gattungen mit etwa 40 Arten gehören, beschränkt sich in ihrer Verbreitung auf das tropische und südliche Afrika. Von den drei Arten, die im südöstlichen Südafrika heimisch sind, ist *G. sutherlandii* die bekannteste. Sie hat auffallend schöne Blüten, deshalb ist sie bis in die Gärten der Riviera ein häufig gepflanzter Zierbaum. Die Blätter erinnern etwas an die der Pelargonien. In der Heimat wird das leichte und weiche Holz für Schnitzwerke und zur Herstellung von Haushaltsgegenständen verwendet.

Die Gattung bekam ihren Namen zur Erinnerung an Sir George Grey (1812–1898), einem britischen Forscher und Kolonialpolitiker, dem ehemaligen Gouverneur der Kapkolonie.

Eisenholzbaum
Metrosideros robusta

Familie: Myrtengewächse, Myrtaceae
Habitus: Immergrüner, 20–30 m hoher Baum
mit unregelmäßigem Stamm und 4-kantigen
Zweigen.
Blätter: Gegenständig, einfach, elliptisch bis
länglich eiförmig, kurz gestielt, 2,5–5 cm lang,
an der Spitze stumpf, an der Basis keilförmig,
dick-ledrig, glänzend dunkelgrün, neben dem
Hauptnerv in der Mitte auch entlang der Blattränder ein deutliches Nervenpaar, Blattspreite
drüsig punktiert.
Blüten: Sehr auffallend, scharlachrot, in zahlreichen großen, endständigen Trugdolden. Die
Einzelblüten haben nur eine sehr kleine, 5-zäh-
lige Blütenhülle. Die zahlreichen Staubblätter
sind dagegen bis 3 cm lang, sie sind scharlachrot gefärbt und bestimmen das Bild der Blüten.
Früchte: 3-fächrige, ledrige Kapseln.
Verbreitung: Neuseeland. Wird dort als Rata
oder Northern Rata bezeichnet.
Allgemeines: Die Gattung *Metrosideros* ist mit
15 Arten in Südafrika, Ostmalaysia, Australien,
Neuseeland und Polynesien verbreitet. Durch
ihre auffallenden, überwiegend rot und rosa gefärbten Blüten sind nicht wenige Arten weit
über ihre ursprüngliche Heimat hinaus zu beliebten Zierpflanzen geworden. Zu ihnen gehören auch die folgenden Arten:
M. excelsa aus Neuseeland ist ein bis 20 m hoher, oft mehrstämmiger Baum mit einer weit
ausladenden Krone und 5–10 cm langen Blättern, die unterseits weißfilzig sind. Der Baum
entfaltet seine leuchtend karminroten Blüten
im Winter, er wird deshalb Christmas Tree oder
Pohutukawa genannt.
M. umbellata, Southern Rata genannt, wird
etwa 15 m hoch, hat 3–5 cm lange Blätter, die
im Austrieb kupfrig gefärbt sind und hellrote
Blüten.
Die baumförmigen Arten der Gattung werden
als Eisenhölzer bezeichnet. Das spezifische Gewicht ihres Holzes ist schwerer als Wasser, das
Holz ist also nicht schwimmfähig.

Leberwurstbaum
Kigelia africana

Familie: Trompetenbaumgewächse, Bignoniaceae

Habitus: Stattlicher, bis 15 m hoher Baum mit breiter, Schatten spendender Krone. In der Trockenzeit durchweg kahl.

Blätter: Bis 50 cm lang, gefiedert, Blättchen bis 20 cm lang, länglich, ganzrandig oder an der Spitze eingeschnitten.

Blüten: Bis 10 cm breit, trichterförmig-glockig, braunviolett, in bis 2 m langen, endständigen, hängenden, lockeren und rispenähnlichen Kandelabern.

In der Reifephase können sich die Rispenachsen bis zu 3 m verlängern, sie wachsen dabei auch in die Dicke. Diese so genannte Geißelblütigkeit ist eine Anpassung an die Bestäubung durch Fledermäuse. Die unangenehm riechenden Blüten öffnen sich deswegen auch bei Nacht und sind am Morgen oft schon verblüht.

Früchte: Am Ende langer, fingerdicker Blütenstandsstiele entwickeln sich bis zu 60 cm lange, wurstähnliche Früchte, deren bräunliche Oberfläche durch Korkzellen stark aufgeraut ist. Sie können ein Gewicht von 5–7 kg erreichen.

Verbreitung: Heimisch im tropischen West-Afrika. Seiner eigenartigen Früchte wegen ist der Baum heute über die ganzen Tropen verbreitet.

Allgemeines: *Kigelia* ist eine monotypische Gattung. Die fleischigen, derbschaligen Schließfrüchte finden in der Volksmedizin vielseitige Verwendung, unter anderem gegen Schlangenbiss; auch aus der Rinde werden Heilmittel bereitet.

Der Gattungsname ist ein malabarischer Volksname für diesen Baum, der auch als Götzenholz oder Derwischbaum bezeichnet wird.

Australische Silbereiche
Grevillea robusta

Familie: Proteusgewächse, Proteaceae
Habitus: Hoher, raschwüchsiger, in seiner Heimat 30–35 m hoher, immergrüner Baum mit silbrig behaarten Trieben.
Blätter: Doppelt fiedrig gelappt, 15–20 cm lang, Blättchen schmal lanzettlich, oberseits glatt, unterseits silbrig grau, dadurch insgesamt silbrig schimmernd.
Blüten: Goldgelb bis orange, in einseitswendigen, 7–10 cm langen Rispen, die im Aufbau an eine Zahnbürste erinnern. An den Blüten, deren Blütenblätter lange verbunden bleiben, fällt der lange Griffel ins Auge: Er ragt zunächst in einem Bogen seitlich aus der Blütenröhre heraus und stellt sich später mit der keulig verdickten Narbe senkrecht auf (ein Merkmal zahlreicher Proteusgewächse).
Früchte: Kleine, hölzerne Balgfrüchte.
Verbreitung: Australien, in küstennahen Regenwäldern. Von da aus über die ganzen Tropen verbreitet. Gehört dort zu den beliebtesten Zierbäumen. Wird auch als Schattenbaum in hoch gelegenen Tee- und Kaffeeplantagen und zur Aufforstung trockener, subtropischer Ländereien verwendet.

Allgemeines: Die Gattung ist mit etwa 250 Arten in Ostmelanesien, auf den Neuen Hebriden, in Neukaledonien und in Australien verbreitet. Sie haben zum Teil sehr auffallende Blüten, bei denen stets die Griffel weit über die Kronblätter hinausragen.

G. robusta liefert ein wertvolles Holz, das sich für Innenausbauten, Möbel, Furniere und Parkett eignet.

In Trockengebieten hat der Baum als Lieferant von hochwertigem Brennholz eine besondere Bedeutung. Den Ureinwohnern Australiens gilt er als heiliger Baum.

Die Gattung wurde nach dem Engländer Ch. F. Greville (1794–1866) benannt, einem der Gründer der Royal Horticultural Society in London.

Parkinsonie, Jerusalemsdorn
Parkinsonia aculeata

Familie: Caesalpiniengewächse, Caesalpiniaceae

Habitus: Kleiner, 7–9 m hoher, immergrüner, mit Dornen bewehrter, graziler Baum oder Strauch mit übergeneigten Ästen. Im Habitus erinnert er an eine kleine Trauerweide.

Blätter: Doppel gefiedert, meist hängend, Blattspreite stark reduziert, nur noch aus einem flügelartig verbreiterten Blattstiel und zahlreichen kleinen, filigranartig feinen Blättchen bestehend. Diese Blättchen können aber gelegentlich auch fehlen. Die beiden Nebenblätter am Grund des Hauptblattes sind zu Dornen umgebildet. Wie bei vielen anderen Caesalpiniengewächsen werden auch hier mit einsetzender Dämmerung die Fiederblättchen zusammengelegt.

Blüten: 2 cm breit, gelb, Fahne orange gefleckt, zu 2–15 in lockeren, hängenden, achselständigen Trauben, Staubgefäße orangerot.

Früchte: 5–8 cm lange, ledrige, an den Seiten gewölbte und zwischen den Samen eingeschnürte Hülsen.

Verbreitung: Texas, im Südwesten der USA, Westindien, Südamerika, naturalisiert in Kalifornien und Florida. Heute als Zier- und Heckenpflanze weit verbreitet. Wird auch für den Erosionsschutz eingesetzt.

Allgemeines: *P. aculeata* ist nicht nur ein dekoratives Ziergehölz. Ein Absud aus Rinde, Blättern, Blüten und Samen gilt als Fieber senkendes Mittel. Die jungen Zweige liefern Futter für Ziegen und Schafe.

Die Gattung umfasst zwölf immergrüne, baum- oder strauchförmig wachsende Arten. Sie wurde nach dem englischen Botaniker John Parkinson (1567–1629) benannt.

85

Gelb blühender Trompetenbaum
Tecoma stans

Familie: Trompetenbaumgewächse, Bignonia-
ceae
Habitus: Kleiner, 6–9 m hoher Baum oder
Strauch.
Blätter: Gegenständig, unpaarig gefiedert, mit
3–13 stark gerippten, am Rand gesägten,
8–10 cm langen, kahlen, länglichen Fieder-
blättchen.
Blüten: Goldgelb, glockig-trichterförmig, zur
Basis hin plötzlich eingeschnürt, bis 6 cm lang,
in Büscheln an den Triebenden.
Früchte: 15–25 cm lange, schmale, am Ende
zugespitzte Kapseln, die aus zwei Fruchtblät-
tern hervorgehen.
Verbreitung: Heimisch in den südöstlichen
Staaten der USA, in Mexiko und Südamerika.
Heute als reich blühender Zierbaum über die
ganzen Tropen verbreitet.
Allgemeines: Die Gattung *Tecoma* (engl. Yel-
low Trumpet Tree) umfasst zwölf Baum- und
Straucharten, die von Arizona und Florida bis
Argentinien verbreitet sind.

Zur Familie der Trompetenbaumgewächse gehört eine ganze Reihe tropischer Baumarten,
von denen hier Gattungen wie *Jacaranda, Kigelia, Spathodaea* und *Tabebuia* behandelt werden.
Auch die Markhamie, *Markhamia lutea* (engl.
ebenfalls Yellow Trumpet Tree) gehört zu den
Trompetenbaumgewächsen. Sie ist heimisch
von Ghana bis Kamerun, Zaire und Burundi. Es
handelt sich bei ihr um einen bis 15 m hohen,
dekorativen, immergrünen Baum aus dem tropischen Afrika. Er hat 7- bis 11-fach gefiederte,
dunkelgrün glänzende Blätter und gelbe, trichterförmige, im Schlund rötlich gezeichnete
Blüten, die in großen Blütenständen an den
Triebenden stehen. Der Baum blüht über viele
Monate hinweg und ist deshalb ein geschätzter
Parkbaum, der auch in subtropischen Klimabereichen noch ausreichend winterhart ist.

Indischer Goldregen
Cassia fistula

Familie: Caesalpiniengewächse, Caesalpiniaceae
Habitus: Bis 20 m hoher, breitkroniger Baum,
dessen Laubwechsel sich oft über mehrere Monate erstreckt.
Blätter: Wechselständig, paarig gefiedert,
15–62 cm lang, Blättchen in 3–8 Paaren, 7–
21 cm lang, eiförmig bis lanzettlich, lebhaft
grün.
Blüten: Duftend, hell bis lebhaft gelb, bis 6 cm
breit, zu 15–75 in 20–40 cm langen, hängenden
Trauben.
Früchte: Bis 50 cm lange, stielrunde, dunkelbraune, gekammerte Hülsen, die Samen vom
einem schwarzbraunen, süßen, klebrigen Mark
umgeben.
Verbreitung: Heimisch in trockenen Waldre-
gionen von Indien. Als Zierbaum heute auch in
den Tropen Afrikas und Amerikas verbreitet.
Allgemeines: Im Englischen als Golden Rain
Tree bezeichnet. Die Blüten sind in Ost-Asien
als Tempelgabe beliebt. Die Früchte werden
auch bei uns als Manna gehandelt. Die Blätter
sind als Sennesblätter in vielen Abführtees enthalten.

Von den 535 Arten der Gattung sind auch andere Arten beliebte tropische Zierbäume. Viele
zeichnen sich durch gelbe Blütentrauben aus,
die oft das ganze Jahr über erscheinen. Alle besitzen paarig gefiederte Blätter. Weit verbreitete Arten sind:

C. grandis. Hoher Baum aus Südamerika. Blüten rosa, im Februar bis März an blattlosen Bäumen.

C. javanica. In Südost-Asien verbreiteter, bis
25 m hoher Baum mit überschäumenden Massen an karmin bis hellrosa Blüten.

C. roxburghii. Bis 20 m hoher Baum aus dem
tropischen Mittel- und Südamerika und Kuba.
Blüte bronze oder goldgelb, in bis 32 cm langen
Trauben.

Weidenblättrige Akazie
Acacia saligna

Familie: Mimosengewächse, Mimosaceae
Habitus: Kleiner Baum oder hoher Strauch mit überhängenden Zweigen.
Blätter: Zu Phyllodien ausgebildet (Phyllodien sind zu Assimilationsorganen umgebildete Blattstiele, die häufig spreitenähnlich flach sind, die eigentliche Blattspreite wird häufig reduziert). Phyllodien hier lanzettlich bis linealisch-lanzettlich oder verkehrt lanzettlich, vorne spitz oder stumpf, am Grunde stark verschmälert, mit einem Längsnerv, die oberen bis 30 cm, die unteren 8–20 cm lang.
Blüten: In zahlreichen, kugeligen, goldgelben Köpfchen, die zu großen, endständigen Trauben oder nur zu vier bis fünf in Büscheln in den Blattachseln zusammenstehen, sie entspringen den Zweigen auf einer Länge von 30–90 cm.
Früchte: Flache Hülsen.
Verbreitung: West-Australien.
Allgemeines: Die Gattung umfasst 700 bis 1200 Arten in den tropischen und subtropischen Gegenden beider Erdhälften. Verbreitungsschwerpunkte sind die trockenen Buschwälder im Landesinnern von Australien sowie die Halbwüsten und Savannen des südlichen Afrika.

A. saligna ist ein Beispiel für Arten mit auffallend gefärbten Blüten in kleinen, rundlichen Köpfchen, sie werden nicht selten als »Mimosen« als Schnittblumen angeboten.

Zu den häufiger kultivierten Arten mit auffallenden gelben, oft wohlriechenden Blütenköpfchen gehören auch:

A. decurrens. Wird mit einigen Varietäten und Sorten an der Riviera zum Schnitt angebaut.

A. farnesiana. Aus den Blüten wird ein Duftstoff gewonnen.

A. melanoxylon. Die Schwarzholz-Akazie liefert ein vorzügliches Möbelholz.

A. retinodes zeichnet sich durch eine sehr lang anhaltende Blüte aus.

Silber-Akazie
Acacia dealbata

Familie: Mimosengewächse, Mimosaceae

Habitus: Immergrüner, bis 30 m hoher Baum. Triebe kantig, dicht und fein silbrig behaart.

Blätter: Doppelt gefiedert, 7 bis 12 cm lang, mit 15–20 Paar Blättchen 1. Ordnung, jede Fieder mit 30–50 4 mm langen, linealischen, silbrig behaarten Blättchen.

Blüten: Gelb, stark duftend, in 0,5 cm dicken, kugeligen Köpfchen, diese zu großen Rispen vereint.

Früchte: Die Hülsen zwischen den Samen nicht eingeschnürt.

Verbreitung: Australien, Tasmanien.

Allgemeines: Die Silber-Akazie gehört dank ihrer zierlichen, silbrigen Belaubung zu den am häufigsten kultivierten Arten. Sie gedeiht auch in mediterranen Gärten gut.

A. karroo (rechtes Bild) hat die größte Verbreitung aller südafrikanischen Akazienarten. Der bis 15 m hohe Baum hat im Freistand die für viele Akazienarten typische, abgeflachte Krone. Bei *A. karroo* bilden sich die Nebenblätter zu kräftigen, weißen, an der Spitze schwarze Dornen um, die eine Länge von 7, gelegentlich auch von 17 cm erreichen. Die doppelt gefiederten Blätter haben 2–7 Paar Blättchen mit jeweils 8–20 Paar 4–7 cm langer Blättchen. Die Blüten erscheinen in tiefgoldgelben, süß duftenden, rundlichen Köpfchen. Der Baum gehört zu den sehr nützlichen Arten: Die Blüten liefern den Bienen reichlich Pollen und Nektar, Blätter, Blüten und Früchte sind ein wertvolles Viehfutter, die Borke färbt als Gerbemittel Leder rot, aus dem Bast können Seile geflochten werden, das klare, goldgelb oder rot gefärbte Baumharz ist essbar, es wird für Süßigkeiten oder als Klebemittel verwendet, die starken Dornen können als »Nährnadeln« benutzt werden.

Lindenblättriger Eibisch
Hibiscus tiliaceus

Familie: Malvengewächse, Malvaceae
Habitus: Immergrüner Strauch oder kleiner Baum mit abspreizender, anfangs behaarter, später kahl werdender Verzweigung.
Blätter: Lindenähnlich, lang gestielt, 7–16 cm lang, breit eiförmig bis rundlich, ungelappt, oberseits dunkelgrün, unterseits weich flaumig behaart und mit 1–5 Drüsen am Ansatz der Nerven, Blattrand ganzrandig oder leicht gekerbt, die Nebenblätter auffallend groß, bis 5 cm lang, hinfällig.
Blüten: Einzeln in den Blattachseln im oberen Bereich der Triebe, die fünf Blütenblätter 5–7 cm lang, sich überlappend, gelb oder weiß, an der Basis durchgehend dunkel- bis braunrot gefärbt, die Staubblätter kurz und zu einem dichten Kolben verwachsen, Griffel dunkel gefärbt. Die Blüten verfärben sich am Abend orange und in der Nacht rot, um danach abzufallen.
Früchte: 1,5 cm lange, eiförmige, dicht und kurz behaarte Kapseln mit zahlreichen feinen Samen.

Verbreitung: Heimisch in Japan, Taiwan, Südchina, Indien, Malaysia und Australien. Im tropischen und subtropischen Amerika eingebürgert, auch in Südflorida. Heute an allen Küsten tropischer Meere anzutreffen.
Allgemeines: Der Lindenblättrige Eibisch ist leicht mit dem Pappelblättrigen Eibisch, *Thespesia populnea* (Seite 91) zu verwechseln. Bei *Thespesia* haben die ähnlich gebauten und gefärbten Blüten am Grunde der Blütenblätter aber abgesetzte, nicht durchgehende Flecke, lange, locker stehende Staubblätter und einen langen, gebogenen Griffel.
Die robusten Bastfasern von *Hibiscus tiliaceus* benutzt man in Polynesien zur Herstellung von Seilen und Liegematten.
Eine nahe verwandte, auf Kuba und Jamaika endemische Kleinart, *H. elatus*, liefert ein sehr druckfestes Hartholz, das schon nach einer Wachstumszeit von sieben bis zehn Jahren Handelswert hat und nach 25 Jahren als Bauholz verwendet werden kann.

Pappelblättriger Eibisch
Thespesia populnea

Familie: Malvengewächse, Malvaceae
Habitus: Immergrüner, bis 20 m hoher Baum, mancherorts aber nur strauchig wachsend.
Blätter: Pappelähnlich, etwa 15 cm lang, eiförmig, am Grunde herzförmig, ungelappt, spitz bis zugespitzt, dunkelgrün mit auffallend heller Nervatur.
Blüten: Einzeln, glockig, 5–8 cm lang, gelb, innen mit abgesetzten roten Flecken am Grunde der Blütenblätter. Im Verblühen purpurbraun, im Gegensatz zu *Hibiscus tiliaceus* nicht gleich abfallend. Staubblätter lang, locker zusammenstehend, Griffel lang und gebogen.
Früchte: Grüne, später schwarz werdende, 3–3,5 cm dicke, abgeflacht kugelige, unregelmäßig 5-kantige, ledrige Kapseln mit wenigen, 2–4 mm großen Samen.
Verbreitung: Heimisch in den Küstenregionen von Afrika und dem tropischen Asien. Auf den Westindischen Inseln und in Florida eingebürgert. Heute über die ganzen Tropen verbreitet und vor allem als Schattenbaum und

zum Windschutz gepflanzt, auch an küstennahen Standorten. Zur Verbreitung haben auch die schwimmfähigen Früchte beigetragen.
Allgemeines: Der Pappelblättrige Eibisch (engl. Umbrella Tree), ist nahe mit den Eibischarten der Gattung *Hibiscus* verwandt. Fast alle Teile des Baumes werden genutzt: Aus Blüten und Früchten wird ein gelber Farbstoff hergestellt. Das sehr dichte und dauerhafte, im Kern dunkelrote Holz wird für den Bootsbau und für hochwertige Möbel verwendet. Lokal werden auch Samenöl und die Bastfasern der Rinde genutzt. In Indien werden junge Blätter und Blüten gegessen. Auf Hawaii stellt man aus dem attraktiven, schweren Holz Ruder und polierte Schalen her. Die Samen dienen als Abführmittel. Auch hier verzehrt man junge Blätter roh oder gekocht als Gemüse.
Insgesamt umfasst die Gattung 17 meist immergrüne tropische Baum- und Straucharten.

Butterblumenbaum
Cochlospermum religiosum

Familie: Anatogewächse, Bixaceae
Habitus: Kleiner, in der Trockenzeit Laub abwerfender, etwa 8 m hoher Baum mit sparsam verzweigter Krone und dicken, knotigen Trieben.
Blätter: Wechselständig, bis 22 cm breit, tief 3- oder 5-lappig, die Lappen spitz, ganzrandig, dunkelgrün, unterseits flaumig behaart.
Blüten: Glänzend goldgelb, sehr auffallend, becherförmig, in endständigen, lockeren Büscheln, die fünf Kelchblätter elliptisch und purpurn getönt, die fünf sich überlappenden, breit eiförmigen Blütenblätter sind bis 7 cm lang und 5 cm breit. In Kultur sind oft Formen mit »gefüllten Blüten«, die dann mehr als fünf Blütenblätter haben.
Früchte: Etwa 13 cm dicke, klappig aufspringende Kapseln mit zahlreichen, 6 mm dicken Samen, die einen weißen, wolligen Haarkranz tragen, deshalb auch der Name Silk Cotton Tree.

Verbreitung: Heimisch in den Ländern des tropischen Amerikas.
Allgemeines: Die tropische Gattung *Cochlospermum* umfasst 15 sommergrüne, meist xerophytische Baum- und Straucharten. Einige von ihnen sind mit kräftigen, rübenartigen Wurzeln ausgestattet. Sie verlieren in der Trockenzeit ihre Blätter, zu dieser Zeit öffnen sich die dekorativen Blüten.

Neben *C. religiosum* ist auch *C. vitifolium* ein häufig gepflanzter Zierbaum, der als Brazilian Rose oder Rosa Amarilla bezeichnet wird. *C. vitifolium* ist ein bis 12 m hoher, sparsam verzweigter Baum mit großen, bis 30 cm breiten, tief fingerförmig geteilten Blättern und sehr attraktiven, goldgelben, bis 10 cm breiten Blüten, die bei der Form 'Plenum' rosenartig gefüllt sind. Die 5-klappigen, elliptischen Früchte sind 8 cm dick, die 5 mm dicken, nierenförmigen Samen dunkelbraun. Die Samenhaare werden wie Kapok zum Stopfen von Kissen und Matratzen verwendet.

Gelber Flamboyant
Peltophorum pterocarpum

Familie: Caesalpiniengewächse, Caesalpiniaceae

Habitus: Mittelgroßer, bis 15 m hoher, stattlicher, immergrüner, rasch wachsender Baum mit einer ausladenden, schirmförmigen Krone.

Blätter: Wechselständig, lang gestielt, doppelt gefiedert, bis 60 cm lang, mit 7–15 Paar Blättchen 1. Ordnung und zahlreichen kleinen, etwa 2 cm langen, länglich elliptischen, dunkelgrünen Blättchen 2. Ordnung.

Blüten: In zahlreichen, endständigen, aufrechten, bis 20 cm langen, lockeren Trauben, die gelben, duftenden, 5-zähligen Blüten bis 4 cm breit, mit durchscheinend zarten, zerknittert wirkenden Blütenblättern und auffallenden, tieforange gefärbten Staubblättern.

Früchte: Flache, elliptische bis asymmetrisch längliche, 10 cm lange Hülsen.

Verbreitung: Heimisch im tropischen Asien. Wegen des prachtvollen Wuchses, der reichen Blüte und den zierlich zerteilten Blättern in allen tropischen Regionen ein gern gepflanzter Zierbaum.

Allgemeines: Unter den 15 tropischen Arten der Gattung haben auch andere Arten als Zierbaum eine Bedeutung.

In Südost-Asien ist *P. inerme* ein großer Schattenbaum mit großen, kegelförmigen Blütenständen aus leuchtend gelben Blüten.

P. africanum ist in Afrika, südlich des Äquators weit verbreitet, ein sehr attraktiver kleiner bis mittelgroßer Baum der Baumgrassavanne, mit doppelt gefiederten, fedrig leicht wirkenden Blättern und sehr dekorativen, leuchtend gelben Blüten in großen, endständigen Rispen über dem dunkelgrünen Laub. Aus der braunen, rauen Rinde gewinnen die Eingeborenen ein Heilmittel gegen Koliken und einen Absud gegen Leibschmerzen und Augenkrankheiten. Der Baum wird, wie *Albizia saman*, als Regenbaum bezeichnet, weil es im Frühjahr von den Blättern »regnet«.

Es handelt sich um die gleiche Erscheinung, die bei *Albizia saman* (Seite 114) beschrieben wird.

Schizolobium, Guapiruvu
Schizolobium parahybum

Familie: Caesalpiniengewächse, Caesalpiniaceae

Habitus: Sehr stattlicher, bis 30 m hoher, Laub
abwerfender, langschäftiger Baum mit säulen-
artigem Stamm und lockerer, sparsam verzweigter, weit ausladender Krone.

Blätter: Wechselständig, bis 95 cm lang, farnartig, mit bis zu 10 Paar Blättchen 1. Ordnung
doppelt gefiedert, Blättchen 2. Ordnung in 15–
20 Paaren, sehr klein, farnartig fein, schmal
länglich, unterseits seidig behaart.

Blüten: Sehr auffallend, in großen, aufrechten
Rispen an den Enden der Zweige, die 5-zähli-
gen, 2 cm großen Blüten sind leuchtend gelb
gefärbt, sie erscheinen kurz vor dem Austrieb
der neuen Blätter.

Früchte: Bis 12 cm lange Hülsen.

Verbreitung: Südmexiko bis Südbrasilien,
meist an feuchten, aber gut dränierten Standorten in Sekundärwäldern, an ebenen und hän-
gigen Standorten.

Allgemeines: *S. parahybum* ist die häufiger
kultivierte der beiden Arten, die von Mittelamerika bis Brasilien verbreitet sind. Sie ist mit
ihrer weit ausladenden, lockeren Krone, dem
farnartig feinen Laub und dem reichen, auffallenden Blütenschmuck in tropischen und subtropischen Gärten ein geschätzter Zierbaum.
Man sieht ihn trotz seines brüchigen Holzes
aber auch als Straßenbaum und als Schattenbaum in Teeplantagen. Er wird im Englischen
als Tower Tree oder als Sky's the Limit und in
seiner Heimat als Bacurubu bezeichnet.

Tipubaum, Gelbe Jacaranda
Tipuana tipu

Allgemeines: Die Gattung umfasst nur diese eine Art. Der Baum ist raschwüchsig, anspruchslos und anpassungsfähig, er wird deshalb in den Tropen und Subtropen gern als Park- und Straßenbaum gepflanzt. Er gedeiht selbst in forstfreien Regionen des Mittelmeerraumes. Neben den oberseits angeführten Namen trägt er auch Populärnamen wie Rose Wood oder Pride of Bolivia. Der wissenschaftliche Name nimmt Bezug auf das Tipuana Tal in Bolivien, in dem eine große Population des Baumes vorkommt.

Familie: Schmetterlingsblütler, Fabaceae
Habitus: Stattlicher, immergrüner, bis 35 m hoher Baum mit einer weit ausladenden Krone.
Blätter: Wechselständig, unpaarig gefiedert, die 11–21 Blättchen 2,5–6 cm lang, gegenständig oder nahezu gegenständig, länglich bis elliptisch-eiförmig, vorne ausgerandet, an der Basis keilförmig oder abgerundet, oberseits lichtgrün, unterseits flaumig behaart.
Blüten: Sehr ansehnlich, in locker verzweigten, hängenden, endständigen Rispen. In den schmetterlingsförmigen Blüten ist der Kelch kreiselförmig mit kurzen und breiten Zähnen, die eiförmige bis fast kreisrunde Fahne ist gelb mit rötlicher Mitte, die Flügel schief verkehrt eiförmig und der Kiel länglich geformt. Es gibt keine Massenblüte, die Blüten erscheinen vielmehr den ganzen Sommer über.
Früchte: Flügelfruchtartig, ähnlich den Ahornfrüchten, aber nur 1-flügelig, nicht aufspringend, 4–8 cm lang, mit ein bis drei Samen.
Verbreitung: Brasilien, Argentinien, Bolivien.

Silber-Trompetenbaum
Tabebuia argentea

Familie: Trompetenbaumgewächse, Bignoniaceae

Habitus: Kleiner, bis 8 m hoher, Laub abwerfender Baum mit sparrig verzweigter, lockerer Krone und meist krummem Stamm mit rauer, tief gefurchter, korkiger Borke.

Blätter: Gegenständig, handförmig gelappt, die fünf bis sieben Teilblätter schmal, 6–18 cm lang, beiderseits mit silbrigen Schuppen bedeckt, Austrieb nach der Blütezeit.

Blüten: Auffallend und zahlreich, in lockeren Rispen an den Enden der Zweige. Die Einzelblüten 5-zählig, trichterförmig glockig, über einer schmalen Röhre am Schlund erweitert, etwa 6 cm lang, gelb gefärbt, die vier Staubblätter in der Blütenröhre verborgen.

Früchte: Längliche, bis 15 cm lange, verholzende, hängende Kapseln.

Verbreitung: Heimisch in Paraguay, Argentinien und Brasilien. Wird auch als Tree of Gold und Paraguayan Silver Trumpet Tree bezeichnet.

Allgemeines: Unter den etwa 100 Arten der Gattung (siehe auch Seite 102) sind auch einige andere gelb blühende Arten beliebte Zierpflanzen:

T. chrysantha. Bis 30 m hoher, in Venezuela, Kolumbien und Mexiko heimischer Baum mit großen, 5-teiligen Blättern. Die 3–8 cm langen, röhrenförmigen Blüten stehen in kompakten Rispen, die Blüten sind innen rot gestreift.

T. ochracea stammt aus Brasilien, ein Baum mit anfangs ockergelb gefärbten jungen Zweigen und Blattunterseiten, die später kahl werden. Die gelben, bis 2,5 cm langen, bauchig glockigen Blüten haben außen flaumig behaarte Linien und innen zottige, drüsige Punkte.

T. serratifolia ist von Südamerika bis Trinidad und Tobago verbreitet. Der Baum hat vergleichsweise große, 6–8 cm lange, innen flaumig behaarte Blüten. Er wird mit Namen wie Yellow Pouni, Guayacan, Guayacan Polvillo und Curarire belegt.

Ilang-Ilang
Cananga odorata

Familie: Schuppenapfelgewächse, Annonaceae
Habitus: Immergrüner, bis 25 m hoher Baum,
in Kultur oft niedriger.
Blätter: Wechselständig, bis 20 cm lang, länglich eiförmig, vorne lang zugespitzt, an der Basis abgestutzt, ledrig, glänzend dunkelgrün, mit
deutlicher Nervatur.
Blüten: In nickenden, achselständigen Büscheln, gelblich grün, sehr stark duftend, mit
sechs langen, schmal lanzettlichen, zurückgeschlagenen Blütenblättern in zwei Kreisen, die
Staubblätter in dicht gedrängten Spiralen. Blüten und Früchte fast das ganze Jahr über.
Früchte: Zahlreiche, 2,5 cm lange, länglich eiförmige, hängende Sammelfrüchte, in denen
die einzelnen Beeren an einer Blütenachse zu
einer fleischigen Masse verwachsen sind.
Verbreitung: Malaiischer Archipel, Philippinen, Nord-Australien, Pazifische Inseln. Der
stark und angenehm duftenden Blüten wegen

in tropischen Gärten der ganzen Welt häufig ge-
pflanzt.
Allgemeines: Die Gattung ist mit zwei Arten
im tropischen Asien und Australien verbreitet.
Aus den Blüten von *C. odorata* wird Ilang-Ilang-
Öl gewonnen, ein ätherisches Öl von exotisch
blumigem Duft, das eine wichtige Komponente
zahlreicher Parfüm-Kompositionen ist.
Die Familie der Annonengewächse ist für ihren
Gehalt an ätherischen Ölen bekannt. Auch aus
Mkilua fragrans wird ein Parfüm gewonnen,
das bei den Araberinnen und Suahelifrauen geschätzt wird.
Die würzigen Früchte der westafrikanischen
Xylopia aethiopica werden als Gewürz, Mele-
guata-Pfeffer, verwendet.
Über *Monodora myristica*, deren Früchte als Ersatz für Muskatnüsse dienen, wird auf Seite 69
berichtet.
Schließlich gehören zur Familie auch die südamerikanischen Arten der Gattung *Annona*, die
ihrer essbaren Früchte wegen auch in die Tropen der Alten Welt verbreitet worden sind.

Hymenosporum
Hymenosporum flavum

Familie: Klebsamengewächse, Pittosporaceae
Habitus: Immergrüner Strauch oder kleiner, 6–12 m hoher Baum mit kleiner, offener Krone und kahlen Zweigen.
Blätter: Wechselständig, einfach, 7–15 cm lang, länglich eiförmig bis verkehrt eiförmig, ganzrandig, ledrig, vorne lang zugespitzt, Basis keilförmig, glänzend hellgrün, unterseits spärlich behaart.
Blüten: Zwittrig, stark duftend, in lockeren, endständigen, 10–20 cm breiten Ständen, Einzelblüten 2,5 cm breit, cremeweiß, im Verblühen goldgelb verfärbt, mit fünf freien, ovallanzettlichen Kelchblättern und fünf weit abstehenden und im Verblühen zurückgeschlagenen, auf der Unterseite seidig behaarten Kronblättern über einer kurzen, innen behaarten Kronröhre, die fünf länglichen Staubblätter behaart, Griffel kurz.
Früchte: Fachspaltige Kapsel, Samen flach und mit häutigen Flügeln.

Verbreitung: Heimisch in Australien: Queensland und Neusüdwales.
Allgemeines: Die Gattung besteht nur aus dieser einen Art. Sie wird in tropischen und subtropischen Regionen vor allem wegen der schönen, duftenden Blüten und der sattgrünen Belaubung gepflanzt. Wird auch als Sweetshade bezeichnet.
Die Gattung ist nahe verwandt mit *Pittosporum*, die mit etwa 200 Arten von den Kanarischen Inseln über West- und Ost-Afrika bis Hawaii und Polynesien, mit einem Verbreitungsschwerpunkt in Australien, verbreitet ist. Ein Unterscheidungsmerkmal zwischen beiden Gattungen sind die Samen, die bei *Hymosporum* flach und geflügelt, bei *Pittosporum* dick und ungeflügelt und außerdem von einem bräunlichen, klebrigen Schleim überzogen sind. Darauf bezieht sich der wissenschaftliche Familienname dieser Gruppe, denn pittos bedeutet im Griechischen Pech.

Strahlenaralie
Schefflera actinophylla

Familie: Efeugewächse, Araliaceae
Habitus: In seiner Heimat wird der sparrig verzweigte Baum bis zu 30 m hoch, an den Zweigenden stehen schirmartige Blattrosetten. In Kultur oft viel niedriger und mit geschlossenen, rundlichen Kronen.
Blätter: Groß, bis 80 cm lang gestielt, ledrig, glänzend grün, handförmig gelappt, an jungen Pflanzen 3-lappig, später 5-lappig, bei älteren Pflanzen 7- bis 16-fach geteilt. Blättchen bis 30 cm lang, länglich, hängend und schirmförmig angeordnet.
Blüten: In kleinen Köpfchen, dicht gedrängt an langen Blütenachsen, die zu weit gespreizten Blütenständen vereint. Endständig über dem Laub. In der Knospe braunrot, später grünlich gelb.
Früchte: Dunkelpurpurn gefärbte Kapselfrüchte.
Verbreitung: Neuguinea, Australien. In anderen tropischen Zonen, beispielsweise auf Java, eingebürgert und verwildert.

Allgemeines: Eine attraktive tropische Blattpflanze, die bei uns auch als Topfpflanze gehalten wird. Die Strahlenaralie, auch als Regenschirmbaum (engl. Queensland Umbrella Tree) bezeichnet, wird gelegentlich noch unter dem jetzt unkorrekten Namen *Brassaia actinophylla* geführt.
Zur Familie der Efeugewächse gehört auch *Tetrapanax papyrifer*, die das chinesische »Reispapier« liefert. Die Art ist auf Formosa heimisch, in China dagegen wird sie kultiviert. Der kleine, 5–7 m hohe Baum trägt auf einem verzweigten Stämmchen einen Schopf lang gestielter Fiederblätter von etwa 30 cm Durchmesser. Zur Gewinnung von »Reispapier« wird das Mark des Stammes als Ganzes herausgearbeitet, dann werden mithilfe von Furniermessern 0,2–0,3 mm starke Lamellen abgeschält. »Reispapier« ist also ein echtes Pflanzengewebe, während im Gegensatz dazu Papier aus isolierten Pflanzenfasern hergestellt wird.

Kalebassenbaum
Crescentia cujete

Familie: Trompetenbaumgewächse, Bignoniaceae

Habitus: Baum von 8–10 m Höhe mit kleinschuppiger Borke. An den Langtrieben trägt der Baum gestauchte, rosettenartig beblätterte Seitentriebe.

Blätter: Bis 26 cm lang, einfach, verkehrt eiförmig, sitzend, meist papierartig, gelegentlich steif, mit auffälliger Mittelrippe. Laubfall in der Trockenzeit.

Blüten: Weitglockig, braunviolett, an Ästen und aus jungen Stämmen (Kauliflorie). Sie blühen nur eine Nacht, riechen nach Kampfer und Senföl und werden von Fledermäusen bestäubt.

Früchte: Fast kopfgroße, bei Kultursorten bis 40 cm dicke, kugelige bis ellipsoide, sehr hartschalige Kapselfrüchte. Die Pulpa der Früchte und die kürbisähnlichen Samen werden in der Volksmedizin als Laxativum und Diuretikum genutzt.

Verbreitung: Südflorida, Mexiko, Westindien. Dort unter den Namen »Güira« und »Maraca« bekannt und wird der Früchte wegen häufig angebaut.

Allgemeines: Die 7–10 kg schweren Früchte, im tropischen Amerika als Otumo bezeichnet, waren in der Kultur der Indianer von besonderer Bedeutung. Die harten, vom Fruchtfleisch befreiten Fruchtschalen lieferten Gefäße aller Art. In der indianischen Kulturepoche sollen die meisten Gefäße von *Crescentia* und nicht vom Flaschenkürbis gestammt haben.

Durch künstliche Einschnürungen der jungen, wachsenden Frucht wurde gelegentlich die spätere Form beeinflusst.

Bei uns wurden die Früchte als Rumba-Rasseln allgemein bekannt. In England heißt der Baum Calabash Tree.

Die Gattung umfasst sechs Arten, die in den Tropen der Neuen Welt, bis nach Florida, beheimatet sind. Von diesen ist auch *C. alata* weit verbreitet, eine Art mit 3-lappigen, fingerförmigen Blättern.

Benannt wurde die Gattung nach dem Bologneser Petrus de Crescentis (1230–1320).

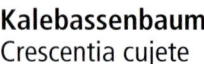

Indischer Zedrachbaum
Melia azedarach

Familie: Zedrachgewächse, Meliaceae
Habitus: Bis 15 m hoher, Laub abwerfender Baum mit lichter Krone, rissiger Borke und grün bis rötlich gefärbten Trieben.
Blätter: Wechselständig, doppelt gefiedert, 20–25 cm lang, Blättchen bis 5 cm lang, eiförmig bis elliptisch, scharf und unregelmäßig eingeschnitten, dunkelgrün.
Blüten: In 20–25 cm langen, lockeren Rispen. Die 5-zählige Blütenkrone ist lila, Staubblattröhre und Griffel sind violett, die Staubblätter gelb. Angenehm nach Flieder duftend.
Früchte: Kugelige, hellgelbe, bis 1,5 cm dicke, perlenartige Steinfrüchte.
Verbreitung: Himalaja, Indien, China. Der Baum wurde aber schon vor Jahrhunderten in Persien, Sri Lanka und im Gebiet des heutigen Malaysia als Tempelbaum gepflanzt. Heute weit verbreitet bis in subtropische und mediterrane Gebiete.
Allgemeines: Die Beliebtheit des Baumes drückt sich auch in seinen zahlreichen Trivial-namen aus: Indischer oder Persischer Flieder, Paradiesbaum, Perlen- oder Paternosterbaum, Stolz Indiens (engl. Pride of India). Das rötliche Holz wird vielfach genutzt, unter anderem zur Herstellung von Musikinstrumenten. Samen, Wurzeln und Rinde des Baumes werden zur Zubereitung von Medizin verwendet. Die harten Steinkerne der Früchte verarbeitet man zu Perlenketten.

Aus der Familie der Zedrachgewächse stammt auch der Niembaum (Neem Tree), *Melia azadirachta* (siehe Seite 372).

Rosa Trompetenbaum
Tabebuia rosea

Familie: Trompetenbaumgewächse, Bignoniaceae

Habitus: Stattlicher, Laub abwerfender, etwa 25 m hoher Baum, Stamm säulenförmig, an der Basis oft stark verdickt, anfangs glatt und längs gestreift, Borke im Alter grau bis braun und rau.

Blätter: Gegenständig, handförmig gelappt, die fünf Teilblättchen bis 33 cm lang, länglich bis elliptisch-eiförmig, vorne spitz oder zugespitzt, an der Basis keilförmig oder stumpf, ledrig, dunkelgrün.

Blüten: In lockeren Ständen an den Zweigenden, die 5-zähligen Blüten mit einem 1–2 cm langen, drüsig schuppigen Kelch und einer 5–10 cm langen, röhrenförmigen Blütenkrone mit einem ausgestellten, krausen Rand. Die Farbe der Blüten kann weiß, rosa oder lila sein, das anfangs gelbe Auge wird später weiß.

Früchte: Fast 40 cm lange und 1,5 cm dicke, stielrunde, röhrenförmige, drüsig schuppige Kapseln, die Samen mit zwei häutigen Flügeln.

Verbreitung: Heimisch von Mexiko bis Kolumbien und Nordvenezuela. Nationalpflanze von El Salvador.

Allgemeines: Trompetenbäume werden gelegentlich auch als Ipébäume bezeichnet. Sie liefern ein hartes und schweres, gegen Holz zerstörende Pilze resistentes Holz, das unter anderem zur Herstellung von Wagenrädern, Holzkugeln und Eisenbahnschwellen verwendet wird.

Die etwa 100 baum- und strauchförmigen Arten der Gattung sind von Mexiko bis Nordargentinien und Westindien verbreitet.

Neben *T. rosea* werden häufiger kultiviert: *T. heterophylla* ist in Puerto Rico, auf Kuba und den Antillen heimisch, ein 10–20 cm hoher Baum, dessen Blüten gewöhnlich karminrot gefärbt sind oder auch weiß bis malvenfarben. Bei *T. pallida*, einem Strauch oder bis 35 m hohen Baum aus Westindien, sind die Blüten weiß bis malvenfarben, im Schlund gelb gefärbt.

Gliricidia
Gliricidia sepium

Familie: Schmetterlingsblütler, Fabaceae
Habitus: Kleiner, raschwüchsiger, bis 10 m hoher, Laub abwerfender, tief wurzelnder Baum. Er wird nicht selten geschneitelt (regelmäßig stark zurückgeschnitten) und entwickelt dann lange, aufstrebende Triebe.
Blätter: Wechselständig, unpaarig gefiedert, die 5–19 Blättchen bis 7 cm lang, länglich lanzettlich bis eiförmig oder elliptisch, ganzrandig.
Blüten: In dichten, vielblütigen, abstehenden oder übergeneigten, bis 15 cm langen, achselständigen Trauben, gleichzeitig mit dem Austrieb aufblühend, die schmetterlingsförmigen Blüten rosa und lila bis weiß gefärbt.
Früchte: Längliche, bis 15 cm lange, kahle, hell- bis dunkelbraune, harte Hülsen. Samen 1 cm dick, dunkelbraun. Samen, Blätter und Rinde sind giftig.
Verbreitung: Mexiko, Mittelamerika, Kolumbien. Heute in allen tropischen Ländern als Zier- und Nutzbaum angepflanzt.

Allgemeines: Die weite Verbreitung verdankt der Baum seiner vorzüglichen Eignung als rasch wachsender und schnittverträglicher, tief wurzelnder Schattenbaum in Kakao- und Vanillekulturen, deshalb die Bezeichnung Madre de Cacao oder Nicaraguan Cacao-Shade. In Vanillekulturen dient er als lebende Stütze, lebend oder geschnitten dient der Baum allenthalben als Zaunpfahl. Die hohe Produktion an stickstoffhaltiger Grünmasse macht ihn zu einer wertvollen Gründüngungs- und Mulchpflanze. Die Wurzeln binden, in Verbindung mit Knöllchenbakterien, den freien Stickstoff der Bodenluft, den die Kulturpflanzen dann verwerten können. Als Futter sind die giftigen Blätter nur für Wiederkäuer geeignet. Bei Milchvieh beeinflussen sie den Geschmack der Milch negativ, sie werden deshalb nur als Beifutter gegeben.
Die Gattung ist mit sechs Baum- und Straucharten in Süd- und Mittelamerika verbreitet.

Jacaranda
Jacaranda mimosifolia

Familie: Trompetenbaumgewächse, Bignoniaceae

Habitus: Mittelgroßer, 15–20 m hoher, Laub
abwerfender Baum mit breiter, lockerer Krone.
Wird als Straßenbaum nicht selten gekappt und
hat dann lang aufstrebende, wenig verzweigte
Äste.

Blätter: Gegenständig, doppelt gefiedert, 15–
20 cm lang, Blättchen 13–31, 5–10 cm lang. Blätter farnartig zart, deshalb der englische Name
Fern Tree.

Blüten: 5 cm lang, leuchtend blau bis blauviolett, glockig, in großen, rispigen Blütenständen,
kurz vor oder mit dem Blattaustrieb. Überreich
blühend. Im Herbst oft eine zweite Blüte.

Früchte: Verholzende, rundliche, kastagnet-
tenähnliche, breit aufspringende, leicht gewellte Kapselfrüchte von etwa 8 cm Durchmesser.

Verbreitung: Die ursprüngliche Heimat ist
Argentinien und Bolivien.
Der Baum gehört zur Camposvegetation,
kommt also in savannenähnlichen Pflanzen-
gesellschaften vor. Wegen seiner reichen und
eigenartig gefärbten, spektakulären Blüte in allen tropischen und subtropischen Regionen ein
geschätzter Zier- und Straßenbaum.

Allgemeines: Der Baum liefert ein ziemlich
weiches, für Schnitzarbeiten geeignetes, dun-
kelpurpurnes, wohlriechendes Holz, das auch
als Palisander bezeichnet wird. Echtes Palisan-
derholz stammt aber von *Dalbergia*-Arten.
Die Gattung ist mit 45 Arten im tropischen
Amerika, in Mittelamerika und auf den Antillen
verbreitet.
Auch in Afrika wird Jacaranda häufig als Zierbaum gepflanzt. Allein in Pretoria, das den Bei-
namen Jacaranda-Stadt trägt, sollen 60 000
Jacaranda-Bäume die Straßen und Alleen
schmücken, sie hinterlassen zu ihrer Blütezeit
im Oktober einen unvergesslichen Eindruck.
Jacaranda ist der brasilianische Volksname des
Baumes.

Baumwisterie
Bolusanthus speciosus

Familie: Schmetterlingsblütler, Fabaceae
Habitus: Kleiner, eleganter, 4–7 m hoher, sommergrüner Baum, Krone locker, rundlich, Borke rau, tief längsrissig gefurcht, braun bis dunkelgraubraun.
Blätter: Wechselständig, unpaarig gefiedert, lang gestielt, bis 25 cm lang, Blättchen je Fieder 7–15, lanzettlich, lang zugespitzt, 7 cm lang, 1 cm breit, unregelmäßig gekerbt, oberseits glänzend grün, unterseits stumpfgrün.
Blüten: Sehr auffallend, an den Triebenden in hängenden, lockeren, bis 30 cm langen Trauben, Einzelblüten schmetterlingsförmig, bläulich bis malvenfarbig, Blütezeit von September-Oktober bis Dezember-Januar, mit oder kurz nach dem Blattaustrieb.
Früchte: Längliche, flache, 8 cm lange, hellbraune, später schwarze Hülsen, mit zwei bis vier kleinen, glänzenden Samen.
Verbreitung: Südafrika, Simbabwe, Mosambik, Angola, meist in der Baumgrassavanne auf sehr verschiedenen Bodenarten.

Allgemeines: Die Gattung umfasst nur diese eine Art, die auch den Namen Elefantenholz trägt. Sie ist wegen ihrer attraktiven Blüten, die tatsächlich etwas an die der kletternden Wisterien erinnern, in warmtemperierten und subtropischen Gärten ein häufiger Zierbaum. Ihr Holz hat Ähnlichkeit mit der in Südafrika heimischen Wilden Olive *(Olea europaea* subsp. *africana)*, es ist anfangs glänzend gelb, getrocknet graubraun gefärbt. Das schöne, harte und dauerhafte, termitenfeste Holz wird gern für Schnitzarbeiten und zur Herstellung von Furnieren verwendet. Es dient aber auch als Feuerholz und zur Herstellung von Weidepfählen.

Kapkastanie
Calodendrum capense

Familie: Rautengewächse, Rutaceae
Habitus: Immergrüner, kleiner bis mittelgroßer, 7–15 m hoher Baum, Krone locker ausgebreitet, Stamm mit glatter, nicht abblätternder, hellgrauer bis hellbrauner Borke.
Blätter: Gegenständig, bis 20 cm lang und 10 cm breit, meist aber kleiner, elliptisch bis elliptisch-eiförmig, spitz oder abgerundet, an der Basis gelegentlich gelappt, Nervatur auf der Unterseite deutlich hervortretend, ledrig dick, glänzend dunkelgrün, mit zahlreichen kleinen, durchscheinenden Öldrüsen, die den Blättern einen leichten Zitronenduft verleihen.
Blüten: In auffallenden, großen, bis 15 cm breiten Rispen an den Zweigenden. Die fünf Blütenblätter sind bis 4 cm lang und 0,5 cm breit, weiß bis blassrot oder blassmalvenfarbig, über den Blütenblättern stehen fünf sehr schmale Staminodien (sterile Staubblätter), sie sind blassrot gefärbt und haben auffallend purpurne Flecken.

Früchte: Harte, holzige, kugelige, 5-klappige, 4 cm dicke, braune Kapsel, die mit warzenartigen Ausstülpungen bedeckt ist, Samen schwarz.
Verbreitung: In küstennahen Zonen Süd-Afrikas, in Schlucht- und immergrünen Wäldern.
Allgemeines: Der auffallenden Blüten wegen in tropischen und subtropischen Zonen oft als Zier- oder Schattenbaum gepflanzt. Die Kapkastanie hat ein hartes, mittelschweres, weiß oder hellgelb gefärbtes Holz, das vor allem zu Furnieren und Haushaltsgegenständen verarbeitet wird. Die Gattung umfasst nur diese eine Art.
Zur Familie der Rautengewächse gehören etwa 150 Gattungen mit über 1600 Arten, die meisten sind in den Tropen, Subtropen und wärmeren gemäßigten Breiten aller Erdteile anzutreffen. Öldrüsen mit ätherischen Ölen zeigen sich in den Blättern bei durchscheinendem Licht als winzige Punkte, bei den Früchten als kleine Warzen.

Cerbera
Cerbera manghas

Familie: Hundsgiftgewächse, Apocynaceae
Habitus: Immergrüner, kleiner, 6–8 m hoher Baum, der in seinen Gefäßen Milchsaft führt.
Blätter: Wechselständig, an den Triebspitzen gehäuft stehend, 15–30 cm lang, länglich verkehrt eiförmig, kurz zugespitzt, lederartig, glänzend dunkelgrün.
Blüten: Zwittrig, sehr ansehnlich, wachsartig, meist weiß mit kleiner, gelber Mitte, duftend, 3–8 cm breit, die stieltellerförmigen Blüten haben fünf ausgebreitete, an der Spitze umgebogene Blütenblätter.
Früchte: Auffallende, 5–10 cm dicke, eiförmigkugelige, anfangs grüne, später rötlich gefärbte Steinfrüchte mit ein bis zwei sehr giftigen Samen und faserigem Fruchtfleisch.
Verbreitung: Indien, Sri Lanka, China, Malaiischer Archipel, Australien, Pazifische Inseln.
Allgemeines: *C. manghas* (die früher selbstständige Art *C. odollam* ist in *C. manghas* einbezogen worden) wird der schönen, duftenden Blüten wegen, die das ganze Jahr über erscheinen, in tropischen Regionen oft als Zierbaum gepflanzt. Die Art kommt an ihren natürlichen Standorten in Mangrovesümpfen vor, verträgt in Kultur aber auch trockenere Böden.

Die vier immergrünen, baum- oder strauchförmig wachsenden Arten der Gattung haben ihre Verbreitung im tropischen Asien, auf Madagaskar, den Seychellen und in Australien. Alle sind Milchsaft führende, giftige Pflanzen, die in der Familie der Hundsgiftgewächse nicht selten vorkommen. Aus *Cerbera*-Arten können Herzglykoside gewonnen werden.

Der Gattungsname leitet sich von Kérberos, dem 3-köpfigen Höllenhund der griechischen Mythologie ab und deutet so die Giftigkeit der Pflanze an. Der Verzehr der Samen kann Blindheit oder Hautausschlag verursachen.

Pferderettichbaum
Moringa oleifera

Familie: Bennussgewächse, Moringaceae
Habitus: Bis 10 m hoher, sparsam verzweigter Baum mit glattem Stamm.
Blätter: Bis 60 cm lang, 2- bis 3-fach gefiedert, Blättchen elliptisch, bis 2,5 cm lang, dunkelgrün.
Blüten: Duftend, 2,5 cm breit, 5-zählig, cremefarben, in lockeren, bis 15 cm langen Rispen. Sie enthalten Nektar und werden von Vögeln bestäubt.
Früchte: Stumpf 3-kantige, braune, 20–45 cm lange, schmale, herabhängende Kapseln, die drei Reihen geflügelter Samen enthalten.
Verbreitung: Himalaja, Indien. Als Zier- und Nutzbaum seit langem in allen tropischen Ländern kultiviert und stellenweise eingebürgert.
Allgemeines: Viele Teile des Baumes sind von wirtschaftlicher Relevanz. Man nutzt vor allem den wasserlöslichen Rindengummi, der ein gutes Appretiermittel ist und besonders für die Behandlung von Kalikogewebe (glattes Baumwollnesselgewebe, bunt bedruckt als Druck-

kattun, beschichtet als Buchbinderleinwand, stark appretiert als Einbandstoff, Buckram genannt) gebraucht wird. Man verzehrt die scharf meerretticartig schmeckenden Wurzeln oder verwendet sie als Hautreizungsmittel. Blätter und junge Früchte schmecken nach Kresse, sie werden als Gemüse zubereitet und sind Bestandteil des Curry. Ein aus Wurzeln und Blättern extrahierter Saft findet Verwendung bei Breiumschlägen gegen Schwellungen und Halsentzündungen. Die Samen enthalten reichlich fettes Öl, das als Speiseöl und für technische Zwecke verarbeitet wird. Es ist geruchlos und wird nicht ranzig, eignet sich hervorragend als Salatöl und ergibt eine gute Seife. Ferner diente es früher zum Ölen von Uhren und zur Behandlung von Hautkrankheiten.

Auch die Samen des Bennussbaumes, *M. peregrina*, liefern ein Öl, das Bennuss-Öl, das für Salben, Haaröl und technische Zwecke verwendet wird.

Die Familie der Bennussgewächse besteht nur aus einer Gattung mit 14 Laub abwerfenden, xerophytischen Arten, die vom tropischen Afrika und Madagaskar bis nach Vorderindien verbreitet sind. Sie entwickeln sich dort zu Bäumen, die gelegentlich recht dicke, flaschenförmig aufgetriebene Stämme mit glatter Rinde und kleinen Kronen bilden.

Pfefferbaum
Schinus molle

Familie: Sumachgewächse, Anacardiaceae
Habitus: Immergrüner, graziler, rundkroniger und bis 15 m hoher Baum mit dünnen, überhängenden Zweigen.
Blätter: Wechselständig, 15–30 cm lang, unpaarig gefiedert, Blättchen 19–41, dünn, lanzettlich, zugespitzt, 3–5 cm lang. Die Blätter enthalten ätherische Öle.
Blüten: Hellgelb, unscheinbar, in 8–15 cm langen, endständigen, reich verzweigten Rispen.
Früchte: Korallenrote, pfefferkorngroße Steinbeeren in dichten Büscheln. Sie enthalten einen bitteren Samen. Das Fruchtfleisch trocknet pergamentartig ein.
Verbreitung: Von Mexiko bis Mittelamerika, tropisches Südamerika, in Spanien und Nord-Afrika eingebürgert. Charakterpflanze trockener Landstriche, in Mexiko und allen mediterranen Klimazonen ein weit verbreiteter Zier- und Schattenbaum.
Allgemeines: Die Früchte des Baumes, als Peruanischer Pfeffer bezeichnet und gelegentlich zur Verfälschung echten Pfeffers, der von der Pfeffer-Liane, *Piper nigrum*, (Seite 349) gewonnen wird, verwendet, enthalten sehr viel ätherische Öle, Phellandren und Harze. Man gewinnt aus ihnen Schinus-Öl für die Parfümindustrie.

Die bitteren Samen dienen in Peru zur Herstellung von Essig und einem weinähnlichen Getränk. Aus Rindenverletzungen fließt ein angenehm duftendes Harz (Amerikanisches Mastix), das oft zu Kaugummi und Purgiermittel verarbeitet wird und auch medizinischen Zwecken dient. Man verwendet die Blätter zum Gelbfärben oder als Mittel gegen Mundgeschwüre, die gemahlene Rinde eignet sich zur Behandlung geschwollener Füße. Aus dem Holz wird Tannin gewonnen. Weil die Früchte lange haften, sind die Fruchtrispen beliebt für Trockensträuße, Girlanden oder hawaiische Blütenkränze.

Die Gattung ist mit etwa 30 Arten von Mexiko bis Argentinien verbreitet.

Indischer Seidenwollbaum
Bombax ceiba

Familie: Wollbaumgewächse, Bombacaceae
Habitus: Hoher, Laub abwerfender Baum. Gelegentlich mit auffallenden Stammverdickungen, die aber nicht solche Ausmaße wie beim nahe verwandten Affenbrotbaum erreichen.
Blätter: Handförmig geteilt, lang gestielt, Blättchen 3–7, bis 25 cm lang, länglich elliptisch bis lanzettlich.
Blüten: Bis 16 cm breit, scharlachrot, mit fünf zurückgeschlagenen Blütenblättern und zahlreichen ebenfalls roten Staubblättern. Die Blüten öffnen sich im Januar bis Februar an dem dann meist kahlen Baum. Herabgefallene Blüten werden gern von Wildtieren gefressen.
Früchte: Länglich eiförmige, bis 15 cm lange, zunächst grüne, zur Reife braune, aufspringende Kapseln. Die austretenden wollähnlichen Fruchthaare sind wirtschaftlich verwertbar.
Verbreitung: Heimisch in Indien (Malabriaküste), Sri Lanka und Myanmar. Wird als Blüten- und Schattenbaum auch in anderen tropischen Regionen angepflanzt.

Allgemeines: Wie beim nahe verwandten Kapokbaum, *Ceiba pentandra*, werden die als Indisches Kapok bezeichneten Fruchthaare in den Anbauländern für Polster und Kissenfüllungen verwendet. Auch das als Semul bekannte Holz ist von wirtschaftlicher Bedeutung. Das Samenöl ist essbar, der Ölkuchen dient als Viehfutter.
Insgesamt umfasst die Gattung acht Arten, die im tropischen Afrika und Asien verbreitet sind. Mit 20 Arten ist die nahe verwandte Gattung *Pseudobombax* von Mexiko bis zum tropischen Südamerika verbreitet.
P. ellipticum (engl. Shaving Brush) ist von Mexiko bis Guatemala verbreitet. Die Art entwickelt sich zu einem großen, weichholzigen Baum mit einem grünen, in der Jugend oft stark bedornten Stamm. Seine 5-fingrig gelappten Blätter sind im Austrieb weinrot, später tiefgrün. In den geöffneten Blüten ist ein Bündel 13 cm langer, seidig glänzender rosa Staubgefäße mit goldgelben Staubbeuteln von fünf purpurfarbenen Blütenblättern umgeben. Bis 15 cm lang werden die gelbbraunen Früchte.
Das rechte Bild zeigt eine Blüte von *P. ellipticum* 'Album'.
Die bis 18 cm langen, lanzettlichen Blätter von *P. grandiflorum*, heimisch in Brasilien, sind außen purpurschwarz, innen heller gefärbt. Die zahlreichen Staubblätter sind bis 10 cm lang.

Stinkholz
Gustavia superba

Familie: Deckeltopfgewächse, Lecythidaceae
Habitus: Immergrüner, bis 20 m hoher, sparsam verzweigter Baum.

Blätter: Wechselständig, an den Zweigenden gehäuft stehend, bis zu 100 cm lang und 25 cm breit, verkehrt lanzettlich, vorne zugespitzt, an der Basis gestutzt, ledrig, ganzrandig, Stiel bis 15 cm lang.

Blüten: Sehr dekorativ, duftend, 10–15 cm breit, in 3- bis 12-blütigen Trauben, die endständig an Seitentrieben stehen, die sieben bis neun weißen Kronblätter wachsartig, mit rosa Spitze und rosa Sprenkelungen, die zahlreichen, weit herausragenden, anfangs gelblich rosa gefärbten Staubblätter sind miteinander und mit der Basis der Kronblätter verwachsen und stehen in einem Kreis.

Früchte: Beerenartig, kugelig, bis 10 cm dick, orangefarben, äußere Schicht fleischig, die innere hart und verholzt.

Verbreitung: Heimisch vom südwestlichen Costa Rica bis zum nordwestlichen Kolumbien.

Als Zierbaum bis in die Tropen Ost-Asiens verbreitet.

Allgemeines: Zur Gattung *Gustavia*, benannt nach König Gustav III. von Schweden (1771–1792), gehören 41 Arten immergrüner Bäume, die ausschließlich im tropischen Amerika heimisch sind. Als Zierbäume sind auch weitere Arten in Kultur:

G. augusta, heimisch in Guayana und Amazonien. Etwa 20 m hoher, vielästiger Baum, Blätter bis 48 cm lang, Blüten 9–20 cm breit, weiß, rosa überhaucht, Staubblätter gelb.

G. hexapetala, heimisch in Amazonien, Guayana und Nordvenezuela. Bis 20 m hoher Baum mit rotbrauner Borke, Blätter bis 24 cm lang, Blüten 6–9 cm breit, weiß, Staubblätter weiß.

G. speciosa, heimisch in Kolumbien und Ekuador. Bis 20 m hoher Baum mit dichter Krone, Blätter bis 44 cm lang, Blüten 13–14 cm breit, weiß, die äußeren Blütenblätter gelegentlich rosa getönt, Staubblätter gelb.

Indischer Rosenapfel
Dillenia indica

Familie: Rosenapfelgewächse, Dilleniaceae
Habitus: 6–8 m hoher Baum mit weit ausladender Krone und auffallend glattem, kakaobraunem Stamm.
Blätter: Wechselständig, einfach, 15–36 cm lang, ledrig, länglich ellpitisch gezähnt, glänzend mittelgrün, die 25–50 Seitennerven deutlich eingesenkt.
Blüten: Weiß, 15–20 cm breit, einzeln stehend, nur einen Tag lang blühend, mit fünf abstehenden Kronblättern und fünf fleischigen Kelchblättern, die zahlreichen, gelben, auffälligen Staubblätter sind frei oder an der Basis miteinander verbunden, die 5–20 Fruchtblätter umschließen zahlreiche Samenanlagen.
Früchte: Die Kelchblätter wachsen mit der Frucht weiter und umhüllen eine trockene, sternförmige Kapselfrucht von 10–15 cm Umfang mit dicken, fleischigen, sehr saftigen Schalen.
Verbreitung: Baum der Flussniederungen und des Schwemmsandes an Flussbetten. In Indien,

Sri Lanka, Indochina und dem Malaiischen Archipel. Wegen der dekorativen Blüten in den Tropen häufig als Zierbaum gepflanzt.
Allgemeines: Aus den sehr großen, stark säuerlichen Scheinbeeren gewinnt man ein erfrischendes Getränk. Gekühlt und gezuckert wird das Fruchtfleisch auch roh gegessen. Abgefallene Früchte werden von Affen, Eichhörnchen und Elefanten gern angenommen, deshalb gelegentlich auch der Name »Elefantenapfel«.
Von den etwa 60 Arten der Gattung, die von Madagaskar über Südost-Asien bis zu den Fidschiinseln und in Australien vorkommen, werden auch andere Arten als Blütenbäume kultiviert; sie besitzen ähnlich große, dekorative, häufig ebenfalls weiße Blüten. Die Blüten von *D. philippinensis* (rechtes Bild) sind gelb. Die Gattung wurde nach dem deutschen Botaniker J. J. Dillenius (1684–1747) benannt, der 1734 eine Professur in Oxford antrat.

Affenbrotbaum
Adansonia digitata

Familie: Wollbaumgewächse, Bombacaceae
Habitus: Breitkroniger, bis 12 m hoher Baum, mit einem kurzen, unförmigen, weichholzigen, bis 9 m dicken Stamm sowie wenigen, oft brettartigen Ästen.
Blätter: Einfach oder gefingert, Blättchen 5–9, bis 20 cm lang, elliptisch bis eiförmig, Endblättchen bis 20 cm breit, glänzend dunkelgrün.
Blüten: Weiß, porzellanartig, Kronblätter rundlich, 5–10 cm lang, Staubblätter 720–1600, einzeln an 20–90 cm langen, hängenden Stielen.
Früchte: Bis 20 cm lang, gurkenähnlich, mit einer holzigen, nicht aufspringenden Schale, zahlreichen Kernen und mehlig faserigem Mark.
Verbreitung: Zusammen mit den schirmförmigen Akazien typische Art der afrikanischen Savannen, die sich in der Nähe des Äquators dort entwickeln, wo sich geringe Niederschlagsmengen auf zwei Regenzeiten verteilen.
Allgemeines: Die Gattung umfasst neun Arten. In Afrika werden fast alle Teile des Affen-brotbaumes intensiv genutzt. Aus dem süßsäuerlichen Fruchtmus entsteht ein erfrischendes Getränk. Die dickschaligen, schwarzen Samen liefern Speiseöl und dienen zur Herstellung von Firnis, die jungen Blätter als Gemüse. Aus der Rinde hat man das Alkaloid Adansonin hergestellt, ein Gegengift zu Pfeilgiften aus *Strophanthus*-Arten. Die Eingeborenen nutzen die Rinde medizinisch.

Der Affenbrotbaum oder Baobab gehört mit seinem wie aufgedunsen wirkenden Stamm zu den seltsamsten und mächtigsten Bäumen des Pflanzenreiches. Er kann ein hohes Alter erreichen. Das weiche Holz speichert Wasser. In Trockenzeiten werden die Bäume oft von Elefanten »angezapft«.

Mit ihren dicken, flaschenförmigen Stämmen und den unverhältnismäßig kleinen Kronen entwickeln die Madagassischen Affenbrotbäume, *A. madagascariensis*, noch eigenartigere Baumgestalten als *A. digitata*.

Regenbaum
Albizia saman

Familie: Mimosengewächse, Mimosaceae
Habitus: Bis 30 m hoher, raschwüchsiger Baum mit weit ausladender, flach gewölbter, schirmförmiger, dicht belaubter Krone. Stamm und Äste immer dicht mit kleinen Epiphyten (Pflanzen, die auf Bäumen aufsitzend wachsen) bedeckt.
Blätter: Mit 3–6 Blattpaaren doppelt gefiedert, bis 40 cm lang, die bis 4 cm langen, elliptischen Blättchen falten sich nachts und bei Regen zusammen.
Blüten: Klein, gelblich grün, mimosenartig, in bis 6 cm breiten, blattachselständigen Köpfchen, die zahlreichen Staubblätter überragen die Blütenkrone weit.
Früchte: Trockene, 20–30 cm lange Hülsen, die sich als Viehfutter eignen (deshalb auch im Englischen als Cow Tamarind bezeichnet).
Verbreitung: Heimisch in Mexiko, Mittel- und Südamerika. Auf den Westindischen Inseln und in den Tropen Afrikas und Asiens eingebürgert. Gehört wegen seines riesigen Wuchses

und der jährlich zweimal erscheinenden Blüten in vielen tropischen Ländern zu den beliebtesten Zierbäumen an Straßen, auf Märkten und Plätzen. In feuchten Tropengebieten auch Schattenbaum für Kakao-, Pfeffer- und Vanille-Kulturen. Das schwere Holz eignet sich gut für Möbel und Drechslerarbeiten.
Allgemeines: Er wird als Regenbaum bezeichnet, weil es unter seiner Krone häufig »regnet«. Dieser »Regen« wird durch ein kleines Insekt, die Schaumzikade *Ptyleus grossus* verursacht. Zum Schutz gegen die Sonne umgibt sich das Insekt mit einer schaumartigen Substanz. Die Insekten stechen Pflanzenzellen an, nehmen reichlich Pflanzensaft auf und scheiden große Mengen an Wasser aus. Dieses kann in so großen Mengen von den Bäumen tropfen, dass sich am Boden Wasserpfützen bilden können.

Baum der Reisenden
Ravenala madagascariensis

Familie: Bananengewächse, Musaceae
Habitus: Im Alter mit 10–30 m Höhe baumförmig, in der Jugend zunächst aber ohne Stamm. Unverwechselbar durch den riesigen, in einer Ebene fächerförmig angeordneten Blattschopf.
Blätter: Bis 4 m lang, lang gestielt, paddelförmig, in einer Ebene ausgebreitet, durch Windeinwirkung fast immer quer zur Blattspreite stark aufgerissen.
Blüten: Die Blütenstände entstehen in den Blattachseln. Sie ragen aus dem Blattschopf heraus und sind hervorragend an eine Vogelbestäubung angepasst. In den Achseln kahnförmiger Deckblätter stehen zahlreiche Blüten mit sechs weißen Blütenblättern und sechs Staubblättern. Der bestäubende Vogel setzt sich auf eines der Deckblätter und muss sich nun tief nach vorn beugen, um den Nektar in der unter ihm stehenden Blüte des gleichen Blütenstandes zu erreichen. Durch die Berührung öffnet sich die Blüte explosionsartig und überschüttet dabei die Brust des Vogels mit Blütenstaub, den er dann weiterträgt zur nächsten Blüte.
Früchte: Holzige Kapsel mit Samen, die von einem leuchtend blauen Samenmantel umgeben sind.
Verbreitung: Als Zierbaum weit über seine eigentliche Heimat Madagaskar hinaus verbreitet.
Allgemeines: Seinen deutschen sowie den englischen Namen Traveller's Tree verdankt der Baum, die einzige Art seiner Gattung, der Tatsache, dass sich in dem kahnförmigen Blattgrund der dicht stehenden Blätter etwa 1,5 l Flüssigkeit sammelt, die im Notfall durch Anstechen des Blattgrundes gewonnen werden kann. Es ist aber als Trinkwasser nicht besonders gut geeignet, da es meist verunreinigt ist und fade schmeckt. Die lang gestielten Blätter dienen zum Dachdecken, die Blattrippen als Baumaterial. Die stärkehaltigen Samen und die jungen Blätter sind essbar.

Natal-Strelitzie
Strelitzia nicolai

Familie: Bananengewächse, Musaceae
Habitus: Bananenähnliche, baumartig wachsende, bis 5 m hohe Pflanze. Der Stamm wird aus den bis 2 m langen, am Grunde stark verbreiterten Blattstielen oder deren Resten gebildet, die in zwei Reihen dicht übereinander stehen.
Blätter: Bis 2 m lang und 80 cm breit, länglich oder länglich eiförmig, am Grunde abgerundet oder herzförmig, durch Windeinwirkung stets mehr oder weniger stark quer eingerissen, frischgrün, der starke Blattstiel am Rand mit starken Zähnen.
Blüten: In den Achseln der oberen Blätter, im Grundaufbau wie bei *S. reginae* (siehe Seite 224). Hier werden aber nicht einzeln stehende Blüten, sondern ein ganzer Blütenstand gebildet, der aus bis zu fünf dicht übereinander stehenden, großen, kahnartig aufwärts gebogenen, in eine lange Spitze auslaufenden, blau gefärbten Hochblättern bestehen, die nacheinander aufblühen. Sie tragen die eigentlichen

Blüten, bei denen die äußeren Hüllblätter blau, die inneren weiß gefärbt sind.
Früchte: 3-fächrige, verholzende, 5–7 cm lange Kapseln. Der wollige Samenmantel ist leuchtend orange gefärbt.
Verbreitung: Heimisch in Süd-Afrika, vom östlichen Kap durch Natal und Zululand, von Mosambik bis zum östlichen Bergland von Rhodesien. In den Tropen der ganzen Welt als stattliche Zierpflanze zu finden.
Allgemeines: Von den vier Arten der Gattung entwickeln sich auch die Folgenden zu baumartigen Exemplaren:
S. alba. Die Weiße Strelitzie erreicht in den immergrünen Wäldern an der Südküste des Kaps Höhen von 10 m. Ihre Blüten sind in allen Teilen weiß.
S. caudata. Die Transvaal-Strelitzie ist in den Wäldern von Transvaal und Swaziland heimisch. Sie wächst ähnlich wie *S. alba*, ihre Blütenblätter sind aber blau bis malvenfarben. Die kahnartigen Hochblätter stehen einzeln.

Zierbanane
Ensete ventricosum

Familie: Bananengewächse, Musaceae
Habitus: Scheinstamm kräftig, 8–12 m hoch, am Stammfuß leicht angeschwollen.
Blätter: 3–6 cm lang, 1–1,5 m breit, am Ende des Scheinstammes gehäuft stehend, olivgrün, mit kastanienbrauner Mittelrippe. Bei der häufig kultivierten Sorte 'Maureli' (Bild) stehen die Blätter in einer kompakten Rosette, sie sind unterseits auffallend rötlich braun gefärbt.
Blüten: In mehr oder weniger kugeligen, bis 1 m langen, aufrechten oder überhängenden Ständen, Einzelblüten 6-blättrig, mattweiß, umgeben von dunkelroten Deckblättern.
Früchte: Etwa 10 cm lang, länglich zylindrisch bis birnenförmig.
Verbreitung: Ost- und Zentral-Afrika, Süd- und tropisches Südafrika. Als Zierpflanze in allen tropischen Ländern angepflanzt.
Allgemeines: In ihrer Heimat werden das stärkereiche Rhizom und der junge Stamm als Gemüse gegessen, Scheinstamm und Blattscheiden liefern Mehl. Die Gattung ist mit sieben Arten in den Tropen der Alten Welt verbreitet. Sie sind nahe mit der Gattung *Musa* verwandt. In tropischen und subtropischen Zonen ist als Zierbanane auch die Scharlach-Banane, *Musa uranoscopos* (Syn. *M. coccinea*) (rechtes Bild) in Kultur. Sie hat ihre natürliche Verbreitung im südlichen China. Ihr rötlich grün gefärbter Scheinstamm wird etwa 1 m hoch. Die fächerförmig genervten Blätter werden bis 70 cm lang, sie sind eiförmig bis elliptisch, vorne plötzlich zugespitzt und hellgrün gefärbt. In den bis 75 cm langen Blütenständen fallen die magenta- bis scharlachrot gefärbten, bis 15 cm langen, bleibenden, fleischigen Deckblätter besonders auf. Die länglichen oder zylindrischen Früchte werden bis 5 cm lang und sind anfangs rosarot bis grün, zuletzt gelbbraun gefärbt.

Riesen-Palmlilie
Yucca elephantipes

Familie: Agavengewächse, Agavaceae
Habitus: Vielstämmiger, bis 10 m hoher Baum. Stamm am Grunde dick und knollig, nach oberseits reich verzweigt. Am Ende auf einer Länge von 30–60 cm ein Schopf locker angeordneter, schwertförmiger Blätter.
Blätter: Schmal lanzettlich, 60–100 cm lang, in der Mitte 7–10 cm breit, am Grunde verschmälert, mit kaum stechender Spitze, dunkelblaugrün und rau. Die oberen Blätter des Schopfes stehen aufrecht, die unteren sind stark zurückgekrümmt.
Blüten: Kugelig, stark duftend, 6–8 cm breit, nickend, elfenbeinfarben, 6-zählig, zu vielen dicht gedrängt in 60–80 cm langen, endständigen, im Umriss fast rautenförmigen Rispen. Die Bestäubung erfolgt in der Heimat durch eine kleine, weiße Motte.
Früchte: Kapseln mit zahlreichen schwarzen Samen.
Verbreitung: Natürliche Verbreitung in Mexiko und Guatemala. Heute in ganz Afrika angesiedelt, als Zierpflanze bis in die Gärten Süd-Europas verbreitet.
Allgemeines: Palmlilien sind bei uns als moderne, anspruchslose Zimmerpflanzen beliebt, seitdem unbewurzelte Stammstücke importiert und hier in kleinen Töpfen kultiviert werden.
Insgesamt umfasst die Gattung etwa 40 Arten, die im südlichen Nord- und Mittelamerika heimisch sind, darunter auch die in unseren Breiten winterharte *Yucca filamentosa* oder die als Yoshua Tree bekannten, eindrucksvollen *Yucca brevifolia* aus den Trockengebieten von Kalifornien, Arizona und Utah.
Y. elephantipes ist lokal von wirtschaftlicher Bedeutung. Die Blätter werden zur Gewinnung von Fasern genutzt, Blüten und Stammspitzen liefern ein Gemüse.
Yucca ist der einheimische Name für Maniok, *Manihot esculenta* (siehe Seize 262), er wurde fälschlich für diese Gattung verwendet.

Drachenbaum
Dracaena draco

Familie: Drachenbaumgewächse, Dracaenaceae

Habitus: Baumartige, bis 18 m hohe Pflanze, Stamm dick, mit reich verzweigter, dichter, rundlicher Krone.

Blätter: Sehr zahlreich, in endständigen Schöpfen, schwertförmig, 45–65 cm lang, 3–4,5 cm breit, alle straff aufrecht oder die unteren zurückgebogen, über einem dreieckigen Blattgrund kaum verschmälert, von fester Textur, grau- bis bläulich grün, mit zahlreichen deutlich sichtbaren Nerven.

Blüten: Weiß, außen grünlich getönt, Perianth 6-teilig, 8 mm lang, in Gruppen zu 4–5, in großen, vielästigen endständigen Rispen zusammengefasst..

Früchte: Orangerote, kugelige, bis 1,5 cm dicke, fleischige Beeren.

Verbreitung: Kanarische Inseln.

Allgemeines: Die Gattung *Dracaena* ist mit etwa 40 Arten in den warmen Regionen der Alten Welt verbreitet.

Zu den eindrucksvollsten Arten der Gattung gehört *D. draco*. Davon zeugt ein berühmter Baum auf Teneriffa, in dem Ort Icos de los vinos, der schon vor Jahrzehnten zum Nationaldenkmal erklärt worden ist. Dem archaisch wirkenden Baum wird oft ein Alter von mehreren tausend Jahren zugeschrieben, vermutlich ist er aber »nur« einige hundert Jahre alt. Die Einschätzung des Alters ist deshalb schwierig, weil die Stämme im Gegensatz zu den Bäumen unserer Breiten, keine Jahresringe anlegen, an denen man ein Baumalter exakt ablesen kann. Beim Drachenbaum lässt sich das Alter nur an der Verzweigung der Krone abschätzen, danach soll der Baum in Icos 365 Jahre alt sein. Der Sage nach haben die Ureinwohner von Teneriffa, die Guanchen, mit dem »Blut« des Drachenbaumes ihre Leichen einbalsamiert. Die Vorstellung, Blut fließe aus Stammwunden, geht wohl auf die Beobachtung zurück, dass der Blutungssaft an der Luft eindickt und sich dunkelrot verfärbt. Jedenfalls ist der Baum von Icos der größte seiner Art auf den Kanaren. *D. draco* ist Symbol und Wahrzeichen der Kanarischen Inseln.

Nolina
Nolina recurvata

Familie: Drachenbaumgewächse, Dracaena-ceae

Habitus: Baumartige, 4–6 m hohe Pflanze mit schopfartiger Krone, Stamm als Speicherorgan am Grunde kugelig oder kegelig angeschwollen, darüber schlank und am Ende verzweigt.

Blätter: Dicht gedrängt in Rosetten, bis 1 m lang oder länger, etwa 2 cm breit, lang linealisch, vorn zugespitzt und zurückgebogen, dünn, am Rande glatt.

Blüten: In einem endständigen, kurz gestielten, rispigen Blütenstand, Einzelblüten mit 6 Tepalen, cremeweiß, ziemlich klein, zahlreich, büschelig und kurz gestielt in den Achseln von Tragblättern, zwittrig oder zweihäusig.

Früchte: Ungeflügelte, tief 3-lappige, trockene, häutige Kapseln mit ein bis drei kugeligen Samen.

Verbreitung: Heimisch im südöstlichen Mexiko. In subtropischen Gärten als Zierpflanze weit verbreitet.

Allgemeines: Die Gattung, von einigen Autoren auch als *Beaucarnea* bezeichnet, ist mit etwa 24 Arten im südwestlichen Nordamerika und in Mexiko in trockenen und wüstenhaften Regionen verbreitet. Der wissenschaftliche Gattungsname bezieht sich auf C. P. Nolin, gestorben um 1755, einem landwirtschaftlichen Schriftsteller.

Als Zierpflanzen werden auch die beiden folgenden Arten verwendet:

N. longifolia, heimisch im südlichen Mexiko. Der am Grunde verbreiterte Stamm hat eine dicke, korkige Rinde. Auf mehreren kurzen Ästen sitzt eine dichte, schopfartige Krone mit tief herabhängenden Blättern. Die Blätter können über 2 m lang werden, sie sind etwa 2,5 cm breit, allmählich lang zugespitzt, gesägt. Der rispige Blütenstand ist bis 2 m hoch und reich verzweigt, die kleinen Blüten sind weiß.

N. striata, heimisch im südlichen Zentralmexiko, in der Tracht ähnlich wie *N. longifolia*, aber die Blätter steif abstehend, grau, 60–90 cm lang und 6–12 mm breit, mit feinen rauen Rändern.

Schraubenbaum-Arten, Schraubenpalmen
Pandanus-Arten

Familie: Schraubenbaumgewächse, Pandanaceae

Habitus: Bäume oder Sträucher mit einfachem oder abstehend verzweigtem Stamm und zahlreichen starken, hellen Stelzwurzeln, die am Stammfuß eine große, gelegentlich oft mehrere Meter hohe, zeltartige Wurzelhaube bilden.

Blätter: Derb, lanzettlich, teilweise mit dorniger Spitze. In schraubenförmiger Anordnung und in gedrängten Büscheln an den Zweigenden.

Blüten: Männliche Blüten in verzweigten Ähren und schmalen Rispen, oft mit außerordentlich vielen Staubgefäßen, weibliche Blüten meist in rundlichen Köpfen oder dicken, zylindrischen Kolben.

Früchte: Vornehmlich kugelförmige, kopfgroße Fruchtstände, die aus zahlreichen facettenähnlich zusammengesetzten Einzelfrüchten bestehen (rechtes Bild).

Verbreitung: Die Gattung ist mit mehr als 600 Arten von Afrika und Madagaskar über Südost-Asien und Australien bis zu den Inseln des Stillen Ozeans verbreitet. In der Mehrzahl handelt es sich um Waldbewohner, einige Arten wachsen als salztolerierende Küstenpflanzen in Strandnähe.

Allgemeines: Neben ihrem Wert als palmenähnliche Zierbäume haben zahlreiche Arten eine wirtschaftliche Bedeutung. Die wichtigste Art ist *Pandanus tectorius*. Sie ist auf den mikronesischen Inseln ein wichtiges Nahrungsmittel. Die Früchte werden frisch gegessen oder zu Konserven verarbeitet. Aus dem reifen Fruchtkolben wird das in Indien weit verbreitete Kewda-Parfüm gewonnen. Es dient zur Parfümierung von Haaröl, Seife und Tabak, aber auch zum Würzen von Speisen, Süßigkeiten und Getränken. In China isst man die Blätter einiger Arten gekocht als Gemüse. Die reifen Früchte gelten dort als Heilmittel gegen die Ruhr, während die unreife Frucht als Abortivum benutzt wird. Auf den Molukken und Java wird aus den Früchten von *P. leram* ein Brotmehl hergestellt. In Australien werden *Pandanus*-Früchte von den Aborigines als Dauernahrung genutzt, auf den Marshall- und Gilbert-Inseln stellen sie die wichtigste Vorratsspeise dar. Größte Bedeutung als Faserlieferant für die Herstellung von Flechtwerk hat *P. utilis* (siehe Abbildungen) aus Madagaskar.

Kampferbaum
Cinnamomum camphora

Familie: Lorbeergewächse, Lauraceae
Habitus: Stattlicher Baum mit starkem, oft knorrigem Stamm und weit ausladender Krone.
Blätter: Gegenständig, bis 10 cm lang, eiförmig-lanzettlich, Seitennerven in 3–4 Paaren, glänzend dunkelgrün, beim Zerreiben stark nach Kampfer riechend.
Blüten: Klein und unscheinbar, hell gelblich grün, in achselständigen, etwa 5–7 cm langen Rispen.
Früchte: Schwarze, 1-samige, bis 1 cm dicke, an der Basis von einem Becher umgebene Beeren.
Verbreitung: Heimisch im südlichen China, in Taiwan und Südjapan. Von den Hochlagen der Tropen bis in den mediterranen Raum häufig als Zierbaum.

Weil der Baum mehrere hundert Jahre alt werden kann und sich zu mächtigen Baumgestalten entwickelt, genießt er in China und Japan besondere Verehrung.

Allgemeines: Alle Teile des Kampferbaumes enthalten viel Kampfer-Öl, das vorwiegend durch Wasserdampfdestillation aus zerkleinertem Holz gewonnen wird. Kampfer stellt man aber längst synthetisch her. Das Öl ist heute das wichtigste Produkt, es wird hauptsächlich für technische Zwecke, aber auch in der Pharmazie gebraucht. Die Araber benutzten Kampfer bereits im 11. Jahrhundert für medizinische Zwecke.

Nahe verwandt ist der Kampferbaum mit dem Zimtbaum, *C. verum*, der auf Seite 351 behandelt wird, und mit der Zimtkassie, *C. aromaticum*. Der Kampferbaum, dessen wohlriechende Rinde als Heilmittel und Gewürz verwendet wird, ist in der chinesischen Mythologie von großer Bedeutung. Er galt als Lebensbaum, denn der Genuss seiner Früchte sollte beim Eintritt in das Paradies Unsterblichkeit und ein glückliches Leben verleihen.

Mit etwa 250 Arten ist die Gattung in Ost-Asien und im indo-malaiischen Raum verbreitet.

Eucalyptusbäume
Eucalyptus-Arten

Familie: Myrtengewächse, Myrtaceae

Habitus: Meist hohe, raschwüchsige, immergrüne Bäume, oft mit mehrfarbigen, glatten Stämmen, von denen sich die Borke in langen Streifen löst.

Blätter: Juvenile Blätter gegen- oder wechselständig, stängelumfassend oder 2-teilig, adulte Blätter meist wechselständig und gestielt, sehr häufig lederartig hart, sichelförmig, hängend und mit der Schmalseite in Richtung des größten Lichteinfalls gerichtet, häufig graugrün oder blaugrau.

Blüten: Auf einem breiten, verkehrt kegelförmigen Blütenboden sitzen zahlreiche, oft schön gefärbte Staubblätter, Blütenblätter fehlen, Kelch- und Kronblätter sind undifferenziert; sie sind zu einer deckelartigen Haube verwachsen, die bei der Entfaltung der Staubblätter abgeworfen wird.

Früchte: Holzige Kapseln mit zahlreichen feinen Samen.

Verbreitung: Mit Ausnahme von zwei Arten nur in Australien heimisch. Die mehr als 500 Arten stellen 90 % der Baumvegetation des Landes. Heute weltweit in den tropischen Gebirgen, den Subtropen und mediterranen Zonen angebaut, zur Gewinnung von Zellulose stellenweise in ausgedehnten Forsten.

Allgemeines: *Eucalyptus* zählt zu den größten Baumarten der Erde. *E. regnans* kann Höhen um 100 m erreichen. Zahlreiche Arten liefern ein wertvolles Nutzholz (Bau- und Möbelholz, Brennholz, Papierherstellung). Viele Arten sind unter der Bezeichnung »Iron Bark« bekannt, sie gehören zu den härtesten und dauerhaftesten Hölzern. Besonders hart ist das Holz von *E. sideroxylon*; in den Zellwänden des Holzes wird Silicium abgelagert. Oft ist das spezifische Gewicht des Holzes schwerer als Wasser, deshalb können die Stämme nicht im Wasser abtransportiert werden. Als »Fieberbaum«, der außerhalb Australiens oft zur Trockenlegung von Sümpfen eingesetzt wurde, ist vor allem *E. globulus* von Bedeutung.

Eucalyptusbäume enthalten in allen Teilen ätherische Öle, die in der Pharmazie und der Kosmetikindustrie verarbeitet werden. Bemerkenswert sind einige Arten mit prachtvoll gefärbten Blüten, allen voran *E. ficifolia* mit ihren leuchtend roten Staubgefäßen.

Die Abbildungen zeigen *E. viminalis* (links) und *E. erythrocoris* (rechts).

Indischer Banyanbaum
Ficus benghalensis

Familie: Maulbeerbaumgewächse, Moraceae
Habitus: Immergrüner, mächtiger, Milchsaft führender Baum mit weit ausladender Krone und zahlreichen Luftwurzeln. Diese wachsen von den Ästen zur Erde und können sich zu einem richtigen »Wäldchen« entwickeln.
Blätter: Wechselständig, steif-ledrig, 20–30 cm lang, breit eiförmig bis elliptisch, an der Basis breit abgerundet bis nahezu herzförmig, an der Spitze stumpf, samtig behaart bis nahezu kahl.
Blüten: Unscheinbar, männliche und weibliche Blüten dicht gedrängt auf der Innenseite einer krugförmigen Einsenkung des Blütenbodens eingeschlossen.
Früchte: Kirschgroße, korallenrote Feigen. Wie unsere Essfeigen sind alle Feigenfrüchte Sammelfrüchte, deren Fruchtwand bei der Reife eine fleischige Konsistenz annimmt.
Verbreitung: Wild nur am Fuß des Himalaja und in den Gebirgen Südindiens. In Indien und in vielen anderen Tropenländern ein geschätzter Schattenbaum an Straßen und Plätzen.

Allgemeines: Die Gattung ist mit rund 800 immergrünen oder Laub abwerfenden Arten in den wärmeren Teilen der ganzen Welt verbreitet. Unter ihnen gibt es auch einige Halbepiphyten, die als »Würgefeigen« bezeichnet werden, auch *F. benghalensis* gehört dazu. Die Samen keimen auf einem Wirtsbaum, die jungen Pflanzen schicken bald lange, fadenförmige Luftwurzeln zur Erde und ernähren sich dann selbst. Durch das rasche Dickenwachstum dieser Luftwurzeln wird der Wirtsbaum erwürgt und kommt schließlich um. Diese ersten Luftwurzeln wachsen zu einem Stamm zusammen, später werden weitere sprossbürtige Luftwurzeln gebildet.

Berühmt ist der Banyan des Botanischen Gartens in Kalkutta. Mit einem geschätzten Alter von 200 Jahren bedeckt er eine Fläche von 14 000 m². Die gewaltige Krone wird von 1400 Luftwurzeln gestützt.

Vom Zug Alexander des Großen (527–327 v. Chr.) wird berichtet, sein Heer von 20 000 Mann habe im Schatten eines einzigen Banyanbaumes gelagert. Angesichts der erreichbaren Baumgrößen erscheint der Bericht gar nicht so unglaubwürdig.

Pepulbaum, Bobaum
Ficus religiosa

Familie: Maulbeerbaumgewächse, Moraceae
Habitus: Mäßig großer, hochkroniger Baum, der in seiner Tracht einer Kanadischen Pappel ähnelt. Zweige weißlich grau.
Blätter: Bis 17 cm lang, breit kegelförmig, dünn ledrig, sehr lang und dünn gestielt, mit auffallend langer, schwanzförmiger Träufelspitze.
Blüten: Unscheinbar.
Früchte: Grüne bis purpurne, paarweise sitzende, bis 1,25 cm dicke Feigen.
Verbreitung: Heimisch in Ostindien und Sri Lanka. Man findet den Pepulbaum häufig in buddhistischen Tempelanlagen angepflanzt.
Allgemeines: In Südost-Asien ist der heilige Pepulbaum oder Bobaum der Buddhisten von großer Bedeutung. Er wird verehrt, da der Überlieferung zufolge Buddha 528 v. Chr. unter einem Pepulbaum bei Uruwela in Indien seine Erleuchtung hatte. Ein Ableger dieses Baumes in der Tempelstadt Anuradhapura auf Sri Lanka soll über 2000 Jahre alt sein.

An Tempeln und auf Plätzen in Südost-Asien und anderen tropischen Ländern trifft man häufig auch eine andere kleinblättrige Feigenart: *Ficus benjamina*. Sie wird als Waringin und Banyanbaum oder auch als Birken-Feige bezeichnet. Alte Bäume dieser Art fallen oft durch ihre erstaunliche Größe und die zahlreichen Luftwurzeln auf, die von den weit ausladenden Ästen herabhängen. Der Baum hat dünne, ledrige, elliptische bis eiförmig-lanzettliche, 5–12 cm lange Blätter, die am Rand leicht gewellt sind. Bei uns ist *F. benjamina* gegenwärtig eine sehr beliebte, robuste Topfpflanze. In seiner Heimat liefert der Baum Latex und Bast für Seile.

In Polynesien dienen die »Tapa« genannten Bastfasern einer Banyanart als Rohmaterial für die Herstellung zarter, aber äußerst haltbarer Stoffe. Die Polynesier glaubten, die Mondgöttin Hina habe den ersten Banyanbaum gepflanzt.

Gummibaum
Ficus elastica

Familie: Maulbeerbaumgewächse, Moraceae
Habitus: Hoher, meist vielstämmiger, breitkroniger Baum. Oft mit zahlreichen Luftwurzeln. Am Stammfuß alter Bäume brettartige Wurzelanläufe, die mit den Luftwurzeln verwachsen können.
Blätter: Wechselständig, 15–25 cm lang, an jungen Pflanzen bis 30 cm, länglich bis elliptisch, an beiden Enden abgerundet, mit kurzer aufgesetzter Spitze, dunkelgrün und stark glänzend, junge Blätter eingerollt und von großen, rosaroten Nebenblättern völlig eingehüllt.
Blüten: Unscheinbar.
Früchte: Feigen grün, dunkler gefleckt, später gelb, 1–2 cm lang, in sitzenden Paaren.
Verbreitung: Heimisch im Ost-Himalaja, in Mayanmar und auf dem Malaiischen Archipel. Als Schattenbaum in Tropen und Subtropen weit verbreitet. Von allen *Ficus*-Arten als Topfpflanze am häufigsten kultiviert, bei uns in der Form 'Decora', die sich durch kürzere, aber breitere und steifere Blätter auszeichnet. Der

Gummibaum wurde früher zur Gewinnung von Latex in Plantagen angebaut.
Allgemeines: Nicht nur *F. elastica* besitzt große Blätter, auch andere *Ficus*-Arten warten mit stattlichen Blättern auf. *F. lyrata* (rechtes Bild) ist besonders bemerkenswert. Ihre derben, ledrigen, dunkelgrün glänzenden Blätter werden 50–60 cm lang und halb so breit. Sie sind verkehrt eiförmig und am Rand tief leierförmig ausgebuchtet. Der Umriss erinnert an eine Geige, deren Hals dem Stiel entspricht, deshalb wird die Art auch als Geigenblatt-Feige oder Banjo-Feige bezeichnet. Der kleine Baum entwickelt an seinen Ästen, anders als *F. elastica* und zahlreiche andere Arten, keine Luftwurzeln.
F. lyrata ist im tropischen West-Afrika beheimatet und wird auch in anderen tropischen Ländern als Parkbaum geschätzt. Er ist relativ unempfindlich und gedeiht schon in Südspanien im Freien.

Meertraube
Coccoloba uvifera

Familie: Knöterichgewächse, Polygonaceae
Habitus: Immergrüner, 6–8 m hoher, gedrungener, oft mehrstämmiger Baum. Stämme auffallend gefleckt.
Blätter: Wechselständig, einfach, bis 20 cm lang, rundlich oder an der Basis herzförmig, ledrig, glänzend dunkelgrün, Nervatur gelb bis rot.
Blüten: Eingeschlechtlich und unscheinbar, duftend, weiß, in 15–20 cm langen, aufrechten Trauben, die weiblichen einzeln, die männlichen bis zu sieben in Gruppen.
Früchte: Beerenartig, zur Reife rotviolett, 1–1,5 cm dick, essbar, säuerlich schmeckend, in hängenden, traubenähnlichen Ständen. Sie gehen aus zur Reifezeit fleischig werdenden, kronblattartigen Kelchblättern hervor.
Verbreitung: Sandige Strände in tropischen Zonen von Florida, auf Bermuda, den Bahamas und Westindien, in Mexiko, Mittelamerika und dem nördlichen Südamerika.

Allgemeines: Der wind- und salzresistente Baum wird gegenwärtig als Nutz- und Zierbaum an allen tropischen Küsten gepflanzt. Das Holz wird als Brennholz verwendet. Aus der Rinde gewinnt man einen roten Farbstoff, das Westindische Kino. In der Volksmedizin werden die adstringierenden Wurzeln gegen Durchfall, die Baumrinde gegen Halsentzündungen eingesetzt. Aus der Frucht werden unter anderem Gelee und ein likörähnliches Getränk hergestellt.
Die Meertraube wird gelegentlich auch »Autograph-Baum« genannt, weil Markierungen auf den frischen Blättern klare, weiße Linien hervorrufen.
Die Gattung umfasst etwa 150 tropische und subtropische Bäume, Sträucher und Kletterpflanzen, von denen auch einige andere Arten als Zier- und Nutzbäume gepflanzt werden. In Südamerika werden die vitaminreichen Früchte der *C. caracasana* gesammelt.

Indischer Mandelbaum
Terminalia catappa

Familie: Strandmandelgewächse, Combreta-ceae

Habitus: Bis 35 m hoher Baum, Krone zunächst mit streng etagenförmig und waagerecht abstehenden Ästen, später etwas unregelmäßig und breit ausladend.

Blätter: Bis 25 cm lang und 14 cm breit, pergamentartig, am Ende der Zweige büschelig gehäuft, verkehrt eiförmig, an der Basis verschmälert und nahezu herzförmig, oberseits glatt, unterseits weich behaart.

Blüten: In endständigen, länglichen Trauben, auffallend durch zahlreiche, pinselartig gestellte, weißlich gelbe und an der Spitze rosarote Staubblätter.

Früchte: 5–6 cm große, eiförmig-elliptische Steinfrüchte mit einer äußeren grünen, fleischigen Schale, einer dicken, korkigen Mittelschicht und einer steinharten Innenwand. Die schwimmfähigen Früchte haben für eine weite Verbreitung der Art entlang der altweltlichen Küsten gesorgt.

Verbreitung: Ost-Afrika, Madagaskar, Pakistan, Indien, Java, Neuguinea. Als Zierbaum und als salzverträglicher Schattenbaum in Strandnähe heute in allen Tropengebieten verbreitet.

Allgemeines: *T. catappa* ist auch von wirtschaftlicher Bedeutung. Die mandelartig schmeckenden Samen (»Indische Mandeln«) enthalten bis zu 50 % Öl, sie können roh gegessen werden. Durch Zusatz von Eisensalzen gewinnt man aus ihnen einen schwarzen Farbstoff. Wurzeln, Früchte und Rinde liefern Gerbstoff.

Insgesamt umfasst die Gattung 200 Arten, die in den tropischen Zonen Süd-Asiens, Afrikas, Amerikas und Australiens verbreitet sind. Die größte wirtschaftliche Bedeutung haben die afrikanischen Arten *T. superba* und *T. ivorensis*. Ihr Holz, bei uns als Limba bekannt, nimmt mengen- und wertmäßig eine führende Stellung im Holzhandel ein.

Die Früchte der in Indien heimischen *T. chebula* werden zu Myrobalanen-Extrakt verarbeitet, der neuerdings auch exportiert wird. Mit 2 cm Durchmesser und 7,5 cm Länge sind die Nüsse von *T. okari* aus Neuguinea ungewöhnlich groß, sie sind lokal ein wichtiges Nahrungsmittel. Auf den Philippinen werden die Früchte von *T. edulis* als Trockenobst und zur Weinherstellung verwendet.

Einige Arten liefern wertvolle Nutzhölzer. *T. tomentosa* ist in Indien eine charakteristische Begleitholzart der Teak-Monsunwälder. Ihr Holz ist ebenso wertvoll wie das von *T. superba* (Gelbes Mahagoniholz, Limbaholz) aus Westafrika. Die raschwüchsigen Bäume erreichen Höhen von etwa 50 m. Das leichte, gut zu bearbeitende Holz wird zu Furnieren, Parkett und Sperrholzplatten verarbeitet sowie in der Kunst- und Möbeltischlerei verwendet. Limba nimmt mengen- und wertmäßig eine führende Stellung im Holzhandel ein.

T. chebula, heimisch in Sri Lanka, Indien, Burma und Nepal, ist ein bis 25 m hoher Baum mit rostbraun behaarten Trieben und bis 12 cm langen, eiförmigen, ledrigen Blättern. Die nur 4 mm breiten Blüten stehen in achselständigen Ähren. Die bis 4 cm langen, ellipsoiden bis eiförmigen, leicht kantigen, gerbstoffreichen (bis 35 %), als Myrobalanen bezeichneten Früchte lassen sich technisch und medizinisch verwerten.

Kohlbaum
Cussonia spicata

Familie: Efeugewächse, Araliaceae
Habitus: Kleiner, 3–10 m hoher, dichtkroniger, oft knorrig gewachsener Baum mit dicken, wenig verzweigten Ästen und Zweigen.
Blätter: Sehr groß, an den Enden der dicken Zweige dicht gehäuft, die Blattspreite bis 70 cm breit, im Umriss rundlich, mit fünf bis neun Blättchen handförmig geteilt, die Blättchen mit eigenem Stiel vom Ende des bis 70 cm langen, dicken Hauptstieles ausgehend, gelappt und gesägt, das untere Blättchenpaar in den breit geflügelten Blattstiel auslaufend, Hauptnerven an der Spitze und an den Blatträndern in einen scharfen Zahn auslaufend.
Blüten: Grünlich gelb, klein, in den Achseln von Tragblättern, an den Enden der Zweige in sehr großen, auffallenden Blütenständen geordnet, die aus fünf bis zwölf sehr kompakten, dicht gedrängten, 5–15 cm langen, wurstförmigen Ähren zusammengesetzt sind. Blütezeit November bis Mai.

Früchte: Fleischige, 4–6 mm dicke, zur Reife purpurn gefärbte, von den bleibenden Hochblättern umgebene Beeren.
Verbreitung: Heimisch in Südafrika in Gebirgstälern und im trockenen Flachland, in Rhodesien in höheren Lagen an steinigen Berghängen. In Südafrika häufig als Zierpflanze verwendet.
Allgemeines: Die Gattung ist mit 20 Arten im tropischen und südlichen Afrika, auf Madagaskar und den Maskarenen verbreitet. In Südafrika sind verschiedene Arten Nahrungspflanzen oder liefern Nutzholz. Die sukkulenten Wurzeln von *C. spicata* werden in Notzeiten gegessen und, mazeriert, von den Zulus gegen Malaria eingesetzt. Aus dem Holz von *C. arborea* (Octopus Cabbage Tree) werden in Malawi Xylophon-Klangkörper hergestellt. Das leichte und weiche Holz von *C. paniculata* (Mountain Cabbage Tree) wird unter anderem zu Bremsklötzen verarbeitet.

Zweihäusige Kermesbeere
Phytolacca dioica

Familie: Kermesbeerengewächse, Phytolaccaceae

Habitus: Immergrüner, rasch wachsender, bis 20 m hoher Baum, Stamm kurz und dick, an der Basis auffallend und stark knollig verdickt, Krone sehr breit und dicht, Holz weich und sehr wasserhaltig.

Blätter: Wechselständig, einfach, ganzrandig, gestielt, elliptisch bis eiförmig, 6–10 cm lang, kahl, ledrig, mit einer starken Mittelrippe, vor dem Laubfall erst gelb, dann purpurn gefärbt.

Blüten: Zweihäusig, weiß, in aufrechten oder hängenden Trauben gegenüber den Blättern, der 4- bis 5-lappige Kelch bleibend, Kronblätter fehlend, die männlichen Blüten mit 20–30 Staubblättern, die deutlich länger sind als der Kelch, weibliche Blüten mit einem kugeligen Fruchtknoten, zehn Staminodien und sechs bis sieben Griffeln.

Früchte: Fleischige, saftige, beerenähnliche Früchte, Samen mit glänzend schwarzer Schale.

Verbreitung: Tropisches Südamerika, als Zierbaum in allen tropischen und subtropischen Regionen verbreitet.

Allgemeines: Der auffallende Baum wird in Südamerika Bella Sombra = schöner Schatten genannt.

Die Gattung ist mit 35 einander oft sehr ähnlichen, krautigen, strauch- und baumförmigen Arten überwiegend im tropischen und subtropischen Amerika verbreitet, einige Arten kommen auch in Afrika vor.

Bei uns ist die Gattung vor allem durch *P. americana*, die Amerikanische Kermesbeere, bekannt. Die natürliche Verbreitung der Art reicht von Mittel- bis Nordamerika. Seit 1770 sind Kermesbeerenkulturen auch aus Frankreich und Deutschland bekannt. Der dunkelrote Saft der glänzenden, zur Reife purpurschwarzen Früchte wird hauptsächlich zum Färben (Schönen) des Rotweins verwendet. Frische Wurzeln und Früchte dienen auch als Abführ- und Brechreiz erregende Mittel.

Baum-Aloe
Aloë bainesii

Familie: Aloegewächse, Aloaceae
Habitus: 10–18 m hoher, massiger Baum mit lockerer, rundlicher Krone. Stamm gabelig verzweigt, an der Basis oft stark verdickt, bis 3 m im Durchmesser. Die sparsam verzweigten Äste tragen nur an der Spitze einen Blattschopf.
Blätter: In einer dichten Rosette, 60–90 cm lang, schwertförmig, breitrinnig, derb-ledrig, bogig zurückgekrümmt, dunkelgrün.
Blüten: Oberhalb der Blattrosette in bis 60 cm langen, aufrechten, zylindrischen Trauben, Einzelblüten röhrig, die je drei Kelch- und Blütenblätter gleich gestaltet und gefärbt, rosa bis orangerot mit grüner Spitze.
Früchte: Eiförmige, anfangs grüne, zur Reife braune Kapsel.
Verbreitung: Ostküste Süd-Afrikas, Swasiland, Mosambik.
Allgemeines: *A. bainesii* ist die höchste und stattlichste unter den 325 Arten der Gattung. In klimatisch zusagenden Regionen ist sie keine seltene Zierpflanze.

Eine der für den Afrikareisenden auffallendsten Arten ist *A. dichotoma*, der Köcherbaum (Bild rechts). Er beherrscht in den trockenen, wüstenartigen Regionen in der nördlichen Kapregion, in Südwest-Afrika und Namibia stellenweise das Landschaftsbild. *A. dichotoma* ist eine der bekanntesten und auffälligsten Erscheinungen unter den südafrikanischen *Aloë*-Arten. Sie wird etwa 3–5 m hoch und hat einen dicken, massiven Stamm von oft mehr als 1 m Durchmesser. Die Krone ist gabelig verzweigt, die Äste tragen am Ende einen Schopf aus schmalen, bis 35 cm langen, bläulich grünen oder zur Trockenzeit gelblich braunen Blättern. Kanariengelb sind die Blüten, die in 30 cm langen, endständigen Ähren über dem Blattschopf stehen. Zur Blütezeit bevölkern Scharen von Vögeln und Heuschrecken die Blüten, um den reichlich produzierten Nektar zu naschen. *A. dichotoma* wird als Köcherbaum bezeichnet, weil die Buschleute aus den weichen Ästen ihre Pfeilköcher herstellen.

Ashokabaum
Polyalthia longifolia 'Pendula'

Familie: Schuppenapfelgewächse, Annonaceae

Habitus: Immergrüner, regelmäßig schmal säulenförmig wachsender, bis 20 m hoher Baum, deshalb im Englischen als Mast Tree bezeichnet, Zweige abwärts gerichtet, leicht hin und her gebogen.

Blätter: Gegenständig, 2-zeilig gestellt, hängend, gestielt, weidenähnlich, bis 20 cm lang, schmal lanzettlich, vorne spitz, an der Basis abgerundet, am Rand seicht und weit gebuchtet und deutlich gewellt, oberseits dunkelgrün und metallisch glänzend.

Blüten: Zwittrig, duftend, fahlgrün mit dicken, wachsartigen Kronblättern, sie öffnen sich, bevor alle ihre Organe voll entwickelt sind, die Blütenhülle besteht aus drei 3-zähligen Kreisen, die zahlreichen Staubblätter stehen spiralig.

Früchte: Eiförmige, zur Reife schwarze, 2 cm große Sammelfrüchte, sie werden gern von Fledermäusen und Flughunden gefressen.

Verbreitung: Heimisch in Indien, als Zierbaum in den Tropen Ost-Asiens verbreitet. Der Baum wird von Hindus verehrt und ist oft an ihren Tempeln zu finden.

Allgemeines: Die Gattung umfasst etwa 100 Arten, die überwiegend in tropischen Zonen verbreitet sind.

Aus der Familie der Schuppenapfelgewächse werden hier auch andere Gattungen behandelt, der Duftstoffe liefernde Baum *Cananga odorata* auf Seite 97, die Gattung *Annona*, Seite 298, die für ihre essbaren Früchte bekannt ist und die Gattung *Monodora*, Seite 69, deren Früchte als Gewürze und Medizin verwendet werden.

Kasuarine
Casuarina equisetifolia

Familie: Kasuarinengewächse, Casuarinaceae
Habitus: Schlanker, bis 25 m hoher, lockerkroniger Baum, der in Wuchsform und Belaubung an einen Nadelbaum erinnert, aber zu den Laubbäumen gehört. Der Stamm ist im Alter geringelt. Die schlanken Zweige erinnern an einen Schachtelhalmspross.
Blätter: Sie stehen in Quirlen und sind zu winzigen spitzen Schuppen zurückgebildet, die an den Knoten zu einer stängelumfassenden, kurzen Scheide verwachsen sind.
Blüten: Eingeschlechtig, unscheinbar, weibliche Blüten mit roten Narben in etwa 2,4 cm langen, zylindrischen oder nahezu kugeligen Köpfchen, männliche Blüten in 4 cm langen, kätzchenartigen Ähren (rechtes Bild).
Früchte: Holzige, kugelige, bis 6 mm breite Zapfen.
Verbreitung: Typischer Baum der Sandstrände in den immerfeuchten tropischen Zonen, stellenweise große Bestände bildend. Die schwimmfähigen Früchte, die von Meeresströmungen transportiert werden, haben für eine weite Verbreitung gesorgt. Das natürliche Areal reicht von Nordost- und Nord-Australien über die pazifischen Inseln bis in die Küstenregionen des tropischen Südost-Asiens.

Der salzresistente und raschwüchsige Baum wird in vielen tropischen und subtropischen Ländern als Zierbaum, zum Windschutz und zur Festlegung von Stranddünen benutzt.
Allgemeines: Das Holz gehört seiner Härte wegen zu den »Eisenhölzern«; von den Polynesiern wurde es früher zum Bau von Kanus und zur Herstellung von Streitkolben benutzt. Die Gattung, die eine eigene Familie bildet, ist mit ihren rund 70 Arten überwiegend im Innern des australischen Kontinents verbreitet.
C. equisetifolia ist ein sehr lichtbedürftiger Baum, die Samen können im Schatten des eigenen Mutterbaumes nicht keimen.
Als »Eisenhölzer« bezeichnet man auch andere Baumarten, etwa *Eusideroxylon zwageri*, aus dessen Holz die Urwaldjäger Borneos ihre Blasrohre fertigen. In Indien wird der Nagasbaum oder Gaugau, *Mesua ferrea*, häufig angepflanzt. Die wohlriechenden Blüten werden zur Gewinnung ätherischer Öle gepflückt, die in der Parfümindustrie vielseitige Verwendung finden.

Dammartanne
Agathis dammara

Familie: Araukariengewächse, Araucariaceae
Habitus: Bis 60 m hoher Baum mit langem, astfreiem Stamm und schmal kegelförmiger Krone. Rinde dicht mit korkigen Knoten besetzt, hellgrün bis bräunlich grün, in spiralförmigen Streifen ablösend.
Blätter: Nadeln 6–13 cm lang, 1,5–5 cm breit, länglich bis lanzettlich, ledrig. Sie bleiben viele Jahre am Leben.
Blüten: Weibliche Blüten in kugeligen bis stumpf eiförmigen, etwa 10 cm langen Zapfen mit eng anliegenden Schuppen, männliche Blüten in 7 cm langen Zapfen
Früchte: Etwa 10 cm lange, am Baum zerfallende Zapfen.
Verbreitung: In tropischen Regionen stellenweise ein wichtiges Nutzholz. Mit 10 000 Hektar liegen die größten Aufforstungsbestände auf Java.
Allgemeines: Von allen Nadelholzgattungen ist die Verbreitung der *Agathis*-Arten am stärksten auf tropische Regionen konzentriert.

Agathis-Arten liefern nicht nur Nutzholz, sie sind auch als Lieferanten von Kopal von Bedeutung, auch *A. dammara*. Als Kopal werden alle natürlichen, harten Harze bezeichnet, die erst bei hohen Temperaturen schmelzen. Sie ähneln äußerlich dem Bernstein und sind ein wichtiges Ausgangsmaterial für die Herstellung von Lacken und Farben.

Von *A. dammara* wird durch Anzapfen des Stammes Manila-Kopal gewonnen. Es ist mittelhart, weißlich gelb bis braun und duftet angenehm balsamisch. Die durchschnittliche Jahresproduktion eines Baumes liegt bei 12 kg.

Auch die Kaurifichte, *A. australis*, deren Verbreitung auf die Nordinsel Neuseelands beschränkt ist, liefert Nutzholz und Kopal. Der Baum kann Höhen bis 60 m und Durchmesser von 9 m erreichen. Er gehört deshalb zu den größten Nutzholz liefernden Bäumen der Erde; sie sollen ein Alter von über 2000 Jahren erreichen. Die natürlichen Bestände sind durch Übernutzung und Waldbrände so stark zurückgegangen, dass die Kaurifichte gegenwärtig keine größere wirtschaftliche Bedeutung als Holzlieferant hat. Von der Kaurifichte wird der Kauri-Kopal gewonnen. Er tritt aus allen Wunden des sehr harzreichen Baumes hervor, ist zunächst farblos und flüssig, erhärtet aber bald und wird trübweiß. In den Astgabeln bilden sich oft dickere Massen des Kopals. Kauri-Kopal wird aber nahezu ausschließlich in subfossilem oder fossilem Zustand aus der Erde ehemaliger oder jetziger Kauriwälder gewonnen. In Tiefen bis zu 2 m werden Klumpen in unterschiedlicher Form, Größe und Färbung gewonnen. Als besonders wertvoll gelten durchsichtige Stücke. Kauri-Kopal duftet stark balsamisch. Bis jetzt haben sich Befürchtungen, dass die Lager der fossilen oder subfossilen Harze bald erschöpft seien, nicht bewahrheitet.

Insgesamt umfasst die Gattung 20 Arten, sie sind von Indochina und Westmalaysia bis Neuseeland verbreitet.

Norfolktanne
Araucaria heterophylla

Familie: Araukariengewächse, Araucariaceae
Habitus: Bis 70 m hoher Baum mit kegelförmiger Krone, Äste zu vier bis sieben in regelmäßigen Quirlen waagerecht abstehend, Rinde blättert in dünnen Lagen ab.
Blätter: Nadeln in zwei Formen: an jungen Pflanzen und Seitentrieben weich, pfriemförmig, hellgrün und bis 1,5 cm lang, an älteren Pflanzen und fertilen Trieben viel kürzer, derb und mit hornartiger Spitze, einwärts gekrümmt und sich nicht überdeckend.
Blüten: Weibliche Blüten in einem großen, fast kugeligen, endständigen Zapfen, männliche Blütenstände wesentlich kleiner und unscheinbar.
Früchte: Zapfen meist breiter als hoch, etwa 12 × 10 cm, Samen ohne die gut entwickelten Flügel 2,5–3 cm lang und 1,2 cm breit.
Verbreitung: Heimisch auf den Norfolk-Inseln. In den Höhenlagen der Tropen und in subtropischen Gärten häufig kultiviert. Bei uns als »Zimmertanne« eine beliebte Topfpflanze.

Allgemeines: Von den 20 Arten der Gattung, die in Neuguinea, Ost-Australien, auf den Norfolk-Inseln, in Neukaledonien sowie Südbrasilien und Chile verbreitet sind, trifft man auch die folgende Art regelmäßig in subtropischen und mediterranen Gärten.
A. bidwillii, Bunya-Bunya, ist in den Küstenzonen von Queensland, Australien verbreitet. Sie wird nur etwa 40 m hoch und hat in der Jugend eine kegelförmige, im Alter eine rundliche oder abgeflachte Krone. Äste zu 10–15 in Quirlen, an älteren Bäumen herabhängend. Blätter an sterilen Zweigen lanzettlich, bis 5 cm lang, 5 bis 10 mm breit, dunkelgrün und mit langer, steifer Spitze. Blätter an fruchttragenden Zweigen wesentlich kürzer. Zapfen ebenfalls endständig, bis 30 cm hoch und 23 cm breit. Die bis zu 5 kg schweren Zapfen enthalten an die 150 große, etwa 6 cm lange Samen, die von den Eingeborenen gern gegessen werden. Deshalb ist in bestimmten Zonen Australiens der Einschlag zur Holzgewinnung eingeschränkt.
Andere Arten der Gattung, vor allem *A. angustifolia* aus Südbrasilien und Nordargentinien sowie *A. cunninghamii,* die in Ost-Australien heimisch ist, haben als Lieferanten von Nutzholz eine überregionale Bedeutung.
An günstigen Standorten in Mittel-Europa ist *A. araucana* ausreichend frosthart. Sie hat ihre natürliche Verbreitung in der chilenischen Küstenkordillere und den südlichen Anden, im Grenzgebiet zwischen Chile und Argentinien. Mit ihrer ungewöhnlichen, fast tafelförmig ausgebildeten Krone, den langen, wenig verzweigten Ästen und den dicken und breiten Nadeln macht der Baum einen wahrhaft urtümlichen Eindruck.
Alle drei Arten haben große, an Kohlenhydraten reiche Samen. Diese waren in den jeweiligen Heimatgebieten der Arten Nahrungsgrundlage der Urbevölkerung, für die Pehuenche in den Anden, die Kaingang in Südbrasilien und die Kabi in Australien.

Calliandra surinamensis (siehe Seite 143)

Blütensträucher der Tropen

Die Vielfalt der in tropischen Gärten kultivierten Blütensträucher ist kaum kleiner als die der tropischen Bäume. Viel öfter als bei Bäumen begegnen uns hier neben den natürlichen Arten auch zahlreiche Sorten. So kommt beispielsweise der Roseneibisch in zahllosen Farbvarianten vor.

Blütensträucher finden mit ihrer geringen Größe in nahezu jedem Hotel- und Stadtgarten Platz. Sie werden auch in den oft sehr kleinen Vorgärten der einheimischen Bevölkerung naturgemäß häufiger angepflanzt als die großkronigen Bäume. Weil Sträucher ihre Blüten oft in Augenhöhe entfalten, sprechen uns ihre bizarr geformten oder auffallend gefärbten Blüten unmittelbarer an, als dies bei Bäumen der Fall sein kann.

Wie viele Zier- und Nutzbäume sind auch zahlreiche Blütensträucher längst pantropisch verbreitet. Sie wurden oft schon vor langer Zeit aus ihrer ursprünglichen Heimat in andere tropische Regionen gebracht. Manche haben sich dort so gut akklimatisiert, dass sie sich als Gartenflüchtlinge in der ihnen fremden Vegetation behaupten konnten. Sie wurden gelegentlich sogar zu einem lästigen Unkraut, wie etwa das südamerikanische Wandelröschen, das in Afrika stellenweise die heimische Vegetation verdrängt.

Neben blühenden Sträuchern findet man in den tropischen Gärten eine Fülle buntlaubiger Gehölze. Besonders beliebt ist der bei uns als »Croton« bekannte Wunderstrauch, dessen Blätter durch zahllose Farb- und Formvarianten überraschen.

Viele Straucharten sind für die einheimische Bevölkerung nicht nur als Blütenpflanzen von Bedeutung; häufig sind sie gleichzeitig Heil- und Nutzpflanzen. Die Nutzbarkeit war ursprünglich sicher wichtiger als die Schmuckwirkung. Andere haben als Bestandteil von Blumenopfern eine besonders große Bedeutung.

Weihnachtsstern
Euphorbia pulcherrima

Familie: Wolfsmilchgewächse, Euphorbiaceae
Habitus: 3–4 m hoher, verzweigter, Milchsaft führender Strauch mit kahlen, in der Basis oft blattlosen Zweigen.
Blätter: Wechselständig, ziemlich lang gestielt, 20–30 cm lang, sehr variabel, lanzettlich bis eiförmig-elliptisch, ungeteilt oder buchtig gelappt, zugespitzt, am Grunde keilförmig. Blattfall in der Trockenzeit.
Blüten: Die eigentlichen Blüten in kleinen, kopfförmigen Ständen, unscheinbar, aber von großen, rosettenförmig gedrängt stehenden, meist lanzettlichen Hochblättern umgeben, die scharlachrot gefärbt sind. Die Blütenköpfe sind aus mehreren Scheinblüten (Cyathien) zusammengesetzt. Eine Scheinblüte besteht aus einer lang gestielten, blütenblattlosen weiblichen Gipfelblüte, die von fünf Gruppen ebenfalls blütenblattloser männlicher Blüten umgeben ist. Die Blüten, deren Nektar eine ungewöhnlich hohe Zuckerkonzentration (60 %) hat, werden von Vögeln bestäubt.

Früchte: 3-lappige, 3-fächrige, trockene Kapsel.
Verbreitung: Heimisch in Mexiko und Mittelamerika, in den Tropen als Zierstrauch weit verbreitet. Bei uns eine wichtige Topfpflanze, auch in Sorten mit rosa oder weißen Blüten.
Allgemeines: Von den etwa 2000 weltweit verbreiteten *Euphorbia*-Arten ist uns der Weihnachtsstern besonders vertraut. Um 1800 kam die Pflanze unter dem vorläufigen Namen *E. heterophylla* von Mexiko nach Europa, erst 1836 erhielt sie ihren heute gültigen botanischen Namen. Viele Jahrzehnte lang wurde die attraktive Pflanze bei uns kaum kultiviert, erst nach dem Zweiten Weltkrieg erlangte sie als Topfpflanze ihre heutige Bedeutung. Neben der ursprünglichen rot blühenden Form kommen heute eine Fülle von Blütenfarben vor, darunter auch rosa oder cremefarbene.
Der Weihnachtsstern gehört zu den so genannten Kurztagspflanzen, das heißt, er wächst vegetativ bei einer Tageslänge von mehr als zwölf Stunden, die Blütenbildung setzt erst bei einer Tageslänge von weniger als zwölf Stunden ein. Das erklärt auch, warum *E. pulcherrima* bei uns etwa um die Weihnachtszeit blüht.
Im Hochland von Mexiko haben die Azteken den Weihnachtsstern schon um 1400 kultiviert. Die roten Blüten galten ihnen als Symbol der Reinheit, aus den roten Hochblättern gewannen sie einen Farbstoff und aus dem Milchsaft eine Fieber senkende Medizin. Auf Java werden die Blätter als Gemüse gegessen.

Christusdorn
Euphorbia milii

Familie: Wolfsmilchgewächse, Euophorbiaceae

Habitus: Stark bedornter, mannshoher, dichter Strauch mit schwach kantigen, biegsamen, schlangenartig gekrümmten Zweigen. An den Blattbasen beiderseits ein schwarzbrauner Dorn von 1–1,5 cm Länge.

Blätter: Wechselständig, bis 3,5 cm lang, verkehrt eiförmig, am Grunde zum kurzen Blattstiel hin verschmälert, lebhaft grün, kahl. Nebenblätter zu Dornen umgewandelt.

Blüten: Unauffällige Scheinblüten (Cyathien) in einer mehrfach gegabelten Trugdolde, umgeben von zwei leuchtend roten Hochblättern.

Früchte: 3-lappige, 3-fächrige, trockene Kapseln.

Verbreitung: Heimisch auf Madagaskar. In den Tropen eine der häufigsten *Euphorbia*-Arten, Pflanzung als Einzelstrauch und als Heckenpflanze. Bei uns eine bekannte Topfpflanze.

Allgemeines: Die auf der ganzen Länge dornigen Zweige trugen der Pflanze den Namen Christusdorn ein. Die zur Dornenkrone Christi verarbeiteten Zweige stammen nach christlicher Überlieferung aber von dem im Mittelmeerraum heimischen Christdorn, *Paliurus spina-christi* ab, vielleicht auch von dem Zwergstrauch *Sarcopoterium spinosum*. *Euphorbia milii* wurde erst 1826 nach Europa eingeführt. Neben rot blühenden gibt es auch Zuchtformen mit rosa und gelben Blüten.

Zu den erwerbsgärtnerisch wichtigen Arten gehört auch *E. fulgens*, eine verholzende, unbewehrte, wenig verzweigte Art mit schlanken, rutenförmig verlängerten Zweigen und kurzen, an den Zweigenden gedrängten Blütenästen. Ihre Blätter sind gestielt, lanzettlich, lang zugespitzt, dunkelgrün mit helleren Adern. Die Scheinblüten stehen in achselständigen Trugdolden, die eine einseitswendige, dichte, beblätterte Traube bilden. Die Scheinblüten sind von einem Kreis aus fünf orangegelben oder orangeroten Hochblättern umgeben, die eine runde Blütenkrone vortäuschen. Bei uns wird diese Art vor allem als Schnittblume gezogen; es gibt auch Sorten mit tiefroten und weißen Blüten.

Zahlreiche andere *Euphorbia*-Arten werden in ihren Heimatländern unter anderem als Arzneipflanzen genutzt. *E. hirta* und *E. pilulifera* liefern Mittel gegen Asthma, *E. kamerunica* Latex, das zum Tätowieren und als Pfeilgift verwendet wird. Die Blätter von *E. pulcherrima* werden auf Java als Gemüse gegessen.

Rhabarber von Guatemala
Jatropha podagrica

Familie: Wolfsmilchgewächse, Euphorbiaceae
Habitus: Bis 1,5 m hoher, Milchsaft führender, sukkulenter, in der Trockenzeit kahler Strauch mit knollig verdicktem Stamm und wenigen knorrigen Zweigen.
Blätter: Schildförmig, rundlich-eiförmig, bis 30 cm breit, ledrig, 3- bis 5-lappig, Lappen ganzrandig, oberseits tiefgrün, unterseits blauweiß.
Blüten: Orangerot, in lang gestielten, endständigen, reich verzweigten Trugdolden, männliche und weibliche Blüten getrennt, die männlichen mit fünf ansehnlichen Kronblättern und zehn Staubgefäßen in zwei Kreisen, die weiblichen mit gabelig geteilten Narben.
Früchte: 3-fächrige, bis 2 cm lange Kapseln.
Verbreitung: Guatemala, Nicaragua, Costa Rica und Panama. Als Zierpflanze in allen tropischen Ländern zu finden.
Allgemeines: Mit etwa 170 Arten im tropischen Amerika und Afrika verbreitet. Auch andere Arten werden als Zier- und Nutzpflanzen kultiviert. Bei uns als Topfpflanze beliebt.

J. integerrima (rechtes Bild) (engl. Peregrina oder Spicy Jatropha) aus Kuba. Der bis 2 m hohe Strauch trägt lang gestielte, mehr oder weniger 3-lappige, ledrige, glänzend grüne Blätter. Er entwickelt bis 12 mm breite, karmesinrote Blüten in lang gestielten, endständigen, rispenförmigen Blütenständen.
J. multifida (engl. Coral Plant). Tropisches Südamerika, in Afrika eingebürgert, Heil- und Zierpflanze. 3–6 m hoher Strauch oder Baum mit goldgelbem Stamm und papierähnlicher Rinde. Blätter lang gestielt, handförmig, 9- bis 11-lappig, dunkelgrün. Hellrote Blüten in einem lang gestielten, endständigen Blütenstand mit überwiegend männlichen Blüten. Junge Blätter werden als Gemüse zubereitet.
J. curcas, Purgiernuss (engl. Barbados Nut). Tropisches Amerika, auch in vielen anderen Ländern kultiviert. Das aus den Samen gepresste Öl, in der Pharmazie als »semen ricini« bezeichnet, wird medizinisch und für technische Zwecke genutzt. Aus der Rinde werden Gerbstoffe und eine dunkelbraune Farbe gewonnen.

Raues Nesselblatt, Katzenschwanz
Acalypha hispida

Familie: Wolfsmilchgewächse, Euphorbiaceae
Habitus: Etwa 1 m hoher Strauch.
Blätter: Wechselständig, gestielt, bis 15 cm lang und 9 cm breit, eiförmig, zugespitzt gesägt, oberseits dunkelgrün, unterseits heller.
Blüten: Auffallend sind die weiblichen Blüten, welche in bis zu 50 cm langen, schlaff herabhängenden, zylindrischen, leuchtend rot gefärbten Kätzchen zusammenstehen. (rechtes Bild). In den Einzelblüten dominieren die mehrfach gegabelten, langen Narben. Die männlichen Blüten sind unauffällig; sie stehen ebenfalls in kurzen, lockeren Kätzchen zusammen.
Früchte: Kleine, 3-fächrige Kapsel.
Verbreitung: Die ursprüngliche Heimat ist unbekannt. Heute in den Tropen und Subtropen der ganzen Erde als Zier- und Heckenpflanze verbreitet. In den Gärten Süd-Europas ist *A. hispida* winterhart.
Allgemeines: Die Gattung *Acalypha* ist mit mehr als 400 Arten, Kräutern, Sträuchern oder Bäumen von sehr verschiedenartigem Aussehen, in den tropischen und warmen Gebieten der Erde verbreitet. Viele von ihnen sind typische Pflanzen der Bodenvegetation tropischer Wälder.

Neben *A. hispida* hat als Zierpflanze vor allem das Schillernde Nesselblatt, *Acalypha wilkesiana* (linkes Bild) eine Bedeutung. Das sind etwa 3 m hohe, dichte Sträucher, deren unscheinbare Blüten meist unter dem Laub versteckt sind; sie fallen allein durch ihre attraktive Belaubung auf. Die breit eiförmigen, zugespitzten Blätter sind in der Grundfarbe meist kupfergrün, aber immer mehr oder weniger stark rot oder karminrosa gefleckt. Zur formenreichen Hybridgruppe gehört eine Reihe von Sorten mit stark variierenden Blattfarben (gelb, rosa oder rot gefleckt und gerandet). Sie sind in den Gärten häufiger vertreten als grünlaubige Formen: 'Godseffiana' (Blätter grün, cremeweiß gerandet), 'Macrophylla' (Blätter rotbraun, heller gefleckt), 'Marginata' (Blätter groß, olivbraun mit rosa Rand), 'Mussica' (Blätter bronzegrün, rot und orangefarben gezeichnet).

Korallenstrauch
Erythrina crista-galli

Familie: Schmetterlingsblütler, Fabaceae
Habitus: Breit ausladender Strauch oder kleiner Baum mit dickem Stamm. Zweige mit kräftigen, flachen Dornen. Wird nicht selten regelmäßig stark zurückgeschnitten.
Blätter: Wechselständig, 3-teilig, Blättchen 10–15 cm lang, ledrig, länglich eiförmig bis länglich lanzettlich, ganzrandig, der lange Blattstiel bedornt.
Blüten: Kirschrot, etwa 5 cm lang, dicht gedrängt in langen, endständigen Trauben, in den Einzelblüten dominiert die Fahne, die zu einem tellerartig vergrößerten Schauorgan entwickelt ist, Fahne im Gegensatz zu den meisten Schmetterlingsblütlern abwärts gerichtet, die Flügel fehlen fast ganz, das Schiffchen krümmt sich von oben gegen die Fahne. Die Blüten werden durch Kolibris bestäubt.
Früchte: Gestielte, linealische, an beiden Enden verschmälerte und zwischen den Samen eingeschnürte Hülsen.

Verbreitung: Heimisch in Brasilien, Paraguay, Bolivien, Argentinien. In den Tropen und Subtropen als reich blühender Zierstrauch weit verbreitet.
Allgemeines: Von den 108 Arten der Gattung (engl. Common Coral Tree) ist *E. crista-galli* die am häufigsten kultivierte Art. Sie gehört zu den schönsten blühenden Tropenpflanzen. Im Gegensatz zu den tropischen Bäumen lässt sie sich auch unter unseren Klimabedingungen zum Blühen bringen; sie wird deshalb in allen botanischen Gärten regelmäßig als Kalthauspflanze in Kübeln kultiviert.

Pfauenstrauch, Stolz von Barbados
Caesalpinia pulcherrima

Familie: Caesalpiniengewächse, Caesalpiniaceae

Habitus: 3–5 m hoher, immergrüner Strauch.

Blätter: Wechselständig, doppelt gefiedert, mit drei bis neun Blattpaaren, die wiederum jeweils sechs bis neun Paar eiförmig-lanzettliche, 3 cm lange Fiederblättchen tragen.

Blüten: Gestielt, 10 cm lang, meist rot, gelegentlich aber auch orangefarben oder gelb, zu 30–40 cm langen, vielblumigen, traubigen Blütenständen vereint, die über dem Laub stehen, Kelch 5-zähnig mit kurzer Röhre, Krone mit fünf genagelten, ziemlich gleichartigen Kronblättern, auffallend durch die zehn weit hervorragenden Staubblätter Der Strauch blüht fast das ganze Jahr über.

Früchte: Bis 12 cm lange und 3 cm breite, abgeflachte, zur Reife braune Hülsen.

Verbreitung: Ursprüngliche Heimat Westindien. Heute in allen tropischen Ländern einer der dekorativsten und blühwilligsten Ziersträucher.

Allgemeines: Die Gattung, benannt nach dem italienischen Philosophen, Arzt und Botaniker A. Caesalpino (1519–1603), ist mit mehr als 70 Arten in den Tropen und Subtropen verbreitet.

Als Zierstrauch von Bedeutung ist auch der Paradiesvogelstrauch, *C. gilliesii* (rechtes Bild), heimisch in Uruguay, Argentinien und Chile, dem wir bereits in mediterranen Gärten begegnen. Die Art entwickelt sich zu einem breit ausladenden Strauch oder kleinen Baum mit schirmförmiger Krone. Die Blätter sind doppelt gefiedert und bis zu 20 cm lang.

In überschwänglicher Fülle erscheinen im Juli bis August tellerförmige, etwa 3,5 cm breite, goldgelbe Blüten mit langen, scharlachroten Staubfäden in endständigen, aufrechten, 30–40 cm langen Trauben über dem Laub.

Andere *Caesalpinia*-Arten sind von wirtschaftlicher Bedeutung. Manche Arten speichern in der Rinde und in den Hülsen reichlich Gerbstoff. Bei *C. coriaria*, heimisch in Mittel- und Südamerika, enthalten die Hülsen 40 bis 50 % Gerbstoff. Sie werden vor allem in Venezuela, Kolumbien und den Westindischen Inseln gewonnen und als Divi-divi oder Libi-divi exportiert. Bei *C. brevifolia*, heimisch in Chile, beträgt der Anteil an Gerbstoff ebenfalls 40 bis 50 %, bei der in Brasilien, Peru und Chile verbreiteten *C. spinosa* 35 bis 55 %, die Hülsen werden gemahlen als Tora Powder exportiert.

Puderquastensträucher
Calliandra-Arten

Familie: Mimosengewächse, Mimosaceae
Habitus: Überwiegend zierliche Sträucher, aber auch kleine Bäume und Kletterpflanzen.
Blätter: Wechselständig, meist doppelt gefiedert, immergrün.
Blüten: In auffallend farbenprächtigen, kugeligen, pinselförmigen, 5–6 cm breiten endständigen Köpfchen, der Kelch der Einzelblüten ist gezähnt oder tief gespalten, die kleine Blütenkrone wird von zahlreichen langen, seidig glänzenden, meist leuchtend roten Staubblättern überragt.
Früchte: Häufig flach zusammengedrückte, lederartige, an den Rändern verdickte Hülsen, die zur Reife aufspringen und sich einrollen.
Verbreitung: Mit etwa 200 Arten im tropischen und subtropischen Amerika verbreitet, nur wenige Arten in Ostindien.
Allgemeines: *Calliandra*-Arten sind mit ihren eigenartigen Blüten in allen tropischen und subtropischen Gebieten begehrte Zierpflanzen. Auf die pinselförmigen Blütenstände weisen englische Namen wie Red Powder Puff oder Pink Powder Puff hin.

Von den zahlreichen Arten sind in tropischen Gärten unter anderem vertreten:
C. emarginata. Honduras bis Südmexiko. 0,5(–3) m hoher Strauch. Staubfäden bis 3 cm lang, kirschrot bis nahezu weiß.
C. haematocephala. Südamerika. Strauch oder bis 10 m hoher Baum. Staubfäden bis 3 cm lang, an der Basis weiß, zur Spitze hin lebhaft rot.
C. selloi. Brasilien. Bis 1,8 m hoher Strauch. Staubfäden bis 2,5 cm lang, an der Spitze rot.
C. surinamensis (Bild Seite 136). Nördl. Südamerika. 3–6 m hoher Strauch oder Baum. Staubfäden bis 4 cm lang, unterseits weiß, oberseits tiefrot.
C. tweedii, engl. Cunure, Mexican Flamebush. Brasilien. Strauch oder kleiner Baum. Staubfäden bis 3,5 cm lang (Bild oben).

Zylinderputzer, Schönfaden
Callistemon-Arten

Familie: Myrtengewächse, Myrtaceae
Habitus: Sträucher oder kleine Bäume.
Blätter: Wechselständig, immergrün, steif lederartig und oft stechend, linealisch, lanzettlich oder stielrund, mit Öl- oder Harzdrüsen, zerrieben duftend.
Blüten: Dicht gedrängt in walzenförmigen Ähren rings um die Zweige, reich an Nektar, oberhalb der Blütenzone setzt der Spross seine Entwicklung fort. In den Achseln dicht aufeinander folgender Brakteen (Hochblätter) werden Einzelblüten hervorgebracht, die hell- oder tiefrote, lang gestreckte Staubfäden besitzen, während Kelch und Krone unscheinbar bleiben.
Früchte: Kleine, breit schalenförmige, verholzende Kapseln. Sie entwickeln sich nur langsam und sind noch nicht ausgereift, wenn am Spross darüber wiederum die Blütenentfaltung einsetzt, in der Regel mehrere Jahrgänge von Fruchtzonen an den Zweigen.

Verbreitung: Etwa 25 Arten in Australien und Tasmanien. In den Tropen und Subtropen beliebte, oft überreich blühende Ziersträucher.
Allgemeines: *Callistemon*-Arten sind Pflanzen trockener Savannen. Sie gehören zu den so genannten Pyrophyten, das sind Pflanzen, die an Brände angepasst sind. Ihre Früchte bleiben jahrelang geschlossen, sie öffnen sich erst, wenn ein Feuer darüber hinweggegangen ist. Die Samen finden durch die Verbrennung der trockenen, bodenbedeckenden organischen Masse ein günstiges Keimbett vor. Als Zierpflanzen haben Bedeutung:
C. citrinus. 3 m hoher Strauch. Blüten dunkelscharlachrot.
C. rigidus. 2–3 m hoher Strauch. Blüten dunkelrot.
C. salignus. Strauch oder kleiner Baum. Blüten hellgelb bis hellrosa, bei Gartenformen auch rot.
C. speciosus. Kleiner Baum. Blüten leuchtend karminrot, Staubbeutel gelb.
C. viminalis (Bild). Kleiner Baum mit überhängenden Zweigen, Blüten rot.

Rosen-Eibisch
Hibiscus rosa-sinensis

Familie: Malvengewächse, Malvaceae
Habitus: Strauch oder kleiner Baum, 3–5 m hoch, locker verzweigt.
Blätter: Wechselständig, 6–10 cm lang, eiförmig bis elliptisch, Basis breit keilförmig bis abgerundet, in der oberen Hälfte weitgehend grob und stumpf oder scharf gezähnt, dünn, glänzend grün.
Blüten: Einzeln in den oberen Blattachseln junger Triebe, gestielt, 10–15 cm breit, Blütenblätter schüsselförmig ausgebreitet, bei der Art einfach und rosarot, bei den Kultursorten auch rot, orange, gelb und weiß, einfach und gefüllt, die Staubblattsäule mit ihren gelben Staubgefäßen weit herausragend.
Früchte: 5-klappig aufspringende, vielsamige Kapseln.
Verbreitung: Wildvorkommen bisher nicht nachgewiesen. Als ursprüngliche Heimat werden kontinentale Bereiche des tropischen Asien vermutet. Seit langem in allen Ländern der Tropen kultiviert.

Allgemeines: Der Rosen-Eibisch (linkes Bild) ist Staatsblume von Hawaii und Malaysia. Mit den »Blumen der schönen Träume« schmücken sich Südsee-Insulanerinnen zum Tanz. Ferner sind sie in Ost-Asien als Blumenopfer bei Tempelbesuchen fast unentbehrlich.
Von den etwa 220 Arten sind zwei weitere als tropische Ziersträucher von überregionaler Bedeutung.
H. mutabilis. Heimisch in Südchina. Strauch oder kleiner Baum. Blätter 3- bis 5-lappig. Blüten achselständig, 7–10 cm breit, zunächst weiß, im Laufe des Tages rosa werdend, bis zum Abend tiefrot.
H. schizopetalus, Korallen-Eibisch (rechtes Bild). Ähnlich *H. rosa-sinensis.* Die roten oder orangeroten Blüten hängen an langen Stielen herab. Sie fallen durch ihre zurückgebogenen, wild gekrausten Blütenblätter und die sehr weit hervorragende Staubblattsäule auf.

Wachsmalve
Malvaviscus arboreus

Familie: Malvengewächse, Malvaceae
Habitus: 3–4 m hoher, stark verzweigter und dicht beblätterter, immergrüner Strauch.
Blätter: Wechselständig, breit bis nahezu rundlich-eiförmig, schwach 3- bis 5-lappig, gesägt, bis 12 cm lang, oberseits rau, unterseits weich behaart.
Blüten: Scharlachrot, einzeln in Blattachseln, bis 5 cm lang, kurz gestielt, hängend, die fünf Kronblätter öffnen sich nicht, sie bleiben tütenförmig zusammengerollt, die Blütenkrone wird von einer langen, ebenfalls roten Staubblattsäule weit überragt. Die Blüten erscheinen gleichzeitig, nicht wie bei den nahe verwandten *Hibiscus*-Arten nacheinander. Zur Blütezeit werden die Sträucher ständig von Nektar saugenden Kolibris angeflogen; sie sorgen für eine Bestäubung der Blüten.
Früchte: Zunächst beerenartig und fleischig, später trocken und in fünf Teilfrüchte zerfallend.

Verbreitung: Heimisch in Mexiko, Mittelamerika, auf den Westindischen Inseln, in Peru und Bolivien. Als Zierstrauch und Heckenpflanze oft auch in anderen Tropengebieten gepflanzt.
Allgemeines: Nur drei Arten im tropischen und subtropischen Mittelamerika. Bei Anbau in anderen Erdteilen ist der geringe Fruchtansatz aufgefallen, vermutlich hängt dies mit dem Fehlen der spezifischen Bestäuber (Kolibris und andere Vögel) zusammen. Charakteristische Vogelblüten finden sich unter den Malvengewächsen auch in den tropischen Gattungen *Goethea* (nach Goethe benannt) und *Pavonia* (siehe Seite 147).

Pavonie
Pavonia multiflora

Familie: Malvengewächse, Malvaceae
Habitus: Wenig verzweigter, langtriebiger, aufrechter Strauch.
Blätter: Wechselständig, lang gestielt, 15–20 cm lang und etwa 6 cm breit, eirund bis lanzettlich, lang zugespitzt, oberseits glänzend grün, unterseits rau, am Rand stark gezähnt.
Blüten: Kopfig gedrängt an den Zweigenden, aufrecht, gestielt, die zahlreichen, purpurroten Blättchen des korbförmigen Hüllkelches sind linealisch zungenförmig, aufsteigend, lang bewimpert, abwechselnd 2-reihig, die äußeren kürzer als die inneren, Blütenkrone geschlossen, dunkelpurpurrot, Griffel sehr lang und behaart, Narbe rosa.
Früchte: 5-fächrige, gestreckte, glattschalige Spaltfrucht, jedes Fach 1-samig.
Verbreitung: Heimisch in Brasilien. Der eigenartigen Blüten wegen auch in anderen tropischen Regionen ein beliebter Zierstrauch.

Allgemeines: Die Gattung umfasst etwa 150 Arten, die weltweit in den Tropen und Subtropen verbreitet sind.
P. intermedia unterscheidet sich von *P. multiflora* durch fast ganzrandige Blätter und auffallend schöne Blüten.
P. malacophylla ist in Nordostbrasilien eine Ruderalpflanze, die zur Fasergewinnung genutzt, aber nicht großflächig angebaut wird.
Der Gattungsname erinnert an José Antonio Pavon (gestorben 1844), einen spanischen Amerikareisenden und Botaniker, der zusammen mit Ruiz eine »Flora Peruviana et Chilensis« herausgab.
Mit *Pavonia* nahe verwandt ist die seltene, in Brasilien heimische *Goethea stricticiflora*. Ihre Blüten entstehen seitlich in den Blattachseln. Sie unterscheiden sich von *Pavonia*-Blüten durch den nur 4- bis 6-blättrigen Hüllkelch, er ist gelblich weiß gefärbt und rot geadert oder getuscht. Die bis 1 cm langen, weißen Kronblätter sind karminrot getuscht.

Schönmalve
Abutilon megapotamicum

Familie: Malvengewächse, Malvaceae
Habitus: Immergrüner, bis 1,5 m hoher Strauch mit zahlreichen langen, dünnen, überhängenden Trieben.
Blätter: Wechselständig, 5–10 cm lang, an der Basis herzförmig und oft mit zwei größeren Lappen, grob gezähnt, lang eiförmig zugespitzt, fast kahl.
Blüten: An langen dünnen Stielen einzeln in den Blattachseln hängend, die fünf mimosengelben Kronblätter sind an der Basis von dem aufgeblasenen, 5-kantigen, blutroten Kelch umgeben, Staubfadenbündel tiefviolett, die Kronblätter überragend. Hauptblütezeit im Frühjahr und Sommer, blüht aber das ganze Jahr hindurch.
Früchte: Trockene, vielfächrige Spaltfrucht.
Verbreitung: Heimisch im brasilianischen Staat Rio Grande.
Allgemeines: Mit rund 150 Arten in tropischen und subtropischen Gebieten verbreitet. Als Ziersträucher haben auch *Abutilon*-Hybriden eine Bedeutung. Durch Kreuzung mehrerer Arten, insbesondere *A. darwinii* × *A. pictum*, entstanden eine Reihe von Sorten, die sich durch gedrungenen Wuchs, farbenprächtige Blüten, ganzjährige Blüte und grüne oder gelb gefleckte, ahornähnliche Blätter auszeichnen. Zu den in tropischen Gärten häufiger kultivierten Ziersträuchern gehören auch *A. molle* aus Peru und *A. pictum* aus dem tropischen Amerika. Beide sind aufrechte, mannshohe Sträucher, deren Blüten orangegelbe Kronblätter haben.
A. pictum wird oft in der Form 'Thompsonii' kultiviert. Sie fällt durch die mehr oder weniger stark goldgelb gefleckten Blätter auf. Die gelbe Panaschierung geht auf einen Virusbefall zurück. Schon 1868 wurde diese Form aus Guatemala nach England eingeführt.
Einige Arten – *Abutilon indicum, A. crispum, A. asiaticum* – haben als »Unkräuter« eine pantropische Verbreitung erfahren.

Rotblättrige Mussaenda
Mussaenda erythrophylla

Familie: Krappgewächse, Rubiaceae
Habitus: 2–3 m hoher, mit dünnen grünen, aufrechten oder kletternden Trieben verzweigter Strauch, Triebe und Blattstiele samtig rot behaart.
Blätter: Gegenständig, eiförmig oder elliptisch bis fast rundlich, vorne zugespitzt, an der Basis keilförmig, stumpf oder herzförmig, weich, seidig behaart, oberseits dunkelgrün, unterseits hellgraugrün mit roten Nerven.
Blüten: Auffallend durch den endständigen, eigenartig aufgebauten, intensiv gefärbten Blütenstand. Die kleinen, etwa 2 cm breiten, 5-zähligen, gelblich weißen Blüten mit den rot gefärbten Kronröhren sind zu kleinen Doldentrauben angeordnet. Von den ebenfalls fünf Kelchblättern ist das nach außen gerichtete sehr stark fahnenartig vergrößert und leuchtend zinnoberrot gefärbt; sie ähneln mit ihrer samtigen Struktur und in der Form den Laubblättern (kleines Bild).

Früchte: Behaarte Kapselfrüchte mit zahlreichen Samen.
Verbreitung: Heimisch in den tropischen Regenwäldern West-Afrikas. Mit zahlreichen Sorten, deren vergrößerte Kelchblätter auch tiefrot, rosa oder weiß sein können, ein beliebter Zierstrauch.
Allgemeines: Mit etwa 100 strauchigen, kletternden oder epiphytisch wachsenden Arten ist die Gattung pantropisch verbreitet.
Mindestens so häufig wie *M. erythrophylla* (engl. Flag Bush) ist in tropischen Gärten *M. philippica* 'Aurorae', auch Donna Aurora oder Buddhas Lampe genannt, zu finden (großes Bild). Der Strauch trägt 8–15 cm lange, durch tief liegende Nerven wellige Blätter und an jedem Triebende große Blütenstände. Hier sind alle fünf Kelchblätter blattartig vergrößert und weiß, sie umschließen die kleinen, goldgelben Blüten. Außerdem gibt es prachtvoll rosa blühende Formen sowie eine Hybride zwischen den beiden genannten Arten mit lachsfarbenen Hochblättern, wie in der obigen Abbildung zu sehen.

Scharlachrote Ixora
Ixora coccinea

Familie: Krappgewächse, Rubiaceae
Habitus: 3–6 m hoher, immergrüner Strauch.
Blätter: Gegenständig, elliptisch bis eiförmig, 7–10 cm lang, meist mit herzförmigem, stängelumfassendem Grund, ledrig, glänzend dunkelgrün.
Blüten: Leuchtend rot, 2,5–3,5 cm lang, zu etwa 20 in 5–10 cm breiten, endständigen Doldentrauben, Blütenkrone mit zierlicher, zylindrischer Röhre und vier spitzen, rechtwinklig abstehenden Kronabschnitten.
Früchte: 2-samige, spindelförmige Beeren.
Verbreitung: Heimisch in Indien. Wegen der roten Blüten, die schon an der jungen Pflanze entstehen und dem Strauch die englische Bezeichnung Flame of the Wood eingebracht haben, ist die *Ixora* in den Tropen als Zierstrauch weit verbreitet. Bei uns wird sie als Topfpflanze kultiviert.
Allgemeines: Die Gattung, die den Namen einer malabarischen Gottheit trägt, umfasst etwa 400 Arten, die über die Tropen aller Erdteile verbreitet sind. Weil ihre Blüten sehr haltbar sind, sind alle Arten beliebte Schnittblumen. Als Ziersträucher sind neben *I. coccinea* von Bedeutung:

I. chinensis (Bild). Indien. Blüten leuchtend rot, in 5–10 cm breiten Doldentrauben, Sorten mit rosa, orange und weißen Blüten. Wird nur 75 cm hoch.

I. fulgens. Malaiischer Archipel. Blüten orangerot.

I. grandiflora. Malaiischer Archipel. Blüten klein, weiß, wohlriechend. Blätter 15–30 cm lang.

I. javanica. Malaiischer Archipel. Blüten orange, später rot, in reich blühenden Doldentrauben.

I. longifolia. Sumatra. Blüten rosarot, später mit karminrosa Schimmer. Blätter bis 30 cm lang.

I. stricta. Vorderindien bis Südchina. Blüten scharlachrot, orange oder weiß, selten gelb, in sehr dichten, vielblumigen, kleinen Doldentrauben.

Pagodenblume
Clerodendrum speciosissimum

Familie: Eisenkrautgewächse, Verbenaceae
Habitus: Bis 3 m hoher Strauch, die 4-kantigen Triebe, Blattstiele und Blütenstände sind mit kurzen, fast filzigen grauweißen Haaren bedeckt.
Blätter: Gegenständig, bis 30 cm lang, breit eiförmig, spitz oder zugespitzt, an der Basis herzförmig, buchtig gezähnt oder ganzrandig, oberseits kurz behaart, unterseits mit weichem, weißgrauem Flaum.
Blüten: In großen, endständigen Rispen, Blütenstiele und der glockige, abstehende, 5-spaltige Kelch purpurn gefärbt, Krone groß, scharlach- oder granatrot, außen mit Drüsen, wirkt wie bestäubt, Kronröhre zylindrisch, bis 4 cm lang, der Griffel und die vier Staubblätter sehr weit herausragend.
Früchte: Bis 1,2 cm dicke, dunkelblaue, nahezu kugelige Steinfrüchte.
Verbreitung: Malaiischer Archipel, Neuguinea und Polynesien. Als prachtvoller Zierstrauch in tropischen Gärten weit verbreitet.

Allgemeines: Die Gattung umfasst rund 400 Arten. Die meisten kommen im tropischen Asien und in Afrika vor. Eine Art der Gattung, der Losbaum, *C. trichotomum,* aus Japan und China, ist auch in mitteleuropäischen Gärten zu halten.
Von den strauchigen Arten der Tropen (die kletternden Arten werden im Kapitel »Kletterpflanzen« auf Seite 187 behandelt) ist auch *C. paniculatum,* der Rispenblütige Losstrauch (engl. Kashmir Bouquet) ein dekorativer Zierstrauch. Heimisch von Burma über Malaysia bis China. Ein robuster Strauch mit lang gestielten, 5-lappigen, deutlich geäderten Blättern und scharlachroten Blüten in 30 cm langen, aufrechten Blütenständen.
Der Gattungsname *Clerodendrum* setzt sich zusammen aus dem griechischen »kleros« = Los, Schicksal und »dendron« = Baum, so benannt, weil einige Arten der Gattung heilende, andere schädigende Eigenschaften besitzen.

Wandelröschen
Lantana camara

Familie: Eisenkrautgewächse, Verbenaceae

Habitus: Als Kulturpflanze ein 30–100 cm hoher (Wildpflanzen bis 3 m hoch), sparrig verästelter, oft verdornter Strauch mit 4-kantigen Zweigen.

Blätter: Gegenständig, 4–6 cm lang, eiförmig bis eiförmig-länglich, kerbig gesägt, oberseits etwas runzlig, unterseits weich behaart,.

Blüten: Klein, Kronröhre dünn, Kronsaum unregelmäßig 4- bis 5-spaltig, in achselständigen, flachen Köpfchen, im Aufblühen meist gelb oder rosa, später orangefarben, lila, violett oder scharlachrot. Blütezeit während des ganzen Sommers.

Früchte: Kugelige Steinfrüchte, pfefferkorngroß, stahlblau glänzend.

Verbreitung: Heimisch in Mexiko und dem tropischen Amerika. Wurde in zahlreichen tropischen Ländern gepflanzt, hat sich dort eingebürgert und stellenweise so stark ausgebreitet, dass die heimische Vegetation zurückgedrängt wurde. In Südafrika ist deshalb die Kultur in Gärten verboten worden. Bei uns eine häufige Kübelpflanze.

Allgemeines: Von den rund 150 Arten der Gattung, die im tropischen Amerika, auf den Antillen sowie im tropischen und südlichen Afrika verbreitet sind, hat *L. camara* als Zierstrauch die größte Bedeutung. Sie kam 1692 nach Europa und wurde schon in Renaissance-Gärten als Beetpflanze kultiviert oder als Kronenbäumchen in Töpfen gehalten. Die Abbildung zeigt die Sorte 'Lektis'.

Als reich blühende Zierpflanze ist in tropischen und subtropischen Gärten oft auch *L. montevidensis* (engl. Trailing Lantana) zu sehen. Sie stammt aus Brasilien und Uruguay und entwickelt sich zu einem niedrigen, buschigen Strauch mit kleinen, ovalen, runzeligen Blättern. Die kleinen, rosalila Blüten stehen in 3 cm breiten, rundlichen Köpfen über dem Laub.

Hammerstrauch
Cestrum elegans

Familie: Nachtschattengewächse, Solanaceae
Habitus: 1–3 m hoher, immergrüner Strauch. Äste überhängend oder hin und her gebogen, grün oder purpurn überlaufen, flaumig filzig behaart.
Blätter: Wechselständig, länglich eiförmig bis lanzettlich, 6–12 cm lang, zugespitzt, am Grunde abgerundet, flaumig behaart, olivgrün.
Blüten: Purpurrot, zierlich, 2,5–3,5 cm lang, in endständigen Doldentrauben, Krone röhrig, am Schlund zusammengezogen, Kronsaum 5-spaltig.
Früchte: Wenigsamige Beeren.
Verbreitung: Heimisch in Mexiko. Der Hammerstrauch gehört in den subtropischen Zonen zu den beliebtesten Ziersträuchern. In geschützten Lagen ist die Pflanze auch auf den Britischen Inseln ausreichend winterhart. Bei uns wird *C. elegans* als Kübelpflanze gezogen.
Allgemeines: Rund 175 Arten sind im tropischen und subtropischen Amerika verbreitet. Neben dem rot blühenden *C. elegans* ist auch das orangefarben blühende *C. aurantiacum* aus Guatemala in den Tropen und Subtropen als Zierstrauch von Bedeutung. Der Strauch wird kaum mannshoch. Er trägt eiförmig-lanzettliche, zugespitzte, vielnervige Blätter und bis 2 cm lange, orangefarbene Blüten, die eine röhrig bauchige Krone und einen 5-teiligen, meist zurückgeschlagenen Kronsaum besitzen.

Aus Mexiko stammt die Art *C. fasciculatum*, ein immergrüner, dünntriebiger Strauch mit eiförmig-lanzettlichen, 7–12 cm langen Blättern und Blüten in endständigen, 5–7 cm breiten Büscheln. Die Kronen der etwa 2 cm langen, dunkelkarminrosa Blüten sind außen weich behaart und mehr krugförmig.

Besonders dekorative Blüten hat *C.* 'Newellii', eine mutmaßliche Hybride mit 2,5 cm langen, krugförmigen, am Schlund sehr schmalen Blüten, die kräftig karminrot gefärbt sind.

Veilchenstrauch
Iochroma coccinea

Familie: Nachtschattengewächse, Solanaceae
Habitus: Bis 3 m hoher Strauch, junge Triebe weich behaart.
Blätter: Wechselständig, länglich bis eiförmig, 7–13 cm lang, lang zugespitzt, am Rand gewellt, filzig behaart.
Blüten: Zu acht oder mehr in endständigen, doldigen Büscheln, hängend, 4–5 cm lang, scharlachrot, Kelch röhrig, 5-zählig, Krone langröhrig, mit schmalem, 5-lappigem Saum, die fünf Staubblätter in der Kronröhre eingeschlossen.
Früchte: Rundliche Beeren mit zahlreichen Samen, die von einem breiigen Fruchtfleisch umgeben sind. Früchte zur Reife von den vergrößerten Kelchblättern eingeschlossen.
Verbreitung: Mittelamerika. Der schönen, reichen Blüte wegen in tropischen Gärten häufig als Zierstrauch gepflanzt.
Allgemeines: Von den rund 20 baum- oder strauchförmig wachsenden, überwiegend im westlichen Teil des tropischen Amerika ver-

breiteten Arten gibt es neben *I. coccinea* auch andere dekorative tropische Blütensträucher, die bei uns gelegentlich als Kübelpflanzen gehalten werden.
I. cyanea. Heimisch im nordwestlichen Südamerika. Bis 20 cm lange, graugrüne, behaarte Blätter und 3,5 cm lange, tiefpurpurblau gefärbte, röhrenförmige Blüten, bis zu 20 in doldenförmigen Ständen.
I. fuchsioides. Heimisch in Kolumbien. Ein 1–3 m hoher Strauch mit bis zu 10 cm langen, verkehrt eiförmigen Blättern und etwa 2,5 cm langen, scharlachroten oder orangescharlachroten, innen gelb gefärbten Blüten.
I. grandiflora. Heimisch in den Anden Perus und Ekuadors. 1–2 m hoher Strauch mit kantigen Zweigen und breit eiförmigen Blättern. Die dunkel- oder azurblauen Blüten sind etwa 3,5 cm lang und haben eine trichterförmige Krone mit langer, weich behaarter Röhre und einem fast glockigen Schlund mit fünf großen, dreieckigen Abschnitten.

Russelie
Russelia equisetiformis

Familie: Rachenblütler, Scrophulariaceae
Habitus: Bis 1,5 m hoher, dicht verzweigter, ginsterähnlicher Strauch mit rutenförmigen, aufrechten bis ausgebreiteten Ästen und zahlreichen feinen, überhängenden Zweigen.
Blätter: Nur am Grunde der Sprosse kleine, lanzettliche bis linealische Blätter, in den oberen Zweigpartien sind die Blätter zu schuppenförmigen Zähnen zurückgebildet.
Blüten: Scharlachrot, nickend, zu zwei bis drei in lockeren, quirlig stehenden Trauben entlang der Triebe, Kelch klein und tief gespalten, Blütenkrone etwa 2,5 cm lang und röhrenförmig, der Saum 2-lippig und 5-spaltig, mit abgerundeten Abschnitten.
Früchte: Trockene Kapseln.
Verbreitung: Heimisch in Mexiko, Mittelamerika, auf den Westindischen Inseln, in Guayana, Kolumbien und Peru. Als reich und dauerhaft blühende Ziersträucher in den Tropen und Subtropen weit verbreitet. Bei uns in mediterranen Gärten gelegentlich als Kübelpflanze zu sehen.

Allgemeines: Mit etwa 52 Arten im tropischen Amerika verbreitet. Wie zahlreiche andere rot blühende Pflanzen der Tropen wird auch *R. equisetiformis* (engl. Firecracker Plant oder Coral Plant) durch Kolibris und andere Nektarvögel bestäubt. Der Gattungsname erinnert an den englischen Arzt und Naturwissenschaftler Alexander Russel (um 1715–1768).

Aloe
Aloë-Arten

Familie: Aloegewächse, Aloaceae

Habitus: Immergrüne, sukkulente, stammlose Pflanzen, strauchartig verzweigt oder baumartig wachsend.

Blätter: Fleischig, meist rosettenartig gestellt, selten 2-zeilig oder zerstreut, am Rand oft dornig gezähnt, schön gezeichnet, häufig mit bitterem Saft.

Blüten: Auffallend, meist kurz gestielt und nickend, in achsel- oder scheinbar endständigen, einfachen oder verzweigten Trauben. Die roten, gelben oder weißlichen, oft grün gebänderten Blüten sind reich an Nektar; sie werden von Vögeln bestäubt.

Früchte: Trockene Kapseln.

Verbreitung: Etwa 330 Arten siedeln in den Trockengebieten von Afrika, auf Madagaskar, auf den Maskarenen und Sokotra im Indischen Ozean und in Saudi-Arabien. Viele Arten werden als Ziersträucher und zur Drogengewinnung seit langem besonders in subtropischen Gebieten kultiviert und sind stellenweise eingebürgert.

Allgemeines: Zu den häufig kultivierten Arten gehört die Echte Aloe, *A. vera*, die von den Spaniern nach Mittelamerika, auf die Westindischen Inseln und nach Bolivien gebracht wurde. Seit 1650 wird sie auf Barbados zur Drogengewinnung angebaut. Die Droge enthält Aloin, sie wird als Abführmittel eingesetzt und in kosmetischen Präparaten verwendet.

Neben *A. vera* werden Aloe-Harze auch von den südafrikanischen Arten *A. arborescens, A. ferox* und *A. perryi*, Socotrin-Aloe, gewonnen. Dazu gewinnt man den blassbernsteinfarbenen Saft, der durch natürliche Trocknung oder durch Eindampfen in Kupferkesseln entfeuchtet wird. Die Droge Aloin wird auch heute noch als Abführmittel und bei Lebererkrankungen eingesetzt. Wenn man es mit konzentrierter Schwefelsäure versetzt, wird aus dem Aloe-Harz ein Färbemittel. Schon in Altägypten diente Aloe zur Herstellung kosmetischer Mittel, als Duftstoff für Leichentücher und als Ersatzstoff bei der Einbalsamierung von Leichen. Die fleischigen Blätter wurden zum Kühlen von Wunden verwendet. Bis in die Gegenwart ist Aloe wegen der antibakteriellen Wirkung Bestandteil von Hautcremes und Emulsionen. Dafür wird heute nahezu ausschließlich *A. vera* verwendet.

Zu den häufig kultivierten Zierpflanzen gehört die abgebildete *Aloë plicatilis*. Sie ist im Kapland heimisch, wurde schon vor 1700 in Europa eingeführt und wird seither bei uns als Kübelpflanze gehalten. *A. plicatilis* wächst baum- oder strauchartig, der Stamm ist am Grunde verdickt und mehrfach gabelig verzweigt. Die fleischigen, riemenartigen Blätter stehen regelmäßig 2-zeilig. Die hochroten, 4–5 cm großen Blüten stehen zu 20 bis 30 in einfachen Blütentrauben.

Rot blühende Silbereiche
Grevillea banksii

Familie: Proteusgewächse, Proteaceae
Habitus: Bis 4 m hoher, immergrüner Strauch.
Blätter: Wechselständig, bis 25 cm lang, fiedrig gelappt, die Einschnitte reichen bis zur Mittelrippe, die Teilblätter sind schmal lanzettlich, bis 15 cm lang und 0,8 cm breit, oberseits grün, unterseits silbrig behaart.
Blüten: Rot, in gedrängten, 10 cm langen, zylindrischen, endständigen Trauben. Die gestielten Blüten stehen, wie bei allen Arten der Gattung, zu zweit in den Achseln von Tragblättern. Kelch- und Blütenblätter sind gleich gefärbt, sie bilden eine schmale Röhre über die der bis zu 4 cm lange Griffel weit herausragt.
Früchte: Kleine, meist 2-samige, verholzende Balgfrüchte.
Verbreitung: Heimisch in Ost-Australien.
Allgemeines: Unter den etwa 250 Arten der Gattung ist *G. robusta* (siehe Seite 84) eine der bekanntesten und am weitesten verbreiteten Art. Aber auch andere, mehr strauchig wachsende Arten sind weit verbreitete Ziersträucher

geworden. Sie werden unter anderem wegen ihrer nektarreichen Blüten gehalten, die interessante Vögel in die Gärten locken.
Zu den häufiger kultivierten Arten gehört auch die rechts abgebildete *G. rosmarinifolia.* Sie ist in Ost-Australien heimisch und entwickelt sich zu einem etwa mannshohen und gleich breiten, sehr variablen Strauch. Bei diesen an Trockenheit angepassten Pflanzen, sind die Blätter nicht groß und fiedrig gelappt, sondern klein und nadelartig geformt. Sie sind 3 cm lang, graugrün und schmal linealisch bis lanzettlich, die Ränder sind zurückgerollt. Vom Winter bis zum Frühjahr erscheinen in kleinen Büscheln die rosaroten Blüten mit ihren schmalen, rückwärts gekrümmten, an den Spitzen cremeweiß gefärbten Blütenblättern. Die langen Griffel sind rot gefärbt.

Telopea
Telopea speciosissima

Familie: Proteusgewächse, Proteaceae
Habitus: Immergrüner, aufrechter, 1,5–3 m hoher Strauch.
Blätter: Wechselständig, schmal verkehrt eiförmig, bis 25 cm lang, vorne stumpf, ganzrandig oder gezähnt.
Blüten: In dichten, kugeligen, bis 15 cm breiten, endständigen, korallenroten, köpfchenartigen Trauben, die von zahlreichen schmalen, spitzen, 3–7 cm langen, karminroten Hochblättern umgeben sind, Kronröhre der Einzelblüten 2,5 cm lang, die Staubfäden weit herausragend und nach oben gekrümmt. Nektardrüsen sind zu einem kurzen Ring vereint.
Früchte: 5–10 cm lange, gekrümmte, ledrige Balgfrüchte mit geflügelten Samen.
Verbreitung: Heimisch in Australien, Neusüdwales. Der auffallenden Blüten wegen ein beliebter Zierstrauch in tropischen und subtropischen Regionen. Hält auch in Südwestengland im Freien aus (Abb. rechts).

Allgemeines: Die Gattung umfasst nur vier Arten, die in Australien und Tasmanien heimisch sind. Auch die Folgenden werden nicht selten als Ziersträucher kultiviert:
T. mongaensis (linkes Bild). Sie wächst strauch- oder baumförmig und kann 4–5 m hoch werden. Die Blätter sind 10–15 cm lang, verkehrt lanzettlich, ganzrandig oder breit gelappt und dunkelgrün. Die roten Blüten stehen in kompakten, kurzen, bis 9 cm breiten, abgeplatteten Ständen zusammen. Die Einzelblüten haben eine 2,5 cm lange Blütenhülle und einen weit herausragenden, aufwärts gebogenen Griffel.
T. oreades wächst meist zu einem etwa 3 m hohen Strauch, selten zu einem kleinen Baum heran. Die roten Blüten sitzen in einer kompakten, bis 9 cm breiten, köpfchenartigen Traube.
T. truncata. Heimisch in Tasmanien. Der immergrüne Strauch wird 2–5 m hoch, er hat behaarte Triebe und verkehrt lanzettliche, an der Spitze verschmälerte oder runde, steif-ledrige Blätter, die am Rand gelegentlich zwei bis drei Zähne haben oder 2-lappig sind. Die karminroten Blüten sitzen in 5–7 cm breiten, vielblumigen Köpfchen zusammen.

Ochna
Ochna serrulata

Familie: Grätenblattgewächse, Ochnaceae
Habitus: Meist strauchig wachsend und 2–3 m hoch, selten baumförmig und bis 6 m hoch. Verzweigung oft sparrig und etwas wirr durcheinander, die Triebe dicht mit rauen Korkzellen bedeckt, Laub abwerfend.
Blätter: Wechselständig, einfach, schmal elliptisch, bis 6 cm lang, oberseits glänzend mittelgrün.
Blüten: Einzeln oder zu zweit an der Spitze kurzer, unbeblätterter Seitentriebe, 2 cm breit, süß duftend, die fünf bleibenden, sich überlappenden Kelchblätter goldgelb gefärbt, auch die fünf bald abfallenden, gedrehten Kronblätter goldgelb, Staubblätter zahlreich.
Früchte: Kugelige, erbsengroße, anfangs grüne, zur Reife schwarze Steinfrüchte. Sie sitzen an der glänzend hochroten, fleischig gewordenen Blütenachse über den ebenfalls hochroten Kelchblättern.
Verbreitung: Heimisch im östlichen Süd-Afrika. *O. serrulata*, als Carnival Bush bezeichnet, hat die größte Verbreitung der südafrikanischen Arten und ist gleichzeitig in Blüte und im Fruchtschmuck die dekorativste. Sie wird weit über ihr ursprüngliches Verbreitungsgebiet hinaus als Zierstrauch gehalten.
Allgemeines: Die Gattung umfasst 86 Arten, die im tropischen und südlichen Afrika und im tropischen Asien verbreitet sind.
Auch die anderen *Ochna*-Arten haben gelbe, süß duftende Blüten und dunkel gefärbte Früchte, die mit ihren rosa, rot oder orangerot gefärbten Kelchblättern mehr zur dekorativen Wirkung beitragen als die Blüten.
Einige Arten werden von den Einheimischen genutzt. Aus dem harten, schweren und festen Holz von *O. arborea* werden Kunst- und Gebrauchsgegenstände geschnitzt, es hilft auch, böse Geister von Haus und Viehkraal fernzuhalten. Die tanninhaltige Rinde (Tanningehalt 8 %) wird zur Inhalation bei Kopfschmerzen verwendet.

Streptosolen
Streptosolen jamesonii

Familie: Nachtschattengewächse, Solanaceae
Habitus: Immergrüner, rau behaarter, bis zu 2,5 m hoher, dünntriebiger Strauch.
Blätter: Wechselständig, 3–5 cm lang, elliptisch bis eiförmig, an beiden Enden spitz, ganzrandig, etwas aufgetrieben und rau.
Blüten: Leuchtend orangefarben, in endständigen Doldenrispen, Kelch 1 cm lang, röhrenförmig-glockig, mit fünf spitzen Zähnen, Blütenkrone trichterförmig mit langer Röhre, die unten spiralig gedreht ist, Saum breit und 5-lappig, dunkler gefärbt als die Blütenröhre. Sehr reich blühende Art.
Früchte: 2-klappige Kapsel mit zahlreichen, sehr feinen Samen.
Verbreitung: Heimisch in Hochlagen von Peru, Kolumbien und Ekuador. Beliebter, weit verbreiteter Zierstrauch (engl. Marmelade Bush, Firebush oder Orange Browalia).
Allgemeines: Die monotypische Gattung *Streptosolen* (sie besteht aus nur einer Art) ist mit der Gattung *Solanum* nahe verwandt. Einige kletternde Arten dieser Gattung werden im folgenden Kapitel vorgestellt, einige blau blühende Ziersträucher auf Seite 179.

Die Gattung ist nahe verwandt mit der Gattung *Browallia*, die mit einigen überwiegend krautigen Arten im tropischen Südamerika verbreitet ist. Nur *B. speciosa* wächst halbstrauchig. Ihre zygomorphen, hermaphroditen, blau oder weiß gefärbten Blüten stehen einzeln in den Blattachseln, sie haben einen zylindrischen, 5-lappigen Kelch und eine stieltellerförmige Krone mit einer geraden, verlängerten, 15-rippigen Kronröhre und einem abstehenden Kronsaum mit dachzigelig angeordneten, blau oder weiß gefärbten Abschnitten.

Seidenpflanze
Asclepias curassavica

Familie: Seidenpflanzengewächse, Asclepiadaceae

Habitus: Aufrechter, etwa 1 m hoher Halbstrauch, meist mit unverzweigten Sprossen.

Blätter: Gegenständig, lanzettlich, kurz gestielt, 8–12 cm lang, oberseits dunkelgrün, unterseits bläulich grün.

Blüten: Zu fünf bis zehn in lockeren, endständigen Dolden, dunkelorangefarben. Einzelblüte bis 1 cm, mit 5-zähliger, radförmiger Krone, diese in der Mitte mit fünf aufrechten, eiförmigen, seitlich zusammengedrückten, orangeroten Nebenkronkappen, die Auswüchse der fünf Staubblätter darstellen.

Früchte: 2-teilige Balgfrucht (oft nur 1-teilig entwickelt). Samen mit einem Schopf von langen seidigen Haaren.

Verbreitung: Heimisch in Florida, Westindien, Mexiko, Mittelamerika und im tropischen Südamerika. Heute in zahlreichen wärmeren Ländern verbreitet und häufig verwildert.

Allgemeines: Die 108 Arten der Gattung sind überwiegend in Nordamerika und Mexiko, aber auch in Mittel- und Südamerika verbreitet. Der Name Seidenpflanze bezieht sich auf den seidigen Glanz der Samenhaare. Die Samenhaare der im atlantischen Nordamerika heimischen *A. syriaca* werden zu der so genannten vegetabilischen Seide, unter anderem als minderwertige »Daunen«, verarbeitet. Die langen und glänzenden, sehr zähen Rindenfasern nutzt man zur Herstellung von Papier und Gewebe. *A. syriaca* ist eine bis 1,5 m hohe Staude mit einem unterirdisch kriechenden Wurzelstock und bis 20 cm langen, länglich eiförmigen, unterseits filzig behaarten, ganzrandigen Blättern. Zahlreiche grünlich rote oder grünlich weiße, wohlriechende Blüten werden in end- und achselständigen Blütendolden angelegt. Die bis 12 cm langen, spindelförmigen oder ellipsoiden Früchte sind gelegentlich weich bedornt. Die Art ist in verschiedenen Teilen Europas eingebürgert.

Adenium, Wüstenrose
Adenium obesum

Familie: Hundsgiftgewächse, Apocynaceae

Habitus: Sparsam verzweigter, sparriger, Laub abwerfender, bis 2 m hoher Strauch mit dicklichen, sukkulenten Ästen und einem unförmig dicken Stamm.

Blätter: 5–15 cm lang, ledrig, lanzettlich bis verkehrt eiförmig, in eine kurze Spitze ausgezogen, oberseits glänzend dunkelgrün, unterseits heller, am Ende der Zweige in lockeren Rosetten stehend, Laub abwerfend, in Kultur nicht selten immergrün.

Blüten: Auffallend, 2–5 cm breit, in kleinen, endständigen Trugdolden, rot, gelegentlich mit einem weißen Auge, oder rosa, selten weiß, Blütenkrone röhrig, mit fünf ausgebreiteten, sich überlappenden Saumabschnitten, Staubblätter zu einem quastenköpfigen Zapfen zusammenlaufend, der eine auffallend große Narbe umgibt.

Früchte: Bis zu 20 cm lange, doppelte Balgkapsel. Samen änglich, an beiden Enden mit einem silbern glänzenden Haarschopf, die als Flugorgan dienen.

Verbreitung: Heimisch in den Dornsavannen und Felsfluren von Südarabien, von Uganda bis Mosambik, in Kenia, Tansania und auf Socotra. In tropischen Ländern häufig als Zierstrauch zu sehen.

Allgemeines: Die Gattung wurde früher in mehrere Arten aufgeteilt. Nach heutiger Auffassung besteht sie nur aus *A. obesum* (engl. Desert Rose, Kudu Lily, Mock Azalea, Impala Lily) mit zahlreichen Unterarten. Als Steppen- und Wüstenbewohner wachsen die sukkulenten Pflanzen strauch- oder baumförmig, werden bis 10 cm hoch und haben einen weichholzigen, aufgetriebenen, nahezu kugeligen, kegelförmigen oder unregelmäßig gegliederten, bis 3 m dicken Stamm, der sich in einer dickastigen, wenig verzweigten Krone auflöst. Alle Teile der Pflanzen enthalten einen Milchsaft, der bei Verletzungen ausfließt. Bei einigen Arten ist er hochgiftig und wird zur Herstellung von Pfeilgiften benutzt.

Medinille
Medinilla magnifica

Familie: Schwarzmundgewächse, Melastomataceae

Habitus: Bis mannshoher, immergrüner, robuster, von Natur aus epiphytisch wachsender Strauch mit dicken, 4-flügeligen, an den Knoten borstig behaarten Ästen.

Blätter: Gegenständig, sitzend, fast den Stängel umfassend, bis 30 cm lang, lederartig dick, breit eiförmig und fein zugespitzt, oberseits tief dunkelgrün, die drei kräftigen Nerven am Grund fiedrig verzweigt.

Blüten: Auffallend, zahlreich, rosa bis korallenrot, etwa 2 cm breit, in bis 40 cm langen, endständigen hängenden Rispen, die Blüten sitzen in Büscheln zwischen und unterhalb von großen, blattähnlichen, rosa gefärbten, paarweise angeordneten, konkaven Tragblättern.

Früchte: Von den bleibenden Kelchblättern bekränzte, kugelige oder eiförmige Beeren.

Verbreitung: Heimisch auf den Philippinen und Java, in tropischen Gärten ein eindrucksvoller Zierstrauch.

Allgemeines: Die rund 150 Arten der Gattung kommen in den altweltlichen Tropen als Sträucher, Epiphyten und Wurzelkletterer vor.
Viele Arten sind in ihrer Heimat für die Volksmedizin sehr wichtig. Aus der auf den indonesischen Inseln heimischen *M. macrocarpa* stellt man beispielsweise ein Universalheilmittel gegen verschiedenste Vergiftungen her. Auf Sumatra werden Früchte und Blätter von *M. hasseltii* gegessen.
Der Gattungsname *Medinilla* erinnert an den spanischen Beamten José de Medinilla y Pineda, der 1820 Gouverneur auf den Marianen-Inseln war.

Jacobinie
Justicia carnea

Familie: Akanthusgewächse, Acanthaceae
Habitus: Kräftiger, gabelig verzweigter, bis 1,5 m hoher, flaumartig behaarter Strauch.
Blätter: Eiförmig bis länglich, 15–20 cm lang, am Grunde verschmälert, zugespitzt, ganzrandig oder gekerbt, flaumhaarig.
Blüten: Zu vielen in dichten, 10–20 cm langen, endständigen, von unten nach oben aufblühenden Köpfen, Einzelblüten 5 cm lang, tiefrosenrot bis fleischfarben, flaumig klebrig, mit schmaler, unten verengter Kronröhre, Oberlippe schmal, aufrecht oder gekrümmt, Unterlippe oft nach unten gekrümmt. Die Blüten werden von Kolibris bestäubt.
Früchte: Kapseln mit vier oder weniger Samen.
Verbreitung: Heimisch in Brasilien. Der auffallenden Blüten wegen in den Tropen als Zierstrauch verbreitet. In Europa als Topfpflanze gezogen.
Allgemeines: *J. carnea*, früher als *Jacobinia carnea* bezeichnet, wird im Englischen mit Namen wie Brazilian Plum, Plume Flower, Plume Plant, Flamingo Plant oder King's Crown belegt. Sie ist die gärtnerisch wichtigste Art der Gattung. Die früher als *Jacobinia coccinea* bezeichnete Art wird heute unter dem Namen *Pachystachys coccinea* (siehe Seite 169) geführt.
Die Gattung, in die heute auch die früher selbstständigen Gattungen *Adhatoda, Beloperone* und *Jacobinia* einbezogen worden sind, ist mit etwa 420 Arten an ausdauernden Kräutern, Halbsträuchern und Sträuchern in tropischen und subtropischen Regionen der nördlichen und südlichen Hemisphäre sowie im temperierten Nordamerika verbreitet.
Zur weitläufigen Familie der Acanthaceae gehört auch der Purpurschopf, *Porphyrocoma pohliana*, aus Brasilien. Er entwickelt sich zu einem etwa 50 cm hohen, dicht verzweigten Busch mit lanzettlichen, bis 13 cm langen Blättern, die eine auffallende Nervatur besitzen. Bläulich lilafarbene, 3 cm lange Blüten mit sehr langer Kronröhre, nur wenig erweitertem, 2-lippigem Kronsaum und leuchtend roten Deckblättern. Sie sitzen in endständigen, gedrungenen Ähren zusammen, die über dem Laub stehen.

Früchte: Kapseln. Samen an kleinen, haken-förmigen Auswüchsen sitzend.
Verbreitung: Heimisch in Nordmexiko. In Florida eingebürgert. Als dauerblühender Zierstrauch heute überall in den Tropen gepflanzt. Bei uns eine beliebte Topfpflanze.
Allgemeines: Eine in tropischen Regionen häufiger kultivierte, in Indien und Sri Lanka heimische Art ist auch *J. adhatoda* (Bild rechts). Der immergrüne, aufrechte Strauch wird 2–3 m hoch. Seine bis 20 cm langen, eiförmigen, mittelgrünen Blätter besitzen eine auffallende, tief eingesenkte Nervatur. Die etwa 3 cm langen, 2-lippigen, weißen Blüten sind zu end- oder achselständigen Ähren vereint, ihre Oberlippe ist gebogen, die Unterlippe mit roten oder purpurnen Nerven durchzogen.

Beloperone
Justitia brandegeana
(Syn. *Beloperone guttata*)

Familie: Akanthusgewächse, Acanthaceae
Habitus: Vom Boden an reich verzweigter, etwa 1 m hoher Halbstrauch mit weichen, kurzhaarigen Zweigen.
Blätter: Gegenständig, eiförmig, 5–10 cm lang, kurz zugespitzt, ganzrandig, beiderseits kurz behaart, oberseits grün, unterseits blassgrün.
Blüten: In 10 bis 20 cm langen, endständigen, überhängenden Ähren. Diese sind dicht mit haltbaren, dachziegelartig überlappenden, rotbraunen, flaumhaarigen, breit eiförmigen, knapp 2 cm langen Deckblättern besetzt. Aus ihnen ragen rasch verblühende, weiße, 3 cm lange Blüten hervor. Die Blütenkrone ist fast bis zur Mitte in zwei Lippen gespalten, die Unterlippe zeigt im Schlund drei Reihen purpurner Flecken. Blüten sehr reich an Nektar. Sie erinnern in ihrer Form an rosafarbene Garnelen und werden deshalb im Englischen mit Namen wie Shrimp Plant, Mexican Shrimp Plant, Shrimp Bush oder False Hope belegt.

Glanzkölbchen
Aphelandra-Arten

Familie: Akanthusgewächse, Acanthaceae
Habitus: Kleine Sträucher oder mehrjährige Kräuter.
Blätter: Meist gegenständig, einfach, glänzend, meist groß, häufig schön gezeichnet oder farbig.
Blüten: In einfachen oder verzweigten, end- oder achselständigen Ähren. Die Deckblätter sind meist groß, größer als der 5-zipfelige Kelch, oft farbig und immer dachziegelig angeordnet, Kronblätter stets 2-lippig, gelb, orangefarben, violett oder rot gefärbt, Staubfäden oft weit aus der Blüte herausragend.
Früchte: Kurz gestielte, 4-kantige Kapseln.
Verbreitung: Mit rund 170 Arten ist die Gattung im tropischen und subtropischen Amerika verbreitet.
Allgemeines: Als einzige Art wird bei uns gegenwärtig *A. squarrosa* mit einigen Sorten als Topfpflanze in größerem Umfang kultiviert. Alle *Aphelandra*-Arten zeichnen sich durch auffallende Blattzeichnungen aus.

Weiß und/oder silbrig gezeichnete Blätter haben beispielsweise *A. aurantiaca* (Blüten orangerot), *A. blanchetiana* (Blüten dunkelgelb, Deckblätter rot), *A. chamissoniana* (Blüten gelb) und *A. liboniana* (Blüten gelb, Deckblätter glänzend orange). Bei *A. maculata* sind die samtig dunkelgrünen Blätter gelb gezeichnet, die Blüten unauffällig gelb. Bei *A. aurantiaca* var. *nitens* kontrastieren bronzefarbene, hochglänzende Blätter mit scharlachroten Blüten. Grünlaubig sind zum Beispiel *A. flava* mit ziegelroten Deckblättern und hellbraunen Blüten sowie *A. sinclairiana* mit lachsrosa Blüten und orangeroten Deckblättern in aufrechten Blütenständen. Bei *A. tetragona* sind die ebenfalls aufrechten Blütenstände bis 20 cm lang und leuchtend scharlachrot. Die Abbildung zeigt *A. aurantiaca* var. *aurantiaca*.

Thevetie, Tropischer Oleander
Thevetia peruviana

Familie: Hundsgiftgewächse, Apocynaceae
Habitus: Immergrüner, 3–4 m hoher, stark verzweigter und dicht belaubter, Milchsaft führender Strauch oder kleiner Baum.
Blätter: Wechselständig, lederartig, linealisch, 7–15 cm lang, oft weniger als 6 mm breit, fast sitzend, nach beiden Seiten zugespitzt, glänzend dunkelgrün.
Blüten: Gelb, duftend (nach Teerosen), 5–7 cm lang, Blütenkrone trichterförmig mit zylindrischer, gewundener Röhre und glockigem Saum. Die Blüten halten nur einen Tag, erscheinen aber ununterbrochen das ganze Jahr über.
Früchte: Bis 2,5 cm dicke, kantige, zur Reife schwarze Steinfrüchte.
Verbreitung: Heimisch im tropischen Mittel- und Südamerika, Westindien. Auch in anderen Tropenländern ein beliebter, reich blühender Zierstrauch. In Afrika eingebürgert.
Allgemeines: Die Gattung *Thevetia* gehört wie der Oleander zur Familie der Hundsgiftge-

wächse, deshalb auch der Name Gelber Oleander (engl. Yellow Oleander oder Trumpet Flower). Von den acht baum- oder strauchförmig wachsenden Arten der Gattung, die im tropischen Amerika und auf den Antillen heimisch sind, wird *T. peruviana* am häufigsten kultiviert. Alle Teile der Pflanzen sind hochgiftig; sie enthalten das Glykosid Thevin, aus dem Medizin gegen Herzkrankheiten sowie fiebersenkende Mittel gewonnen werden. Aus den harten Fruchtschalen fertigen die Indianer Klappern und Schellen, deshalb auch der Name Schellenbaum. Das unangenehm riechende, ebenfalls giftige Holz wurde in Brasilien zum Fischfang, eingesetzt; das austretende Gift betäubte die Fische.
Die Hindus nehmen für Blumenopfer gern *Thevetia*-Blüten.

Doppeltraubige Kassie
Senna didymobotrya
(Syn. *Cassia didymobotrya*)

Familie: Caesalpiniengewächse, Caesalpiniaceae

Habitus: Bis 3 m hoher, straff aufrechter Strauch mit fein behaarten Trieben.

Blätter: Wechselständig, 15–55 cm lang, gefiedert, die vier bis acht Paar Fiederblättchen bis 6 cm lang, tiefgrün, länglich bis lanzettlich.

Blüten: Goldgelb, zahlreich, in endständigen, straff aufrechten, 15–30 cm langen, schmalen traubenartigen Rispen über dem Laub. Blüten öffnen sich in der Rispe von unten nach oben.

Früchte: Bis 12 cm lange, flache, linealisch-längliche Hülsen.

Verbreitung: Heimisch in Südindien, Sri Lanka, Malaysia und dem tropischen Afrika, in den Neotropen eingebürgert. Bis in mediterrane Zonen häufig als Zierstrauch angepflanzt.

Allgemeines: Die Gattung umfasst etwa 260 Arten an Bäumen, Sträuchern und krautigen Pflanzen, die überwiegend in tropischen und subtropischen Regionen verbreitet sind. Unter den strauchförmig wachsenden Arten ist auch *S. elata* (engl. Seven Golden Candelsticks, Ringworm Shrub, Empress Candel Plant, Christmas Candel) weit verbreitet: im tropischen Amerika, Afrika, Australien und Südost-Asien. Die Art hat 75 cm lange Blätter mit 7–14 Blattpaaren, 1,2–2,4 cm breite, goldgelbe Blüten stehen in vielblütigen, 15–60 cm langen, achselständigen Rispen.

Sennesblätter (siehe *Cassia fistula*, Seite 87), Bestandteil von Tees gegen Darmträgheit, werden auch von *S. alexandria* (Syn. *Cassia senna*), heimisch in Mexiko, dem tropischen Afrika, vor allem nördlich des Äquators, dem Nahen Osten und Indien, gewonnen.

Die heterogene Großgattung *Cassia* ist in mehrere selbstständige Gattungen aufgegliedert worden. Zahlreiche *Senna*-Arten gehörten früher der Gattung *Cassia* an.

Gelbe Dickähre
Pachystachys lutea

Familie: Akanthusgewächse, Acanthaceae
Habitus: Etwa meterhoher Strauch mit kantigen Zweigen.
Blätter: Gegenständig, bis 12 cm lang, schmal eiförmig bis lanzettlich, matt dunkelgrün.
Blüten: Weiß, in endständigen, 15–25 cm langen Ähren, streng 4-zeilig angeordnet, die 2-lippige Krone die Deckblätter überragend, nur wenige Tage haltbar. Deckblätter bis 2,5 cm lang, orangegelb, sie bleiben mehrere Wochen frisch.
Früchte: 4-samige Kapseln.
Verbreitung: Heimisch im tropischen Peru. Auch außerhalb von Südamerika ein geschätzter Zierstrauch tropischer Gärten. Bei uns erst 1970 eingeführt, wurde innerhalb kurzer Zeit eine begehrte Topfpflanze.
Allgemeines: *P. lutea* ist eine von zwölf krautigen oder strauchförmigen Arten der Gattung, die alle im tropischen Amerika verbreitet sind. Sie erinnern in Aufbau und Blütenbau an *Aphelandra*, bilden aber eine eigenständige Gattung.

Hohen dekorativen Wert hat auch *P. coccinea* aus Westindien und dem tropischen Südamerika. Ein 1–2 m hoher Strauch mit gegenständigen, 25 cm langen Blättern. Blüten 5 cm lang, in bis zu 15 cm langen Ähren, die durch ihre scharlachroten Deckblätter auffallen.

Gardenie
Gardenia augusta
(Syn. *G. jasminoides*)

Familie: Krappgewächse, Rubiaceae
Habitus: Etwa mannshoher, robuster, sehr variabler Strauch.
Blätter: Gegenständig, immergrün, etwa 7 cm lang, elliptisch oder oval, zugespitzt, glänzend tiefgrün.
Blüten: Einzeln, sitzend, fast endständig, wachsartig, weiß oder elfenbeinfarben, sehr wohlriechend, bei kultivierten Pflanzen stets gefüllt. Nur die selten kultivierte Art hat einfache Blüten mit fünf bis acht abstehenden Kronblättern.
Früchte: Etwa 2,5 cm dicke, fleischige, gelbe, essbare Beeren. Aus ihnen wird ein gelber Farbstoff gewonnen, der unter anderem zum Färben von Speisen benutzt wird.
Verbreitung: Heimisch in Südjapan, Taiwan und China. Wegen der schönen, angenehm duftenden Blüten ein häufiger Zierstrauch in tropischen und subtropischen Gärten.

Allgemeines: Etwa 250 baum- und strauchförmig wachsende Arten der Gattung sind im tropischen und subtropischen Asien und Afrika verbreitet. Als Zierstrauch und Topfpflanze wurden von *G. augusta* stets gefüllt blühende Formen gezogen. Als gefüllt blühende Form kam *G. augusta* schon 1754 nach England. Die einfach blühende Wildform wurde viel später eingeführt. Gardenien wurden nach ihrer Einführung rasch populär; sie fehlten in keinem Wintergarten. Ihres betörenden Duftes wegen zählten sie zu den bedeutendsten Ansteckblumen.

Die in Äthiopien und am Blauen Nil heimische *G. lutea* hat essbare Früchte. Sie liefert Harz- und Duftstoffe, ihre Wurzeln werden medizinisch genutzt.

Ein weiterer Vertreter der Krappgewächse hat mehr oder weniger stark duftende Blüten, die Duftende Rondeletie, *Rondeletia odorata* (rechtes Bild), die in Panama und auf Kuba heimisch ist. Ein etwa 1,5 m hoher, immergrüner Strauch mit gegenständigen, etwa 5 cm langen, elliptisch-eiförmigen, runzeligen, dunkelgrünen Blättern. Die röhrenförmigen, etwa 1,5 cm breiten Blüten haben fünf waagerecht abstehende Kronblätter. Sie sind leuchtend zinnoberrot gefärbt, der Schlund ist gelblich.

Engelstrompeten
Brugmansia-Arten

Familie: Nachtschattengewächse, Solanaceae
Habitus: Wuchs strauch- oder baumförmig, bis 11 m hoch, dicktriebig.
Blätter: Groß, weich, wechselständig, einfach, ganzrandig oder gezähnt.
Blüten: Einzeln, gestielt, meist duftend, meist nickend bis hängend oder abstehend, trompeten-, röhren- oder trichterförmig, 12–50 cm lang, Kelchblätter grün, einseitig oder 2- bis 5fach oder 1- bis 3fach geschlitzt, der verengte Teil der Blütenkrone nach dem Kelchaustritt sichtbar oder nicht sichtbar, Kronsaum 5-zipfelig, mit lang ausgezogenen, zurückgebogenen Spitzen.
Früchte: Nahezu kugelige bis zylindrische, fleischige, 2-kammerige Schließfrüchte.
Verbreitung: Sechs Arten in Südamerika, vorwiegend in den Anden von Kolumbien, Chile und Ekuador. In Kultur neben den Wildarten auch einige Hybriden. Als imposante Blütensträucher bis in mediterrane Gärten häufig ge-

pflanzt. In Mittel-Europa gehören sie zu den klassischen Kübelpflanzen.
Allgemeines: Die nahe verwandten, krautigen oder halbstrauchigen *Datura*-Arten (Stechapfel) unterscheiden sich von den verholzenden, baumförmig wachsenden *Brugmansia*-Arten unter anderem durch ihre aufrecht stehenden Blüten (bei *Brugmansia* nickend oder hängend) und die bestachelten oder mit weichen Höckern versehenen Früchte.
B. arborea. Blüten trompetenförmig, 12–17 cm lang, nickend, weiß, Saumspitzen 2–2,5 cm lang.
B. aurea. Blüten trompetenförmig, 14–29 cm lang, nickend bis senkrecht hängend, weiß bis goldgelb, Saumspitzen 4–8 cm lang.
B. × candida. Blüten trompetenförmig, 23–31 cm lang, nickend bis hängend, gelb, sich weiß verfärbend, oft gefüllt, Saumspitzen 2–6 cm lang.
B. sanguinea (Bild). Blüten röhrenförmig, 15–25 cm lang, nickend, orangerot, an der Basis gelblich grün, Saumspitzen 1–2 cm lang.
B. suaveolens. Blüten trichterförmig, 24–32 cm lang, nickend, manchmal waagerecht, weiß, gelegentlich gelb oder rosa, Saumspitzen 1–2,5 cm lang.
B. versicolor. Blüten trompetenförmig, 30–50 cm lang, senkrecht hängend, weiß, Saumspitzen 3–6 cm lang.

Wunderstrauch, Croton
Codiaeum variegatum var. pictum

Familie: Wolfsmilchgewächse, Euphorbiaceae
Habitus: Immergrüner, bis mannshoher, dichter Strauch.
Blätter: Wechselständig, gestielt, meist ganzrandig, ledrig. In den Gärten ist die Art mit zahlreichen Sorten vertreten, deren Blätter in Form und Farbe sehr unterschiedlich gestaltet sind. Neben elliptischen, lanzettlichen und linealischen Blättern kommen auch gelappte, gebuchtete, in der Mitte eingeschnürte und bis fast auf die Mittelrippe reduzierte Blattformen vor. Die Farbe reicht von Grün über Gelb bis zu verschiedenen Rottönen. Alle Blätter können mehr oder weniger stark gefleckt sein. Manchmal kommen an einer Pflanze verschiedene Blattformen und -farben vor.
Blüten: Einhäusig, in verlängerten Trauben in den Blattachseln der oberen Blätter stehend. Männliche Blüten mit fünf bis sechs kleinen Kronblättern, hängend mit 15–30 auffälligen Staubbeuteln, insgesamt unscheinbar; die weiblichen Blüten aufrecht.

Früchte: Kapseln, die zur Reife in drei Teilfrüchte zerfallen.
Verbreitung: Die grünblättrige Wildform ist auf den Molukken beheimatet. Die sechs baum- oder strauchförmigen Arten der Gattung kommen im Malaiischen Archipel und auf den pazifischen Inseln vor.
Allgemeines: In allen Tropengebieten der Erde werden vorwiegend die buntlaubigen Formen des Wunderstrauches kultiviert. Es handelt sich hierbei um gärtnerische Züchtungen, die von *C. variegatum* var. *pictum*, einer auf den Sundainseln und in Indien heimischen Varietät, abstammen. Im gärtnerischen Sprachgebrauch werden buntlaubige Formen als »Croton« bezeichnet (engl. ebenfalls Croton). Sie sind bei uns beliebte Topfpflanzen.
In ihrer Heimat werden die Sprossspitzen von *Codiaeum* als Gemüse gegessen.

Lorbeer
Laurus nobilis

Familie: Lorbeergewächse, Lauraceae
Habitus: Immergrüner Strauch oder kleiner, dicht belaubter Baum.
Blätter: Wechselständig, 5–10 cm lang, schmal elliptisch bis eiförmig, nach beiden Seiten zugespitzt, steif, glänzend dunkelgrün, mit aromatischem Duft.
Blüten: Eingeschlechtlich, grünlich gelb, in kleinen, achselständigen Büscheln.
Früchte: Bis 1,5 cm dicke, eiförmige, glänzend schwarze Beeren.
Verbreitung: Iberische Halbinsel, Frankreich, Apenninenhalbinsel, Balkan, Kaukasus, auf der Krim naturalisiert. In allen subtropischen Ländern als Zierstrauch kultiviert.
Allgemeines: Die Gattung umfasst nur zwei Arten: *L. nobilis* und *L. azorica*, den Kanarischen Lorbeer, der auf den Kanarischen Inseln, auf Madeira und den Azoren vorkommt.
Blätter und Früchte des Lorbeeres enthalten ätherische Öle, sie werden als Speisegewürz und Heilmittel genutzt. Aus den Früchten lässt sich das fette Lorbeer-Öl pressen, das für Salben, in Seifen und zur Likörherstellung verwendet wird. Beeren, Blätter und Öl setzte man bereits im Altertum als Heilmittel ein.

Der Lorbeer, bei den alten Griechen Daphne genannt, spielt auch in der Mythologie eine Rolle. Der Sage nach wurde die Nymphe Daphne auf der Flucht vor Apollo, der ihren Bräutigam getötet hatte, auf ihr Flehen hin in einen Lorbeerbaum verwandelt. Seither ist der Lorbeer dem Apollo geweiht. Als Götterbaum wurde er an apollinischen Heiligtümern gepflanzt. Ein Lorbeerstab verlieh dem Seher die Kraft, das Verborgene zu schauen. Der Lorbeer wurde zum Symbol der Apollo-Schützlinge, der Seher, Sänger und Dichter. Erst bei den Römern galt der Lorbeerkranz als Zeichen des Sieges. Der akademische Grad Bakkalaureus (engl. Bachelor) leitet sich von der alten Sitte ab, angehende Ärzte mit einem fruchtenden Lorbeerzweig zu bekränzen und bedeutet »mit der Beere des Lorbeer geschmückt«.

Keulenlilie
Cordyline terminalis

Familie: Agavengewächse, Agavaceae
Habitus: 4–5 m hoher Strauch mit schlankem, einfachem oder verzweigtem Stamm.
Blätter: Meist in einem Schopf am Stammende, lanzettlich, 30–50 cm lang, spitz, deutlich gerippt mit dichten, ungleichen, sehr schiefen Adern. Neben der grünblättrigen Art auch Sorten mit roten oder gelblichen, rotweiß oder mehrfarbig gestreiften Blättern, wie z. B. die abgebildete Sorte 'Bella'.
Blüten: Weißlich, lila oder rötlich, etwa 1,5 cm lang, 6-zählig, in großen, seitenständigen und übergeneigten Blütenständen, die aus lockeren, traubigen Ähren zusammengesetzt sind.
Früchte: Kleine, rote, kugelige, fleischige Beeren.
Verbreitung: Von Vorderindien über den indomalaiischen Inselarchipel und Australien bis Neuseeland und Neuguinea. Vor allem die buntlaubigen Sorten als Zier- und Heckenpflanzen.
Allgemeines: *C. terminalis* (Syn. *C. fruticosa*) ist die häufigste der 15 asiatischen, afrikanischen, neuseeländischen und australischen Arten. Nur eine Art, *C. dracaenoides*, ist in Brasilien heimisch.

Die Keulenlilie ist nicht nur eine attraktive Zierpflanze, sondern auch eine vielseitig verwendete Nutzpflanze. In Hawaii wird sie »Ti« genannt. Dort benutzte man ihre Blätter zum Dachdecken, als provisorische Röcke, zur Herstellung von Tellern, Tassen und Musikinstrumenten sowie zur Gewinnung medizinischer Getränke. Die zuckerhaltigen Wurzeln wurden gebacken, als melasseähnliches Konfekt gegessen oder zu einem milden alkoholischen Getränk gebraut. Durch Destillation konnte daraus auch das stark alkoholische »Okolehao« hergestellt werden. Ti war dem Ackergott »Lono« geweiht und wurde bei religiösen Zeremonien verwendet. Der starke Glaube an die schützenden Kräfte der Pflanze drückt sich darin aus, dass Ti immer noch rings um die Häuser gepflanzt wird.

Mexikanischer Wasserdost
Bartlettina sordida
(Syn. *Eupatorium atrorubens*)

Familie: Asterngewächse, Asteraceae
Habitus: Etwa mannshoher, immergrüner Strauch. Äste, Zweige, Blatt- und Blütenstiele von einem dichten Filz dunkelroter Haare bedeckt.
Blätter: Gegenständig, eiförmig, 15–30 cm lang, oberseits dunkelgrün mit vertieften, hellrötlichen Rippen, unterseits mattgrün mit stark hervortretenden, filzigen Nerven.
Blüten: Sehr zahlreich in halbkugeligen, 10–15 cm breiten, vielfach verästelten Trugdolden an den Triebenden. Lebhaft lilablau und angenehm duftend. Einzelblüten röhrenförmig und 5-spaltig.
Früchte: Fünfeckig, an der Spitze gestutzt, mit bleibender, borstenförmiger Haarkrone.
Verbreitung: In Mexiko heimisch. Schöne und stattliche, auffallende Zierpflanze, die bis in mediterrane Gärten verbreitet ist.
Allgemeines: Die sehr umfangreiche Gattung *Eupatorium* ist neuerdings in mehrere selbst-ständige Gattungen *(Ageratina, Ayapana, Bartlettina, Barrosoa, Conoclinium, Chromolaena, Fleischmannia, Neocaberia, Neomirandea)* aufgeteilt worden. Einige davon sind als Zierpflanzen oder in ihren Heimatgebieten von lokaler wirtschaftlicher Bedeutung.

Chromolaena odorata (= *Eupatorium odoratum*), heimisch im tropischen Amerika ist ein bis 2 m hoher Strauch mit bis 10 cm langen, unterseits dicht gelb- oder rotdrüsig behaarten Blättern und blauen oder helllila bis weiß gefärbten Blüten, die zu 15–30 in Ähren zusammenstehen.

Ageratina riparia (= *Eupatorium riparium*, Mist Flower), heimisch in Mexiko, wird in tropischen Regionen zur Befestigung von Böschungen an Wassergräben und Wegen gepflanzt.

Ayapana triplinervis (= *Eupatorium triplinerve*, Ayapuna), heimisch in Nord- und Südamerika und Westindien, gedeiht auch auf armen Böden, verträgt schattige Standorte und wird als Bodendecker an Terrassenböschungen gepflanzt. Gleichzeitig ist die Art Arznei- und Teepflanze, die Blätter werden als Gemüse genutzt.

Tibouchine
Tibouchina urvilleana

Familie: Schwarzmundgewächse, Melastomataceae

Habitus: Aufrechter, bis 6 m hoher, wenig verzweigter, sparriger, weichhaariger Strauch.

Blätter: Gegenständig, eiförmig, bis 12 cm lang, oberseits runzelig und tiefgrün, unterseits heller, beiderseits rauhaarig, von fünf kräftigen Längsnerven durchzogen.

Blüten: Leuchtend violettblau, einzeln oder bis zu dritt an den Zweigenden, kurz gestielt, bis 12 cm breit, Staubblätter und Griffel purpurn gefärbt. Die Einzelblüte ist kurzlebig, die Blütezeit dauert monatelang. Die Blütenknospen werden von zwei rötlich gefärbten, blumenblattartigen Hochblättern umhüllt, die vor der Blütenentfaltung abfallen.

Früchte: Kapseln, vom ausdauernden Kelchrohr umhüllt. Samen wie kleine, spiralförmige Schnecken geformt.

Verbreitung: Heimisch in Brasilien. Mit der auffallenden Blütenfarbe in den Tropen und Suptropen ein weit verbreiteter Zierstrauch.

Bei uns gelegentlich als Topf- und Kübelpflanze zu finden.

Allgemeines: Mit rund 350 Arten ist die Gattung in Brasilien und den Anden verbreitet. Neben *T. urvilleana*, im Englischen als Glory Bush bezeichnet, werden in den Tropen auch andere Arten als Blütensträucher kultiviert. Alle zeichnen sich durch weichhaarige, parallelnervige Blätter und durch blau- bis purpurviolette Blüten aus, die in der Regel aber kleiner sind als die von *T. urvilleana*.

Brunfelsie
Brunfelsia pauciflora

Familie: Nachtschattengewächse, Solanaceae
Habitus: Nahezu 3 m hoher, immergrüner, breit wachsender Strauch.
Blätter: Wechselständig, elliptisch bis verkehrt eiförmig, zugespitzt, 8–10 cm lang, oberseits dunkelgrün, unterseits blassgrün.
Blüten: 3–7,5 cm breit, stieltellerförmig, Kronsaum flach ausgebreitet, violett, mit auffallendem weißem Auge, in wenigblütigen, endständigen Trugdolden, Kelch hellgrün, aufgeblasen, vier Staubblätter im Schlund der Kronröhre.
Früchte: Ledrige Kapselfrucht mit relativ großen Samen.
Verbreitung: Natürliche Verbreitung in Brasilien. Als Zierpflanze in allen tropischen und subtropischen Gebieten häufig. Auch im frostfreien Mittelmeergebiet als Freilandpflanze anzutreffen.
Allgemeines: Mit rund 40 Arten, meist Sträuchern und Bäumen, ist die Gattung in Mittel- und Südamerika sowie auf den Antillen verbreitet. Die auffallenden Blüten wechseln im Verblühen innerhalb weniger Tage ihre Farbe. Die Blütenfarbe von *Brunfelsia pauciflora* ist am ersten Tag violett, am zweiten Tag lila und am dritten Tag fast weiß, deshalb die englische Bezeichnung »Yesterday, Today and Tomorrow«.

Neben *B. pauciflora* sind folgende Arten als Ziersträucher von Bedeutung:
B. latifolia. Brasilien. Blassviolett oder malvenfarbig mit weißer Mitte, im Verblühen fast weiß.
B. undulata. Jamaika. Blüten mit krausem Rand, erst rein- später cremeweiß.
B. americana. Westindien. Blüten zunächst weiß, später gelb. Besonders nachts süß duftend.

Brunfelsia-Arten liefern die medizinisch wertvolle Manakawurzel. Sie wirkt als Mittel gegen Syphilis und als Abortivum.
Die Gattung wurde nach dem deutschen Arzt, Botaniker und Theologen Otto Brunfels (1489–1543) benannt.

Sträuchern. Dazu zählen neben *T. erecta* die ihr sehr ähnlichen, ebenfalls blau blühenden Arten *T. natalensis* aus der südafrikanischen Provinz Natal sowie die westafrikanische *T. vogeliana*. Die wichtigsten Klettersträucher der Gattung werden auf Seite 205 behandelt.

Der Gattungsname erinnert an den schwedischen Botaniker Karl Peter Thunberg (1743–1822), Schüler und Nachfolger Linnés.

Ruellia graecizans, ein weiterer Blütenstrauch aus der Familie der Akanthusgewächse und aus Südamerika stammend, präsentiert sich mit ganz anderen Blüten. Sie entfalten sich zu mehreren an langen, achselständigen Blütenstandsstielen, sind leuchtend rot und etwa 2,5 cm lang. Die Kronröhre verbreitert sich über den Kelch plötzlich, der 5-lappige Kronsaum ist nur kurz. Die Samen werden durch einen eigenartigen Schleudermechanismus verbreitet, der durch Gewebespannungen in den Leisten der Fruchtfächer zustande kommt. Der Halbstrauch wird nur 30–60 cm hoch. Insgesamt ist die Gattung mit etwa 150 Arten in den wärmeren und tropischen Gebieten der Erde verbreitet.

Aufrechte Thunbergie
Thunbergia erecta

Familie: Akanthusgewächse, Acanthaceae
Habitus: Bis mannshoher, dicht verzweigter, dünntriebiger Strauch.
Blätter: Gegenständig, 3–7 cm lang, eiförmig bis länglich, ganzrandig.
Blüten: Einzeln, blattachselständig, 4–7 cm lang, Krone trichterförmig mit gebogener Röhre, diese innen tiefgelb, außen gelblich weiß, Kronsaum dunkelviolett, 5–6 cm breit mit fünf herzförmigen, gerundeten Abschnitten.
Früchte: Dick-ledrige, kugelige, plötzlich geschnäbelte, zur Reife aufspringende Kapseln.
Verbreitung: Ursprünglich im tropischen West-Afrika heimisch. Blüht fast ständig und ist deshalb in tropischen Gärten ein beliebter Zierstrauch.
Allgemeines: Rund 100 krautige, halbstrauchige oder strauchige *Thunbergia*-Arten sind im tropischen und südlichen Afrika, auf Madagaskar und im wärmeren Asien verbreitet. Die meisten von ihnen sind Kletterpflanzen, nur wenige gehören zu den aufrecht wachsenden

Blauer Kartoffelstrauch
Lycianthes rantonnetii
(Syn. *Solanum rantonnetii*)

Familie: Nachtschattengewächse, Solanaceae
Habitus: Bis 2 m hoher, aufrechter, buschig verzweigter, weich behaarter Strauch.
Blätter: Wechselständig, einfach, ganzrandig, bis 10 cm lang, breit elliptisch bis eiförmig, meist lang zugespitzt, in den Blattstiel verschmälert, am Rand gewellt, beiderseits etwas weich behaart.
Blüten: Zu zwei bis fünf in den Blattachseln, 3–4 cm breit, mit bleibendem Kelch und radförmiger Krone, violett mit kleinem, gelbem Auge, die Blütenblätter in der Knospenlage gefaltet, Blütezeit vom Sommer bis zum Herbst.
Früchte: Vielsamige, rote, etwa 2,5 cm dicke, hängende, sehr zierende Beeren.
Verbreitung: Heimisch in Paraguay und Argentinien. Der lang andauernden Blüte wegen als Zierstrauch weit verbreitet. Auch bei uns als Kübelpflanze in Kultur.
Allgemeines: Die Gattung *Lycianthes* ist nahe verwandt mit der rund 1400 Arten starken Gattung *Solanum*, zu der neben zahlreichen Nutzpflanzen (siehe Seite 320 und 321) auch einige blau blühende Ziersträucher gehören.

Zu den in tropischen Gärten häufig kultivierten Arten gehört *Solanum wrightii* (rechtes Bild), der Brasilianische Kartoffelstrauch. Er ist von Brasilien bis Bolivien verbreitet, wächst strauchig oder baumförmig und kann bis 6 m hoch werden. Seine breit eiförmigen, bis 30 cm langen, oberseits kurzborstigen, unterseits flaumig behaarten Blätter sind buchtig gelappt bis unregelmäßig gefiedert, mit eiförmigen bis lanzettlichen Lappen. Die Blüten erscheinen in gabelig verzweigten Ständen, sie sind 5-lappig, 6–7 cm breit und dunkelviolett bis lila gefärbt, im Verblühen färben sie sich weiß. Sehr zierend sind die 1 cm dicken, leuchtend roten Beerenfrüchte.

Solanum giganteum, der Riesennachtschatten, auch als African Holly bezeichnet, stammt aus dem tropischen Afrika, aus Südindien und Sri Lanka. Ein stark verzweigter, buschiger Strauch oder bis 6 m hoher Baum mit dicken, kurzstacheligen, grauweißfilzigen Zweigen und bis 20 cm langen, länglichen oder elliptisch-lanzettlichen, an den Enden keilförmigen, oberseits dunkelgrünen, unterseits weißfilzigen Blättern. Die kleinen dunkelvioletten, hängenden Blüten erscheinen in endständigen, gabeligen Doldentrauben.

Sinnpflanze
Mimosa pudica

Familie: Mimosengewächse, Mimosaceae
Habitus: Halbstrauch, in Kultur meist einjährig, 30–50 cm hoch, Stängel aufrecht oder kriechend, stachelig und mehr oder weniger stark behaart.
Blätter: Wechselständig, doppelt gefiedert, die Blättchen (meist vier) fingerförmig angeordnet, jedes mit mehreren Paaren kleiner, linealisch länglicher Fiederblättchen.
Blüten: Klein, zartlila bis hellrot, in gestielten, kugeligen, achselständigen Köpfchen, die im oberen Teil der Zweige gehäuft stehen.
Früchte: Gliedrige, gefranste Hülsen.
Verbreitung: Ursprünglich in Brasilien heimisch. Als »Unkraut« häufig auch in klimatisch entsprechenden Zonen Afrikas und Ost-Asiens zu finden.
Allgemeines: *M. pudica*, die häufig auch als Mimose bezeichnet wird, ist die bekannteste unter den etwa 400 Arten der Gattung. Berühmt ist sie wegen ihrer fast einzigartigen Fähigkeit, auf jegliche Berührungsreize mit Blattbewe-

gungen zu reagieren. Nach einer Berührung klappen zuerst die kleinen Blättchen zweiter Ordnung nach oben, die Blättchen erster Ordnung legen sich aneinander, und die Blattstiele senken sich in Richtung des Stängels. Die Zeit zwischen Reiz und Reaktion beträgt im günstigsten Fall acht hundertstel Sekunden, die Reaktion läuft mit einer Geschwindigkeit von bis zu 10 cm/s ab. 10–20 Minuten nach dem Aussetzen des Reizes werden die Bewegungen wieder rückgängig gemacht. Als Ursache für die Klappbewegungen gelten rasche Änderungen des Innendruckes (Turgordruck) der Zellen in gelenkartigen Polstern, die sich an der Basis der Blattstiele und der Blättchen befinden. Gesteuert wird diese Druckänderung durch eine hormonartige Substanz in den Zellen.
Andere *Mimosa*-Arten sind tropische Nutzpflanzen. Die sehr anspruchslose *M. invasa* var. *inermis* wird in tropischen Regionen als Bodendecker in Kautschukplantagen und zur Bekämpfung von Alang-Alang *(Imperata cylindrica)* eingesetzt. Die Einführung der stachellosen Varietät *inermis* ist eine große Verbesserung gegenüber der Wildform. Bodendecker haben in humiden tropischen Regionen vor allem unmittelbar nach der Waldrodung eine sehr wichtige Funktion. Sie sollen den Boden vor dem Aufschlag der Regentropfen und der versengenden Wirkung direkter Sonneneinstrahlung schützen und gleichzeitig die Entwicklung einer unerwünschten Krautflora (z. B. Alang-Alang) verhindern. Besonders geeignet sind dazu Leguminosen. Ihre Wurzeln sind in der Lage, Luftstickstoff zu binden, der später zur Ernährung der Hauptfrucht beiträgt.

Taubenbeere
Duranta erecta

Familie: Eisenkrautgewächse, Verbenaceae
Habitus: Bis 6 m hoher, immergrüner, sehr dicht verzweigter Strauch mit langen, überhängenden, 4-kantigen Zweigen.
Blätter: Länglich, zugespitzt, glatt, bis 6 cm lang, gesägt oder ganzrandig.
Blüten: Lilablau, in überhängenden, bis 15 cm langen Trauben, Einzelblüte klein, 5-zählig, mit röhrenförmigem Kelch und trichterförmiger Krone.
Früchte: Gelbe, kugelige, bis 1 cm dicke, saftige Steinfrüchte. Diese werden von dem vergrößerten, in einen gebogenen Schnabel zusammengezogenen Kelch bedeckt.
Verbreitung: Heimisch in Kalifornien, Texas, Mexiko, Westindien, Südamerika. In tropischen Ländern als Zierstrauch und Heckenpflanze beliebt.
Allgemeines: Mit 8 Arten im tropischen Amerika, von Bolivien bis Mexiko und auf den Antillen verbreitet. D. erecta, oft auch als D. repens bezeichnet (engl. Pigeon Berry, Sky Flower, Golden Dewdrop) fällt auf, weil die gelben Früchte oft gleichzeitig mit den blauen Blüten auftreten.

Die Gattung trägt den Namen von Castor Durantes (um 1529–1590), italienischer Arzt und Botaniker, päpstlicher Leibarzt.

Auch ein anderer Strauch aus der Familie der Verbenaceae, *Holmskioldia sanguinea*, heimisch im subtropischen Himalaja und Malaysia, wird in vielen tropischen Ländern als Zierstrauch gepflanzt. Ein immergrüner, in den Tropen 3–10 m hoher Strauch mit eiförmigen, zugespitzten, fast ganzrandigen, bis 8 cm langen Blättern. Blüten mit großem, radförmig glockigem, 2,5 cm breitem, rotem Kelch und ebenso langen orangefarbenen bis ziegelroten Blüten in 2- bis 4-blütigen Quirlen. Blütenkrone mit gebogener Röhre und ausgebreitetem, schiefem, 5-spaltigem Saum.

Rauschopf
Dasylirion acrotrichum

Familie: Drachenbaumgewächse, Dracaenaceae

Habitus: Aus sehr zahlreichen, strahlenförmig angeordneten Blättern bildet sich über einem kurzen, dicken Stamm eine dichte, kugelrunde, schopfartige Krone.

Blätter: Sehr zahlreich, bis 1 m lang, etwa 1 cm breit, an den Rändern dicht mit feinen Zähnen und mit etwas vorwärts gekrümmten, blassgelben, braun gespitzten Stacheln besetzt, die Blattspitze in eine elegante Faserquaste aufgehend.

Blüten: In 1,5 cm langen, dichten, zylindrischen Rispen an einer bis 4,5 m langen Blütenachse, Blütenhülle weiß, glockig, mit 6 Abschnitten, bei männlichen Pflanzen mit 6 dicklichen, linealischen Staubblättern, die die Abschnitte der Blütenhülle nicht oder nur kaum überragen, bei weiblichen Pflanzen mit einem breiten, 1-fächrigen Fruchtknoten und kurzem Griffel mit drei Narben.

Früchte: Trockene, rundlich herzförmige, geflügelte, 1-samige Kapseln.

Verbreitung: Östliches Mittelmexiko. Ist von allen Arten am häufigsten und weit über das ursprüngliche Verbreitungsgebiet hinaus als Zierpflanze in Kultur.

Allgemeines: Die Gattung umfasst 18 Arten, die in Arizona, Texas und Mexiko verbreitet sind, die Folgenden werden als Zierpflanzen kultiviert:

D. longissimum, heimisch im östlichen Mexiko, hat einen 1–2 m hohen Stamm und außerordentlich zahlreiche Blätter, die nach allen Seiten abstehen. Die Blätter sind 120–180 cm lang und nur 6 mm breit, sie sind dunkelgrün und im Querschnitt fast 4-kantig. Der Blütenstand ist 2–4 m hoch.

D. serratifolium, heimisch im südlichen Ostmexiko, hat einen kurzen, dicken Stamm und raue, bis 1 m lange und 2–3 cm breite Blätter mit ziemlich großen, weit entfernten Stacheln. Dazwischen finden sich feine Zähne.

Kronenblume
Calotropis gigantea

Familie: Seidengewächse, Asclepiadaceae
Habitus: Immergrüner Strauch oder kleiner, bis 5 m hoher Baum, der in seinen Gefäßen einen latexähnlichen Milchsaft führt.
Blätter: Gegenständig, dick, ledrig, kurz gestielt, 20–30 cm lang, breit eiförmig, graugrün, wie mit einem silbrigen Puder bestreut.
Blüten: In endständigen, doldenähnlichen Ständen, grauweiß 2–3 cm breit, mit den fünf dicklichen, abstehenden, länglich dreieckigen Blütenblättern stern- oder kronenförmig aussehend, über den Blütenblättern eine auffällige Nebenkrone mit den anliegenden Staubblättern und dem dicken Narbenkopf.
Früchte: An der Bauchnaht aufspringende Balgkapseln in der Form rundlicher, aufgetriebener Kugeln, Samen flach, mit einem Schopf aus seidig glänzenden Haaren versehen, die als Flugorgan und damit der Samenverbreitung dienen.
Verbreitung: Indien bis Südchina, Malakka, Malaiischer Archipel. In Nordthailand stets in Nähe der Siedlungen. Meist auf trockenen, sandigen Böden.
Allgemeines: Der Milchsaft ist giftig. Rinde, Blätter und Wurzeln werden in der Volksmedizin verwendet. Die aus dem Bast der Rinde gewonnenen Fasern lassen sich zu Seilen und Fischnetzen verarbeiten, die Samenhaare können wie Kapok verwendet werden. Die sehr haltbaren, sternförmigen Blütenknospen werden in Südost-Asien sehr häufig in Blütenketten verarbeitet.

Unter den sechs Arten der Gattung, die im tropischen Afrika und Asien verbreitet sind, ist *C. procera*, der Apfel von Sodom, eine Pflanze trockener, wüstenhafter Regionen. Ihr Verbreitungsgebiet reicht von West- und Nordwest-Afrika, Ägypten, dem Iran und Pakistan bis Indien. Die strauch- oder baumartig wachsende Pflanze erreicht Höhen von 3–5 m, die dicken, ovalen, graugrünen Blätter werden bis 20 cm lang. Die Blüten sind etwas kleiner als bei *C. gigantea*, sie haben weiße Blütenblätter mit dunkelvioletten Spitzen. Die aufgetriebenen, apfelartigen Früchte werden 7–10 cm dick. Sie sollen das verkommene und verfluchte Sodom und Gomorra symbolisieren. Die großen Blätter hätten einen Pakt mit dem Teufel. Auch *C. procera* hat in der Volksmedizin eine Bedeutung. Rindenauszüge sollen Brechreiz erzeugen, Schweiß treibend, Wurm abtreibend und antisyphilitisch wirken.

Tropische Kletterpflanzen

Wie die Palmen gehören auch Kletter- und Schlingpflanzen, die häufig als Lianen bezeichnet werden, zur landläufigen Vorstellung von tropischer Vegetation. Tatsächlich sind die Lianen in tropischen Wäldern weitaus zahlreicher vertreten als in Wäldern gemäßigter Breiten. Etwa 90 Prozent aller kletternden Pflanzenarten sind in den Tropen zu Hause.

Es ist der Kampf ums Dasein, der Pflanzen in den immergrünen tropischen Wäldern mit ihrem hohen Anteil an Bäumen, die eine dicht schließende Kronenschicht entwickeln, dazu zwingt, notfalls kletternd und schlingend vom ständig beschatteten Urwaldboden an lichtreichere Stellen vorzudringen. Lianen sind im Laufe ihrer Entwicklung durch die Verlängerung ihrer Sprosse und die Ausbildung verschiedener Kletterhilfen wie Bestachelung, Ranken und Haftwurzeln befähigt worden, sich an Stämmen und Ästen anderer Pflanzen hochzuwinden. Sie sichern sich so den notwendigen Lebensraum.

Die zahlreichen Lianenarten klettern auf ganz unterschiedliche Weise. Bei den meisten Arten winden sich die Sprosse im Uhrzeigersinn, bei einigen auch in entgegengesetzter Richtung, um erreichbare Stützen. Mit ihren langen, haken- oder stachelbesetzten Sprossen können sie andere Gehölze überlagern und sich zwischen ihnen hochschieben. Wieder andere Arten entwickeln Haftwurzeln, mit denen sie selbst an glatten Unterlagen Halt finden. Manche Lianen schließlich können sich mithilfe von Spross- oder Blattranken festklammern. Kletterpflanzen können sowohl krautig als auch holzig sein. Nur die verholzenden Arten werden im Allgemeinen als Lianen bezeichnet.

Hier werden vor allem solche Arten vorgestellt, die häufiger in Gärten zu finden sind und die hauptsächlich ihrer Blüten wegen gepflanzt werden. Einige Gattungen umfassen aber nicht nur schön blühende Arten, sondern auch solche mit hohem Nutzwert wie etwa Passionsblumen, Prunkwinden oder Nachtschattengewächse (*Solanum*-Arten). Neben Arten mit auffallend gefärbten Blüten finden sich andere mit eigenartig gestalteten Blüten, wie etwa die Pfeifenblumen, deren Blüten als Kesselfallen ausgebildet sind.

Im Anschluss an die blühenden Arten stellen wir mit den Rotangpalmen eine Gruppe kletternder Palmen vor. Viele Touristen begegnen ihnen zu Hause in Form der Produkte, die aus ihren langen, dünnen Sprossen hergestellt werden – nämlich den Rattanmöbeln.

Die meist sehr dünnen Stämme tropischer Lianen können über 100 m lang sein. Sie müssen vor allem zug- und biegungsfest sein, damit sie die durch Wind verursachten Bewegungen der Trägerpflanze nachvollziehen können und dabei nicht aus ihren Verankerungen gerissen werden. Unterstützt werden sie dabei durch eine elastische Aufhängung. Die Biege- und Zugfestigkeit wird durch eine komplizierte Aufspaltung des Holzkörpers in feste, voneinander getrennte Stränge erreicht. »Das histologische Bild solcher Stammquerschnitte erinnert erstaunlich an den Feinbau elektrischer Tiefseekabel. Das Prinzip dieser Lösung ist so vielfach abgewandelt, dass man die Familien der Lianengewächse oft direkt vom Stammquerschnitt ablesen kann.« (VARESCHI 1980).

Erstaunlich ist auch die Leistung der Lianen in Bezug auf den Transport von Wasser und Nährstoffen über so lange Strecken. Dazu muss der Leitungswiderstand in den Leitbündeln möglichst gering gehalten werden. Erreicht wird dies durch erweiterte Gefäßdurchmesser und verlängerte Einzelgefäße. VARESCHI (1980) berichtet von so genannten »Wasserlianen«, deren Gefäße einen Durchmesser von 0,3–0,6 mm haben können. Durchtrennt man solche Lianen an zwei Stellen und hält das Stück senkrecht, lässt es das Gefäßwasser abfließen. »Aus einem ein Meter langen Stück eines solchen ›Bejuco de agua‹ rannen in drei Minuten 205 cm^2 Wasser heraus. In Venezuela sind vor allem *Macfadyena unguis-cati, Souburea guianensis* und *Vitis tiliaefolia* beliebte Wasserspender.« (VARESCHI 1980).

Flammenlilie
Gloriosa superba

Familie: Zeitlosegewächse, Colchicaceae
Habitus: Staudige Kletterpflanze mit knolligem, unterirdischem Erdstamm und hoch kletterndem, oben oft verzweigtem Spross.
Blätter: Wechselständig, gegenständig oder zu dritt in Quirlen, eiförmig-lanzettlich bis länglich, sitzend, glänzend grün, am Ende in eine Rankenspitze ausgezogen.
Blüten: Eigenwillig geformt. Auf langen Stielen, einzeln in den Achseln der oberen Blätter stehend, in der Knospe nickend. Die 5–7,5 cm langen, am Grunde 2 cm breiten Kronblätter richten sich bald auf, sie sind am Rande stark gekraust, an der Spitze hakenartig erweitert, erst grün, dann gelb, später tiefscharlachrot. Zur bizarren Gestalt der Blüte tragen auch die sechs bogenförmig emporgekrümmten Staubblätter und der lange, schlanke Griffel bei.
Früchte: Längliche oder verkehrt eiförmige, ledrige bis ziemlich fleischige Kapseln. Sie öffnen sich nach der Reife, sodass die erbsengroßen, leuchtend roten Samen sichtbar werden.

Verbreitung: Heimisch im tropischen Asien und Afrika.
Allgemeines: *G. superba* klettert mit ihren fadenförmig ausgezogenen und zu Ranken umgebildeten Blattspitzen an Bäumen und Sträuchern hoch. Bisher wurden zu der monotypischen Gattung mehrere selbstständige Arten gezählt, wie *G. rothschildiana* und *G. simplex*. Heute stellt man sie alle zu der formenreichen *G. superba* und belegt sie mit Sortennamen. *G. superba* wird nicht nur als Flammenlilie, sondern auch als Kletterlilie, Ruhmeslilie, Ruhmkrone oder Tigerklaue (engl. Glory Lily, Climbing Lily, Creeping Lily) bezeichnet.

Bougainvillie, Drillingsblume
Bougainvillea spectabilis

Familie: Wunderblumengewächse, Nyctaginaceae

Habitus: Immergrüner, starkwüchsiger, 4–5 m hoher Strauch. Er klettert mithilfe seiner Triebe, die mit zahlreichen großen, hakenförmigen Dornen ausgestattet sind.

Blätter: Wechselständig, eiförmig, bis zu 10 cm lang, auf beiden Seiten filzig behaart.

Blüten: In großen Blütenständen, die an den Zweigenden gehäuft sind. Die eigentlichen, mattgelben und röhrenförmigen, zu dritt stehenden Blüten (deshalb Drillingsblume) sind unscheinbar, sie sind mit ihren Stielen aber in je einem großen, ovalen, fein geaderten Hochblatt verankert. Die Blüten scheinen so von einem 3-blättrigen Kelch umgeben. Bei der Art sind die Hochblätter purpurn gefärbt, durch Züchtung entstanden eine Fülle von Sorten mit zahlreichen Farbabstufungen – in Lila, Rosa, Rot, Orange, Weiß – ebenso wie auch gefüllt blühende Formen.

Früchte: Im Verblühen werden die Hochblätter grün, später trockenhäutig, sie dienen der Frucht als Flugorgan.

Verbreitung: Ursprünglich in Brasilien heimisch. Heute in vielen tropischen und subtropischen Ländern verbreitet. Dort ist die Bougainvillie einer der häufigsten Blütensträucher.

Allgemeines: Mit ihrer unglaublichen Blütenfülle und den weithin leuchtenden, farbenprächtigen Blüten sind die Bougainvillien nicht zu übersehen. Von den 14 südamerikanischen Arten ist neben *B. spectabilis* auch *B. glabra* mit ihren zahlreichen Sorten als Zierpflanze von Bedeutung.

Der wissenschaftliche Gattungsname erinnert an den berühmten französischen Seefahrer L. A. Comte de Bougainville (1729–1811). Er war Kommandant jener Expedition (1766–1769), bei der die Bougainvillie entdeckt wurde.

Kletternder Losstrauch
Clerodendrum thomsoniae

Familie: Eisenkrautgewächse, Verbenaceae
Habitus: 4–6 m hoher Kletterstrauch mit kahlen, windenden Sprossen.
Blätter: Gegenständig, bis 17 cm lang, 10 cm breit, eiförmig bis länglich eiförmig spitz oder zugesitzt, ganzrandig.
Blüten: 2-farbig mit auffallendem Farbkontrast, in vielblütigen, achsel- und endständigen Rispen, Kelch häutig, aufgeblasen, 5-kantig, weiß, sehr lange haftend, Krone scharlachrot, mit schlanker Röhre, bald abfallend, Staubblätter lang herausragend, grün.
Früchte: Beerenartige, dunkelrote bis schwarze Steinfrüchte.
Verbreitung: Heimisch im tropischen West-Afrika und Kamerun. Eine der schönsten und deshalb weit verbreiteten tropischen Kletterpflanzen. In England als Glory Tree, Bleeding Heart Vine und Tropical Bleeding Heart bezeichnet.
Allgemeines: Von den rund 400 überwiegend tropischen und subtropischen Arten der Gattung sind sowohl einige kletternde als auch aufrecht wachsende Blütensträucher (siehe Kapitel »Blütensträucher der Tropen«) gärtnerisch von Bedeutung.
In tropischen Gärten ist auch *C. splendens* häufig vertreten, ein nur schwach kletternder Strauch aus West- und Zentral-Afrika mit auffallend dunkelgrünen Blättern. Er besitzt prächtige, einfarbige, scharlachrote Blüten, die in end- und achselständigen Rispen stehen und sich fast zu jeder Jahreszeit entwickeln.
Seltener ist *C. ugandense*, ein 3–4 m hoher Kletterstrauch, der von Uganda bis Simbabwe verbreitet ist. Seine Blüten stehen in lockeren, bis 15 cm langen, endständigen Rispen. Sie setzen sich aus einem dunkelviolettblauen und vier hellblauen Kronblättern zusammen. Auch die lang herausragenden und stark gebogenen Staubblätter sind blau.
C. × speciosum ist eine Hybride zwischen *C. splendens* und *C. thomsoniae*. Seine Blüten zeigen einen weißlich rosa gefärbten Kelch und eine tiefblutrote, violett überlaufene Krone.

Rangunschlinger
Quisqualis indica

Familie: Langfadengewächse, Combretaceae
Habitus: Raschwüchsiger, Laub abwerfender, bis 8 m hoher Spreizklimmer, der mithilfe von kurzen und verdornten, nach dem Laubfall stehen bleibenden Blattstielen auf der Unterlage haftet.
Blätter: Gegenständig, bis 18 cm lang, elliptisch bis länglich elliptisch, kahl bis behaart.
Blüten: In endständigen, hängenden Ähren, duftend, im Aufblühen weiß, später rosa, zuletzt dunkelscharlachrot, Blütenröhre etwa 7 cm lang, fadenförmig verlängert, je fünf Kelch- und Kronblätter, zehn Staubgefäße.
Früchte: Bis 4 cm lang, trocken, lederartig, 5-flügelig.
Verbreitung: West-, Mittel-, Ost- und Süd-Afrika, Indien, Südost-Asien. Heutzutage in allen tropischen Ländern als Zierpflanze kultiviert.
Allgemeines: Die insgesamt 17 Arten sind etwa je zur Hälfte im tropischen Asien sowie im tropischen und südlichen Afrika verbreitet.

Q. indica (engl. Rangoon Creeper). Wächst zunächst als aufrechter Strauch, erst die aus dem Wurzelstock treibenden Ausläufer wachsen an benachbarten Unterlagen empor.

Zur kleinen Familie der Combretaceae gehören auch etwa 250 in den Tropen weit verbreitete Langfaden-Arten, *Combretum*, von denen *C. grandiflorum* aus dem tropischen Afrika eine beliebte Zierpflanze ist: ein Kletterstrauch mit rostig behaarten Sprossen und gegenständigen, ziemlich großen, kurz gestielten, länglich herzförmigen Blättern, welche stachelspitzig und rauhaarig sind. Die Blüten sind scharlachrot, mit langer, zylindrischer, eckiger, über dem Fruchtknoten eingeschnürter Röhre. Die fünf Kronblätter sind 1 cm lang. Die Blüten stehen in kurzen aufgerichteten Ähren.

Stern-Winde
Ipomoea lobata
(Syn. *Quamoclit lobata*)

Familie: Windengewächse, Convolvulaceae
Habitus: 5–6 m hoch werdende, staudige Schlingpflanze.
Blätter: Wechselständig, 3–16 cm lang, eiförmig, einfach oder tief 3-lappig, grob gezähnt, am Grunde herzförmig.
Blüten: Zu 5–20 in gegabelten, bis zu 40 cm langen, einseitswendigen Wickeln, Blütenkrone sackförmig, etwas breit gedrückt, gebogen und mit schmalem Saum, als Knospe prächtig hochrot, vor dem Aufblühen orangefarben, nach dem Öffnen gelblich weiß, Staubblätter gelb, leicht gebogen und mehr als doppelt so lang wie die Krone.
Früchte: 7 mm dicke, 4-fächrige Kapseln mit zwei falschen Scheidewänden.
Verbreitung: Heimisch in Südmexiko. In den Tropen und Subtropen ist die Stern-Winde eine sehr weit verbreitete Zierpflanze. Bei uns wird sie im Freiland als Einjahrsblume kultiviert.

Allgemeines: Die sehr variable Gattung *Ipomoea* umfasst 450 bis 500 einjährige und ausdauernde Kräuter, Sträucher und Kleinbäume; sie sind überwiegend kletternde, teilweise auch aufrechte oder niederliegende oder schwimmende Pflanzen. Auch die beiden folgenden Arten wurden früher zur Gattung *Quamoclit* gestellt:
I. coccinea. Pennsylvania bis Georgia und Kansas. Einjährig, 3–5 cm hoch oder auch höher. Blätter herzförmig, zugespitzt, am Grunde oft etwas kantig. Blütenstiele 3- bis mehrblütig. Kelch mit Grannen. Blüten klein, mit nur wenig erweiterter, gerader, 3 cm langer Kronröhre und scharlachrotem Saum. Wohlriechend.
I. quamoclit. Tropisches Amerika. Einjährig, bis 2,5 m hoch schlingend. Blätter bis zur Mittelrippe fiedrig eingeschnitten, die Blattzipfel schmal linealisch. Blüten mit schmaler, trichterförmiger Krone und abstehendem, 5-zipfligem Saum. Die Blüte ist scharlachrot, leuchtend karminrot oder purpurrot gefärbt. Blütenstiele 1-blütig. Für die Bestäubung sorgen Kolibris.

Korallenbohne
Kennedia rubicunda

Familie: Schmetterlingsblütler, Fabaceae
Habitus: Immergrüner, bis 3 m hoher Kletterstrauch, Zweige kletternd oder mattenförmig am Boden wachsend, junge Zweige dünn, zottig behaart.
Blätter: Wechselständig, 3-zählig, Blättchen bis 15 cm lang, eiförmig, zugespitzt, dunkelgrün, die ansehnlichen Nebenblätter bleibend.
Blüten: Dunkelrot, in achselständigen, hängenden Dolden, schmetterlingsförmig, die Fahne von der Mitte an abrupt zurückgeschlagen, mit einem großen, blassen Fleck an der Basis, der Kiel ist leicht gekrümmt, die Flügel sind sichelförmig, von den zehn Staubgefäßen sind neun zu einer Röhre verwachsen, ein Staubblatt ist frei.
Früchte: Flache, 10 cm lange Hülsen.
Verbreitung: Heimisch in Australien: Neusüdwales und Victoria. In tropischen und subtropischen Gärten als Zierstrauch verbreitet.
Allgemeines: Die Gattung umfasst 16 Arten krautiger und verholzender Kletterpflanzen,

die alle in Australien heimisch sind. Einige von ihnen sind wegen der schönen Blüten, die einzeln, in Paaren oder zu dritt zusammenstehen, häufig verwendete Kletterpflanzen.
K. nigricans, die Schwarze Korallenbohne, ist ein robuster Kletterstrauch, der bis 6 m hoch werden kann. Die Blätter sind einfach oder 3-zählig, die eiförmigen, lederartigen, an der Basis herzförmigen, Blättchen bis 12,5 cm lang. Violettpurpurn bis nahezu schwarz sind die 3 cm langen Blüten mit der verkehrt eiförmigen, zurückgebogenen Fahne, die in der Mitte einen gelben Fleck hat. Nicht nur die Fahne, auch die Flügel sind schmal, der Kiel zugespitzt, die Blüten sitzen auf einem bis 15 cm langen Stiel in 5–7 cm langen, einseitigen, achselständigen Trauben.
K. prostrata, als Running Postman oder Scarlet Runner bezeichnet, ist ein niederliegender oder kriechender, Ausläufer bildender Strauch mit zottig oder dicht flaumig behaarten Trieben. Die meist 3-zähligen Blätter haben bis 13 cm lange, eiförmig rundliche Blättchen mit spitzen, borstigen Nebenblättern. Die leuchtend scharlachroten Blüten sitzen zu zweit auf einem kurzen, behaarten Stiel, die schmale, verkehrt eiförmige Fahne trägt am Grunde einen gelben Fleck, Kiel und Flügel sind linealisch geformt.

Mexikanischer Knöterich
Antigonon leptopus

Familie: Knöterichgewächse, Polygonaceae
Habitus: Bis 10 m hoch rankende Schling-pflanze, Sprosse krautig, einer verholzenden Basis entspringend, die Stiele der Blütenrispen sind zu Ranken umgewandelt.
Blätter: Wechselständig, 3–14 cm lang, 3-eckig oder herzförmig, spitz bis zugespitzt.
Blüten: Korallenrosa bis korallenrot, zu 6–20 in achsel- und endständigen Trauben oder Ris-pen, die Blütenhülle besteht aus nur fünf auf-fällig gefärbten, papierartigen, herzförmigen, bis zur Fruchtreife bleibenden, dann bis 2,5 cm breiten Kelchblättern, von denen die drei äuße-ren größer sind als die zwei inneren, die sieben bis neun Staubblätter sind am Grund durch ei-nen Ring verbunden. Unermüdlich und über-aus reich blühend.
Früchte: Die drei äußeren Blütenhüllblätter wachsen bei der Fruchtreife zu großen, papier-artigen Flügeln aus, sie umhüllen eine 3-kan-tige Frucht (Achaene).

Verbreitung: Ursprünglich in Westmexiko. Heute in allen Tropenländern kultiviert und an vielen Stellen eingebürgert.
Allgemeines: In Mexiko wird der Strauch (engl. Mexican Creeper) Liebeskette, gelegent-lich auch Korallenwein genannt.
Neben der rosa blühenden Wildart kommt auch die fast weiß blühende Sorte 'Alba' vor.
Die Gattung umfasst nur drei Arten, die in Me-xiko und im tropischen Amerika heimisch sind. Als Zierpflanze ist nur *A. leptopus* von überre-gionaler Bedeutung.
A. guatemalense. Mexiko, Guatemala, Costa Rica, Westindien. Unterscheidet sich von *A. lep-topus* durch die rundlichen, zur Fruchtreife etwa 1 cm breiten äußeren Blütenhüllblätter.

Pfeifenblume
Aristolochia gigantea

Familie: Osterluzeigewächse, Aristolochiaceae

Habitus: Starkwüchsige Schlingpflanze, Zweige grün, Stämme mit korkiger Borke.

Blätter: Wechselständig, breit dreieckig, 12–16 cm lang, zugespitzt, oberseits grün und kahl, unterseits weißfilzig.

Blüten: Einzeln, achselständig, lang gestielt, Blütenkrone am Grunde U-förmig gebogen, Saum ausgebreitet, breit herzförmig, 16 × 14 cm groß, ohne schwanzförmiges Anhängsel, kastanien- bis purpurbraun, mit dunkleren Adern und elfenbeinfarbenem Muster.

Früchte: Längsklappig aufspringende, vielsamige, etwa 8 cm lange, bläuliche Kapsel.

Verbreitung: Panama.

Allgemeines: Die Gattung ist mit rund 350 Arten in gemäßigten und tropischen Zonen verbreitet. Gärtnerisch wichtige tropische Kletterpflanzen sind:

A. grandiflora. Antillen. Blüten 20–50 cm lang und breit, purpurn, weiß, gelb, rot und grün gezeichnet, der schwanzförmige Fortsatz bis 3 m lang, Schlundhöhle dunkel.

A. labiata (A. brasiliensis). Brasilien. Blüten etwa 30 cm lang, 35 cm breit, mit einem etwa 60 cm langen, schwanzförmigen Fortsatz, Schlundhöhle schwarz behaart, die übrige Fläche lila mit rotbraunen Flecken, einen starken Aasgeruch ausströmend.

A. littoralis. Brasilien. Blütenkrone U-förmig gebogen, Saum breit eiförmig, am Rand etwas aufwärts gebogen, 8–10 cm breit und 10–12 cm lang, braunpurpurn, weiß gefleckt, der grünlich gelbe Schlund samtig purpurn umrandet.

Die Blüten aller *Aristolochia*-Arten sind als Kesselfallen ausgebildet. Ein mehr oder weniger großer, bauchiger Kessel am Grunde der Kronröhre ist zu einer schmalen Röhre verengt, in der abwärts gerichtete Borsten, die nach der Bestäubung verwelken, den Blütenbesuchern vorübergehend ein Entkommen verwehren. Zum Röhreneingang werden die Insekten durch eine auffällige Kontrastfärbung gelenkt.

Feuerranke
Pyrostegia venusta

Familie: Trompetenbaumgewächse, Bignoniaceae

Habitus: Immergrüne, bis 14 m hohe Kletterpflanze mit etwas kantigen oder gestreiften Trieben und fadenförmigen, 3-spaltigen Ranken.

Blätter: Gegenständig, 2-blättrig, mit oder ohne endständige, 3-gabelige Ranke, gelegentlich 3-blättrig, Blättchen bis 11 cm lang, eiförmig bis länglich lanzettlich, an der Basis abgerundet,

Blüten: In dichten, kurzen, hängenden Rispen, feurig orangerot, Blütenkrone röhrig trichterförmig bis fast keulenförmig, 5–7 cm lang, die Zipfel der Kronblätter sind in der Knospenlage nach innen geklappt, später dagegen leicht nach außen eingerollt, Staubblätter und Stempel ragen weit aus der Blüte heraus.

Früchte: Bis 30 cm lange, linealische, ledrige Kapseln mit elliptischen, geflügelten Samen.

Verbreitung: Heimisch in Brasilien und Para-guay. Der auffallenden Blüten wegen in den Tropen als Zierpflanze häufig kultiviert.

Allgemeines: Mit vier kletternden Arten ist die Gattung in Südamerika verbreitet.

Zu den Trompetenbaumgewächsen gehört noch ein anderer tropischer Kletterstrauch, die Katzenkralle, *Macfadynea unguis-cati*, aus Argentinien. Die immergrüne, bis über 10 m hohe Schlingpflanze trägt gegenständige, 1- bis 3-zählige Blätter mit eilänglich elliptischen, 5–6 cm langen Blättchen. Die ansehnlichen, trichterförmigen Blüten stehen allein bis zu dritt in Büscheln. Die gelbe Krone mit orangefarbenen Linien im Schlund ist 8–9 cm lang und über den abstehenden Lappen 6–10 cm breit. Der Katzenkralle begegnet man auch in den Gärten des Mittelmeergebietes recht häufig.

Kapländische Trompetenwinde
Tecomaria capensis

Familie: Trompetenbaumgewächse, Bignoniaceae

Habitus: Aufrechter oder schwach kletternder Strauch. Einzige Art der Gattung.

Blätter: Gegenständig, unpaarig gefiedert, 10–15 cm lang, glänzend grün, Blättchen zu 5 bis 11, 2–3 cm lang, elliptisch-eiförmig bis rhombisch, eiförmig oder rundlich.

Blüten: Zinnoberrot, zu vier bis acht in endständigen, Thyrsen oder Rispen, Krone trichterförmig, 5-zipflig, Kronröhre sehr eng, leicht gekrümmt, Griffel sehr weit hervorragend.

Früchte: Bis 13 cm lange, länglich linealische Kapseln.

Verbreitung: Süd-Afrika. Der schönen und reichen Blüte wegen häufig in tropischen und subtropischen Gärten zu sehen.

Allgemeines: Zur Familie der Bignoniaceae gehört auch die Kreuzrebe, *Bignonia capreolata*, ein stark wüchsiger, bis 20 m hoher, immergrüner Kletterstrauch, der im südöstlichen Nordamerika weit verbreitet ist und ebenfalls tropische und subtropische Gärten ziert. Die einzige Art der Gattung hat gegenständige, 2- bis 3-zählig gefiederte, 15–20 cm lange, glänzend grüne Blätter. Die rotorange leuchtenden Blüten entwickeln sich in achselständigen, 2- bis 5-blütigen Trugdolden. Sie sind trichterförmig, 4–5 cm lang und haben einen ausgebreiteten, leicht 2-lippigen Saum.

Die Familie der *Bignoniaceae* umfasst eine Reihe dekorativer Kletterpflanzen aus mehreren Gattungen. Neben den hier behandelten tropischen und subtropischen Arten zählen dazu auch die in mitteleuropäischen und südländischen Gärten angepflanzten Trompetenblumen: *Campsis radicans* aus dem östlichen Nordamerika, *C. grandiflora* aus China und *C.* × *tagliabuana*, eine Hybride zwischen *C. radicans* und *C. grandiflora*.

Prunk-Winde
Impomoea indica
(Syn. *Pharbitis learii*)

Familie: Windengewächse, Convolvulaceae
Habitus: Immergrüne, verholzende, stark-wüchsige, bis 10 m hohe Schlingpflanze.
Blätter: Wechselständig, 5–17 cm lang, lang ge-stielt, eiförmig bis rundlich, ganzrandig oder 3-lappig, zugespitzt, Basis herzförmig.
Blüten: Zu 5–30 in lockeren, die Blätter über-ragenden Trugdolden, Kelch fleischig, Krone trichterförmig, 5–7 cm lang, 6–8 cm breit, blau oder purpurn, selten weiß, Staubblätter in der Kronröhre eingeschlossen.
Früchte: Bis 1 cm dicke, kugelige, 4-klappig aufspringende Kapseln.
Verbreitung: Pantropisch.
Allgemeines: Die hier genannten Arten wur-den früher zur Gattung *Pharbitis* gestellt. Ne-ben *I. indica* (= *Pharbitis learii* oder *Ipomoea le-arii*) werden auch die folgenden ehemaligen *Pharbitis*-Arten als Zierpflanzen kultiviert (wei-tere *Ipomoea*-Arten siehe Seite 196).

I. hederacea. Tropisches Amerika. Blätter lang gestielt, im Umriss herz-eiförmig, 5–8 cm lang, meist bis zur Mitte oder tiefer 3fach gelappt. Blüten bis 5 cm breit, himmelblau.
I. nil. Altweltliche Tropen, in anderen tropi-schen Zonen verwildert. Blätter schwach 3-lap-pig. Blüten 7–8 cm groß. Eine variable Art, die Sorten mit violetten, purpurroten, rosa und blau gefärbten und teilweise bizarr geformten (gefranst, gekräuselt, gerieft) und gefüllten Blüten hervorgebracht hat.
Q. purpurea. Tropisches Amerika. Bis 3 m hohe, einjährige Schlingpflanze. Blätter herz-förmig, zugespitzt und weich behaart. Blüten auffallend groß, glockig bis trichterförmig. Bei der Wildart purpurrot, bei den zahlreichen Gar-tenformen auch weiß, rosa, karminrot, dunkel-blau und lila oder 3-farbig, gestreift und gefüllt. Die Blüten öffnen sich meist am frühen Morgen und schließen sich bereits gegen zehn Uhr wie-der.

Ziegen-Winde
Ipomoea pes-caprae

Familie: Windengewächse, Convolvulaceae
Habitus: Niederliegende, ausdauernde, an den Nodien wurzelnde, leicht sukkulente Staude.
Blätter: 3–10 cm lang, fleischig, sehr vielgestaltig, eiförmig bis rundlich oder nierenförmig, vorne deutlich eingebuchtet.
Blüten: Hell- oder dunkelpurpurn, zur Basis hin dunkler werdend, trichterförmig, 3–5 cm breit, einzeln oder zu mehreren, an 3–16 cm langen, kräftigen Stielen.
Früchte: Trockene, 1,2–1,7 cm dicke, aufrecht stehende Kapsel. Samen schwarz.
Verbreitung: Pantropisch verbreitet und an allen Sandstränden häufig in größeren Beständen.
Allgemeines: Von der umfangreichen und sehr variablen Gattung ist auch *I. cairica* (Bildrechts) eine pantropisch verbreitete Art. Die ausdauernde, krautige Pflanze klettert bis 1,8 m hoch und hat handförmig geteilte, bis 10 cm lange Blätter. Die 3–6 cm breiten, trich-terförmigen Blüten sind rot, purpurn oder weiß, an der Basis innen purpurn gefärbt und außen am Rand purpurn überhaucht.

I. carnea. Heimisch von Florida bis Paraguay und in allen tropischen Ländern eingebürgert. Sie ist ein bis 2,5 m hoch kletternder Strauch mit meist schmalen, bis 25 cm langen Blättern und 5–8 cm langen, rosa oder purpurrosa, im Schlund tiefpurpurn gefärbten Blüten.

I. tricolor (engl. Morning Glory). Natürlich verbreitet in Mexiko und Mittelamerika, ist aber in allen tropischen Ländern eingebürgert. Die Art klettert bis 4 m hoch, hat bis 7 cm lange, an der Basis herzförmige Blätter und himmelblaue, an der Basis weiße, 4–6 cm breite, trichterförmige Blüten.

Saritaea
Saritaea magnifica

Familie: Trompetenbaumgewächse, Bignoniaceae

Habitus: Stark wachsende Kletterpflanze mit fast stilrunden, gestreiften Trieben.

Blätter: Gegenständig, 2-teilig, jeweils mit einem kurzen, 1,5 cm langen Stielchen an einem gemeinsamen, 1,5–3 cm langen Stiel, der sich oberhalb der Blätter oft in einer Ranke fortsetzt, die Blättchen verkehrt eiförmig, 5–6,5 cm lang, vorne stumpf, an der Basis keilförmig, ledrig, beiderseits schuppig, unterseits entlang den Nerven drüsig.

Blüten: In end- oder achselständigen, rispenartigen Ständen, über einem kleinen, becherförmigen, beschuppten Kelch eine große röhrenförmig-glockige Blütenhülle, die außen purpurn bis rosarot und innen weiß gefärbt ist, die Nektarien sind purpurrot, die Blütenröhre ist 5,6–6,5 cm lang, die Blüten am Saum 8–9 cm breit, die Blütenblätter sind außen kahl, innen an der Basis der Staubblätter behaart.

Früchte: Längliche, flache Kapseln, Samen mit zwei Flügel.

Allgemeines: Die Gattung *Saritaea* umfasst nur diese eine Art, die noch besser unter dem alten Namen *Bignonia magnifica* bekannt ist.

S. magnifica ist eine herrliche, stark wachsende Kletterpflanze, mit der sich rasch Lauben und Pergolen begrünen lassen. Sie wird vor allem ihrer reichen Blüte wegen gepflanzt. Die Blüten erscheinen in verschiedenen Schüben das ganze Jahr über, sie kommen vor dem Hintergrund der dunkelgrünen, ledrigen Blätter besonders gut zur Geltung.

Pandorea
Pandorea jasminoides

Familie: Trompetenbaumgewächse, Bignoniaceae

Habitus: Immergrüner, ohne Ranken hochwindender Strauch.

Blätter: Wechselständig, unpaarig gefiedert, die fünf bis neun Blättchen bis 5 cm lang, fast sitzend, eiförmig-lanzettlich, vorne stumpf, oberseits glänzend grün.

Blüten: In wenigblütigen, end- und achselständigen Rispen, richterförmig. Kronröhre 4–5 cm lang, Saum 5-lappig, abstehend, stark verbreitert, weiß, außen rosa überhaucht, im Schlund dunkelrosa. Es gibt auch Sorten mit rosa Blüten und dunkelkarminrotem Schlund (linkes Bild).

Früchte: Längliche Hülsen mit dicken, nicht gekielten Klappen.

Verbreitung: Heimisch in Australien. In den Tropen als Zierpflanze weit verbreitet.

Allgemeines: Von den sechs kletternden Arten im östlichen Malaysia und Australien ist auch *P. pandorana* eine oft kultivierte Liane, die in ihrer Heimat – Australien und Neuguinea – Wanga-Wanga genannt wird. Die Blüten stehen in Rispen, die Krone ist trichterförmig mit schmalem, 5-lappigem, nur 1,5–2 cm breitem Saum, rahmweiß, mit purpurnen Flecken im Schlund. Blätter sehr verschieden groß, 2–20 cm lang, mit ein bis sieben, jedoch meist fünf Blättchen. Sie sind eiförmig bis lanzettlich, 3–6 cm lang, lang zugespitzt, ganzrandig bis grob gekerbt, oben glänzend grün.

Neben zahlreichen anderen Vertretern aus der Familie der Trompetenbaumgewächse ist auch die folgende Art eine bemerkenswert schöne Kletterpflanze.

Disticis buccinatoria (Phaedranthus buccinatorius) (rechts Bild) stammt aus Mexiko. Die immergrüne Kletterpflanze hat kantige Äste. An den gefiederten, durchscheinend punktierten Blättern sind die unteren 3-, die oberen paarblättrig. Die Blattstiele enden teilweise in einfachen Ranken. Die röhrig-trichterförmigen, gebogenen, 6–10 cm langen Blüten haben absteigende, dachziegelartig deckende Abschnitte. Die Krone ist außen filzig, Röhre und Schlund sind gelb, der Kronsaum ist dunkelkarmin- bis scharlachrot. Die Blüten entwickeln sich in fast rispenförmigen, end- und achselständigen Blütenständen. *P. buccinatoria* gehört zu den am schönsten blühenden Arten der Familie.

Rosa Trompetenwein
Podranea ricasoliana

Familie: Trompetenbaumgewächse, Bignoniaceae

Habitus: Immergrüner, verholzender Kletterstrauch.

Blätter: Gegenständig, unpaarig gefiedert, die fünf bis elf Blättchen kurz gestielt, elliptisch-eiförmig, spitz bis zugespitzt, etwa 2,5 cm lang, oberseits tiefgrün, unterseits heller, kahl.

Blüten: In lockeren, endständigen Rispen, über einem regelmäßigen, glockig aufgetriebenen, 5-zähnigen Kelch eine trichterförmig glockige, bis 6 cm langen Krone mit 5-lappigem, abgespreiztem Saum, rosa mit dunkelroten Streifen, beiderseits kahl, vier Staubblätter in der Blütenröhre eingeschlossen, das fünfte in ein Staminodium (= rudimentäres, steriles Staubblatt) verändert.

Früchte: Walzenförmige, 25–30 cm lange, ledrige, geschnäbelte Hülse, die kleinen Samen mit großen, häutigen Flügeln.

Verbreitung: Heimisch in Süd-Afrika. Gelegentlich auch unter Namen wie *Tecoma ricasoliana* oder *Pandorea ricasoliana* beschrieben. Die Gattung umfasst zwei kletternde Arten, die beide in Süd-Afrika heimisch sind.

Allgemeines: Auch *P. brycei*, als Queen of Sheba und Zimbabwe Climber bezeichnet, ist eine Kletterpflanze. Sie hat kantige, an den Nodien behaarte Sprossen und unpaarig gefiederte Blätter mit sieben bis elf gezähnten, 2–4 cm langen Blättchen. Die Blütenstände sind bis 10 cm breit, die Blüten ebenfalls trichterförmig glockig und etwa 4 cm breit.

Beide Arten sind mit ihren auffälligen, duftenden, fingerhutähnlichen Blüten, die den ganzen Sommer über erscheinen, in tropischen und subtropischen Gärten beliebte Klettersträucher.

Jadewein
Strongylodon macrobotrys

Familie: Schmetterlingsblütler, Fabaceae
Habitus: Bis 13 m hohe Kletterpflanze mit dicken, gedrehten, seilartigen Stämmen.
Blätter: 3-blättrig, Blättchen bis 12 cm lang, länglich verkehrt eiförmig, im Austrieb bronzerosa.
Blüten: Aquamarin oder jadegrün, in bis zu 0,9 m langen, achselständigen, zylindrischen Trauben, Einzelblüten bis 7,5 cm lang, paarweise oder zu dritt, lang gestielt, wachsartig, Schiffchen kahnförmig aufwärts gebogen, Flügel rundlich, Fahne fein zugespitzt und einwärts gebogen.
Früchte: Längliche, fleischige, langsam aufspringende Hülsen.
Verbreitung: Heimisch auf den Philippinen. Wegen der ungewöhnlichen Blütenfarbe eine beliebte Gartenpflanze.
Allgemeines: Von den rund 20 Arten der Gattung hat *S. macrobotrys* die eigenartigste Blütenfarbe. Alle anderen Arten haben kleinere und unscheinbare, orangefarbene, rosa oder

rote Blüten. Die großen Blüten von *S. macrobotrys* werden von Fledermäusen bestäubt. Diese Art wurde erst 1937 entdeckt und 1953 in den Botanischen Gärten von Bogor und Singapur kultiviert.

Eine weitere Kletterpflanze aus der Familie der Schmetterlingsblütler zeichnet sich durch große, hängende Blütentrauben aus: *Mucuna benettii* (engl. Flame of Irian, rechtes Bild) aus Neuguinea. In den Blüten sind die Schiffchen überproportional groß entwickelt und an der Spitze aufwärts gekrümmt. Sie sitzen in großen Blütenständen an den Triebenden, leider werden sie oft etwas vom Laub verdeckt. Trotzdem gehört *M. benettii* mit ihren feurig scharlachroten Blüten zu den attraktivsten tropischen Kletterpflanzen.

Die Gattung umfasst etwa 100 Arten, die in allen tropischen Regionen verbreitet sind. Einige von ihnen werden im tropischen Asien und im südlichen Nordamerika als Gemüse, Körnerfutter und Gründüngungspflanzen angebaut.

Goldtrompete
Allamanda cathartica

Familie: Hundsgiftgewächse, Apocynaceae

Habitus: Immergrüner, starkwüchsiger, bis 6 m hoher und sehr variabler Schlingstrauch.

Blätter: Zu 3–4 quirlständig, 10–14 cm lang, ledrig, fast sitzend, verkehrt eiförmig, an beiden Enden zugespitzt, bis auf die unterseits behaarte Mittelrippe kahl, am Rand etwas wellig.

Blüten: Gedrängt in endständigen Trugdolden, trichterförmig, mit 5–7 cm breitem Saum, goldgelb mit weißer Schlundzeichnung, wachsartig glatt, Kronenabschnitte in der Knospenlage gedreht, der untere Teil der Krone röhrenförmig und nicht geschwollen.

Früchte: Etwa 3,5 cm dicke, eiförmige, stachelige Kapseln.

Verbreitung: Heimisch in Südamerika. Als reich und dauerblühender Kletterstrauch weit darüber hinaus angepflanzt. Auch in den Gärten des Mittelmeerraumes winterhart. Bei uns gelegentlich als Topfpflanze zu sehen.

Allgemeines: Von *A. cathartica* werden selektierte Sorten häufiger gepflanzt als die Art selbst.

'Grandiflora'. Schwachwüchsig und buschig. Blätter dünner und kleiner. Blüten etwa 10 cm breit, zitronen- oder primelgelb.

'Hendersonii'. Besonders starkwüchsig und reich blühend. Blüten 10–12 cm breit, orangegelb mit fünf hellen Schlundflecken, im Knospenstadium außen bräunlich.

'Schottii'. Besonders starkwüchsig. Ältere Zweige warzig. Blüten sehr groß, gelb, im Schlund dunkler und braun gestreift.

Von den zwölf Arten aus dem tropischen Amerika ist auch die Folgende von gärtnerischer Bedeutung:

A. blanchetii (Syn. *A. violacea*), Purpur-Allamanda, ist ein aufrechter oder schwach kletternder Strauch mit 6–9 cm langen, rosapurpurnen, im Schlund dunkler gefärbten Blüten.

Caesalpinie
Caesalpinia decapetala

Familie: Caesalpiniengewächse, Caesalpiniaceae
Habitus: Bis 3 m hoher, dorniger Kletterstrauch, der undurchdringliche Dickichte bilden kann, Triebe und Blütenstände weich behaart, Dornen kurz, stark und hakig.
Blätter: Wechselständig, doppelt gefiedert, Fiederpaare 1. Ordnung 6–10, Fiederpaare 2. Ordnung 7–12, diese bis 1,5 cm lang, verkehrt eiförmig-elliptisch bis länglich.
Blüten: Zahlreich, hellgelb, gelegentlich rot gepunktet, in aufrechten, achsel- und endständigen Rispen, Krone radförmig, die fünf Kronsegmente ungleichmäßig, die zehn Staubblätter gelegentlich herausragend, rosa, stark zottig behaart.
Früchte: Bis 10 cm lange, längliche, seitlich zusammengerückte, spitz geschnäbelte, zur Reife aufspringende Hülsen.
Verbreitung: Indien, Sri Lanka, China, Korea, Japan, Malaiischer Archipel. Als reich blühende Ziersträucher bis in die Gärten des Mittelmeergebietes verbreitet.

Allgemeines: Die Gattung umfasst mehr als 70 Arten, die in tropischen und subtropischen Zonen heimisch sind. Zwei strauchige Arten, *C. pulcherrima* und *C. gilliesii*, sind schon auf Seite 142 vorgestellt worden.
C. sappan stammt aus dem tropischen Süd- und Südost-Asien und ist ein bis 4,5 m hoher Strauch oder kleiner Baum mit dornig bewehrten Zweigen. Die lang gestielten Blätter bestehen aus sieben bis zehn Fiedern mit jeweils 10–20 rhombischen Fiedern 2. Ordnung. Gelbe Blüten stehen in bis 30 cm langen, endständigen, einfachen oder zusammengesetzten Trauben zusammen, die herausragenden Staubblätter sind lang behaart. Die Art liefert das Ostindische Rot- oder Sappanholz, das im Mittelalter eine begehrte Handelsware war. Es enthält den Kernholzfarbstoff Brasilin, der bei der Lack- und Tintenherstellung von Bedeutung war. Gegenwärtig werden aus Farbhölzer nur noch wertvolle Tischlerarbeiten gefertigt. Zu den Farbhölzern gehört auch das Echte Brasilholz, *C. echinata*, aus Brasilien (der Landesname wurde von der Pflanzenbezeichnung abgeleitet).

Goldkelch
Solandra guttata

Familie: Nachtschattengewächse, Solanaceae
Habitus: Stark verzweigte, raschwüchsige, bis 4 m hohe Kletterpflanze.
Blätter: Bis 15 cm lang, breit elliptisch bis eiförmig oder verkehrt eiförmig, spitz bis kurz zugespitzt, weich behaart.
Blüten: Einzeln, endständig, duftend, Kelch röhrenförmig, etwa 7 cm lang, mit 3-lappigem Saum, Krone trichterförmig, ockergelb, 22 cm lang, den dünnen Teil des Kelches weit überragend, Kronsaum mit fünf gekerbten, welligen Abschnitten, Kronschlund mit fünf rotbraunen Kanten.
Früchte: Kugelige, innen breiige, vom Kelch umschlossene Beeren.
Verbreitung: Heimisch in Mexiko. Mit ihren großen, auffallenden Blüten eine beliebte Kletterpflanze tropischer und subtropischer Gärten.
Allgemeines: Mit acht Arten ist die Gattung in Mexiko und im tropischen Südamerika ver-

breitet. Als Gartenpflanzen werden außerdem kultiviert:
S. grandiflora. Blüten 15–20 cm lang, mit starker Aufbauchung. Beim Aufblühen grünlich weiß, später satt bräunlich gelb. Im Schlund mit fünf bis sieben rötlichen Linien gezeichnet. Am Tage duften die Blüten schwach, nachts stark, was auf eine Bestäubung durch Fledermäuse hinweist. Die in Südamerika Papturra genannte Art entwickelt bis zu 1 kg schwere Beerenfrüchte, die einen apfel- bis melonenähnlichen Geschmack haben.
S. maxima. Tropisches Südamerika. Blüten duftend, 15–20 cm groß, trichterförmig, mit langer Röhre und glockig erweitertem Kelch. Kronsaum abstehend mit fünf breiten Abschnitten. In der Knospe wachsähnlich, gelb, später goldgelb, im Verblühen hellorange. Im Schlund mit fünf rotbraunen Linien.
Die Gattung trägt den Namen des Schweden D. C. Solander (1736–1786). Er war ein Schüler Linnés und Reisegefährte von Kapitän Cook.

Goldrute
Tristellateia australasiae

Familie: Malphigiaceae
Habitus: Immergrüner, 3–6 m hoch kletternder Strauch mit rauen, warzigen Sprossen.
Blätter: Gegenständig, einfach, ganzrandig, ledrig, eiförmig oder einförmig elliptisch, vorne spitz, an der Basis schwach herzförmig, bis 12 cm lang und bis 6 cm breit.
Blüten: 5-zählig, zwittrig, leuchtend gelb bis goldgelb, in end- oder seitenständigen Trauben in den Achseln der oberen Blätter, die fünf Kelchblätter tragen am Grunde paarige Drüsen, die fünf ausgebreiteten, eiförmigen Kronblätter sind deutlich genagelt, die zehn Staubblätter sind am Grunde verwachsen, sie sind anfangs gelb, später rot gefärbt.
Früchte: Spaltfrüchte mit geflügelten Teilen.
Verbreitung: Heimisch von Südost-Asien bis Formosa, Malaysia, Queensland und Neukaledonien. In tropischen Gärten nicht selten als dekorative, reich blühende Kletterpflanze kultiviert.

Allgemeines: Neben der beschriebenen Art hat die Gattung eine weitere Art im tropischen Ost-Afrika und 20 Arten auf Madagaskar. Zur Familie der Malphigiaceae gehört auch die Gattung *Thryallis* mit der am weitesten verbreiteten Art *T. glauca*, die auch unter der Bezeichnung *Galphimia glauca* bekannt ist.
T. glauca, heimisch in Mexiko und Mittelamerika, ist ein sehr attraktiver, vieltriebiger, bis 1,5 m hoher Strauch mit brüchigen Ästen und dunkelroten, fein behaarten Zweigen. Die gegenständigen Blätter sind eiförmig, etwa 5 cm lang, oben glänzend dunkelgrün und unten heller grün, nahe der Basis tragen sie zwei Drüsen, der kurze Blattstiel ist rot gefärbt. Die gelben, gelegentlich rot überhauchten Blüten sind denen der Gattung *Tristellateia* sehr ähnlich, sie sind etwa 2 cm breit, haben fünf abstehende, genagelte Kronblätter, zehn Staubblätter und drei Griffel. Die Blüten erscheinen den Sommer über in großer Zahl in endständigen Trauben.

Großblütige Thunbergie
Thunbergia grandiflora

Familie: Akanthusgewächse, Acanthaceae
Habitus: Bis 15 m hohe, immergrüne Schlingpflanze. Zweige 4-kantig oder gerieft.
Blätter: Gegenständig, dick, eiförmig, bis
20 cm lang, leicht gelappt oder ganzrandig, mit
fünf bis sieben handförmigen Nerven.
Blüten: In dichten, hängenden Trauben, hell-
oder dunkelblau (bei 'Alba' auch weiß blühend), etwa 7 cm breit und lang, Kronsaum fast
2-lippig mit drei unteren und zwei oberen Abschnitten. Fast das ganze Jahr hindurch blühend.
Früchte: Dick-ledrige, kugelige, fachspaltig
aufspringende Kapsel.
Verbreitung: Heimisch in Indien (Bengalen),
deshalb auch Bengalische Trompete (engl. Sky
Vine) genannt. Heute in den Gärten vieler tropischer Länder als Zierpflanze kultiviert.
Allgemeines: Rund 100 aufrechte oder kletternde, krautige oder verholzende Arten kommen im tropischen und südlichen Afrika, auf
Madagaskar und in wärmeren Gebieten Asiens
vor. Die meisten von ihnen sind Schlingpflanzen. Zwei weitere Arten sind beliebte Zierpflanzen:
T. alata. Südost-Afrika. Sie wird Schwarzäugige
Susanne genannt, weil die lang gestielten, trichterförmigen, bis 4 cm langen, weiß- und bräunlich gelben oder cremefarbenen Blüten mit
ihren fünf rundlichen Abschnitten im kreisrun-

den Schlund schwarz oder dunkelbraun gefärbt sind. Die ausdauernde, schwachwüchsige
Schlingpflanze hat ziemlich dünne, lang gestielte, eiförmige bis dreieckige, weich behaarte Blätter einzeln stehende Blüten an langen,
achselständigen Stielen. Es werden fast das
ganze Jahr über Blüten gebildet. *T. alata* wird
bei uns regelmäßig als einjährige Zimmerpflanze angeboten.
T. mysorensis (rechtes Bild). Ist in Südindien bis
zum Südkap des Subkontinents verbreitet. Ein
oft über 10 m hoher Schlingstrauch mit dünnen Sprossen, gestielten, länglich lanzettlichen
Blättern und 50–60 cm langen, hängenden Blütentrauben. Die gelben Einzelblüten sind bis zu
5 cm breit. Die Kronröhre und die sie umge-
benden großen Vorblätter sind braun.

Blaue Passionsblume
Passiflora caerulea

Familie: Passionsblumengewächse, Passifloraceae

Habitus: Raschwüchsige Kletterpflanze.

Blätter: Wechselständig, ziemlich hart, 5- bis 9-lappig, Lappen bis 10 cm lang, länglich, ganzrandig oder buchtig, der Mittellappen länger, am Blattstiel zwei bis vier (selten sechs) gestielte Drüsen.

Blüten: Meist einzeln, glockig, etwa 7–10 cm breit, fein duftend, weiß oder rosaweiß, Fadenkranz blau, kürzer als der Kelch, Griffel purpurn.

Früchte: Fast hühnereigroße, gelbe, fleischige Beeren mit zahlreichen Samen.

Verbreitung: Heimisch im südlichen Brasilien, in Paraguay und Argentinien. Bei uns als beliebte Topfpflanze.

Allgemeines: Die Gattung ist mit rund 500 Arten überwiegend im tropischen Amerika verbreitet. Einige Arten kommen auch in Asien und Australien, eine auf Madagaskar vor. Die meist auffallenden Blüten der Passionsblumen bestehen aus je fünf sich abwechselnden Kelch- und Kronblättern. Zwischen ihnen und den auf halber Höhe an einer Säule sitzenden fünf Staubblättern ist ein ein- bis mehrfacher, meist auffällig gezeichneter Strahlenkranz (Korona) aus mehr oder weniger dicken Fäden eingefügt. An der Spitze der Säule sitzen drei Griffeläste mit dicken Narben. Der Blütengrund ist zu einem Nektarbehälter ausgebildet.

Der wissenschaftliche Gattungsname der Passionsblumen leitet sich vom lateinischen »passio« (Leiden) und »flos« (Blüte) ab. Er bezieht sich auf die eigenartige Gestalt der Blüten, in denen fromme Deuter die Marterwerkzeuge des Heilands erkannten. Danach symbolisieren die drei Narben die Nägel, der Strahlenkranz die Dornenkrone, der gestielte Fruchtknoten den Kelch, die fünf Staubbeutel die Wunden, die 3-lappigen Blätter die Lanze, die Ranken die Geißeln und die weiße Farbe der Blüten die Unschuld des Erlösers.

Auch zahlreiche andere Arten der Gattung werden als Zierpflanzen kultiviert.

Bleiwurz
Plumbago auriculata

Familie: Bleiwurzgewächse, Plumbaginaceae
Habitus: 2–3 m hoher, stark verzweigter, niederliegender oder kletternder Strauch mit kantigen, gestreiften Zweigen.
Blätter: Wechselständig, einfach, bis 7 cm lang, länglich bis länglich spatelförmig, ganzrandig, stumpf oder mit einem kleinen Spitzchen, oberseits hellgrün, unterseits mit zahlreichen kleinen, weißen Schuppen.
Blüten: Zahlreich, hellblau (bei 'Alba' weiß), in kurzen, endständigen Ähren, Kelch geteilt und röhrig, Krone mit 4 cm langer, enger Röhre und 2,5 cm breitem, flachem, 5-teiligem Saum. Solche Blüten nennt man »Stieltellerblüten«.
Früchte: 5-klappig aufspringende Kapsel.
Verbreitung: Heimisch im südafrikanischen Kapland. Als ununterbrochen blühende Zierpflanze in den Tropen und Subtropen, bis in die Gärten des Mittelmeergebietes, weit verbreitet. Bei uns wird die Bleiwurz (engl. Cape Leadwort) oft als Kronenbäumchen in Kübeln oder als Topfpflanze gezogen.

Allgemeines: Von den 15 Arten werden einige ihrer hautreizenden Inhaltsstoffe wegen in der Volksmedizin benutzt.
P. zeylanica spielt in der südasiatischen Heilkunde eine bedeutende Rolle. In Afrika wird der Presssaft von *P.-auriculata*-Wurzeln zum Tätowieren benutzt, er färbt die Haut blaugrau.
In Indien und Südamerika sollen die Blatt- und Wurzelsäfte einiger Arten *(P. indica, P. scandans)* von Bettlern zur Selbstverstümmelung verwendet werden; sie erzeugen Blasen und Wundstellen auf der Haut.
P. indica. Heimisch in Südost-Asien. Sie wächst staudig oder halbstrauchig, hat 10–30 cm lange Dornen und 2,5 cm breite, tiefrosarote bis hellrote oder purpurne Blüten.
P. scandens (engl. Devills Herb, Toothwort). Verbreitet vom südlichen Nordamerika bis zum tropischen Südamerika. Er wächst niederliegend oder kletternd als Strauch mit gefurchten Zweigen, 10 cm langen, länglich lanzettlichen Blättern und 2 cm breiten, weißen oder blauen Blüten in Rispen.

Purpurkranz
Petrea volubilis

Familie: Eisenkrautgewächse, Verbenaceae
Habitus: Immergrüner (im Mittelmeergebiet nur sommergrüner), bis 10 m hoch windender Strauch.
Blätter: Gegenständig, 8–20 cm lang, einfach, ganzrandig, elliptisch, ledrig, beiderseits rau, kurz gestielt.
Blüten: Lila, violett oder blau, kurz gestielt, in zahlreichen schmalen, 7–30 cm langen, überhängenden Trauben in den Achseln der oberen Blätter, Kelch röhrig, mit fünf großen, zur Blüte blau gefärbten, später vergrünenden Abschnitten, die schon vor dem Aufblühen als Zierde dienen, Krone wesentlich kleiner als der Kelch, mit kurzer Röhre und ausgebreitetem, schief 5-spaltigem Saum, im Gegensatz zu den Kelchblättern kurzlebig.
Früchte: 1-samige, von den zur Fruchtreife vergrößerten Kelchblättern umhüllte Steinfrüchte.
Verbreitung: Heimisch in Mittelamerika und auf den Westindischen Inseln. Wegen der außergewöhnlich schönen Blüten in den Tropen ein sehr geschätzter Kletterstrauch.
Allgemeines: Mit etwa 30 Arten ist die Gattung im tropischen Amerika verbreitet. Als kletternde Ziergehölze sind in tropischen Gärten auch *P. kohautiana* und *P. racemosa* vertreten.
P. kohautiana, Fleur de Dieu, ist in Westindien und auf den Antillen heimisch. Die bis 20 m hoch kletternde Liane hat kräftige, hellgrüne bis ascheweiße Zweige mit auffallenden Lentizellen und derbe, bis 20 cm lange, dunkelgrüne Blätter. In bis 60 cm langen, aufrechten oder nickenden Inforeszenzen sind die 2 cm breiten, violett oder blau gefärbten Blüten geordnet.
P. racemosa, Purple Wreath, stammt aus dem nördlichen Südamerika. Die Art wächst als Strauch oder Kletterpflanze. Sie trägt bis 18 cm lange, dünne, leuchtend grüne Blätter und bis 30 cm lange, locker aufgebaute, aufrechte oder nickende Blütenstände mit zahlreichen, etwa 1,5 cm breiten, purpurfarbenen Blüten.
Der wissenschaftliche Gattungsname erinnert an R. J. Lord Petre (1713–1743), einen englischen Pflanzenfreund.

Schmetterlingserbse
Clitoria ternatea

Familie: Schmetterlingsblütler, Fabaceae
Habitus: Ausdauernde, bis 3 m hohe Kletterpflanze.
Blätter: Unpaarig gefiedert, 6–12 cm lang, die 5–7 Blättchen eiförmig-elliptisch, 1–6,7 cm lang, oberseits kahl werdend, unterseits behaart.
Blüten: Schmetterlingsförmig, etwa 3 cm lang, himmelblau mit weiß-gelber Mitte, Fahne stark vergrößert und nach unten gerichtet, Schiffchen und Flügel wesentlich kleiner, sie stehen – anders als bei den meisten anderen Schmetterlingsblüten – nach oben. Blüten werden während des ganzen Sommers gebildet.
Früchte: 6–12 cm lange, länglich linealische, samtig behaarte Hülsen.
Verbreitung: Die ursprüngliche Heimat liegt im tropischen Asien, seit langem in tropischen und subtropischen Regionen eingebürgert.
Allgemeines: 70 Arten an kletternden, aufrechten oder niederliegenden Kräutern oder Sträuchern in tropischen Regionen.

C. ternatea wird gelegentlich auch als Schamblume bezeichnet. Der wissenschaftliche Gattungsname leitet sich vom griechischen *kleitoris* = Kitzler, Klitoris (nach der Ähnlichkeit der Blütenkrone mit dem weibl. Geschlechtsorgan) ab.
C. ternatea (engl. Butterfly Pea) ist in tropischen Regionen eine gute Futter- und Bodendeckungspflanze. Ihre Blüten und jungen Hülsen werden auf den Philippinen als Gemüse gegessen. Aus den Blüten wird in Asien ein blauer Farbstoff gewonnen, der zum Färben von Reisgerichten verwendet wird.
C. fairschildiana. In Brasilien heimisch. Der Baum hat meist 3-zählige Blätter und violette, im Schlund rötlich purpurne Blüten. Er wird in seiner Heimat als Schattenbaum für Kakaokulturen verwendet.

Elefantenwinde
Argyreia nervosa

Familie: Windengewächse, Convolvulaceae
Habitus: Starkwüchsige, bis 10 m hoch kletternde Pflanze, die in ihren Zellen einen latexartigen Milchsaft führt.
Blätter: Gegenständig, gestielt, bis 27 cm lang, eiförmig oder rundlich, unterseits dicht behaart.
Blüten: In vielblütigen, achselständigen Trugdolden mit einer starken, weißfilzigen behaarten Achse, die fünf auffallenden Kelchblätter bis 2 cm lang, breit eiförmig oder breit elliptisch bis eiförmig, weißfilzig behaart, die Blütenkrone 6–6,5 cm lang, röhrenförmig mit trichterförmig ausgestellter Öffnung, lavendelfarben, die Basis der Blütenröhre dunkler gefärbt, außen wollig behaart.
Früchte: Beerenartige, fleischige, 1–2 cm dicke, rundliche Kapseln mit glatten, braunen Samen.
Verbreitung: Heimisch in Indien. Als Zierpflanze in allen tropischen Regionen kultiviert. Sie gehört mit ihren attraktiven Blüten und den

großen, herzförmigen, anfangs unterseits silbrig behaarten Blättern zu den besonders dekorativen Kletterpflanzen. Die großen Blätter überlappen sich und bilden ein dichtes Dach. Die Blüten sind nur kurzlebig, deshalb der Name Wolly Morning Glory.
Allgemeines: Die Gattung umfasst rund 90 Arten, überwiegend verholzende Kletterpflanzen, die im tropischen Asien ihre Hauptverbreitung haben, nur eine Art kommt in Australien vor.
A. capitata. Von Indonesien und Malaysia bis Vietnam und Bangladesch verbreitet. Eine stark wachsende, bis 15 m hohe Kletterpflanze, deren junge Triebe braun oder gelb behaart sind. Die bis 18 cm langen Blätter sind eiförmig oder rundlich, seltener länglich lanzettlich, an der Basis herzförmig und braun oder gelb behaart. Die bis 5,5 cm langen röhrenförmig glockigen Blüten sind kastanienbraun, hellviolett oder rosa, selten auch weiß und sitzen in großen, dichten, lang gestielten Blütenständen.

Manosa
Manosa alliacea

Familie: Trompetenbaumgewächse, Bignoniaceae

Habitus: Dekorative, stark wachsende Kletterpflanze, Zweige stielrund, mit zahlreichen warzigen Drüsen bedeckt, die geriebenen Blätter und Blüten fein nach Zwiebeln duftend.

Blätter: Gegenständig, zu zweit auf einem gemeinsamen Stiel, Blättchen 5–10 cm lang, elliptisch-eiförmig, vorn zugespitzt oder stumpf, an der Basis abgestumpft, dick-ledrig, oberseits glänzend dunkelgrün, die oberen Blättchen oft zu einfachen, 5–10 cm langen Ranken umgebildet.

Blüten: Zu 6–25 in achselständigen Büscheln, zwittrig, 5-zählig, Krone röhrenförmig-glockig, über dem ausgebreiteten Saum 4–6 cm breit, anfangs hellpurpurn, im Verblühen cremeweiß gefärbt.

Früchte: Länglich linealische, abgeplattete, flaumig behaarte, bis zu 25 cm lange, verholzende Kapseln mit parallel verlaufenden Klappen, Samen mit zwei Flügeln.

Verbreitung: Tropisches Amerika, Brasilien und Guayana. Der schönen Blüten wegen auch in Ostasien als Zierpflanze in Kultur.

Allgemeines: Die Gattung, die auch unter dem Namen *Pseudocalymma* beschrieben wird, umfasst etwa 15 kletternde Arten, die von Mexiko bis Brasilien verbreitet sind. Gelegentlich in Kultur sind auch die folgenden Arten:
M. difficilis. Heimisch in Brasilien. Blüten 5–9 cm lang, über dem Saum 6,5 cm breit, violett, purpurn oder zinnoberrot gefärbt.
M. hymenaea. Verbreitet von Mexiko bis Brasilien. Ganze Pflanze wie bei *M. alliacea* nach Zwiebeln duftend, Blüten 4–5 cm breit, helllila bis purpurn, rosa oder weiß.
Die Gattung ist nach Antonio Luiz Patricio da Silva Manosa (1778–1848) benannt, einem brasilianischen Botaniker und Autor, der sich vor allem mit Medizinpflanzen beschäftigt hat.

Kletternde Bauhinie
Bauhinia corymbosa

Familie: Caesalpiniengewächse, Caesalpiniaceae

Habitus: Immergrüne, starkwüchsige Kletterpflanze mit langen, dünnen Trieben, junge Zweige rotbraun behaart, die Ranken an den Blattkronen einzeln oder in Paaren.

Blätter: Bis 4 cm lang, dunkelgrün, im Umriss rundlich herzförmig, nahezu bis zur Basis in zwei Hälften gespalten, die Blattlappen stumpf, Mittelrippe und Blattstiele rötlich braun gefärbt.

Blüten: In lockeren, endständigen Büscheln, Einzelblüten sehr elegant, orchideenähnlich, bis 3 cm breit, über einem eiförmigen, 5-zipfeligen Kelch eine weiße oder leicht rosa gefärbte oder rosaweiß gestreifte, weit geöffnete Krone mit fünf abspreizenden, genagelten Blütenblättern, von denen die drei oberen dicht beieinander, die beiden unteren jeweils einzeln stehen. In schönem Kontrast zu den hellen Blüten stehen die kräftig rot gefärbten Staubblätter.

Früchte: Bis 25 cm lange, längliche, abgeflachte Hülsen.

Verbreitung: Heimisch in Südchina. Der reichen Blüte wegen in tropischen und subtropischen Gärten ein gern gepflanzter Kletterstrauch, der sich gut zur Berankung von Pergolen und Laubgängen eignet.

Allgemeines: Unter den 250–300 meist baum- oder strauchförmig wachsenden Arten befinden sich auch noch einige andere Klettersträucher.

B. galpini. Hat ihre Heimat in Süd-Afrika und dem tropischen Afrika. Die bis 12 cm langen Blätter sind einfach oder bis zur Mitte eingeschnitten, die sehr großen Blüten sind orange oder rot gefärbt.

B. hupehana. Ist in China heimisch. Ein Kletterstrauch mit bis 8 cm langen, einfachen oder bis zu 1/3 eingeschnittenen Blätter und kleinen, weißen oder gefärbten Blüten.

B. kockiana. Hat ihre Heimat in Südost-Asien. Sie hat glänzend grüne, 3-nervige Blätter und zahlreiche Blüten, die anfangs leuchtend gelb, später prachtvoll orangerot sind.

Sternjasmin
Trachelospermum jasminoides

Familie: Hundsgiftgewächse, Apocynaceae
Habitus: Immergrüner, Milchsaft führender, dicht verzweigter, bis 7 m hoher Kletterstrauch.
Blätter: Gegenständig, 4–7,5 cm lang, eiförmig-lanzettlich, an beiden Enden zugespitzt, oberseits glänzend dunkelgrün.
Blüten: Weiß, mit angenehmem Jasminduft, in lang gestielten, lockeren Trugdolden in den oberen Blattachseln, Einzelblüten klein, Krone tellerförmig mit länglichen, rechtsdrehenden Abschnitten, Röhre zylindrisch, der Schlund zusammengedrückt.
Früchte: Rundliche, verlängerte, dünne, gekrümmte Balgkapseln.
Verbreitung: In subtropischen Zonen von Japan, Korea und China heimisch. Eine in tropischen und subtropischen Gärten weit verbreitete, hübsche Liane.
Allgemeines: Mit 20 immergrünen, kletternden Arten von Indien bis Japan verbreitet, nur eine Art im südöstlichen Nordamerika.

Zu den Hundsgiftgewächsen gehört auch eine weitere weiß blühende tropische Kletterpflanze: *Mandevilla laxa*. Sie ist in Bolivien und der argentinischen Provinz Tucuman heimisch. Die starkwüchsige Schlingpflanze hat eirunde, lang zugespitzte, 5–15 cm lange, oberseits kahle, unterseits in den Aderwinkeln zottig behaarte Blätter. In den Blattachseln entwickeln sich Blütenstände, an denen sich nacheinander 5–15 weiße, wohlriechende, 5-zählige Blüten öffnen. Ihre Krone ist trichterförmig, die Kronröhre lang und eng. *M. laxa* (Syn. *M. suaveolens*) ist selbst in den Gärten des Tessin noch winterhart.
M. splendens, heimisch in Südostbrasilien, ist eine bis 6 m hohe Liane mit 20 cm langen, breit elliptischen Blättern und 7–10 cm breiten, rosafarbenen Blüten, die zu drei bis fünf in Trauben zusammensitzen.

Nepaltrompetenblume
Beaumontia grandiflora

Familie: Hundsgiftgewächse, Apocynaceae
Habitus: Immergrüne, stark wachsende, oft mehr als 5 m hoch werdende Kletterpflanze, junge Triebe rosa getönt und rostbraun behaart.
Blätter: Gegenständig, 10–28 cm lang, einfach, breit länglich eiförmig, vorne mit einem kleinen Spitzchen, ganzrandig, am Rand wellig, oberseits glatt und glänzend dunkelgrün, unterseits weich behaart, anfangs rostbraun behaart.
Blüten: Sehr auffallend, stark duftend, in dichten, vielblütigen, end- und achselständigen Sträußen, der 5-teilige Kelch mit großen, eiförmigen, gewellten, an der Spitze rot gefärbten Blättern, die weiße Blütenkrone 7,5–13 cm lang, trichterförmig-glockig, mit einer kurzen Röhre und einem 5-lappigen, weit ausgestellten Saum.
Früchte: Dicke, holzige Balgfrüchte.
Verbreitung: Heimisch vom subtropischen Indien bis Vietnam. Der prachtvollen Blüten wegen über das Heimatgebiet hinaus ein oft ge-

pflanzter Kletterstrauch. Er wird auch mit Namen wie Nepal Trumpet Flower, Herald's Trumpet und Easter Lily Wine belegt.
Allgemeines: Insgesamt ist die Gattung mit neun immergrünen, kletternden Arten in China und im indomalaiischen Raum verbreitet. Der Gattungsname erinnert an Lady Diana Beaumont (gestorben 1831) von Bretton Hall, in Yorkshire, England.
B. fragrans. Heimisch in tropischen Regionen Vietnams. Ein kletternder Strauch mit großen, bis 20 cm langen, eiförmigen, dicken, glänzend grünen Blättern, die einen weißen, klebrigen Milchsaft führen. Die sehr stark duftenden, weißen, becherförmigen Blüten haben zugespitzte Kronblätter.

Jasminähnlicher Nachtschatten
Solanum jasminoides

Familie: Nachtschattengewächse, Solanaceae
Habitus: Dichter Strauch, bis 4 m hoch kletternd, Zweige rutenförmig, dünn, glatt und grünlich.
Blätter: 3- bis 5-fach geteilt, Blättchen 4–6 cm lang, eiförmig, ganzrandig, die oberen Blätter einfach und eiförmig-lanzettlich.
Blüten: Weiß, blau getönt (bei der Sorte 'Alba' weiß), in zierlichen, rispenartigen, end- und seitenständigen Trauben, Krone etwa 2 cm breit, tief 5-spaltig, Staubblätter zitronengelb.
Früchte: Fleischige Beeren.
Verbreitung: Heimisch in Brasilien. Als dekorative und robuste Kletterpflanze in tropischen und subtropischen Gärten sehr beliebt.
Allgemeines: Mit etwa 1400 krautigen, strauchigen und baumförmigen Arten ist die Gattung eine der zahlenmäßig umfangreichsten unter den Blütenpflanzen. Ihre Verbreitung erstreckt sich über alle tropischen und temperierten Zonen der Erde. Das Hauptverbreitungszentrum liegt in Zentral- und Südamerika.

Unter den tropischen Arten ist als Kletterpflanze auch *S. wendlandii* (engl. Potato Vine, Giant Potato Creeper, Paradise Flower) von gärtnerischer Bedeutung. Sie kann mit saftreichen, im Alter korkig werdenden Zweigen bis 6 m hoch klettern. Ihre 5–7 cm großen, blauvioletten, breit glockigen Blüten stehen in dichten Scheindolden an den Enden junger Sprosse. *S. wendlandii* stammt aus den Höhenlagen der Kordilleren von Costa Rica. Als eine der schönsten kletternden Arten ist auch sie in tropischen Gärten weit verbreitet.
Einige Arten der Gattung, wie zum Beispiel die Eierfrucht oder Aubergine, sind in tropischen und subtropischen Regionen wichtige Gemüsepflanzen (siehe Seite 320).

Congea
Congea tomentosa

Familie: Eisenkrautgewächse, Verbenaceae
Habitus: Hoher, kletternder Strauch, der an seinen natürlichen Standorten mit seinen langen Sprossen Gebüsche und kleine Bäume überwuchert.
Blätter: Gegenständig, einfach, bis 20 cm lang, eiförmig bis eiförmig-elliptisch oder länglich eiförmig, vorn spitz oder zugespitzt, an der Basis abgerundet oder stumpf, unterseits meist filzig behaart.
Blüten: In zahlreichen großen, endständigen Rispen, die Sträucher zur Blütezeit im zeitigen Frühjahr völlig von Blüten bedeckt. Die eigentlichen Blüten sind sehr klein und weiß gefärbt. Sie sitzen in kleinen Büscheln zusammen und haben über einem röhrenförmigen, bleibenden, 5-zähligen Kelch eine lippenblütige Krone, das obere Blütenblatt ist 2-lappig und steht aufrecht, das untere Blütenblatt ist 3-lappig. Der Schauapparat der Blüten wird von großen, weißen bis lila oder lavendelfarbenen Hochblättern gebildet, die jeweils zu dritt weit abgespreizt unter den kleinen Blütenbüscheln sitzen, sie sind bis 2,5 cm lang, eiförmig oder länglich elliptisch und haben eine samtig wollige Textur.
Früchte: Ledrige, 1-samige Kapsel.
Verbreitung: Heimisch in Myanmar und Thailand. Wegen der überreichen, spektakulären Blüte ein gern gepflanzter Zierstrauch, der auch die Namen Shower of Orchid oder Velvet führt.
Allgemeines: Die Gattung ist mit sieben kletternden Arten in Nordost-Asien, Südost-Asien, dem Malaiischen Archipel und auf Sumatra verbreitet. *C. tomentosa* ist die am häufigsten kultivierte Art.

Arabischer Jasmin
Jasminum sambac

Familie: Ölbaumgewächse, Oleaceae
Habitus: Schwach kletternder, 1–3 m hoher Strauch mit kantigen Trieben.
Blätter: Gegenständig oder zu dritt in Quirlen, ziemlich derb, bis 8 cm lang, breit eiförmig, spitz, ganzrandig, deutlich genervt, glänzend dunkelgrün.
Blüten: Zu drei bis zwölf in Büscheln, weiß, im Verblühen rosa, stark duftend, ununterbrochen blühend, Krone tellerförmig mit zylindrischer Röhre und fünf abstehenden Kronabschnitten. Neben der einfach blühenden Wildform werden oft Formen mit gefüllten Blüten kultiviert.
Früchte: 2-lappige, schwarze Beeren.
Verbreitung: Heimisch in Indien und Sri Lanka. Wird in tropischen Gärten Ost-Asiens gern angepflanzt. In hinduistischen Ländern sind die Blüten unerlässlicher Bestandteil von Opfergaben, außerdem dienen sie zur Aromatisierung von chinesischem Jasmintee und zur Gewinnung von Jasmin-Öl.

Allgemeines: Mit rund 200 strauchförmig wachsenden oder kletternden Arten ist die Gattung überwiegend in tropischen und subtropischen Zonen verbreitet. Neben *J. sambac* sieht man auch die beiden folgenden Arten häufiger in tropischen Gärten.
J. officinale fo. *grandiflorum*, Raschwüchsiger, 5–10 m hoher Schlingstrauch mit dünnen, grünen, überhängenden Zweigen. Die weißen, wohlriechenden Blüten bilden endständige Trugdolden. Die ursprüngliche Heimat von *J. officinale grandiflorum* ist nicht genau bekannt, sie wird in Arabien oder im Himalaja vermutet. In der Umgebung von Grasse in Südfrankreich wird diese Art zur Gewinnung von Jasmin-Öl in großen Feldern angebaut.
J. rex (King Jasmin). Im Südwesten Thailands heimisch. Kletterpflanze mit grünen, drahtigen Trieben. Blätter gegenständig, ungeteilt, breit oval, 10–20 cm lang, tiefgrün. Blüten reinweiß, bis zu 5 cm breit, mit sieben oder mehr Kronabschnitten, zu zweit oder zu dritt in Trugdolden. Zur Blütezeit im Winter eine überaus attraktive Zierpflanze.
In unseren Gärten ist die Gattung mit dem Winterjasmin *J. nudiflorum* vertreten. Er stammt aus Nordchina und öffnet seine gelben Blüten bei günstigem Wetter schon zu Weihnachten.
In tropischen, subtropischen und mediterranen Gärten wird häufig *J. mesnyi* (engl. Primrose Jasmin) gepflanzt. Die im westlichen China heimische Art ist in Mittel-Europa nicht ausreichend frosthart. Der Kletterstrauch ist dem *J. nudiflorum* recht ähnlich, hat aber immergrüne, deutlich größere, 2,5–7 cm lange, lanzettliche Blätter und in der Regel halbgefüllte, leuchtend gelbe Blüten.

Strophanthus
Strophantus hispidus

Familie: Hundsgiftgewächse, Apocynaceae
Habitus: Kletterstrauch, Zweige mit Lentizellen besetzt. Alle Pflanzenteile führen Milchsaft.
Blätter: Gegenständig, einfach, 10–15 cm lang, verkehrt eiförmig, meist kurz zugespitzt, hellgrün.
Blüten: Sehr auffallend, zwittrig, gelb, in dichten, wenigblütigen Büscheln an den Zweigenden oder in den Blattachseln, Kronblätter fünf, an der Basis zu einer Röhre verwachsen, Zipfel in sehr lange, fadenförmig dünne und schwanzartige, gedrehte Fortsätze auslaufend, im Schlund zehn krallenartige, rot gesprenkelte Schuppen, die in der Kronröhre eingeschlossenen Staubbeutel sind miteinander verklebt.
Früchte: Sie bestehen aus zwei langen Balgkapseln, die eine Vielzahl spindelförmiger, an der Spitze der Granne mit einem Haarbüschel versehene Samen enthalten.
Verbreitung: Heimisch im tropischen Afrika. Wie andere Arten der Gattung der eigenartigen Blüten wegen in den Tropen nicht selten als Ziersträucher in Kultur.
Allgemeines: Die Gattung umfasst 38 Arten von Kletterpflanzen, Sträuchern oder kleinen Bäumen. Sie sind vom tropischen bis zum südlichen Afrika und im tropischen Asien verbreitet. Die Samen wurden von den Eingeborenen Afrikas früher zur Herstellung von Pfeilgift benutzt. Mitte des 19. Jahrhunderts führte diese Praxis zur Entdeckung der heute unter dem Sammelbegriff Strophantine bekannten, sehr bitter schmeckenden Herzglykoside, die für ihre rasche Wirksamkeit als Herzstärkungsmittel bekannt sind. Zur Gewinnung des pharmazeutisch besonders wertvollen g-Strophantins wird gegenwärtig vor allem *S. gratus*, heimisch im tropischen West-Afrika, angebaut. Auch die ebenfalls in West-Afrika heimische *S. kombe* enthält in Wurzeln und Samen reichlich Strophantin.

Kudzubohne
Pueraria lobata

Familie: Schmetterlingsblütler, Fabaceae
Habitus: Bis 20 m hoch kletternder, bohnen-
artiger Halbstrauch mit fleischigem Wurzel-
stock, Zweige gestreift und behaart.
Blätter: Wechselständig, 3-zählig, Endblätt-
chen 10–20 cm lang, die seitlichen kleiner, ganz-
randig oder leicht gelappt, behaart, vor dem
Laubfall schön gelb gefärbt.
Blüten: Schmetterlingsförmig, violettrot, bis
1,5 cm lang, in bis zu 25 cm langen, aufrechten
Trauben, Kelch glockig, 5-zähning.
Früchte: 4–8 cm lange, behaarte, längliche
Hülsen.
Verbreitung: Heimisch in ganz Japan, Korea
und China. In Gebüschen und an Waldrändern
weit verbreitet.
Allgemeines: Die in Japan Kudzu genannte
Pflanze wird weltweit in den Subtropen und in
Höhenlagen der Tropen als Weide-, Futter-
und Gründüngungspflanze angebaut. Sie gilt
als eine der besten Bodendecker, hat sich aber
stellenweise, zum Beispiel im südöstlichen

Nordamerika, so stark entwickelt, dass sie ganze Landstriche unter sich begräbt. Die jungen
Wurzelknollen werden in Japan und China gegessen. Aus ihnen lässt sich Stärke gewinnen.
P. lobata ist auch in kulturhistorischer Hinsicht
von Bedeutung, sie gilt als älteste Faserpflanze
Ost-Asiens. Aus ihren Stängelfasern, bekannt
unter dem chinesischen Namen Koupou-Faser,
wurden bis in das vergangene Jahrhundert hinein Seile, Netze und grobe Stoffe hergestellt.
Die eher subtropisch verbreitete Art hat ihre
größte Bedeutung zur Bodenerhaltung und
-verbesserung an erosionsgefährdenden oder
bereits erodierten Flächen. Nach einigen Jahren der Entwicklung bildet sie einen dichten
Bestand, der beweidet oder als Heu geworben
werden kann.
Unter den 20 Arten der Gattung, die im tropischen Asien, in Japan und in Neuguinea verbreitet sind, haben auch andere essbare Knollen oder werden als Bodendecker angebaut.

Fensterblatt
Monstera deliciosa

Familie: Aronstabgewächse, Araceae
Habitus: Kletterpflanze mit starken, verholzenden Ästen. Die zahlreichen herabhängenden Luftwurzeln haben Stütz- und Ernährungsfunktion.
Blätter: Meist 2-reihig stehend, derb-ledrig, 50–100 cm lang und 40–70 cm breit, in der Jugend rundlich-eiförmig, an der Basis herzförmig und ganzrandig, mit zunehmender Größe regelmäßig fiedrig gelappt, Blattstiel 30–50 cm lang.
Blüten: Dicht gedrängt an einem gestielten Fruchtkolben, zwittrig, Fruchtknoten 2-fächrig, Blütenschaft etwa 15 cm lang, von einem ungefähr 25 cm langen, zunächst geschlossenen, später geöffneten, ledrigen, cremeweißen Hüllblatt (Spatha) umgeben.
Früchte: Zahlreiche Beeren stehen dicht gedrängt an einem fast zylindrischen Fruchtknoten. Beeren zur Reife violett, sehr wohlriechend, essbar.

Verbreitung: Heimisch in Mexiko. In tropischen und subtropischen Gärten oft an Baumstämmen emporrankend. Bei uns eine bekannte Zimmerpflanze.
Allgemeines: 20 kletternde *Monstera*-Arten sind im tropischen Mittel- und Südamerika verbreitet. *M. deliciosa* ist die gärtnerisch wichtigste Art. Aus ihren Früchten, die einen Ananas-ähnlichen Geschmack haben, wird ein Saft gewonnen, der für Speiseeis, Getränke und als Geschmacksstoff für Schaumweine verwendet wird. In der Volksmedizin dient die Pflanze als Heilmittel gegen Gelenkentzündungen. Essbar sind auch die Früchte anderer Arten wie *M. dilacerata* und *M. adansonii*.
Von der Gattung *Monstera* sind die acht im malaiischen Gebiet und auf den pazifischen Inseln heimischen Arten der Gattung *Epipremnum* äußerlich kaum zu unterscheiden, sie besitzen jedoch einen nur 1-fächrigen Fruchtknoten. Die Blätter sind schmaler und bei *E. pinnatum* 'Aureum', einer bei uns beliebten Topfpflanze, gelb gefleckt.

Rotangpalmen
Calamus-Arten

Familie: Palmengewächse, Palmae

Habitus: Fiederpalmen als Spreizklimmer. Aus einem unterirdischen Rhizom entwickeln sich sehr lange, nur wenige Zentimeter dicke Sprosse, oft mit meterlangen Internodien und mit zahlreichen Stacheln besetzt. Die Abbildung zeigt *C. fasciculatus*.

Blätter: Nicht wie bei anderen Palmen in einem dicht gedrängten Schopf, sondern durch lange Internodien getrennt. Die Blätter dienen der Pflanze als Kletterorgane, ihre Mittelrippen sind zu oft meterlangen Geißeln ausgezogen, welche statt der Blattfiedern zahlreiche hakenförmige Gebilde tragen. Mit den langen, vom Wind bewegten Geißeln tasten die Lianen ihre Umgebung ab, um einen Stützbaum zu finden, über den sie ihre Sprosse zum Licht emporwachsen lassen können.

Blüten: Wenig auffallend und selten zu sehen.

Früchte: Mit Schuppen bedeckte Beeren, die Früchte werden deshalb als Panzerfrüchte bezeichnet.

Verbreitung: Keine Kulturpflanze, aber in den tropischen Regenwäldern Südost-Asiens weit verbreitet und oft ein nahezu undurchdringliches Dickicht bildend.

Allgemeines: Rotangpalmen, abgeleitet von dem malaiischen »Rotan«, stellen die artenreichste Gruppe innerhalb der Palmenfamilie. Zu den Kletterpalmen gehören insgesamt rund 600 Arten aus etwa acht Gattungen. Eine überregionale wirtschaftliche Bedeutung haben aber nur die Arten der Gattung *Calamus* erlangt. Ihre Sprosse, in das dickere Cane und das dünne (bis 20 mm starke) Rattan sortiert, werden unter anderem zu den bekannten Rattan-Möbeln verarbeitet. Bei den Naturvölkern Südost-Asiens waren und sind Rotangplamen ein unentbehrliches Bau- und Flechtmaterial. Die Sprossen der längsten *Calamus*-Palme, *C. manam*, können Längen von über 160 m erreichen.

Stauden und Wasserpflanzen

Ganz im Gegensatz zum Vegetationsbild gemäßigter Zonen und im Vergleich zur Vielfalt an verholzenden Gewächsen sind die Tropen arm an krautigen Pflanzen. In gemäßigten und kühleren Vegetationszonen haben sich zahlreiche Pflanzen im Laufe ihrer Entwicklung den Verhältnissen dadurch angepasst, dass sie sich in der pflanzenfeindlichen Jahreszeit den Unbilden der Witterung durch die Preisgabe ihrer oberirdischen Pflanzenteile entziehen. Sie überwintern in Form von Knollen oder Wurzelstöcken im schützenden Erdreich. Derartige Anpassungen sind in tropischen Gegenden nicht notwendig. Beständig günstige Klimabedingungen haben vielfach zur Entwicklung verholzender Pflanzen geführt, die krautartigen Pflanzen sind ihnen zahlenmäßig unterlegen.

Unter den krautigen tropischen Pflanzen gibt es viele mit auffallenden, farbenprächtigen Blüten, beispielsweise bei den *Anthurium*-, *Heliconia*- oder *Strelitzia*-Arten. Als Schnittblumen sind manche von ihnen alte Bekannte, andere kennen wir als Topf- oder gar als Beetpflanzen – etwa *Canna*- oder *Impatiens*-Arten, die als Sommerblumen unsere Gärten und Parks schmücken.

Wie bei Sträuchern werden in tropischen Gärten häufig auch buntlaubige Stauden gepflanzt, so die *Caladium*-Arten und -Sorten oder *Rhoeo spathacea*.

Den krautigen Pflanzen schließen sich die wichtigsten Wasserpflanzen an, allen voran *Victoria amazonica* mit ihren imposanten Blättern.

Nicht alle Wasserpflanzen gelten in tropischen Bereichen als willkommene Zierpflanzen. Einige von ihnen sind aus ihren Heimatgebieten in andere tropische Zonen gebracht worden und fanden dort ideale Bedingungen, aber keine natürlichen Feinde vor. Sie konnten sich deshalb ungehindert entwickeln und wurden stellenweise zu lästigem Unkraut.

Manche Wasserpflanzen, wie die Papyrusstaude, sind seit Jahrtausenden mit der menschlichen Kultur verbunden, andere haben eine überaus große mythologische Bedeutung. Die Indische Lotosblume gilt in Ost-Asien als Sinnbild des Buddhismus schlechthin (Abb. unten und Seite 241).

Einige Wasserpflanzen haben lokal auch wirtschaftliche Bedeutung. Viele Arten der hier nicht behandelten, weltweit verbreiteten Gattung *Typha* sind Heilpflanzen oder liefern essbare Rhizome, Sprosse, Samen oder Blüten; Ähnliches gilt für die in Ost-Asien weit verbreitete Indische Lotosblume.

Das Kapitel schließt mit einem Vertreter der Mangrovenvegetation, die sich weiträumig im Bereich der Brackwasserzone geschützter tropischer Meeresküsten und Flussufer ausbreitet.

Nelumbo nucifera

Heliconien
Heliconia-Arten

Familie: Bananengewächse, Musaceae
Habitus: Bis 3 m hohe Stauden mit ausdauerndem Wurzelstock und bananenähnlichen Blättern, deren zusammengerollte Blattscheiden einen Scheinstamm bilden.
Blätter: Streng in zwei Zeilen stehend, lang gestielt, bis 1 m lang, meist linealisch lanzettlich, parallel zu den Seitennerven mehrfach bis auf die Mittelrippe eingerissen. Die Blätter mehrerer Arten wurden als Packmaterial zum Frischhalten von Lebensmitteln verwendet.
Blüten: Endständig in Blütenständen auf einem Spross, der zwischen den Blättern des Scheinstammes hindurch wächst, Blütenstand aufrecht oder hängend, mit 3–30 großen, gedrängt stehenden, breit kahnförmigen, auffallend gefärbten, meist orangefarbenen bis roten Tragblättern. Blüten recht unscheinbar, aus den Tragblättern hervorragend, mit drei äußeren Kelch- und drei inneren Kronblättern.
Früchte: 3-fächrige Kapsel mit je einem großen, oft auffällig gefärbten Samen.

Verbreitung: Etwa 100 Arten kommen in der Neuen Welt, überwiegend in tropischen und subtropischen Zonen Mittel- und Südamerikas vor. Einige von ihnen sind häufige Zierpflanzen in tropischen Gärten.
Allgemeines: Heliconien sind ausgeprägte Vogelblumen. Sie sondern am Grunde der Blütenblätter reichlich Nektar ab, der sich mit dem aufgefangenen Regenwasser mischt.
Gärtnerisch wichtige Arten sind:
H. bihai. Westindien. Bis 5 m hoch, Blätter 0,5–2 m lang. Blütenstand bis 65 cm lang, aufrecht. Tragblätter an den Seiten rot, am Kiel gelb, an den Rändern grün und/oder gelb, Blüten an der Basis weiß, an der Spitze fahlgrün.
H. chartaceae. Brasilien. Über 2 m hoch. Blütenstand deutlich überhängend. Tragblätter weit entfernt stehend, blassviolett überlaufen; an einer roten Mittelachse. Blüten gelblich weiß.
H. collinsiana. Guatemala. 3 m hoch. Tragblätter karmesinrot, wachsweiß bepudert, an der Spitze gelblich. Blüten cremefarben.
H. metallica. Panama bis tropisches Südamerika. Bis 4 m hoch, Blätter bis 1,4 m lang, smaragdgrün, unterseits metallisch purpurfarben. Blütenstand bis 25 cm lang, aufrecht, Tragblätter schmal, grün bis rot.
H. psittacorum. Brasilien, Westindien, Guayana, Paraguay. 1 m hoch. Blütenstand in schillernden Rot- und Orangetönen; deshalb auch die Bezeichnung Papageien-Heliconie.
H. rostrata (Bild). Peru. 3 m. Blütenstand im Gegensatz zu anderen Arten bogig überhängend. Tragblätter himbeer- bis leuchtend rot, an der Spitze gelb und grün.
H. wagneriana. Costa Rica, Panama. Bis 2,5 m. Blütenstand aufrecht, mit orange- bis lachsroten, am Rande orangegelb und grün gefärbten Tragblättern. Blüten grün. Gilt als eine der schönsten Arten.

Paradiesvogelblume
Strelitzia reginae

Familie: Banangewächse, Musaceae

Habitus: Bis 1,5 m hohe, stammlose, ausdauernde Pflanze mit kräftigem Rhizom und dicht stehenden Blättern, die an Bananenblätter erinnern und aus deren langen Scheiden die Blütenstände entspringen.

Blätter: Ledrig, länglich eiförmig, glatt, oft mit rotem Mittelnerv, auf derben Stielen, zusammen bis zu 1,5 m hoch.

Blüten: Über dem Laub stehend. Die großen, eigenartig geformten, zweiseitig symmetrischen Blüten stehen in seitenständigen Wickeln, sie werden von einem kahnförmigen, grünen, oft rot bis blauviolett gefärbten Hochblatt getragen. Einzelblüten aus drei äußeren, schmal lanzettlichen und zugespitzten, orangefarbenen Blütenblättern. Von den inneren Blütenblättern sind die beiden äußeren nur halbseitig entwickelt, sie liegen so eng aneinander, dass sie scheinbar ein einziges, pfeilförmig aus der Blüte herausragendes, himmelblau gefärbtes Organ bilden, das die fünf Staubblätter und den Griffel umschließt. Die Blüten erscheinen fast das ganze Jahr über, die Hauptblütezeit liegt im Winter und Frühjahr.

Früchte: 3-fächrige, vielsamige Kapsel.

Verbreitung: Heimisch am Kap (Südafrika). Häufig als Zierpflanze in tropischen und subtropischen Gärten. Bei uns als Kübelpflanze und Schnittblume bekannt.

Allgemeines: Die Gattung umfasst nur vier Arten mit einigen Varietäten, die alle in Südafrika beheimatet sind.

Eine ähnliche Wuchshöhe und ganz ähnliche Blüten wie *S. reginae* hat die im südwestlichen Kapgebiet heimische *S. reginae* var. *juncea*. Bei ihr ist die Blattspreite fast völlig verschwunden, die ganze Pflanze besteht nur aus graugrünen, runden, blattlosen Stielen, die die Aufgabe der Blätter übernehmen.

Der Gattungsname erinnert an Charlotte von Mecklenburg-Strelitz (1744–1818), die spätere Gemahlin Königs Georg III. von England.

Flamingoblume
Anthurium-Arten

Familie: Aronstabgewächse, Araceae
Habitus: Aufrechte Stauden, stammlos oder mit kurzem, gestauchtem Stamm. Einige Arten auch kletternd.
Blätter: Immergrün, ledrig, ganzrandig oder handförmig gelappt, gelegentlich juvenile und adulte Blätter unterschiedlich geformt.
Blüten: Gerade oder gewundene, kolbenartige Blütenstände von sehr verschieden gefärbten, oft intensiv roten, ledrigen, sehr verschieden geformten Blütenscheiden (Spatha) umgeben.
Früchte: Verschieden geformte Beeren.
Verbreitung: Mit etwa 900 Arten im tropischen Amerika und auf den Antillen verbreitet.
Allgemeines: Einige Arten und zahlreiche Hybriden gehören der dekorativen Blüten wegen zu den wichtigsten Zierpflanzen tropischer Gärten. Sie sind auch bei uns als Topf- und Schnittblumen allgemein bekannt. Die wichtigsten Arten sind:
A. andraeanum, Große Flamingoblume (Bild). Kolumbien. In der Regel werden heute Hybriden kultiviert, nicht mehr die reine Art. Blätter länglich herzförmig. Spatha blasig, bei der Art glänzend orange bis scharlachrot und breit herzförmig. Bei den Gartenformen sind die Spathen sehr verschieden groß, glatt oder blasig, stark glänzend, weiß, rosa, lachs und orangerot bis scharlachrot gefärbt. Die Blütenkolben sind gerade oder leicht gebogen.
A. scherzerianum, Kleine Flamingoblume. Costa Rica, Guatemala. Auch von dieser Art werden heute ausschließlich Hybriden kultiviert. Blätter lanzettlich, tiefdunkelgrün. Spatha kleiner als bei *A. andreanum*, nicht glänzend, scharlachrot. Blütenkolben meist spiralig gedreht.
In ihrer Heimat werden *Anthurium*-Arten vielfach genutzt. Sie liefern unter anderem Schnupftabak, Heilmittel gegen Warzen und Aphrodisiaka. Die Früchte einiger Arten sind essbar.

Blumenrohr
Canna indica

Familie: Blumenrohrgewächse, Cannaceae
Habitus: Ausdauernde, bis 5 m hohe Stauden mit waagerechtem, meist knollig verdicktem Wurzelstock.
Blätter: Spiralig angeordnet, Spreite bis 1 m lang, grün, rötlich oder purpurn gefärbt, kahl bis gelegentlich bis flaumartig behaart, Mittelrippe deutlich ausgeprägt, Seitennerven zahlreich.
Blüten: In endständigen, traubigen, aus wickligen Teilinfloreszenzen bestehenden Blütenständen, Blüten asymmetrisch, mit drei etwas ungleichen, dachziegelartig überlappenden Kelchblättern und drei nur unscheinbar gefärbten Kronblättern, von denen eines stets kleiner bleibt, das einzige Staubblatt ist kronblattartig entwickelt, von den ein bis vier kronblattartigen Staminodien ist eines mehr oder weniger stark herabgebogen, es wird als Labellum bezeichnet. Blütenfarben in zahlreichen Schattierungen von Gelb über Orange, Lachsfarben, Rosa bis zu Rot.

Früchte: 3-fächrige, weichstachelige, walnussgroße Kapseln mit harten schwarzen Samen, die sich als Füllung für Rumba-Rasseln eignen.
Verbreitung: Heimisch auf den Westindischen Inseln und in Mittel- und Südamerika. Im südlichen Nordamerika sowie im tropischen Afrika und Asien eingebürgert.
Allgemeines: Mit neun krautigen Arten im tropischen und subtropischen Amerika heimisch, sie kommen dort in feuchten, humusreichen Wäldern, an Ufern und in Sümpfen vor. Die natürlichen Arten werden in der Regel nur noch in botanischen Sammlungen gehalten. Die Gartensorten von *Canna* fasst man als *Canna×generalis*-Hybriden zusammen. Am Zustandekommen dieser Hybriden sind neben *C. indica* weitere, unbekannte Arten beteiligt. Die Abbildung zeigt die Sorte 'Lucifer'.

Catharanthe
Catharanthus roseus

Familie: Hundsgiftgewächse, Apocynaceae
Habitus: Bis etwa 60 cm hohe, staudige Pflanze.
Blätter: Spiralig stehend, gestielt, bis 7 cm lang, lanzettlich, an der Spitze abgerundet, oberseits glänzend dunkelgrün mit weißlicher Mittelrippe, unterseits blassgrün und mehr oder weniger flaumhaarig.
Blüten: Fast sitzend in den Blattachseln an der Triebspitze, etwa 3 cm breit, mit radförmiger Krone und schmalen, linealisch zugespitzten Kronabschnitten, bei der Art rosarot mit purpurnem Schlund, bei Gartenformen aber auch weiß mit rotem oder gelbem Schlund. Lange und reich blühend.
Früchte: Schmal zylindrische Balgkapseln.
Verbreitung: Heimisch in Madagaskar, in tropischen Regionen eingebürgert und in vielen wärmeren Länder als »Unkraut« verbreitet.
Allgemeines: Die Gattung umfasst acht ein- oder mehrjährige, krautige Arten, von denen vier auf Madagaskar und eine in Indien verbreitet sind. *C. roseus* (engl. Madagascar Periwinkle) ist die am häufigsten kultivierte Art; sie wird bei uns gelegentlich auch als Topfpflanze angeboten.

Wie viele Hundsgiftgewächse ist auch *C. roseus* giftig; Wurzel und Blätter werden medizinisch verwendet, etwa gegen Diabetes.

Wunderblume
Mirabilis jalapa

Familie: Wunderblumengewächse, Nyctaginaceae

Habitus: Ausdauernde, oft einjährig kultivierte, hohe Staude mit schwärzlicher, rübenähnlicher Wurzel und gabelig verzweigten Sprossen, die an den Knoten oft rötlich überlaufen sind.

Blätter: Gegenständig, 5–20 cm lang, eiförmig, ganzrandig, zugespitzt, am Grunde herzförmig.

Blüten: Ansehnlich, duftend, zu drei bis sechs in endständigen Büscheln, über einer 5-zipfeligen, grünen, kelchartigen Hülle eine röhrig trichterförmige, über dem Fruchtknoten zusammengeschnürte Krone, diese rot, gelb oder weiß, auch gelb oder weiß mit roten Streifen oder 3- und 4-farbig mit wechselnden Farbübergängen.

Früchte: Nüsse, die von der zur Reife vergrößerten Kelchhülle umgeben sind. Samen erbsengroß und wie eine Handgranate geformt.

Verbreitung: Heimisch in Peru; in Nordamerika eingebürgert. Eine weit verbreitete, auch bei uns kultivierte Zierpflanze, die in wärmeren Gebieten stellenweise verwildert ist.

Allgemeines: Die Wunderblume ist eine von etwa 50 Arten, die überwiegend vom mittleren Nordamerika bis Peru und Chile verbreitet sind. Ihr Name bezieht sich auf die Mannigfaltigkeit der Blütenfarben, die auch an einer einzigen Pflanze stark variieren können. Ein anderer Name, Vieruhrblume (engl. Four O'Clock), drückt aus, dass sich die Blüten erst am Nachmittag öffnen. Die Variabilität der Blütenfarbe hat Carl Correns veranlasst, die Wunderblume als Objekt für seine Vererbungsregeln über die Uniformität der Bastarde und die Aufspaltung der folgenden Tochtergeneration zu wählen.

Die Wurzelknollen der Wunderblume, auch als Falsche Jalapa bezeichnet, wirken stark abführend. Sie wurden in der Volksheilkunde gelegentlich als Ersatz oder auch zur Verfälschung der echten Jalapawurzel, *Ipomoea purga*, verwendet.

Hakenlilie
Crinum augustum

Familie: Amaryllisgewächse, Amaryllidaceae
Habitus: 60–100 cm hohe Zwiebelpflanze. Zwiebel klein, aber mit dem Hals etwa 30 cm lang.
Blätter: Meist zu 25–30, riemenförmig, bis 0,75 cm lang, lebhaft grün, die äußeren abgespreizt, die inneren fast aufrecht stehend.
Blüten: Zu 20–30 in einer Dolde auf einem zweischneidigen Blütenschaft, aufrecht stehend, der Saum tellerförmig und mit linealischen Abschnitten, sehr groß, wohlriechend, lebhaft rot, purpurrot und weißlich gefärbt, Saumabschnitte 10–15 cm lang, innen weiß oder rötlich mit purpurrötlichen Längsstreifen, außen purpurrot, Kronröhre 8–10 cm lang, dunkelpurpurn, Staubfäden purpurrot, kürzer als die Abschnitte.
Früchte: Fast kugelige, 3,5–5 cm breite, meist 1-samige Kapseln.
Verbreitung: Heimisch auf Mauritius und den Seychellen. In tropischen Gärten häufiger als Schmuckstaude.

Allgemeines: Mit etwa 130 Arten ist die Gattung in allen tropischen und subtropischen Zonen der Erde verbreitet, vorwiegend in den Küstenbereichen. Auch andere Arten sind in tropischen Gärten beliebt, etwa *C. asiaticum* aus dem tropischen Asien mit weißen, duftenden Blüten, die zu 20–50 in Dolden zusammenstehen.
Eine andere Gattung aus der Familie der Amaryllisgewächse überrascht mit großen, sehr grazilen Blüten. Sie sind bei der abgebildeten, auf den Westindischen Inseln heimischen *Hymenocallis speciosa* (rechtes Bild) schneeweiß und duften nach Vanille. Die langen und schmalen, grünlichen Blütenröhren laufen in linealische, abstehende, weit zurückgebogene, weiße Abschnitte aus. Darüber sitzt eine trichterförmige Nebenblattkrone, die von lang gestielten Staubbeuteln überragt wird. Mit insgesamt 40 Arten ist die Gattung im tropischen Amerika, von den südöstlichen Staaten der USA, über die Westindischen Inseln und Mexiko bis Peru und Argentinien verbreitet.
Die Zwiebeln mehrerer *Crinum*-Arten werden in ihren Heimatländern, wie die Zwiebeln von *Urginea maritima*, der Meerzwiebel, zur Herstellung einer bitterstoffhaltigen Medizin verwendet.

Spinnenpflanze
Cleome hassleriana

Familie: Kaperngewächse, Capparaceae
Habitus: Einjährige oder halbstrauchige, bis 120 cm hohe, drüsig-weichhaarige, klebrige Pflanze.
Blätter: Wechselständig, unparrig gefiedert, die fünf bis sieben Blättchen bis 12 cm lang, eiförmig bis lanzettlich, drüsig behaart.
Blüten: Weiß bis rosa oder purpurn, bis 3 cm breit, stark duftend, in vielblütigen, endständigen Trauben, Staubblätter die Krone weit überragend.
Früchte: Bis 10 cm lange, linealische, vielsamige Kapseln.
Verbreitung: Heimisch von Südost-Australien bis Argentinien. In der Alten Welt und im tropischen Afrika eingebürgert. Bei uns gelegentlich als Beetpflanze kultiviert.
Allgemeines: In den warmen und tropischen Regionen der Erde kommen rund 150 Arten vor.
Weit verbreitet ist unter anderem der in Afrika heimische Pillenbaum, *C. viscosa.* Aus seinem Stamm wird ein ätherisches Öl gewonnen, das als Wurmmittel verabreicht wird. Die Blätter von *C. gynadra* (Syn. *Gynandrobis gynadra*), heimisch im tropischen Afrika und Asien, sind in ihren Anbauländern ein beliebtes Gemüse mit einem bitter pikanten Geschmack. Gemahlene Samen werden als Senf genutzt.
Die Gattung *Cleome* ist eng mit dem im Mittelmeergebiet heimischen Echten Kapernstrauch, *Capparis spinosa,* verwandt, einem etwa meterhohen, dornigen Strauch, der mit herabhängenden Zweigen zwischen Felsen oder Mauerritzen wächst. Die als Gewürz bekannten Kapern sind die Blütenknospen. Die großen, weißen Blüten warten mit zahlreichen langen, violetten Staubblättern auf. Sie werden geerntet, wenn sie etwa erbsengroß sind. Man sortiert sie in Sieben nach Größen, lässt sie einen Tag lang welken und legt sie dann in Essig, Salzwasser oder Öl ein.
Gelegentlich kommen auch Beerenfrüchte anderer Arten als »Kaperngurken« in den Handel.

Alpinie, Galgant
Alpinia-Arten

Familie: Ingwergewächse, Zingiberaceae
Habitus: Stattliche, bis 3 m hohe Stauden mit einem sehr aromatischen, nach Ingwer riechenden, knolligen Rhizom und kräftigen, beblätterten Sprossen.
Blätter: Wechselständig, in zwei Reihen angeordnet, lanzettlich.
Blüten: Zum Teil sehr groß und auffallend, in endständigen Rispen oder Trauben, Kelch weit röhrenförmig oder glockig, mit abstehenden Abschnitten, Kronröhre kurz, ihre 3 Abschnitte abstehend, zwei äußere Staubblätter zu einer breiten, horizontalen oder herabgebogenen Lippe (Labellum) verwachsen.
Früchte: Kugelige oder eiförmige, 3-klappig aufspringende Kapseln.
Verbreitung: Mit rund 200 Arten ist die Gattung überwiegend in den asiatischen Tropen verbreitet.
Allgemeines: Wichtige Zierpflanzen tropischer Gärten aus der Gattung sind:

A. purpurata (Bild). Pazifische Inseln. Blütenstände mit lange haftenden, fleischigen, wachsartig glänzenden Tragblättern, in deren Achseln weiße und kurzlebige, wenig auffallende Blüten sitzen.
A. zerumbet. Süd- und Ost-Asien. Blütenstände bis 30 cm lang, nickend. Kelch groß, glockig und weiß. Lippe 4 cm lang, breit eiförmig, 3-lappig, am Rande eingerollt, gelb mit roten Flecken.
A. vittata. Salomonen. Bis 1 m hoch. Die länglichen, dunkelgrünen Blätter sind von breiten weißen Längsstreifen durchzogen. Vor allem als dekorative Blattpflanze beliebt.
A. officinarum, Echter Galgant. Heimat in Südchina und auf der Insel Heinan. Wird etwa 1,5 m hoch. Die bis zu 1 m langen Rhizome enthalten ätherische Öle und Harze. Man bereitet daraus Magenmittel, Magenlikör und Curry.
Die Rhizome von *A. galanga* liefern Galgant, eines der wichtigsten Gewürze in Malaysia und auf Java.

Fackelingwer, Kaiserzepter
Etlingera elatior

Familie: Ingwergewächse, Zingiberaceae
Habitus: Aufrechte, mehrstämmige, 5–6 m
hohe Kräuter mit kriechendem, verzweigtem
Rhizom. Die robusten, unverzweigten Pseudostämme sind an der Basis verdickt.
Blätter: Bis 85 cm lang, linealisch oder länglich
lanzettlich, zugespitzt, an der Basis abgerundete bis fast herzförmig, anfangs unterseits purpurn überhaucht..
Blüten: Auf bis 1,5 m hohen Schäften, die seitlich nahe den Fußpunkten der Pseudostämme
entspringen. Der meist aufrechte, ansehnliche
Blütenschaft hat große, ledrige Schuppen. Die
zahlreichen, ausdauernden Tragblätter des
Blütenstandes sind schindelartig angeordnet,
die äußeren sind steril, die inneren fruchtbar.
Jedes Tragblatt hat ein einzelnes röhrenförmiges Deckblättchen und eine einzelne Blüte. Der
Blütenstand ist auffallend keulen- bis zapfenförmig gebaut und fällt durch seine rotorange
Farbe auf. Bei den einzelnen Blüten sind die
äußeren Blütenblätter (Kelchblätter) länger als
die inneren. Die Lippe ist spatelförmig, oben eiförmig und an der Basis angeheftet, sie bildet
mit dem Staubfaden eine Röhre. Die einzelnen
Blütenteile sind unterschiedlich gefärbt: Die
Tragblätter sind leuchtend rot, die inneren Blütenblattsegmente rosafarben, die Lippe rot mit
einem gelben oder weißen Rand, das Staubblatt
ist rot.
Früchte: In großen, etwa 10 cm breiten Köpfen, Einzelfrüchte 2–2,5 cm dick, rundlich, behaart, grün bis rötlich.
Verbreitung: Heimisch im Malaiischen Archipel, von dort auf die Philippinen gebracht und
heute in allen tropischen Ländern als Zierpflanze in Kultur.
Allgemeines: Die Gattung umfasst 57 Arten
ausdauernder Kräuter mit rhizomartigen Wurzeln. *E. elatior* ist die am häufigsten kultivierte
Art. Sie wird auch unter dem Namen *Nicolaia
elatior* beschrieben.

Kostwurz
Costus cuspidatus

Familie: Ingwergewächse, Zingiberaceae
Habitus: Bis 40 cm hohe Staude mit kräftigem, aromatischem Wurzelstock.
Blätter: Zahlreich, spiralig angeordnet, länglich lanzettlich, 8–16 cm lang, oberseits dunkelgrün, unterseits gerötet, beiderseits glatt.
Blüten: Einzeln oder in Paaren in endständigen, kegelförmigen Inforeszensen, 5–7 cm breit, leuchtend orangerot, Saum waagerecht ausgebreitet und mit gekraustem Rand.
Früchte: Stattliche Kapseln, Samen von einem Arillus umgeben.
Verbreitung: Heimisch in Brasilien. Gilt als eine der schönsten Arten.
Allgemeines: Etwa 90 Arten der Gattung kommen in allen tropischen Gebieten der Erde vor. Sie fallen durch ihre eigenartig geformten Blüten auf, die in endständigen, dicken, ährenoder zapfenförmigen Blütenständen angeordnet sind. Die wenig haltbaren Blüten besitzen eine kurze Kelch- und Kronröhre. Die Lippe (Labellum) ist vergleichsweise groß, nach unten hohl und nach oben bisweilen, wie bei *C. cuspidatus*, kreisförmig verbreitert. Die Staubfäden sind an den Seiten und an den Staubbeuteln blumenblattartig vergrößert.
Häufiger angebaut werden außerdem:
C. lucanusianus. Kamerun und Kongo. Die Pflanze wird 2–3 m hoch, der Blütenschaft erreicht nur eine Höhe von 50 cm. Die Blüten sitzen in einer 4–9 cm langen, kopfigen Ähre, sie sind sehr groß und duften stark. Die Blütenhülle ist weiß, die Lippe karminrot und gelb gefleckt. Die graugrünen Blätter haben eine silberweiße Unterseite.
C. malortieanus. Costa Rica. Etwa 100–120 cm hoch. Ganze Pflanze weich behaart. Blätter samtig grün und blass. Blütenähre dicht, elliptisch kopfförmig. Blüten rötlich gelb, die Lippe goldgelb mit bräunlichen Rändern.
C. speciosus. Indomalaiisches Gebiet. Heute in vielen tropischen Ländern verbreitet. 2–3 m hoch, Stängel am Grunde verholzend. Blüten rot mit weiß, die weiße Lippe am Grunde gelb.

Gerbera
Gerbera jamesonii

Familie: Korbblütler, Asteraceae
Habitus: Strauch mit tiefgehender Pfahlwurzel.
Blätter: Grundständig, Stiel 15–20 cm lang, Spreite 15–25 cm lang, mehr oder weniger fiederspaltig oder -lappig und grob gesägt, unterseits wollig behaart.
Blüten: Blütenköpfchen bis 10 cm breit, auf sehr langen Stielen, mit 30 kreisförmig angeordneten Strahlenblüten, diese gelb, hell- oder dunkelorange, kupferfarben, bei Kulturformen auch weiß, rot, lachs und violett.
Früchte: Trockene Schließfrucht (Achäne), Samen mit langer Haarkrone.
Verbreitung: Heimisch in Süd-Afrika. Als Zierpflanzen, Topf- und Schnittblumen werden heute ausschließlich großblumige Selektionen kultiviert.
Allgemeines: Etwa 40 krautige, ausdauernde Arten sind im südlichen Afrika, auf Madagaskar, in Asien und Indonesien (Bali) verbreitet. In der Regel werden heute Gartenformen, *Gerbera*-Hybriden, kultiviert. Die Gerbera-Züchtung hat ihren Ursprung im Botanischen Garten in Cambridge. Jameson brachte 1887 *G. jamesonii* nach Cambridge, Lynch kreuzte sie dort mit *G. viridifolia* und erhielt sehr wüchsige Nachkommen. Später haben sich englische, französische und vor allem deutsche Gärtner mit der Gerbera-Züchtung beschäftigt, es entstand eine Fülle von Sorten.

In Südafrika (Natal) ist *G. aurantiaca* verbreitet. In ihren Blüten werden die äußeren, meist karminroten Strahlenblüten bis 42 cm lang, die inneren Blüten sind rosa oder rot gefärbt.

G. linnaei ist in der südafrikanischen Kapprovinz heimisch. Die äußeren Strahlenblüten sind weiß oder oberseits weiß und unterseits purpurn, rotbraun oder gelb gefärbt.

Die Gattung wurde nach Traugott Gerber (gestorben 1743), einem deutschen Naturwissenschaftler, benannt.

Schmetterlingsblume
Hedychium gardnerianum

Familie: Ingwergewächse, Zingiberaceae
Habitus: Stattliche, 2–3 m hohe Staude mit knollig gegliedertem Wurzelstock und endständigen Blütenähren.
Blätter: 20–45 cm lang, 2-zeilig angeordnet, 25–40 cm lang, bis 15 cm breit, lanzettlich, zugespitzt.
Blüten: Goldgelb, sehr wohlriechend, zu ein bis zwei in Achseln von Tragblättern, eine 25–30 cm lange, dichte Ähren bildend, Kronröhre schmal, 5–6 cm lang, die Zipfel schmal, unter sich gleich, Lippe breit, 2-spaltig, doppelt so lang wie die roten Staubblätter.
Früchte: Kapseln. Die Samen sind von einem farbigen, fleischigen Arillus (Samenmantel) umgeben.
Verbreitung: Heimisch im östlichen Himalaja, Nepal und Sikkim. Gilt als schönste und widerstandsfähigste Art der Gattung.
Allgemeines: Die Gattung umfasst etwa 40 Arten an ansehnlichen, ausdauernden Kräutern mit einem knolligen, gegliederten Wurzelstock

und bis 2 m hohem, beblättertem Stängel. Verbreitet im tropischen Asien, im Himalaja und auf Madagaskar.
H. coccineum (engl. Red Ginger Lily, Scarlet Ginger Lily). Himalaja, Ostindien. Bis 3 m hohe Staude. Blätter 30–50 cm lang, linealisch lanzettlich. Blüten scharlachrot, zu zwei bis vier je Tragblatt, in dichten, 15–25 cm langen Ähren, Lippe rund, tief 2-spaltig.
H. coronarium (engl. Butterfly Lily, Garland Flower, White Ginger). Himalaja, Indien, Sri Lanka, Malaiischer Archipel. Bis 3 m hoch. Blätter bis 60 cm lang. Blüten weiß, mit gelbgrüner Mitte, sehr stark duftend, zu drei bis sechs je Tragblatt, in 11 cm langen, bis 20 cm breiten, ellipsoiden Ähren, Lippe verkehrt herzförmig, 2-spaltig.
H. flavum. Himalaja, Nordindien. Etwa 1,5 m hoch. Blätter bis 30 cm lang, länglich lanzettlich. Blüten gelb, mit orangefarbenem Fleck in der Mitte und an der Basis, meist zu fünf je Tragblatt, in bis 15 cm langen Ähren, sehr wohlriechend, nach Orangenblüten und Jasmin duftend, Lippe groß, breit verkehrt eiförmig, stumpf, gelegentlich 2-spaltig.

Zimmerkalla, Zantedeschie
Zantedeschia aethiopica

Familie: Aronstabgewächse, Araceae
Habitus: Ausdauernde Sumpfpflanze mit fleischigem Erdstamm und stattlichen, lang, gestielten Blättern.
Blätter: Bis 45 cm lang, breit eiförmig-herzförmig oder pfeilförmig, grün, mit starker Mittelrippe und Seitennerven, die bis zum Blattrand reichen, Blattstiele am Grunde scheidig, mindestens doppelt so lang wie die Blattspreite.
Blüten: Klein, eingeschlechtlich, dicht gedrängt in einem kolbenförmigen, gelben Blütenstand, umgeben von einer dekorativen, weißen, 12–16 cm langen Blütenscheide (Spatha), diese am Grunde kurzröhrig und trichterförmig, dann flach ausgebreitet und in eine Spitze auslaufend. Der Blütenstand erhebt sich auf einem etwa meterhohen Schaft über dem Laub.
Früchte: Von der Spatharöhre umgebene Beeren.
Verbreitung: Heimisch in Süd-Afrika: Kapland, Natal. An allen nicht zu trockenen Standorten weit verbreitet. In tropischen Regionen, auf Ma-

deira und auf den Kanarischen Inseln häufig verwildert. Bei uns eine verbreitete Schnittblume und robuste Zimmerpflanze.
Allgemeines: Von den sechs Arten im tropischen und südlichen Afrika ist *Z. aethiopica* am bekanntesten. Sie stammt aber nicht aus Äthiopien. Im Gegensatz zu anderen Vertretern der Familie, etwa der Taropflanze, *Colocasia esculenta* (siehe Seite 265), sind die Rhizome von *Z. aethiopica* giftig.
Die Blüten stehen am Blütenkolben nach Geschlechtern getrennt: unten die weiblichen, oben die männlichen. Blüten der gleichen Pflanze und deren vegetative Nachkommen, die mit der Mutterpflanze ja vollkommen identisch sind, sind untereinander nicht fruchtbar.
Von *Z. aethiopica* gibt es eine Reihe von Gartensorten, die sich durch ihre Stiellänge und Blütengröße voneinander unterscheiden.

Scheidenblatt
Spathiphyllum floribundum

Familie: Aronstabgewächse, Araceae
Habitus: Ausdauernde Pflanze mit unterirdisch wachsendem Rhizom und nur kurzem, kaum mehr als 30 cm hohem Spross.
Blätter: Bis 20 cm lang, elliptisch bis länglich oder lanzettlich, zugespitzt, oberseits glänzend grün, unterseits mattgrün, mit starker Mittelrippe und bogig parallel verlaufenden Seitennerven, Stiel bis zu 20 cm lang, am Grunde deutlich scheidenförmig.
Blüten: In 5–8 cm langen Blütenkolben mit zahlreichen dicht stehenden, zwittrigen Blüten, umgeben von einer zunächst weißen Blütenscheide (Spatha), diese breitet sich später aus, verfärbt sich grünlich und bleibt lange erhalten. Blütenstand 20–30 cm lang gestielt, über den Blättern stehend.
Früchte: Beeren mit wenigen Samen.
Verbreitung: Heimisch in Nordostbrasilien.
Allgemeines: Die 36 Arten der Gattung sind überwiegend im tropischen Amerika verbreitet, nur drei Arten kommen auf den Philippinen vor.

Bei uns werden vorwiegend *Spathiphyllum*-Hybriden kultiviert. An diesen Kreuzungen sind vor allem *S. cannifolium* aus Venezuela, Kolumbien und Guayana sowie *S. patinii* (Kolumbien), aber auch *S. floribundum* beteiligt.

Einige Arten entfalten einen starken Blütenduft. Die Indianer benutzen *S. cannifolium* zum Aromatisieren von Tabak. *S. cochlearispathum* wird in seiner Heimat, Südmexiko und Guatemala, als Heilmittel gegen Schwellungen und Warzen eingesetzt. Bestimmte Teile anderer Arten sind essbar, etwa die Blätter der südostasiatischen *S. commutatum*, die als Gemüse zubereitet werden. Bei *S. phryniifolium* aus Mexiko und El Salvador werden die jungen Blütenstände als Gemüse verzehrt.

Kaladie
Caladium-Arten

Familie: Aronstabgewächse, Araceae
Habitus: Dekorative Blattpflanzen mit großen, mehrfarbigen Blättern, die gefleckt, marmoriert oder anderweitig gezeichnet sind. Bei einigen Sorten sind die Blätter so dünn, dass eine darunter gehaltene Hand durchscheint.
Blätter: Bis 45 cm lang und 20 cm breit, lang gestielt, meist schild- oder pfeilförmig, am Grunde spießförmig bis keilförmig oder abgerundet, grün, oft weiß, rosa oder rot panaschiert.
Blüten: Blütenkolben mit männlichen und weiblichen Blüten, von einer röhrenförmigen, grünen oder grünlich weißen Blütenscheide (Spatha) umgeben, die zur Fruchtreife unregelmäßig aufreißt.
Früchte: Von der Spatha eingeschlossene Beeren.
Verbreitung: Die Gattung ist mit sieben krautigen, ausdauernden Arten im feuchttropischen Amerika verbreitet. Kaladien findet man oft als dekorative und farbenprächtige Blattpflanzen in tropischen Gärten.
Allgemeines: In der Regel werden nicht Arten, sondern Hybriden kultiviert, die oft schon am natürlichen Standort entstanden sind.
Am häufigsten trifft man auf *Caladium*-Bicolor-Hybriden (Bild). An deren Entstehung ist vor allem das im Amazonasgebiet heimische *C. bicolor* beteiligt. Alle Sorten dieser Hybridgruppe zeichnen sich durch die imponierende Farbigkeit und Leuchtkraft der stattlichen, schildförmigen Blätter aus, deren Zeichnung in Form und Farbe stark variieren kann.
Zu den *Caladium*-Schomburgkii-Hybriden werden alle Formen mit pfeilförmigen Blättern gestellt. Sie haben in der Regel dickere und kleinere, aber ebenfalls bunt gefärbte Blätter. *C. schomburgkii* ist in Guayana und Brasilien heimisch.
In seiner Heimat wird *C. bicolor* von den Ureinwohnern als Blattgemüse und Heilpflanze genutzt.

Rhoeo
Tradescantia spathacea
(Syn. *Rhoeo spathacea*)

Familie: Commelinengewächse, Commelinaceae

Habitus: Kräftige Staude mit gestauchter Sprossachse und einem endständigen, trichterförmigen Blattschopf.

Blätter: Linealisch-lanzettlich, 20–30 cm lang, steif, schräg nach oben gerichtet und dicht stehend, oberseits kräftiggrün, unterseits tiefdunkelviolett, bei der Gartenform 'Variegata' (oft als 'Vitata' geführt) zusätzlich mit gelben Längsstreifen.

Blüten: Klein, 3-zählig, weiß, zu vielen dicht gedrängt in Blütenständen, die von einem häutigen, schalenförmigen Hochblatt umgeben sind, in den Blattachseln, über längere Zeit nacheinander aufblühend.

Früchte: Dünnwandige, fachspaltige Kapsel. Samen von einem roten Arillus (Samenmantel) umgeben.

Verbreitung: Heimisch in Mittelamerika. In anderen tropischen Ländern nicht selten verwildert. Bei uns als Topfpflanze beliebt.

Allgemeines: Die Gattung umfasst 70 Arten. Die rote Färbung der Blattunterseite wird durch einen im Zellsaft gelösten Farbstoff, das Anthocyan, verursacht. Alle Teile von *T. spathacea* sind giftig.

Zur Gattung gehört unter anderem auch die bei uns als Gartenstaude bekannte Dreimasterblume, *Tradescantia × andersoniana*-Hybriden, mit ihren blauen, karminroten, roten und weißen Blüten.

Von den tropischen Verwandten der Familie ist als Schmuckstaude *Dichorisandra thyrsiflora* (engl. Blue Ginger) aus Brasilien bemerkenswert. Eine kräftige Staude mit großen, 20–30 cm langen und bis 8 cm breiten glänzend grünen, lanzenförmigen, unter dem Blütenrand schirmförmig angeordneten Blättern. Sie besitzt große, bis 20 cm lange endständige, rispenförmige Blütenstände mit blauviolett gefärbten Blüten und gelben Staubgefäßen.

Victoria
Victoria amazonica

Familie: Seerosengewächse, Nymphaeaceae
Habitus: Ausdauernde, imposante, raschwüchsige, sehr großblättrige Wasserpflanze.
Blätter: Dem Wasser aufliegend, kreisrund, 2–3 m breit, am Rand kuchenblechartig 4–6 cm hoch aufgewölbt, Blattunterseite, Blatt- und Blütenstiele stark und scharf bestachelt, die Blattfläche wird durch ein Gerüst aus starken Blattnerven versteift. Bei gleichmäßiger Verteilung kann ein Blatt ein Gewicht von 30–70 kg tragen.
Blüten: Leicht über die Wasseroberfläche erhoben, 25–40 cm breit, sehr wohlriechend. Blüten bleiben nur zwei Nächte lang geöffnet, sie entfalten sich bei Sonnenuntergang, schließen sich im Laufe des frühen Vormittags, öffnen sich am Nachmittag ein zweites Mal und sinken am folgenden Morgen unter die Wasseroberfläche, im Aufblühen weiß, beim Schließen rosa und beim zweiten Aufblühen rot, Blüten- und Staubblätter spiralig angeordnet und sehr zahlreich.

Früchte: Beerenartig, faustgroß, stachelig, unter der Wasseroberfläche reifend. Die zahlreichen Samen können roh oder gekocht gegessen werden.
Verbreitung: Heimisch in ruhigen Gewässern, Buchten, Sümpfen und Seen des Amazonasgebietes sowie angrenzender Teich- und Flusssysteme.
Allgemeines: Von allen Wasserpflanzen ist die Victoria, benannt nach Königin Victoria von England (1819–1901), die imposanteste. Sie fehlt heute in fast keinem botanischen Garten. Entdeckt wurde die »Königliche Wasserlilie« 1801 von dem deutschen Botaniker Thaddaeus Haenke. In Kultur keimten die ersten Samen 1846 in Kew Garden bei London, die ersten Blüten konnten 1849 in den Gewächshäusern des Herzogs von Devonshire zu Catsworth bewundert werden. Zwei Jahre später blühte auch im Berggarten in Hannover eine Pflanze.

Indische Lotosblume
Nelumbo nucifera

Familie: Seerosengewächse, Nymphaeaceae
Habitus: Ausdauernde Wasserpflanze mit großen, lang gestielten Blättern.
Blätter: Auf 1–2 m langen, kräftig bestachelten Trieben, 30–60 cm groß, kreisrund, flach trichterförmig gewölbt, von einer blaugrünen Wachsschicht überzogen.
Blüten: Einzeln auf langen Stielen über den Blättern stehend, 18–35 cm breit, rosa oder weiß, am Grunde in Gelb übergehend, neben der Art zahlreiche Sorten mit abweichenden Blütenfarben.
Früchte: Mit Löchern ausgestattete Kapseln, die in ihrer Form an die Brause einer Gießkanne erinnern, sie enthalten haselnussgroße, essbare Samen.
Verbreitung: Östliches Russland, Amurgebiet, Himalaja, China, Malaiischer Archipel, Australien; eingebürgert in Iran, Rumänien und Japan.
Allgemeines: Die Indische Lotosblume ist der Inbegriff einer mythischen Pflanze. Sie gilt in Ost-Asien als Symbol des Absoluten, der Wie-dergeburt, der Reinheit und Vollkommenheit, sie ist das Sinnbild des Buddhismus schlecht-hin. So wie sich die Lotosblüten aus dem Grund schlammiger Teiche rein und unbefleckt entfalten, so soll sich auch die Seele des Menschen aus dem Staub der materiellen Welt in die reine Wesenlosigkeit des Nirwana erheben. Nach altindischer Kosmologie ist der Lotosstängel die aus den Urwassern aufsteigende Weltachse, auf der die Erde ruht. Der Legende zufolge wurde Buddha auf einer Lotosblüte geboren.
Lotos hat auch ganz profane Werte. Seine stärkehaltigen Wurzelrhizome werden zu Mehl verarbeitet oder in Scheiben geschnitten und auf verschiedenste Weise zubereitet. Die Blätter dienen als Tee, zum Frischhalten von Nahrungsmitteln oder als Kopfbedeckung. Man isst die Stängel gekocht oder roh. Die Samen werden getrocknet oder als kandierte Nüsse verzehrt.

Weiße Ägyptische Lotosblume
Nymphaea lotus

Familie: Seerosengewächse, Nymphaeaceae
Habitus: Ausdauernde Wasserpflanze mit großen Schwimmblättern.
Blätter: Schildförmig, 30–50 cm breit, kreisrund, scharf gesägt, lederartig dick und glänzend dunkelgrün.
Blüten: 15–30 cm breit, weiß, die äußeren Blütenblätter oft rosa überhaucht, wohlriechend, sie blühen vier Tage lang, jeweils vom Nachmittag bis zum übernächsten Vormittag.
Früchte: Fleischige, im Wasser zerfallende Beeren.
Verbreitung: Nordwestrumänien, Ägypten, tropisches Afrika, Indien, Malaiischer Archipel, Philippinen.
Allgemeines: Die Gattung ist mit rund 50 Arten in den tropischen, subtropischen und gemäßigten Zonen aller Erdteile verbreitet. Neben der Weißen Lotosblume gibt es beispielsweise auch eine Blaue Lotosblume der Ägypter, *N. caerulea*, eine Blaue Lotosblume der Inder, *N. stellata*, oder die Riesenseerose

N. gigantea, die in Australien und Neuguinea heimisch ist. Ihre Blätter werden etwa 50 cm lang, die sehr wohlriechenden Blüten bis 30 cm groß.
Neben den Arten gibt es eine Fülle von Hybriden mit weißen, gelben, rosa, roten oder blauen Blüten.
N. lotus und *N. caerulea* sind eng mit der Kultur der alten Ägypter und Assyrer verbunden. Davon zeugen jahrtausendealte Darstellungen. Auch in anderen Kulturen hatten Lotosblumen eine mythologische Bedeutung. Den Griechen galt sie als den Nymphen geweiht und heilig. Nach einer griechischen Sage, über die Plinius (1. Jh. n. Chr.) berichtet, entstanden sie aus einer Nymphe, die vor Eifersucht auf den starken Helden Herakles gestorben sei.
N. lotus hat aber auch eine praktische Bedeutung. Die Pflanze wird als Gemüse genutzt, die Wurzeln werden zu Medizin verarbeitet, und die Samen dienen als Notnahrung.

Papyrusstaude
Cyperus papyrus

Familie: Riedgrasgewächse, Cyperaceae
Habitus: Ausdauernde, 2–3 m hohe Staude mit aufrechten, ungegliederten, abgerundeten, 3-kantigen Sprossen. Häufig an Teichufern kultiviert.
Blätter: Grasähnlich schmal, endständig in einem Schopf, hängend.
Blüten: Oberhalb des Blattschopfes in großen, 100- oder mehrstrahligen Dolden, die aus Ähren zusammengesetzt sind.
Früchte: Nussähnliche Schließfrüchte.
Verbreitung: Ursprünglich im tropischen Zentral-Afrika und im Sudan heimisch. Durch den Menschen sehr früh nach Ägypten und Süd-Europa gebracht. Heute in allen tropischen, subtropischen und mediterranen Gebieten eine häufige Zierpflanze.
Allgemeines: Mit rund 600 Arten ist die Gattung in tropischen, subtropischen und gemäßigten Zonen verbreitet. *C. papyrus* ist wohl die bekannteste Art der Gattung. Sie war einst von großer wirtschaftlicher Bedeutung, vor allem

im alten Ägypten. Neben den stärkehaltigen, essbaren Wurzelstöcken lieferte die Staude das Ausgangsmaterial für die Herstellung von Papyrus, das in den altägyptischen Reichen ein wichtiges Schreibmaterial war. Das Mark der Sprosse wurde der Länge nach in dünne Streifen gespalten, die, platt geklopft, in frischem Zustand in zwei Lagen kreuzweise übereinander gelegt, mit Wasser benetzt und so lange geklopft wurden, bis sie zu einem Blatt verbunden waren. Die Herstellung von Papyrus war ein königliches Monopol. Sie wurde über drei Jahrtausende lang betrieben, von etwa 2500 v. Chr. bis ins 11. Jahrhundert n. Chr.

Aus Papyrusstängeln wurden außerdem Flechtwerk und Schiffe hergestellt. Der Norweger Thor Heyerdahl bewies 1970 mit dem Unternehmen Ra II, dass man mit einem nach altägyptischen Vorlagen gebauten Papyrusboot von Nord-Afrika aus Amerika erreichen kann.

Wasserhyazinthe
Eichhornia crassipes

Familie: Pontederiagewächse, Pontederiaceae
Habitus: Meist frei schwimmende Wasser- oder Sumpfpflanze, die die Wasseroberfläche mehr oder weniger dicht bedeckt.
Blätter: An einer gedrungenen Sprossachse steht eine große Zahl rosettenförmig angeordneter Blätter, Blattstiele deutlich blasenartig aufgetrieben, im Inneren ein stark lufthaltiges Gewebe, das die Pflanzen schwimmfähig macht. Blattspreite bis 12 cm breit, kreisrund bis eiförmig, hellgrün, glatt.
Blüten: Scheinähren mit sehr kurz gestielten, hellblauen bis blauvioletten Blüten, die sechs weit ausgebreiteten Kronblätter am Grunde zu einer kurzen Röhre verwachsen, das mittlere, aufrecht stehende Kronblatt hat eine dunklere, netzartige Zeichnung und einen leuchtend gelben Fleck.
Früchte: 3-fächrige Kapseln.
Verbreitung: Ursprüglich im tropischen Süd-Amerika, weltweit in tropischen und subtropischen Regionen eingebürgert.

Allgemeines: *E. crassipes* wurde im vergangenen Jahrhundert in viele tropische Gebiete der Alten Welt verschleppt. Durch ihre rasche vegetative Vermehrung ist sie fast überall zu einem lästigen Wasserunkraut geworden, das Flüsse, Bäche, Kanäle und Seen verstopft. Sie behindert die Schifffahrt, schädigt die Fischerei und dringt sogar bis in die Reisfelder vor. Die Wasserhyazinthe vermehrt sich durch Ausläufer, die in den Achseln der Blattrosetten entstehen. Die Ausläufer einer Pflanze können innerhalb weniger Monate mehrere hundert Quadratmeter Wasserfläche bedecken.
Wärmebedürftiger und deshalb nicht so weit verbreitet wie *E. crassipes* ist *E. azurea*. Sie unterscheidet sich von *E. crassipes* durch größere Blühwilligkeit und große, violett-purpurne Blüten.
Die Gattung trägt den Namen des preußischen Ministers Johann Albert Friedrich Eichhorn (1779–1856).

Wassersalat
Pistia stratiotes

Familie: Aronstabgewächse, Araceae

Habitus: Auf dem Wasser schwimmende, hellgrüne Blattrosetten, die Wasserflächen oft mit einem dichten Teppich bedeckend.

Blätter: Bis 20 cm breit, breit keilförmig, vorne abgerundet oder gestutzt, gespreizt bis nahezu aufrecht stehend, dicht mit feinen, Wasser abweisenden Haaren bedeckt, mit 7–15 rippenartigen Nerven, blaugrün.

Blüten: Klein, zwischen den Blättern versteckt, ein grüne, innen weißliche Blütenscheide umschließt einen kleinen Kolben, der nur je eine weibliche und eine männliche Blüte hervorbringt.

Früchte: Von der Spatha eingeschlossene Beeren mit zahlreichen Samen.

Verbreitung: Weltweit auf tropischen und subtropischen Gewässern verbreitet.

Allgemeines: Die Gattung umfasst nur eine Art.

Der Wassersalat zeichnet sich wie die Wasserhyazinthe durch starke vegetative Vermehrung aus. Aus der Achsel der Niederblätter gehen Ausläufer treibende Sprosse hervor, die zu einer Massenvermehrung führen. Auf dem in Ghana angelegten Volta-Stausee hatten sich bereits wenige Monate nach der Fertigstellung kilometerlange *Pistia*-Flöze gebildet. Eine Massenvermehrung ist auch wegen der starken Wasserverdunstung unerwünscht, die gegenüber einer freien Wasserfläche ein Mehrfaches beträgt.

Zwischen den Sauerstoff abgebenden Schwimmwurzeln entwickeln sich die Larven einer Stechmückengattung, die als Zwischenwirt für verschiedene tropische Krankheiten dient.

Die Pflanze wird als Viehfutter und Gründünger verwendet, außerdem als Heilmittel gegen zahlreiche Krankheiten eingesetzt. Die jungen Blätter werden in China als Kochgemüse gegessen.

Amerikanische Rhizophora
Rhizophora mangle

Familie: Mangrovengewächse, Rhizophoraceae

Habitus: Immergrüne Holzgewächse, die in
den Brackwasserzonen geschützter Meeresküsten und Flussufern einen mehr oder weniger dichten Gehölzgürtel bilden. Sie fallen vor
allem durch ihre zahlreichen Stütz- und Atemwurzeln auf.

Blätter: Gegenständig, dick-ledrig.

Blüten: Zwittrig, 4-zählig, mit acht bis zwölf
Staubblättern in den Blattachseln.

Früchte: Groß, eiförmig oder länglich, 1-sa-
mig. Sie keimen bereits am Baum und entwickeln sich zu einer länglichen Keimpflanze.

Verbreitung: Mangroven in Südflorida, sowie
im tropischen Amerika, West- und Zentral-Afrika, Angola und Polynesien.

Allgemeines: Zu den Mangrovengewächsen
gehören vier Gattungen *(Rhizophora, Bruguie-
ra, Ceriops, Kandelia)* der Rhizophoraceae. Unter ihnen erfährt die Gattung *Rhizophora* die
größte Verbreitung. *R. mangle* ist eine bestand-
bildende Art der westlichen Mangrovenwälder.
R. mucronata kommt in den Mangroven von Japan, Australien bis Ost-Afrika vor. *R. conjugata*
bildet die Mangroven im tropischen Asien.

Alle Mangrovenpflanzen haben sich dem ständig wechselnden Wasserstand angepasst. Die
Stelzwurzeln entspringen dem Stamm, wachsen in einem weiten Bogen nach unten und bilden nach dem Eindringen in den Boden zahlreiche Nährwurzeln.

Bei *Rhizophora* beginnt die Stelzwurzelbildung
bereits am Hypokotyl (Keimstängelchen) der
Keimpflanze. Bei hohem Wasserstand ragen
nur die Kronen der Bäume aus dem Wasser, bei
Ebbe werden die in der Regel heller gefärbten
Stelzwurzeln sichtbar. Bemerkenswert an *Rhizophora* ist auch die Ausbildung von Keim-
pflanzen noch an der Mutterpflanze. Die lang
gezogene Keimpflanze dringt beim Herabfallen
in den schlammigen Boden ein und verankert
sich dort.

Orchideen und andere Epiphyten

Unter Epiphyten verstehen wir Pflanzen, die auf anderen Pflanzen, oft auf Bäumen leben, ohne diesen Nährstoffe zu entziehen. Sie finden Wasser und Nahrung in den oft nur geringen Humusablagerungen in den Astgabeln und Rindenfurchen ihrer Wirtsbäume. Einige Arten sammeln selbst Humus in ihren Blattpolstern, andere entnehmen Wasser mit darin gelösten Nährstoffen ihren eigenen, zisternenähnlichen Blatttrichtern (beispielsweise die Bromelien), oder sie nehmen, wie die Orchideen, Wasser und Nährstoffe über das Außengewebe ihrer Wurzeln auf. In Extremfällen, beispielsweise beim Louisiana-Moos, entnimmt die Pflanze Wasser und Nährstoffe unmittelbar aus der Luft. Die Epiphyten unterscheiden sich also ganz wesentlich von den Parasiten oder Schmarotzerpflanzen, die ihre Wirtspflanze anzapfen und sich von ihr ganz oder teilweise ernähren lassen.

Aus dem fast unüberschaubar großen Heer tropischer Epiphyten werden hier nur einige weit verbreitete Vertreter aus der Familie der Orchideen vorgestellt, eine Bromelienart sowie zwei Farne.

Orchideen bilden mit über 20 000 Arten die artenreichste Familie der Blütenpflanzen; sie stellen allein 7–9 % aller blühenden Pflanzen. Sie zeichnen sich außerdem durch eine Mannigfaltigkeit im Bau ihrer Blüten aus, wie sie bei keiner anderen Pflanzengruppe zu finden ist. Oft sind die Blüten äußerst bizarr geformt und auffallend kontrastreich gefärbt. Einige Arten haben nur millimetergroße Blüten, andere Blüten beeindrucken mit einem Durchmesser von mehr als 10 cm.

Bei aller Vielfalt der Blütenformen lassen sich im Grundbauplan stets drei äußere (= Sepalen) und drei innere (= Petalen) Blütenblätter in Blütenblattkreisen erkennen. Sie können in Form und Größe ähnlich, aber auch verschieden gestaltet sein. Das mittlere Blütenblatt des Innenkreises ist gegenüber den beiden anderen wesentlich vergrößert und als Lippe (= Labellum) ausgebildet; sie kann einfach und ungeteilt oder mehr oder weniger tief geteilt sein. Den zentralen, nicht geteilten Teil der Lippe bezeichnet man als Platte. Die Lippe ist sehr verschieden geformt: im Allgemeinen ist sie konkav, sie kann aber auch sackartig oder schuhförmig gestaltet sein. Die Oberseite der Lippe, hauptsächlich die Platte, ist bei vielen Arten mit unterschiedlich gestalteten Kämmen, Schwielen und Lamellen versehen. Bei den meisten Orchideen sind die Staubbeutel mit dem Griffel zu einem als Säule bezeichneten Organ verwachsen, das eine Verlängerung der Blütenachse darstellt.

Die Orchideenfrüchte sind fast ausnahmslos Kapseln und streuen trockene Samen aus. Die Samenkapsel öffnet sich in der Regel ausgehend von der Spitze entlang der Mittelachse der drei Fruchtblätter. Orchideen besitzen die kleinsten Samen aller Blütenpflanzen. 1 g Saatgut enthält 300 000–1,4 Millionen Samenkörner. Derart winzige Samen können keine Nährstoffe für die Entwicklung des Keimlings bergen. Der keimende Embryo wird aber von einem Wurzelpilz ernährt, der in Symbiose mit der Orchidee lebt. Diese Lebensgemeinschaft wird Mykorrhiza genannt. Grundsätzlich ist jede Orchidee zeitlebens mit ihrem speziellen Wurzelpilz infiziert.

Der Mensch hat sich aber nicht mit der natürlichen Artenvielfalt begnügt. Auf der Suche nach immer schöneren, phantastischer gefärbten, möglichst dauerhaften Blüten wurden zahlreiche Arten miteinander gekreuzt, sodass uns heute neben den Arten eine große Fülle prachtvoller Hybriden zur Verfügung steht. Die hier behandelten Arten können nur einen kleinen Einblick in die Artenfülle dieser Familie geben.

Schließlich werden aus dem großen Heer der Farnpflanzen zwei besonders großblättrige, epiphytisch lebende Arten vorgestellt.

Cattleya
Cattleya-Arten

Familie: Orchideen, Orchidaceae
Habitus: Überwiegend epiphytisch wachsende Orchideen, die aus kräftigen Rhizomen mehr oder weniger verdickte, pseudobulbenartige Stämme entwickeln, welche am Ende ein bis drei Blätter tragen.
Blätter: Länglich bis breit verkehrt eiförmig, meist ledrig.
Blüten: Einzeln oder zu wenigen in endständigen Trauben, meist von einer spathaähnlichen Hülle umgeben, Blüten meist groß und auffallend, Kelchblätter frei, untereinander mehr oder weniger ähnlich, fleischig, Kronblätter fast immer viel breiter als die Kelchblätter, Lippe ungeteilt oder 3-lappig; sie umfasst als größtes Blumenblatt mit ihren Seitenlappen das ungeflügelte, mehr oder weniger gekrümmte Säulchen.
Verbreitung: Die Gattung ist mit ungefähr 45 Arten in Mittel- und Südamerika verbreitet. Cattleyen bevorzugen sonnige Standorte; sie besiedeln bevorzugt Bäume, die auf Lichtun-

gen oder am Waldrand wachsen. Nur wenige Arten wachsen lithophytisch auf Felsen mittelhoher Gebirge bis in Höhen von 1 500 m.
Allgemeines: Gärtnerisch sind heute verschiedene Gattungshybriden von größerer Bedeutung als die Arten. Seit 1859 in England die erste *Cattleya*-Hybride aus einer künstlich vorgenommenen Bastardierung blühte, hören die Bemühungen nicht auf, Hybriden zu züchten, die sich durch große und farbenprächtige Blüten mit langer Haltbarkeit auszeichnen. Aus zahlreichen Kreuzungen entstanden Hybriden, von denen manche bis zu fünf verschiedene Gattungen in sich vereinen. Am Zustandekommen dieser Hybriden sind oft Arten der nahe verwandten Gattungen *Laelia* und *Brassavola* beteiligt. Das drückt sich in den Namen der Gattungshybriden aus, etwa bei × *Brassocattleya*, × *Brassolaeliocattleya* oder × *Laeliocattleya*. Die Abbildung zeigt die *Cattleya*-Hybride 'Belgica' × 'Warnellii'.

Dendrobium
Dendrobium-Arten

Familie: Orchideen, Orchidaceae
Habitus: Vorwiegend epiphytisch wachsende Orchideen.
Blätter: Einzeln bis zahlreich, endständig oder 2-zeilig über den ganzen Stamm verteilt, verschieden in Form und Beschaffenheit.
Blüten: In traubigen, ein- oder vielblütigen, aufrechten oder waagerechten bis hängenden Infloreszensen, klein bis groß, meist auffallend, Lippe einfach oder 3-lappig, am Grunde mit dem Fuß der Säule verbunden, öfters mit den seitlichen Kelchblättern teilweise verwachsen und einen geschlossenen Sporn bildend.
Verbreitung: Mit 900–1 400 Arten von Indien über China, Japan, Südost-Asien, Neuguinea bis Australien, die Pazifischen Inseln und Neuseeland verbreitet.
Allgemeines: Die tropischen Arten aus feuchtwarmen Regionen mit gleichmäßig über das Jahr verteilten Regenfällen behalten ihre derben, ledrigen Blätter über mehrere Vegetationsperioden. Dagegen werfen Arten aus gebirgigen Gegenden mit feuchtwarmen Regen- und kühlen Trockenperioden zu Beginn der Ruheperiode fast immer ihre Laubblätter ab.
D. bigibbum (Syn. *D. phalaenopsis*). In Timor, Neuguinea, auf den Molukken und in Nordqueensland heimisch. Sie wird 50–60 cm hoch und hat 20 cm lange, lanzettliche, steife, fleischige, dunkelgrüne Blätter. Der hängende Blütenstand wird bis 50 cm lang. Die Blüten sind 6–9 cm breit, sattpurpurn oder heller. Die schmale, 3-lappige Lippe besitzt an der Basis fünf bis sieben Leisten. Durch Züchtung entstanden farbenprächtige Hybriden.
Zu den besonders häufig kultivierten Arten gehört *D. nobile*. Die Sprosse sind zur Blütezeit belaubt. Blüten 4–7 cm breit, wachsartig, duftend, langlebig, verschiedenfarbig.
Die Abbildung zeigt die seltene Art *D. maccarthiae*.

Oncidium
Oncidium-Arten

Familie: Orchideen, Orchidaceae

Habitus: Kleine bis sehr große Pflanzen mit kurzen bis langen Rhizomen. Pseudobulben sehr klein bis groß.

Blätter: Kurzlebig oder mehrjährig, eiförmig bis lanzettlich, schwertförmig oder stielrund.

Blüten: Blütenstand am Grunde der Pseudobulben, traubig oder rispig, kurz bis sehr lang, verzweigt, aufrecht wachsend, mit wenigen oder zahlreichen Blüten, diese unauffällig bis sehr dekorativ, Kelch- und Kronblätter sind an der Basis meist nicht zusammengewachsen, Lippe ungeteilt oder 3-lappig, rechtwinklig zum geöhrten Säulchen stehend, Mittellappen meist größer als die Seitenlappen.

Verbreitung: Die Gattung umfasst über 450 epiphytisch wachsende Arten, die in den Tropen und Subtropen von Mittel- und Südamerika verbreitet sind. Sie kommen überwiegend in Klimabereichen vor, in denen die Ausbildung von Wasser speicherndem Gewebe, Pseudo-bulben oder sukkulentenartigen Blättern nicht notwendig ist.

Allgemeines: Die Gattung *Oncidium*, deren Einteilung in Sektionen und deren Abgrenzung zu einigen anderen Gattungen *(Miltonia* und *Odontoglossum)* noch ungeklärt ist, ist wie *Odontoglossum* am Zustandekommen einiger Gattungshybriden beteiligt, etwa an × *Vuylstekeara (Odontoglossum × Miltonia × Cochlioda)*, die mit ihren großen, sternartigen Blüten zu den schönsten, von Gärtnern gezüchteten Hybriden gehört. Als Schnittblume ist *Oncidium* 'Golden Shower' am weitesten verbreitet.

Die Abbildungen zeigen *O. hastilabium* (rechtes Bild) und *O. gardneri* (linkes Bild).

Venusschuh
Paphiopedilum-Arten

Familie: Orchideen, Orchidaceae
Habitus: Vorwiegend terrestrisch wachsende Pflanzen mit dicken, horizontal ausgebreiteten Wurzeln.
Blätter: Zu zwei oder einzeln, ledrig, länglich, in Längsrichtung gefaltet.
Blüten: In einem unterschiedlich langen, endständigen, ein- bis mehrblütigen Blütenstand, wachsartig aussehend, mittelgroß bis groß, immer auffallend schön, das mittlere Kelchblatt zu einer aufrechten oder nach vorn geneigten Fahne vergrößert, die beiden seitlichen zu einem abwärts geneigten Synsepalum (mehr oder weniger weitgehende Verwachsung von Sepalen = Kelchblättern) verwachsen, Petalen horizontal abstehend, nach unten gerichtet oder hängend, die pantoffelähnliche Lippe wird als Schuh bezeichnet, das Säulchen trägt seitlich je einem Staubbeutel mit dem verklebten Blütenstaub, darunter befindet sich die Narbe.
Verbreitung: Die Gattung ist mit insgesamt etwa 60 Arten vom Himalaja südwärts über die Großen und Kleinen Sundainseln bis Neuguinea und ostwärts bis zu den Salomoninseln sowie von Indien über Südchina bis zu den Philippinen verbreitet.

Allgemeines: Venusschuh-Orchideen sind ihrer Blütenform wegen sehr beliebt und deshalb in zahlreichen Arten und Hybriden in Kultur. Die ersten Hybriden entstanden 1869, die Suche nach immer noch schöneren Hybriden hält bis in unsere Tage an.

Die abgebildete *P. charlesworthii* ist in Burma und Assam heimisch. Ihre grünen, bis 25 cm langen Blätter sind länger als der einblumige Blütenschaft. Die 6 cm breite Blüte trägt eine hellrosa Fahne. Die Fahne und hellbräunlich gefleckten, grünlichen Petalen sind dunkler geadert, der grünliche Schuh wirkt hellbraun überlaufen.

Eine der wichtigsten Arten der Gattung ist *P. insigne*, die aus Assam und Nepal stammt. Die Art hat riemenförmige, dunkelgrüne Laubblätter, die länger sind als der 10–20 cm lange Blütenschaft. Die Blüte ist 6–12 cm breit und gelbgrün, dabei weiß umrandet und braun gefleckt. Die gelbgrünen Petalen sind braun geadert, der ebenfalls gelbgrüne Schuh ist braun schattiert. *P. insigne* wurde im vergangenen Jahrhundert häufig für Züchtungen verwendet. Von der Art sind mehrere Varietäten bekannt.

Eine farbenprächtige, weit verbreitete Art ist auch *P. callosum*, die in Thailand und Indochina vorkommt. Die Blüten sind etwa 10 cm breit. Die mittlere Sepale ist weiß, am Grunde grün und darüber mit purpurnen Linien. Die zungenförmigen Petalen sind grün mit dunkleren Linien, im oberen Drittel rosapurpurn, am oberen Rand mit schwarzen Warzen. Die helmförmige Lippe ist dunkelbronze, die beiden Seitenlippen tragen große, schwarze Warzen.

Phalaenopsis
Phalaenopsis-Arten

Familie: Orchideen, Orchidaceae
Habitus: Epiphytisch oder lithophytisch wachsende Arten ohne Pseudobulben, mit kurzem, beblättertem Stamm.
Blätter: Zu 2–6, 2-zeilig stehend, breit verkehrt eiförmig oder eiförmig.
Blüten: In traubigen oder rispigen, ein- bis vielblütigen Ständen, klein bis groß, langlebig, oft auffallend, Kelchblätter frei abstehend, Kronblättern den Kelchblättern in der Form ähnlich, aber viel breiter und länger, Lippe 3-lappig, Seitenlappen aufrecht, parallel zur Seite stehend und nahe der Mitte fleischig verdickt, Mittellappen vorstehend, fleischig, oft mit einer Mittelleiste und mehr oder weniger dicht flaumig behaart, Säule aufrecht und ungeflügelt.
Verbreitung: Ungefähr 40 Arten in Indien, Südost-Asien, Indonesien, auf den Philippinen und in Nord-Australien.
Allgemeines: Eine der wichtigsten Arten der Gattung ist *P. amabilis*. Sie hat einen bis 1 m langen, traubigen oder rispigen Blütenstand mit mehr oder weniger zahlreichen Blüten. Sie sind in Form und Farbe sehr veränderlich, meist sehr zart, groß, duftend und lange haltbar. Sepalen und Petalen sind milchweiß und auf der Rückseite, besonders nach unten hin, rosa behaucht. Die weiße Lippe hat intensiv goldene Ränder, die Schwiele ist goldgelb und rot getüpfelt. Die Lippe ist in der unteren Hälfte 3-lappig, das Säulchen kurz und zylindrisch. Durch Kreuzung mit anderen Arten erhielt man Hybriden, die als Schnittblumen eine längere Haltbarkeit zeigten als die der Eltern. Die Abbildung zeigt eine Hybride aus 'Zauberrose' × 'Lippezauber'.

Unter den reinen Arten ist auch *P. schilleriana* von der Philippineninsel Luzon auffallend schön. Der hängende Blütenstand kann fast 1 m lang werden und über 250 Blüten tragen. Blüten zart, 7 cm breit, duftend, Sepalen und Petalen sanft rosenrot, an den Rändern fast bis weiß ausbleichend, Lippe weiß bis tiefviolett, am Grunde der Seitenlappen gelb und karminrot getüpfelt.

Vanda
Vanda-Arten

Familie: Orchideen, Orchidaceae
Habitus: Kleine oder große, epiphytisch oder lithophytisch (auf Felsen mit sehr geringen Bodenauflagen) wachsende Orchideen mit kurzen, beblätterten, monopodialen Stämmen und zahlreichen, bis meterlangen Luft- und Bodenwurzeln.
Blätter: 2-zeilig stehend, meist riemenförmig, flach, Mittelrippe unterseits gekielt.
Blüten: In blattachselständigen, aufrechten, mehr- bis vielblütigen Trauben, fast immer groß und auffallend, Kelch- und Kronblätter nahezu gleichartig, Lippe 3-lappig und mit dem Grund des kurzen, zylindrischen Säulchens verwachsen, Mittellappen vorgestreckt und mit kurzem, stumpfen Sporn, Seitenlappen aufrecht.
Verbreitung: Mit etwa 35 Arten von Indien ostwärts nach Südost-Asien, Indonesien, Neuguinea, Australien und von den Philippinen nach Formosa und den umliegenden Inseln.

Allgemeines: *Vanda*-Hybriden sind heute gärtnerisch von größerer Bedeutung als die reinen Arten. Die meisten Hybriden wurden in Südost-Asien gezüchtet. Eine der beliebtesten Hybriden ist *Vanda* 'Miss Joaquim', die erste natürliche Hybride, die in Singapur entstand. Heute ist sie die Nationalblume des Stadtstaates Singapur. Sie wurde im Garten von Miss Joaquim gefunden. Die Elternpflanzen sind *V. hookeriana* und *V. teres*, zwei Arten, die in diesem Gebiet heimisch sind. Die Abbildung zeigt eine unbekannte Hybride.
Durch Einkreuzung anderer Arten entstanden später auch Gattungshybriden; die wertvollsten sind × *Vandanthe (Euanthe × Vanda)*, × *Ascocenda (Ascocentrum × Vanda)* und × *Renantanda (Renanthera × Vanda)*.

Louisianamoos
Tillandsia usneoides

Familie: Bromeliengewächse, Bromeliaceae
Habitus: Oft in Massen von Bäumen herabhängender, im Habitus an Bartflechten erinnernder, wurzelloser Luftepiphyt mit langen, drahtig dünnen, gewundenen Sprossen, deren Internodien 6 cm Länge erreichen können. Aus den Achseln der schmalen Laubblätter werden gleich gestaltete Seitentriebe entwickelt.
Blätter: 2-zeilig angeordnet, 3 cm lang, linealisch, drehrund, dicht mit aschgrauen Schuppen bedeckt.
Blüten: Einzeln stehend, dudtend, etwa 2 cm breit, hellblau oder grünlich.
Früchte: Kleine Kapseln.
Verbreitung: Südliches und südöstliches Nordamerika, Mexiko, Mittelamerika, Westindien, Südamerika. Auch in anderen Zonen der Tropen mit hoher Luftfeuchte zu finden.
Eine andere Art, *T. recurvata*, ist von Florida bis Arizona sowie Mittel- und Südamerika selbst noch auf Telefondrähten anzutreffen.

Allgemeines: Die Ernährung von *T. usneoides*, die auch als Greisenbart bezeichnet wird, erfolgt ausschließlich über Saugschuppen, die an den Blättern dicht aufliegen. Wasser und die darin gelösten Nährstoffe werden zunächst durch Adhäsion zwischen den toten Schuppenzellen und der Blatt- bzw. Stängeloberfläche festgehalten und dann durch die lebenden Stielzellen der Saugschuppen dem Pflanzenkörper zugeführt.

Mit etwa 400 epiphytisch oder terrestrisch wachsenden Arten ist die Gattung im gesamten tropischen und subtropischen Amerika, von den Südstaaten der USA bis nach Chile und Argentinien, verbreitet. Die meisten von ihnen leben als Epiphyten auf Bäumen, andere aber auch als wurzellose Bodenpflanzen. Sie unterscheiden sich naturgemäß sehr in Größe und Habitus. Ihre Blätter, die oft dicht mit grauen oder weißen Schuppen bedeckt sind, stehen häufig in Rosetten, in denen sich Wasser und Nährstoffe ansammeln können. Die Blüten bilden Ähren oder Rispen, sie sind blau, violett, gelb, weiß oder rötlich, selten grünlich bis grünlich gelb. Meist sind farbige Hochblätter vorhanden. Viele Arten sind von besonderer Schönheit und werden deshalb auch bei uns als Topfpflanzen kultiviert.

Geweihfarn
Platycerium coronarium

Familie: Tüpfelfarngewächse, Polypodiaceae
Habitus: Großer, epiphytisch wachsender Farn mit einer dichten Rosette aus wiederholt gegabelten Blättern.
Blätter: Schuppenblätter bei allen Arten sitzend, dauerhaft, sehr breit, bald trocken und braun werdend, dachziegelig übereinander stehend, die Rhizome, Wurzeln und verrotteten Überreste einhüllend, bei *P. coronarium* 1 m lang, 0,5 m breit. Die fertilen (fruchtbaren) Blätter sind lang gestielt, herabhängend, 2–4 m lang, aus einer kurzen Basis sich plötzlich verbreiternd und in zahlreiche gabelige, riemenförmige, 2–3 cm breite Lappen zerteilt. Die Sporangien werden auf besonderen, nierenförmigen, etwa 20 cm breiten Blattabschnitten angelegt, die am Grunde der fertilen Blätter entspringen.
Blüten: Es werden keine Blüten und Früchte ausgebildet, sondern nur ungeschlechtliche Sporen, die in Sporenbehältern (Sporangien) an der Unterseite fertiler Blätter sitzen. Diese Sporangien sind nicht, wie bei vielen anderen Farnen, zu deutlich sichtbaren, einzeln stehenden Häufchen (Sori) zusammengefasst, sondern bedecken die ganze Oberfläche der entsprechenden Blattabschnitte.
Verbreitung: Indochina, Malaiischer Archipel, Philippinen. In den Gärten der tropischen Alten Welt oft als riesige Epiphyten auf Kronenästen und Stämmen zu finden.
Allgemeines: Die Gattung ist mit 18 Arten in Afrika, Malaysia, Australien und Südamerika verbreitet. Es sind eigenartige, ausschließlich epiphytisch wachsende Farne, bei denen die sterilen und fertilen Blätter verschieden gestaltet sind. Die dichte, auf Stämmen und Ästen aufsitzende Blattrosette wird aus Jugendblättern gebildet, die bald absterben, verbräunen und am Ende mehr oder weniger deutlich tütenförmig abstehen. Aus der Mitte der Rosette entwickeln sich fertile Blätter, die zunächst aufrecht stehen und später überhängen. Sie sind an ihrer Spitze meist gabelig oder geweihartig verzweigt, daher die Bezeichnung Geweihfarn. Die meisten Arten sind Bewohner feuchtwarmer Regenwälder. Sie wachsen oft in großer Höhe in den Astgabeln und auf den Stämmen von Urwaldbäumen.

P. bifurcatum. Südost-Asien, Polynesien, subtropisches Australien. Schuppenblätter bis 60 cm lang, 45 cm breit. Fertile Blätter bis 90 cm lang, hängend, 2- oder 3fach (gelegentlich bis 5fach) gegabelt.
P. grande. Malaysia, Australien, Philippinen. Schuppenblätter bis 1,1 m lang, 1,8 m breit. Fertile Blätter bis 1,8 m lang, gabelig geteilt, in riemenförmige Lappen gespalten.
P. wandae (Syn. *P. wilhelminae-reginae*), Neuguinea. Schuppenblätter bis 1,25 m lang, 1,35 m breit. Fertile Blätter bis 2 m lang, 2-lappig, Lappen 1 bis 4-fach gegabelt.

Vogelnestfarn, Krähennestfarn
Asplenium australasicum

Familie: Streifenfarngewächse, Aspleniaceae
Habitus: Großer, terrestrisch oder epiphytisch wachsender Farn mit kurzem, aufrechtem Rhizom und breit trichterförmigem, nestartigem Blattschopf.
Blätter: Immergrün, papierartig bis ledrig, ungeteilt, bis 1,5 m lang, 20 cm breit, aufrecht bis weit abstehend, lanzettlich, kurz gestielt, an der Spitze verschmälert oder spitz, an der Basis verschmälert, Rand leicht gewellt, glänzend grün, Nervatur einfach oder gegabelt, parallel verlaufend, Mittelrippe unterseits scharf gekielt. Die Blätter bilden eine Humus sammelnde Rosette.
Blüten: Farne bilden keine Blüten und Früchte aus, sondern ungeschlechtliche, als Sporen bezeichnete Keim- oder Fortpflanzungszellen, die in Sporenbehältern (Sporangien) auf der Unterseite fertiler Blätter sitzen. Diese sind oft anders geformt als die sterilen Blätter der gleichen Art. Sporangien sind zu kleinen, unterschiedlich geformten und gefärbten Häufchen zusammengefasst.
Verbreitung: Ost-Afrika, tropisches Asien, Australien, Polynesien.
Allgemeines: Eine andere, in tropischen Regionen der Alten Welt verbreitete, sehr häufig kultivierte, epiphytisch wachsende Nestfarnart, *A. nidus*, unterscheidet sich von *A. australasicum* durch ihre steifen, ledrigen, eiförmigen bis lanzettlichen, an beiden Enden verschmälerten, am Rand nicht gewellten, ebenfalls 1,5 m langen und 20 cm breiten Blätter, deren Mittelrippe oberseits deutlich hervortritt und die eine schmale trichterförmige Rosette bilden. Nestfarne gehören zu den stattlichsten Erscheinungen unter den rund 700 epiphytisch, terrestrisch oder auf Felsen wachsenden Arten, die in allen Zonen der Erde verbreitet sind. Nestfarne gehören zu den Riesen der Epiphytenwelt und spielen in den Tropen der Alten Welt etwa die gleiche Rolle wie viele Bromelien in Süd- und Mittelamerika. In tropischen Gärten findet man sie häufig in stattlichen Exemplaren auf Kronenästen oder an Baumstämmen.

Tropische Nutzpflanzen

Grundnahrungsmittel

In diesem und in den folgenden Kapiteln werden Nutzpflanzen der Tropen vorgestellt – überwiegend solche, die der menschlichen Ernährung dienen.

Grundlage der menschlichen Ernährung sind in allen Klimazonen der Erde stärkereiche Pflanzen. Stärke ist der billigste und wichtigste Energielieferant. 400 bis 500 g Stärke sind notwendig, um den durchschnittlichen täglichen Energiebedarf des Menschen zu decken. Grundsätzlich sind verschiedene Getreidearten und Knollenpflanzen die bedeutendsten Stärkepflanzen.

Die wichtigsten Getreidearten der Tropen sind Reis, Mais, Weizen, Gerste und Sorghum. Hier werden nur Reis und Sorghum behandelt, die anderen Getreidearten sind uns aus Europa bekannt.

Stellenweise werden auch andere Pflanzen ihrer stärkereichen Samen wegen angebaut. Fuchsschwanz, *Amaranthus*, und Gänsefuß (Melde), *Chenopodium*, sind sehr alte Kulturpflanzen, von denen es viele hundert Formen gibt. Fast alle liefern auch Blattgemüse oder sind Zierpflanzen.

Zu den wichtigsten Knollenpflanzen der Tropen gehören Maniok, Batate und Yam, von geringerer Bedeutung sind auch die häufig angebauten Taro- und Tania-Pflanzen. Darüber hinaus gibt es zahlreiche Arten mit essbaren, stärkereichen Knollen, die aber nur eine lokale Verbreitung haben.

Neben den Stärkepflanzen sind auch die Zuckerpflanzen wichtige Kohlenhydratlieferanten. Als Zuckerpflanze ist in den Tropen das Zuckerrohr von überragender Bedeutung. Zuckerrüben dagegen können nur bis in subtropische Klimazonen angebaut werden. Als Zuckerlieferanten waren früher auch verschiedene Palmenarten von großer Wichtigkeit. Der Blutungssaft aus abgeschnittenen Blütenständen wurde durch Einkochen zu Sirup und Zucker verarbeitet. In einigen Ländern Südost-Asiens spielt diese Zuckerquelle auch heute noch eine bedeutende Rolle. In Mexiko lieferten die Agaven zuckerhaltige Säfte.

Schließlich gehören auch die Ölpflanzen zu den wichtigen Nahrungspflanzen. Die Produktion von Ölfrüchten nimmt in der Welterzeugung nach Stärkepflanzen und Obst die dritte Stelle ein. In den Tropen und Subtropen werden 97 % aller Ölfrüchte produziert, weit mehr als bei allen anderen Nahrungspflanzen.

Zwei wichtige Öllieferanten, die Ölpalme und die Kokospalme, sind schon im Kapitel »Palmen« auf den Seiten 53 und 49 behandelt worden.

Die weltweit wichtigste Ölpflanze ist gegenwärtig die Sojabohne. Ihr folgen Erdnuss, Sonnenblume, Sesam, Saflor, Ölbaum (hier nicht beschrieben) und Rizinus. Die Öl liefernden Tungbäume werden im Kapitel »Technische Nutzpflanzen« auf der Seite 368 besprochen.

Die meisten Ölpflanzen sind in ihren Heimatgebieten uralte Kulturpflanzen, die in zahlreichen Lokalsorten vorkommen und von denen heute selektierte Sorten weltweit angebaut werden.

Öl kann auch aus anderen Pflanzen gewonnen werden, beispielsweise aus den Samen vieler Kohl- und Kürbisarten, aus den Embryonen verschiedener Getreidearten, aus den Samen von Gemüse und Obst, aus Nüssen oder aus dem Fruchtfleisch von Avocados.

Nächste Seite: Reisterrassen auf Java.

Reis
Oryza sativa

Familie: Gräser, Poaceae

Habitus: Mit vielen tausend Sorten von großer ökologischer Vielfalt und deshalb sehr unterschiedlich im Habitus: vom niedrigen Treibreis bis zu aufrechten, mannshohen Halmen gibt es viele verschiedene Formen.

Blätter: Bis 1,5 m lang, 2 cm breit, linealisch, flach. Das Hüllblatt der Blütenrispen steht meist aufrecht und wird als Fahnenblatt bezeichnet.

Blüten: In bis 50 cm langen Rispen, zusammengesetzt aus kleinen 1-blütigen Ährchen mit harten Deck- und Vorspelzen und sechs Antheren in der zwittrigen Blüte. Reis ist selbstbefruchtend.

Früchte: Man unterscheidet zwei wichtige Artengruppen:

Indica-Sorten: Körner lang und schmal, überwiegend in tropischen Bereichen angebaut, sehr variabel in Wuchshöhe, Rispengröße, Behaarung, Kornpigmentierung und Bestockungsvermögen.

Japonica-Gruppe: Körner oval bis rund, ausschließlich in subtropischen Zonen angebaut, Wuchshöhe gering, Rispen klein.

Verbreitung: Südost-Asien, tropisches Afrika, Nord-Australien. Die Verbreitung der Gattung erstreckt sich über Südamerika, Asien und Afrika. Von den zahlreichen Wildarten wurden durch jahrtausendelange Domestikation nur *Oryza sativa* in Südost-Asien und *O. glaberrima* in West-Afrika zu Kulturpflanzen. Weltweit angebaut wird aber nur *O. sativa* in unzähligen Sorten. Der Anbau von *O. glaberrima* ist auf die Überschwemmungsgebiete des Nigerbogens beschränkt.

Allgemeines: Reis zeichnet sich unter allen Kulturpflanzen dadurch aus, dass er auch in wasserbedecktem Boden gedeihen kann. Ohne den Reis könnten beispielsweise die riesigen Überschwemmungsgebiete südostasiatischer Ströme kaum pflanzenbaulich genutzt werden. Reis wird aber nicht ausschließlich im Flachwasser kultiviert, ein erheblicher Teil der Weltproduktion wird auf trockenem Land angebaut. Für mehr als die Hälfte der Weltbevölkerung bildet Reis die tägliche Nahrungsgrundlage. Reis wird oft zweimal, unter günstigen Bedingungen auch dreimal im Jahr angebaut, deshalb liegen die Erträge pro Hektar und Jahr höher als bei allen anderen Getreidearten.

Von *O. sativa* sind viele tausend Sorten bekannt. Sie konnten sich entwickeln, weil Reis selbstfruchtbar ist und die Ernte jahrtausendelang von Hand durch das Abschneiden einzelner Rispen erfolgte.

Reis gehört zu den ganz alten Kulturpflanzen der Menschen. Nach chinesischer Überlieferung soll er schon in der Shen-nung-Periode (2800 v. Chr.) angebaut worden sein. Zusammen mit Hirse, Weizen, Gerste und Sojabohnen gehörte Reis zu den fünf heiligen Erntegewächsen, die der Kaiser beim Frühlingsfest selber pflanzte, um dadurch die Bedeutung ihres Anbaues zu unterstreichen. Der älteste Reisfund Indiens stammt aus Gujarat, sein Alter wird mit 2300 v. Chr. angegeben.

Sorghum, Mohrenhirse
Sorghum bicolor

Familie: Gräser, Poaceae

Habitus: Die Gattung schließt eine große Fülle nahe verwandter Arten und Formen ein. Der gesamte Formenkomplex wird heute in der Regel als *S. bicolor* bezeichnet, die Formengliederung wird innerhalb der Art vorgenommen. Der Aufbau ist ähnlich wie beim Mais, Stängel markgefüllt, bis zur Kornreife saftig bleibend oder verholzend, Wuchshöhe je nach Form zwischen 0,6 und 7 m.

Blätter: Bis 0,9 m lang, 10 cm breit, 2-zeilig angeordnet.

Blüten: Sie stehen am Sprossende in Rispen. Der Aufbau variiert von locker mit hängenden Rispenästen bis zu kompakten, rundlichen Köpfen. Die Ährchen sind 2-zeilig, mit gestielten männlichen und sitzenden weiblichen Blüten.

Früchte: Relativ große, von Hüllspelzen mehr oder weniger eingeschlossene Körner. Der Stärkegehalt liegt bei allen Sorten etwa bei 70%. Die Stärke ist bei den meisten Sorten aus 21– 28% Amylose und 72–79% Amylopektin zusammengesetzt. Nur bei den asiatischen Wachs-Sorghum-Formen ist der Amylosegehalt niedriger (0–7% Amylose).

Verbreitung: Ursprüngliche Heimat der Gewöhnlichen Morenhirse liegt vielleicht in Afrika oder in Südost-Asien.

Allgemeines: Im tropischen Afrika, in Indien und China ist Sorghum heute ein wichtiges Getreide für die menschliche Ernährung, das überwiegend als Brei oder gebackener Fladen gegessen wird. Aus einem zunächst nur als Körner- und Beifrucht (Kaffernkorn) verwendeten, primitiven Getreide ist innerhalb eines Jahrhunderts nicht nur ein wichtiges Brotgetreide, sondern auch eine der wichtigsten Futterpflanzen der Weltwirtschaft geworden. Züchter in den USA haben Sorghum zu einer sehr leistungsfähigen Getreideart entwickelt. Amerikanische Hybridsorten werden inzwischen auch in Asien und Afrika mit Erfolg angebaut.

Zuckerrohr
Saccharum officinarum

Familie: Gräser, Poaceae
Habitus: Schilfähnliches, 5–9 m hohes, ausdauerndes Gras. Sprosse scharf in Knoten und Internodien gegliedert.
Blätter: Bis 1,8 m lang, 5 cm breit oder breiter, aufrecht oder übergeneigt, Rand durch Einlagerung von Kieselsäure rau.
Blüten: Zu sehr vielen in lockeren oder kompakten, bis über 1 m langen Rispen.
Früchte: Blüten der Kulturformen in der Regel steril, deshalb keine Ausbildung von Samen.
Verbreitung: Die heute angebauten Zuckerrohrsorten sind aus Kreuzungen zwischen dem in Melanesien heimischen Edelrohr (*S. officinarum* im engeren Sinn) und drei anderen *Saccharum*-Arten entstanden. Das Edelrohr hat die wichtigsten Qualitätseigenschaften (hoher Zuckergehalt, gute Saftreinheit, niedriger Fasergehalt) beigesteuert. Von der alten indisch-chinesischen Kulturart *S. sinense* stammt die breite ökologische Anpassungsfähigkeit, von den beiden Wildarten *S. spontaneum* und *S. robustum* die Krankheitsresistenz ab.

Allgemeines: Zuckerrohr wird in den Tropen und Subtropen unter sehr verschiedenen Klimabedingungen angebaut. Es ist eine der weltwirtschaftlich wichtigsten Kulturpflanzen und unter günstigen klimatischen Bedingungen gleichzeitig eine der leistungsfähigsten. Der Zuckergehalt des Rohres kann mehr als 15 % erreichen.

Zuckerrohr wird nicht nur zur Zuckergewinnung angebaut. In allen Anbauländern wird auf den lokalen Märkten das Rohr zum Kauen, der Saft stellenweise frisch als Getränk angeboten. Das wirtschaftlich bedeutendste Nebenprodukt ist die Melasse, die vor allem zur Gewinnung von Ethylalkohol benutzt und zu Viehfutter verarbeitet wird. Als »Schwarzer Honig« dient die Melasse in einigen Ländern auch der menschlichen Ernährung. In Mittel- und Südamerika wird aus vergorener Melasse Rum destilliert.

Maniok, Kassave, Tapioka
Manihot esculenta

Familie: Wolfsmilchgewächse, Euphorbiaceae

Habitus: Mehrjährige, stark verzweigte, 2–5 m hohe Pflanze mit stark verholzten und durch Blattnarben wulstigen Zweigen.

Blätter: Wechselständig, lang gestielt, handförmig, tief in 3–7 Lappen geteilt, diese spatelförmig oder linealisch-lazettlich.

Blüten: In endständigen, rispigen Blütenständen, die wenigen weibliche Blüten am Grunde der Blütenstände, die männlichen darüber. Sie blühen später auf, sodass eine Selbstbestäubung ausgeschlossen ist.

Früchte: 3-spaltige Kapselfrüchte, die unter lautem Knall »explodieren« und dabei die Samen ausschleudern.

Verbreitung: Die Wildformen sind vom Amazonasgebiet bis nach Südmexiko verbreitet. Maniok kultiviert man im tropischen Amerika schon seit Jahrtausenden. Aber erst nach der Entdeckung Amerikas erfolgte die Verbreitung. Er wird nun überall in den Tropen angebaut. Es gibt eine Fülle von Formen und Land-

sorten, die heute alle zu *M. esculenta* gestellt werden.

Allgemeines: Maniok bildet an der Sprossbasis kegel- oder spindelförmige Wurzelknollen, die eine Länge von 30–50 cm und ein Gewicht von 2–5 kg erreichen können. Mit dem hohen Stärkegehalt der Knollen (bis zu 30% der Trockensubstanz) ist Maniok die Stärke liefernde Nutzpflanze schlechthin. Sie übertrifft in der Stärkeproduktion pro Fläche den Mais um das 10fache. Unter den Weltnahrungspflanzen nimmt Maniok den sechsten Platz ein, sie ist einer der wichtigsten Lieferanten energiereicher Nahrung. Die Wurzelknollen enthalten, wie alle Teile der Pflanze, das bitter schmeckende, giftige Glykosid Linamarin. Kochen, Dämpfen oder Rösten zerstört die Giftstoffe.

Maniok ist vor allem für den tropischen Kleinanbau von großer Bedeutung, weil er auch bei geringem Pflegeaufwand gedeiht. Außerdem liefert er die höchsten Erträge aller Knollenpflanzen, und die Knollen können mehrere Jahre im Boden bleiben, ohne zu verderben. Moderne, ertragreiche Sorten werden zur Gewinnung von Mehl, Stärke und Futterschnitzeln heute auch in Plantagen angebaut.

In Südamerika wird Manihot allgemein als Yuca bezeichnet.

Batate, Süßkartoffel
Ipomoea batatas

Familie: Windengewächse, Convolvulaceae
Habitus: Am Boden kriechende Windepflanze, die sich aus Wurzelknollen entwickelt, Sprosse 3–5 m lang. .
Blätter: Wechselständig, lang gestielt, 5–10 cm lang, herzförmig oder eiförmig, ganzrandig, gezähnt oder 3-lappig, meist grün, bei einigen Sorten aber auch dunkelrot.
Blüten: Trichterförmig, 4–7 cm breit, lavendelfarben bis hellpurpurn, zu wenigen in Zymen.
Früchte: Kapseln mit drei bis vier schwarzen, sehr harten Samen.
Verbreitung: Die ursprüngliche Heimat erstreckt sich von den Anden im Norden Südamerikas bis Mexiko. Die Batate wurde schon vor Kolumbus in den pazifischen Raum und später auch nach Südost-Asien und Afrika gebracht. Sie wird heute weltweit in zahlreichen Sorten in den Tropen und Subtropen kultiviert.
Allgemeines: Die Batate gehört als Knollenpflanze mit relativ hohem Nährwert in ihren Anbaugebieten seit sehr langer Zeit zu den Grundnahrungsmitteln. Man kennt Tausende von Sorten, die sich unter anderem durch Form und Farbe der Knolle unterscheiden. Sie können kurz, fast kugelig, länglich oder bis zu 1 m lang sein. Das Fleisch ist weiß, hellgelb oder tieforange gefärbt. Die Rindenfärbung reicht von hellem Ocker bis zu tiefem Violettblau. Die Knollen haben eine kurze (drei Monate), mittlere (vier bis sechs Monate) oder lange (neun Monate und mehr) Kulturzeit. Bataten werden nicht nur im Kleinanbau, sondern auch feldmäßig gezogen.

Neben den Knollen werden auch alle anderen Teile der Pflanze verwertet. In vielen Ländern isst man die Blätter als eiweißreiches Gemüse. Blätter, zu kleine Knollen und alle Abfälle, die bei der Verarbeitung abfallen, werden roh als Viehfutter verwertet.

Yam, Yamswurzel
Dioscorea-Arten

Familie: Yamswurzgewächse, Dioscoreaceae

Habitus: Kletterpflanzen mit meist sehr dünnen, langen, Sprossen und unterirdischen Knollen als Reserveorgane. *Dioscorea bulbifera* (rechtes Bild) bildet in den Blattachseln große, essbare Knollen aus.

Blätter: Meist wechselständig, gelegentlich gegenständig, einfach oder handförmig gelappt, an der Basis oft herzförmig, Hauptnerven vom Blattstiel ausgehend.

Blüten: Getrenntgeschlechtlich, männliche glockig, in kleinen, achselständigen Trauben, weibliche in Ähren oder ährenänlichen Trauben, Krone tief 6-lappig.

Früchte: Trockene, 3-flügelige oder -kantige Kapseln.

Verbreitung: Mit rund 600 Arten ist die Gattung in den feuchtwarmen Tropen der ganzen Erde verbreitet. Arten wie *D. abyssinica, D. alata* und *D. esculenta* (linkes Bild) werden auch in Gebieten mit einer mehrmonatigen Trockenzeit angebaut.

Allgemeines: Yam wird seit Urzeiten als Nahrungspflanze genutzt. Unabhängig voneinander wurden unterschiedliche Yam-Arten in prähistorischer Zeit auf verschiedenen Kontinenten – in Afrika, Süd-Asien, Südamerika und vor allem im karibischen Raum – ihrer stärkereichen Knollen wegen domestiziert. In einigen Ländern des tropischen Afrika sind die Knollen noch heute ein wichtiges Grundnahrungsmittel. Manche Arten enthalten das giftige Alkaloid Dioscorin, das beim Kochen zersetzt wird.

Rund 40 Arten der Gattung sind zu Kulturpflanzen geworden, etwa 13 davon haben regional oder weltweit große Bedeutung, die restlichen werden nur lokal und in geringerem Umfang angebaut. West-Afrika liefert heute etwa 90 % der Weltproduktion am Yam. Die weltweit wichtigsten Arten sind *D. alata* und *D. rotundata*.

Die für alle *Dioscorea*-Arten übliche Bezeichnung Yam leitet sich von dem westafrikanischen Mandewort »niam« ab, in Amerika wurde daraus die englische Bezeichnung »yam«.

Taro, Cocoyam
Colocasia esculenta

Familie: Aronstabgewächse, Araceae
Habitus: Fast mannshohe, großblättrige Kräuter mit knolligen Rhizomen.
Blätter: Immergrün, schildförmig, bis 60 cm lang und 35 cm breit, anfangs aufrecht, später zurückgebogen, herzförmig-pfeilförmig, die basalen Lappen abgerundet oder eckig, Nervatur auffallend, Stiele bis 1 m lang.
Blüten: Blütenstände tief zwischen den Blattstielen stehend, von einer hellgelben, 15–35 cm langen Blütenscheide (Spatha) umgeben.
Früchte: Etwa 5 mm große, glänzende Beeren.
Verbreitung: Die Ausgangsformen dieser alten Kulturpflanze werden in Sri Lanka und Assam vermutet. Von dort kamen Knollen über Hinterindien in den malaiischen Raum. Seit mehr als 2000 Jahren wird Taro in Asien in zahlreichen Sorten kultiviert. Nach China gelangten die Knollen schon vor unserer Zeitrechnung. Heute wird Taro (auch als Dasheen oder Eddo bezeichnet) in etwa 1000 Lokalsorten weltweit angebaut.

Allgemeines: Als Nahrungsmittel dienen vor allem die stärkereichen Knollen, die in Größe, Farbe und Geschmack sehr unterschiedlich sind. Es gibt Sorten mit großen Einzelknollen und solche mit zahlreichen Tochterknollen, sie können scharf oder mild schmecken.
Taro kann auf trockenem Land, aber auch im Wasser angebaut werden. Deshalb haben sich in den Überschwemmungsgebieten ostasiatischer Flüsse und im Delta von Orinoco und Amazonas ausgedehnte Sumpfkulturen entwickelt. Weil die Knollen nach der Ernte nur kurze Zeit lagerfähig sind, werden in den Anbauländern früh und spät reifende Sorten nebeneinander kultiviert. Knollen, Blätter und Stängel enthalten Zellstränge mit Calciumoxalat-Kristallen, die stark hautreizend sind. Die Knollen werden deshalb ausschließlich gekocht gegessen. Die Blätter liefern ein wichtiges Kochgemüse.

Tania, Okumo
Xanthosoma sagittifolium

Familie: Aronstabgewächse, Araceae
Habitus: Mehr als mannshohe, großblättrige Kräuter mit wenigen Blättern und knolligen Rhizomen.
Blätter: Bis 0,9 m lang, breit pfeilförmig-eiförmig, mit auffallendem Hauptnerv, mittlere Lappen nahezu eiförmig, zugespitzt, wesentlich größer als die breiten, abstehenden Basallappen, in der Jugend bläulich grün, Stiel bis 1 m lang.
Blüten: Blütenkolben von einer bis 15 cm langen grünlich weißen Blütenscheide (Spatha) umgeben.
Früchte: Werden nur selten ausgebildet.
Verbreitung: Die zahlreichen Kulturformen von Tania werden auch als getrennte Arten beschrieben, etwa *X. atrovirens* und *X. nigrum*, deren Ursprungsformen in verschiedenen Zonen des tropischen Amerika, von Mexiko über Mittelamerika bis Brasilien, beheimatet sind. Tania wird heute weltweit kultiviert.

Allgemeines: Die zahlreichen Lokalsorten unterscheiden sich in Form und Größe der Blätter sowie in Farbe und Geschmack der Knollen. Auch die Tania-Knollen enthalten schwer lösliche Calciumoxalat-Kristalle, die nicht nur beim Verzehr, sondern auch bei den Ernte sehr unangenehm und lästig sind.

Neben den Knollen werden auch die jungen Blätter als Gemüse zubereitet. In Südamerika wird eine fast knollenlose Form ausschließlich als Blattgemüse genutzt. Alle Formen eignen sich auch als Viehfutter, vor allem für Schweine.

Neben Taro und Tania (Name auf den karibischen Inseln) oder Okumo (Name in Venezuela) werden in tropischen Ländern auch die Knollen anderer Aronstabgewächse als Nahrungsmittel genutzt. Dazu gehört unter anderem *Amorphophallus campanulatus*. Alte Knollen werden bis 25 kg schwer und deshalb als »Elefantenfuß« bezeichnet. Anbau vor allem im tropischen Asien und im pazifischen Raum. Manche Formen enthalten viel Oxalat, das durch Wässern und Kochen entfernt wird. Die jungen Blattstiele werden als Gemüse gekocht. Blätter und Knollen werden auch als Viehfutter verwendet. *A. konjac*, in Japan Konjaku genannt, wird in Japan und China angebaut. Das aus den Knollen gewonnene Mehl wird zur Herstellung von Fadennudeln und Kuchen gebraucht.

Die Gattung ist durch die riesigen Ausmaße der Knollen, Blätter und Blütenstände von *A. titanum*, heimisch in Sumatra, berühmt geworden. Das knollige Rhizom erreicht einen Durchmesser von etwa 50 cm und ein Gewicht von 60 (–75) kg. Die 3-spaltigen, gabelig gefiederten Blätter können bis zu 4 m breit oder noch breiter werden. Die fahlgrün gefärbten, weiß gepunkteten Blattstiele erreichen eine Länge bis zu 4 m. Das glockige, außen grüne, weiß gepunktete, innen dunkelkarminrot gefärbte Blütenhüllblatt (Spatha) wird bis zu 1,5 m lang und hat einen Umfang von 3 m, der hohle, an der Spitze auswärts gekrümmte, schmutzig gelbe Fortsatz ist bis 2 m lang, die Blüten sind damit die größten des ganzen Pflanzenreiches; sie verströmen einen starken Gestank.

Erdnuss
Arachis hypogaea

Familie: Schmetterlingsblütler, Fabaceae
Habitus: Einjährige, am Grunde verzweigte, niederliegende oder bis 60 cm hohe, dicht belaubte Pflanze.
Blätter: 4-blättig, Blättchen 1–7 cm lang, verkehrt eiförmig oder elliptisch.
Blüten: Goldgelb, 1–2 cm lang, in kurzen, dichten, achselständigen Ähren. Nach der Befruchtung (meist Selbstbestäubung) entwickelt sich an der Basis des Fruchtknotens ein nagelförmiger Fruchtträger, der sich zum Erdboden neigt und in diesen eindringt. Die Frucht entwickelt sich erst, nachdem die Spitze des Fruchtträgers die endgültige Tiefe von 5–10 cm unter der Erdoberfläche erreicht hat, sie wächst dann in horizontaler Richtung. Wenn es dem Fruchtträger nicht gelingt, in den Boden einzudringen, entwickelt sich die Frucht nicht.
Früchte: Zur Reife gelbe, runzelige Hülsen, in denen die Samen von einer dünnen roten Schale umgeben sind. Bemerkenswert ist, dass die Früchte unmittelbar aus dem Boden Nährstoffe aufnehmen können.
Verbreitung: Die Gattung ist mit 22 Arten ausschließlich in Südamerika verbreitet. *A. hypogaea* ist keine Wildart, sondern eine 2 000 Jahre alte Kulturpflanze der Indios, die aus zwei Wildarten gezüchtet wurde und aus Bolivien stammt.
Allgemeines: Die sehr wohlschmeckende Erdnuss hat einen außerordentlich hohen Nährwert (Ölgehalt bei Speisenüssen 38–47%, Eiweißgehalt 24–35%, Zucker- und Stärkegehalt nur 3–8%, reich an B-Vitaminen und Vitamin E). Sie gehört deshalb zu den wichtigsten Nahrungspflanzen der Tropen und Subtropen. Seit Beginn dieses Jahrhunderts lässt sich ein rapider Anstieg der Produktion beobachten. Erdnüsse werden gegenwärtig auf allen Kontinenten angebaut. Hauptanbauländer sind Indien, China und die USA. Der überwiegende Teil der Produktion wird in den Anbauländern verzehrt. Exportiert werden geschälte und ungeschälte Nüsse, Erdnuss-Öl und Presskuchen.
Etwa die Hälfte der Weltproduktion wird zur Ölgewinnung zur Herstellung von Salat- und Bratöl, Margarine und Erdnussbutter verarbeitet.

Sojabohne
Glycine max

Familie: Schmetterlingsblütler, Fabaceae
Habitus: Einjährige Pflanze, im Aussehen einer Buschbohne ähnlich. Alle Teile stark behaart. Wurzeln dicht mit Bakterien-Knöllchen *(Rhizobium)* besetzt.
Blätter: Unpaarig gefiedert, die 3–5 Blättchen bis 15 cm lang, eiförmig-elliptisch.
Blüten: Sehr klein, weiß bis violett oder rosa, in dichten Trauben in den Blattachseln stehend. Normalerweise findet Selbstbestäubung statt.
Früchte: Hülsen von unterschiedlicher Länge und Färbung, meist mit zwei bis fünf Samen.
Verbreitung: Ursprüngliche Verbreitung außerhalb der Tropen in Ostsibirien und in China. Dort und im übrigen Ost-Asien eine alte Kulturpflanze. Wurde erst nach dem Zweiten Weltkrieg zur wichtigsten Öl- und Eiweißpflanze. Ihr optimales Anbaugebiet sind die immerfeuchten Subtropen mit Tageslängen unter 14 Stunden.

Allgemeines: Die rasche Ausdehnung von Sojakulturen, in den USA noch stärker als in China und Japan, wurde durch den problemlosen Anbau und die geringen Bodenansprüche begünstigt.
Der Grund für die rasche Ausdehnung der Anbauflächen ist auch in der doppelten Nutzungsmöglichkeit zu sehen: Soja ist gleichzeitig eine Öl- und Eiweißpflanze. Die Samen enthalten 18–25 % Öl und 38–43 % Eiweiß. Das Öl wird in der Regel durch Extraktion gewonnen; der dabei anfallende Extraktionsschrot macht allein mehr als 40 % des Produktionswertes aus. Er dient als Nahrungsmittel für Mensch und Tier, wird aber auch für technische Zwecke (Kunstfasern, Klebe- und Schaummittel) eingesetzt. Grüne Samen der Sojabohne verzehrt man in Ost-Asien und den USA als Gemüse. Reife Bohnen werden in Ost-Asien zu Sojamilch, Sojaquark oder Sojasoße verarbeitet, und Sojakeimlinge sind dort ein beliebtes Gemüse.

Augenbohne, Kundebohne
Vigna unguiculata

Familie: Schmetterlingsblütler, Fabaceae
Habitus: Einjährige, aufrechte oder kriechende oder bis über 3 m hoch kletternde Pflanze.
Blätter: 3-zählig, die beiden Seitenblättchen bis 15 cm lang und lanzettlich, das Mittelblättchen kürzer und ungleichmäßig.
Blüten: Schmetterlingsförmig, gelblich weiß, in achselständigen Trauben.
Früchte: 10–23 cm lange, glatte, hängende Hülsen mit zurückgekrümmter, schnabelförmiger Spitze, Samen in Form und Farbe sehr variabel.
Verbreitung: Heimisch im tropischen Afrika, heute in allen tropischen Ländern kultiviert. In West-Afrika ist die Augenbohne eine Hauptnahrungspflanze.
Allgemeines: Von den etwa 150 aufrechten, windenden oder kriechenden Arten, die überwiegend im tropischen Afrika, in geringer Anzahl auch in Asien, Amerika und Australien heimisch sind, sind sieben Arten für die menschliche Ernährung in Kultur genommen worden.

Die weitaus wichtigste Art ist *V. unguiculata* mit einer großen Anzahl von Kulturformen, der drei Unterarten zugeordnet werden. Die Subspezies *cylindrica*, Catjang- oder Jerusalembohne und die Subspezies *unguiculata* stammen aus Zentral-Afrika, während die Subspezies *sesquipedalis*, die Spargelbohne, nur aus Kultur bekannt ist. Sie ist von den beiden anderen deutlich verschieden, ihre Früchte können eine Länge von 90 cm erreichen.

Die Samen der meisten Arten haben einen hohen Eiweißgehalt, der 22–30% beträgt. Nicht nur die reifen Samen sind ein wichtiges Nahrungsmittel, sondern auch die jungen Blätter und Hülsen, die unreifen Samen und Keimlinge, die als Gemüse zubereitet werden. Die reifen Samen werden gekocht, zu Mehl verarbeitet, gedämpft oder in Öl gebacken. In den USA sind die Augenbohnen als Southern Peas bekannt, ihre unreifen und reifen Samen werden in Dosen konserviert oder tiefgefroren.

Vigna-Arten dienen aber nicht nur der menschlichen Ernährung, sie liefern auch ein wertvolles Viehfutter und werden häufig als Bodendecker und Gründüngungspflanze verwendet.

Neben *V. unguiculata* werden auch andere Arten als Nahrungspflanzen kultiviert: In Nordwestindien, Pakistan und Thailand *V. aconitifolia*, die Mattenbohne, in den warm gemäßigten bis subtropischen Gebieten von China, Korea und Japan *V. angularis*, die Adzukibohne, in Indien und den Nachbarländern *V. mungo*, die Urdbohne, in den meisten Ländern Bantu-Afrikas *V. subterranea*, die Bambaraerdnuss, in Südost-Asien *V. umbellata*, die Reisbohne und in SO-Asien *V. radiata*, die Mungbohne, deren Keimlinge als Gemüse gegessen werden.

Sesam
Sesamum indicum

Familie: Sesamgewächse, Pedaliaceae
Habitus: Einjährige Pflanze, stark verzweigt bis völlig unverzweigt, je nach Sorte 0,6–2 m hoch. Stängel im Querschnitt viereckig.
Blätter: Sehr variabel, ganzrandig und schmal lanzettlich oder breiter und gezähnt oder gelappt. Je nach Varietät gegen- oder wechselständig.
Blüten: Einzeln oder zu mehreren in den Blattachseln, fingerhutförmig, undeutlich 2-lippig mit gefaltetem Saum, in der Regel weiß, schwach oder stärker rot überlaufen.
Früchte: 4-kantige, kurz zugespitzte, etwa 2 cm lange, von der Spitze her aufspringende Kapseln mit zahlreichen kleinen, weißgelben, braunen bis fast schwarzen Samen.
Verbreitung: Ursprünglich im Sommerregengebiet des tropischen Afrika heimisch, kam von dort sehr früh nach Vorderasien, Indien und China.
Allgemeines: Von den Speiseöl liefernden Ackerfrüchten gilt Sesam als die älteste. Zeugnisse über seinen Anbau im Zweistromland reichen bis 2350 v. Chr. zurück. Die Samen enthalten 50 % Öl. Es wird durch schonende Auspressung gewonnen und ist das teuerste Speiseöl. Seine Hauptverwendung findet es aber in der pharmazeutischen und kosmetischen Industrie sowie als Margarinezusatz.

Nur ein geringer Teil wird zur Ölgewinnung verarbeitet. In Vorder-Asien und Ägypten ist Sesam eher ein Getreide als eine Ölpflanze. Geschälte Samen werden in den Anbauländern als Brei, »Tehinah«, zu Fladenbrot gegessen oder als süße Leckerei, »Halawah«, zubereitet. Sie werden beim Backen, als Gewürz und als Medizin verwendet. In West-Afrika bereitet man aus den Triebspitzen und jungen Blättern von *S. indicum* und anderen Arten, etwa *S. alatum* und *S. radiatum*, ein Gemüse. Die eiweißreichen Pressrückstände, der so genannte Sesamkuchen, sind ein hochwertiges Viehfutter.

Inkaweizen, Amaranth
Amaranthus caudatus

Familie: Fuchsschwanzgewächse, Amarantha-
ceae

Habitus: Rasch wachsende, krautige, 1,5–3 m
hohe Pflanze mit kräftigem, aufrechtem, dicht
beblättertem, mehr oder weniger verzweigtem,
gefurchtem, rötlich oder purpurn gefärbtem
Spross.

Blätter: Wechselständig, 3–15 cm lang, eiförmig bis länglich eiförmig.

Blüten: Klein, unscheinbar, mit farbloser, tro-
ckenhäutiger Blütenhülle und gut entwickelten, roten, gelben oder weißen Vorblätter, zu
großen, bis 30 cm langen und 1,5 cm breiten,
überhängenden, schwanzartigen Ständen zusammengefasst.

Früchte: Eiförmig-kugelige, bis 1,2 mm dicke
Achäne, sehr zahlreich, Samen rotbraun oder
schwarz. Eine Pflanze kann bis zu 50 000 Samen
erzeugen.

Verbreitung: Heimisch in Peru. Im Anbau heute in Argentinien, Bolivien, Peru, Indien und
Nepal.

Allgemeines: Körner-Amaranth gehört zu den
ganz alten Nahrungspflanzen der Menschheit.
Der Anbau lässt sich in Lateinamerika für einen
Zeitraum von über 4 000 Jahren nachweisen.
Die stärkehaltigen, proteinreichen Samen wur-
den und werden wie Getreide benutzt.

Zur Zeit der spanischen Kolonisatoren war der
Anbau in den Hochlagen der Anden verboten,
weil mit der Kultur von Amaranth auch blutige
Opfergaben verbunden waren. In abgelegenen
Tälern blieb die Amaranthkultur aber erhalten,
sie wurde später bis nach Afrika und Asien ausgedehnt. Für die Ernährung der armen Bevölkerung, die nur geringwertige Böden bearbei-
ten können, ist Amaranth von erheblicher
Bedeutung. In Asien und Afrika werden einige
Arten auch als Gemüsepflanzen genutzt.

Unter den rund 60 Arten der Gattung wird neben *A. caudatus* in tieferen Lagen der Tropen
und Suptropen seit 5000 Jahren auch *A. cruen-
tus* angebaut. Die Hauptanbaugebiete liegen im
südlichen Mexiko, in Guatemala, Indien und
China.

Quinoa, Reismelde
Chenopodium quinoa

Familie: Gänsefußgewächse, Chenopodiaceae
Habitus: Krautige, straff aufrecht wachsende, einstängelige, wenig verzweigte, bis 1,5 m hohe Pflanze.
Blätter: Wechselständig, lang gestielt, im Umriss dreieckig bis breit eiförmig, deutlich gelappt, vorne spitz, an der Basis schmal keilförmig.
Blüten: Klein, unscheinbar, mit 5-zähliger, häutiger Blütenhülle, zu großen, aufrechten, end- und achselständigen, rispenartigen Ständen vereint.
Früchte: Aus dem 1-fächrigen Fruchtknoten entwickelt sich eine kleine, 1-samige, 1,5–2,5 mm dicke Nussfrucht.
Verbreitung: Heimisch in Kolumbien, Ekuador, Peru, Chile und Argentinien.
Allgemeines: Als Kulturpflanze wird Quinoa, auch als Reisspinat bezeichnet, in den hoch gelegenen Andentälern von Bolivien, Peru und Ekuador seit über 3 000 Jahren angebaut. Über diese Region hinaus ist die Pflanze aber nicht bekannt geworden, ganz im Gegensatz zu *Amaranthus*. Nach der Ankunft der Spanier wurde Quinoa in den günstigeren Lagen durch Gerste ersetzt, nur in den abgelegenen Regionen des Hochlandes blieb die Kultur erhalten.

Quinoa hat eine Kulturzeit von vier bis sechs Monaten. Geerntet wird vor der Vollreife. Nachdem das Erntegut nachgetrocknet, gedroschen und gereinigt worden ist, wird das in den Körnern enthaltene Saponin durch Waschen in alkalischer Lösung entfernt. Die Körner werden zu Mehl vermahlen und mit Weizenmehl verbacken oder geröstet als Suppe oder Brei gegessen. Aus den Körnern lässt sich auch ein alkoholisches Getränk, Chicha, herstellen, dazu werden die Samen vor der Gärung grob zerschlagen, gekocht und durchgekaut. Die Blätter können als Gemüse gegessen oder verfüttert werden. Die aus Stängeln, Blättern und leeren Fruchtständen gewonnene Asche, Llipta, wird zusammen mit Kokablättern gekaut.

Obst, Gemüse und Nüsse

Die Abgrenzung zwischen Obst, Gemüse, Knollenpflanzen und Gewürzen ist in vielen Fällen unklar und wird oft willkürlich gezogen. Viele Arten werden, je nach dem Reifegrad ihrer Früchte, frisch als Obst oder gekocht als Gemüse gegessen. Deshalb sollen hier zunächst die wichtigsten tropischen Obstarten und danach einige Gemüsearten vorgestellt werden.

Als Obst werden alle Pflanzenprodukte eingestuft, die wir hauptsächlich ihres erfrischenden oder aromatischen Geschmacks wegen verzehren. Es handelt sich dabei überwiegend um fleischig-saftige Früchte.

Zahlreiche tropische Bäume, Sträucher und Kletterpflanzen liefern Obst. Nur wenige Arten werden auf mitteleuropäischen Märkten als Frischobst angeboten, die meisten vertragen die weiten Transportwege nicht. Zitrusfrüchte, Bananen, Ananas oder Feigen beispielsweise sind schon lange allgemein bekannt. Früchte wie Avocado, Mango, Papaya, Granadilla, Cherimoya, Guave, Kiwi, Litchi oder Melonen dagegen gibt es bei uns erst seit wenigen Jahren. In ihren Anbauländern begegnet man ihnen und zahlreichen anderen Früchten auf den lokalen Märkten. Manche sehen dort nicht so verlockend aus wie die sorgfältig ausgesuchten Qualitätsfrüchte, die für den Export bestimmt sind, andere präsentieren sich dagegen weitaus frischer und appetitlicher als an unseren Obstständen.

Viele tropische Obstarten liefern wirklich köstliche Früchte – dazu gehören etwa Mango, Guave oder Rambutan. Einige schmecken eher fade wie beispielsweise der Rosenapfel. An andere Früchte kann man sich als Mitteleuropäer nur schlecht gewöhnen, etwa an den Breiapfel, der im Geschmack an überreife Birnen erinnert, oder gar an die Durian-Frucht, deren durchdringender Geruch zahlreiche Menschen so sehr abstößt, dass sie sie gar nicht erst probieren.

Als Obst werden auch die Früchte von Brotfrucht- und Jackfruchtbäumen verwendet. Vor allem die bis 50 kg schweren Jackfrüchte, die zu den größten tropischen Baumfrüchten gehören, fallen sowohl auf den Märkten als auch am Baum auf. Sie sitzen einzeln oder in kleinen Gruppen deutlich sichtbar unmittelbar am Stamm. Beide sind nicht nur ein wohlschmeckendes Obst, sondern dienen vielen Eingeborenen als Grundnahrungsmittel, das in vielfältiger Weise zubereitet wird.

Noch zahlreicher als die Obstarten sind die tropischen Pflanzen, deren Blätter, Früchte oder Knollen als Gemüse zubereitet werden können. Oft sind mehrere Teile gleichzeitig nutzbar. Gemüse kann man nicht nur von kultivierten Arten ernten. Es gibt Hunderte von Wildpflanzen, deren Blätter oder junge Sprosse regelmäßig als Gemüse gesammelt werden. Früher – bei Urwaldbewohnern noch heute – wurde pflanzliche Nahrung ausschließlich von Wildpflanzen gesammelt. Die große Zahl an Gemüsearten ist ein Relikt aus dieser Zeit. Viele dieser Arten sind nicht besonders schmackhaft, einige sind sogar giftig und erst nach längerem Kochen oder Wässern essbar.

Hier können nur wenige Arten, vor allem aus den Familien der Kürbis- und Nachtschattengewächse, vorgestellt werden. Dazu einige Nüsse und Bambus, dessen junge Sprosse ein delikates Gemüse liefern.

Nächste Seite: Citrus × paradisi, die Grapefruit, an einem Marktstand auf Bali.

Limette, Saure Limette
Citrus aurantiifolia

Familie: Rautengewächse, Rutaceae
Habitus: Kleiner, 3–5 m hoher, unregelmäßig verzweigter Baum, Zweigdornen kurz, starr, scharf zugespitzt.
Blätter: Elliptisch-eiförmig, 5–7 cm lang, gekerbt, hellgrün.
Blüten: Klein, weiß, zu wenigen in achselständigen Büscheln, Staubblätter 20–25.
Früchte: Kugelig oder zitronenähnlich, 3–6 cm breit, Schale weich, dünn, deutlich punktiert, anfangs dunkelgrün, zur Vollreife glänzend gelbgrün bis gelb, Fruchtfleisch grünlich, sehr saftig und aromatisch, sehr sauer, meist kernlos.
Verbreitung: Malakka, Malaiischer Archipel, in den Tropen und in Florida eingebürgert. Die Limette gilt als besonders kälteempfindliche Zitrusart, sie wird deshalb vorwiegend in feuchttropischen Regionen angebaut, außer in ihrer Heimat auch in Sri Lanka, Indien, Ägypten, Kenia, Mexiko, den Westindischen Inseln, der Dominikanischen Republik, Brasilien und Florida.

Allgemeines: Die Früchte sind reich an Mineralstoffen wie Kalium, Kalzium und Phosphor sowie an ätherischen Ölen. Der Vitamin-C-Gehalt ist mit 27–30 mg% niedriger als der von Zitronen.
Limetten, nicht selten unkorrekt auch als Limonen bezeichnet, ersetzen in tropischen Regionen oft die Zitronen. Sie sind im Geschmack milder als Zitronen und werden in der Küche in gleicher Weise verwendet wie diese. Limetten können frisch zu Fleisch- und Fischgerichten oder zu Obstsalaten gegeben werden. Industriell werden die Früchte zur Herstellung von Pulpe und Saftkonzentrat verarbeitet. Der erfrischende Saft (Lime juice) ist als Zusatz zu alkoholischen oder alkoholfreien Getränken beliebt. Aus Pulpe lassen sich Sirup, Marmeladen und Speiseeis herstellen. Durch Kaltpressen oder Destillation lässt sich aus den Früchten ein ätherisches Öl gewinnen.

Pomeranze
Citrus aurantium

Familie: Rautengewächse, Rutaceae
Habitus: Immergrüner, bis 10 m hoher, rund-kroniger Baum, Zweige mit dünnen, stumpfen, meist kurzen, an starkwüchsigen Jungtrieben, aber auch bis 8 cm langen Dornen.
Blätter: Eiförmig, 7–10 cm lang, vorne stumpf, an der Basis keilförmig oder breit abgerundet, der 2–3 cm lange Blattstiel nahe der Blattbasis breit geflügelt.
Blüten: Einzeln oder in Büscheln, groß, weiß, duftend, Fruchtknoten 10- bis 12-fächrig.
Früchte: Abgeplattet kugelig, 5–7 cm breit, zur Reife innen hohl (die zentrale Marksäule fehlt), Schale dick, rau, mehr oder weniger höckrig, leuchtend orange bis rötlich, mit tief einge-senkten Öldrüsen, Fruchtfleisch sauer, mit zahlreichen Samen.
Verbreitung: Heimisch in China, an den Süd-hängen des Himalaja und Indien; Anbau in Spa-nien (Sevilla), Sizilien, Frankreich, den Tropen und Subtropen.

Allgemeines: Das roh nicht genießbare Fruchtfleisch wird zu Pulpe verarbeitet, die zur Herstellung von bitteren Orangen-Marmela-den, Konfitüren und Likören (Curacao, Coin-treau) verwendet wird. Die dicken Schalen wer-den, meist gewürfelt, kandiert, glasiert oder nicht glasiert und sind als Orangeat eine be-liebte Backzutat. Aus dem Presssaft der Scha-len reifer Früchte wird Pomeranzen-Öl für die Parfümherstellung gewonnen. Aus den Blüten lässt sich Neroli-Öl gewinnen, aus den Blättern Petitgrain-Öl, beide werden in der Parfümher-stellung gebraucht.
Überwiegend zur Herstellung von Parfümen wird auch das aus den Schalen der Bergamot-te, *C. aurantium* subsp. *bergamia* gewonnene, angenehm duftende, ätherische Bergamotte-Öl verwendet. Es dient außerdem zur Aromatisie-rung von Getränken und Süßwaren sowie zum Parfümieren von Tee und Tabak.

Zitrone, Saure Zitrone, Limone
Citrus limon

Familie: Rautengewächse, Rutaceae
Habitus: Immergrüner, kleiner, 2–7 m hoher Baum, Zweige mit wenigen oder zahlreichen, kurzen, dicken, steifen Dornen.
Blätter: Länglich eiförmig, vorne spitz, mehr oder weniger gesägt, hellgrün, Stiel schmal geflügelt.
Blüten: Einzeln oder in kleinen Büscheln, weiß, purpurn überhaucht, meist gleichzeitig blühend und fruchtend, Staubblätter 20–40.
Früchte: 7–15 cm lang, oval bis eiförmig, meist an beiden Enden wulstig gebuckelt oder zitzenförmig ausgezogen, Schale rau bis fast glatt, grün bis gelb, das Fruchtfleisch besteht aus sieben bis zehn Fächern mit eiförmigen Kernen.
Verbreitung: Nord-Myanmar, Südchina, eingebürgert in Florida und dem tropischen Amerika; Anbau vor allem in Sizilien, den USA (Kalifornien, Arizona, Florida), Spanien, Mexiko, Argentinien, Türkei, Griechenland und anderen mediterranen Ländern.

Allgemeines: Das Fruchtfleisch der Zitronen enthält vor allem Zitronensäure (3,5–7%) und, neben anderen Vitaminen, im Mittel 50 mg% Vitamin C.
Zitronenbäume können gleichzeitig Blüten, unreife und reife Früchte tragen. Bei zwei Blütezeiten kann 3-mal jährlich geerntet werden. In Italien werden die Früchte eines gleichen Baumes deshalb unterschiedlich benannt:
Primofiori, Ernte aus der ersten Frühjahrsblüte (Februar bis März) von November bis Mitte April, Früchte dann grün glänzend, dickschalig, noch wenig saftig.
Limoni, Ernte, ebenfalls aus der ersten Blüte, von Dezember bis Mai/Juni, Früchte gelblich, dünnschalig, sehr saftig und haltbar, gelten als die besten Zitronen. Verdelli, Ernte von Juni bis September aus einer durch künstliches Trockenhalten der Bäume erzwungenen zweiten Blüte, Früchte noch grün und wenig saftreich, sie müssen nachreifen. Die Süße Zitrone, *C. limetta*, heimisch im tropischen Asien, ist im Geschmack weniger herb als die Zitrone. Der kleine Baum hat 8–10 cm lange, spitz eiförmige Blätter und zitronenförmige, hellgelbe Früchte mit einer aufgesetzten, halbkugeligen Spitze.

Zitronat-Zitrone
Citrus media

Familie: Rautengewächse, Rutaceae
Habitus: Immergrüner Strauch oder kleiner, 4–5 m hoher Baum, junge Zweige purpurn getönt, Zweigdornen kurz, dick.
Blätter: Elliptisch-eiförmig, 10–18 cm lang, gesägt, vorne abgerundet, an der Basis abgerundet oder keilförmig, Stiel kurz, schwach geflügelt.
Blüten: Zwittrig oder männlich, in kurzen, wenigblütigen Trauben, weiß, Blütenknospen und Blütenblätter außen purpurn getönt, Staubblätter 30–40 oder mehr, Fruchtknoten 10- bis 13-teilig, jährlich bis zu drei Blütezeiten.
Früchte: Groß, eiförmig oder länglich, 15–30 cm lang und 10–15 cm breit, bis 2,5 kg schwer, duftend, zur Reife zitronengelb, Schale sehr dick und warzig runzelig, Fruchtfleisch hellgrün, säuerlich herb, Samen zahlreich, groß.
Verbreitung: Heimisch ursprünglich in Südost-Asien, Vorderindien und Südarabien, heute verbreitet bis ins Mittelmeergebiet und die Sub-tropen von Nord-Afrika, Nord- und Südamerika; Anbau vor allem in Italien (Sizilien, Kalabrien, Kampanien), Korsika, Kreta, Spanien, Puerto Rico, Kalifornien und Indien.
Allgemeines: Die Zitronat-Zitrone ist in Mesopotamien schon seit 4000 v. Chr. in Kultur. Als erste Zitrusart kam sie um 300 v. Chr. durch Alexander den Großen ins Mittelmeergebiet.
Das vitaminreiche Fruchtfleisch macht nur einen geringen Anteil der Frucht aus. Die Früchte werden ausschließlich industriell zu Zitronat (Sukkade) oder zur Herstellung von Marmeladen, Sirup, Getränken (z.B. Zedernpunsch), Essenzen oder Parfümen verarbeitet.
In Japan hat C. media eine große mythologische Bedeutung. Zusammen mit dem Pfirsich und dem samenreichen Granatapfel bildet sie die oft gemalte und in Versen besungene Gruppe der »drei Glücksfrüchte«.
Die Ethrog-Zitrone, C. media 'Ethrog', spielt beim jüdischen Laubhüttenfest seit altersher eine große Rolle. Bibelübersetzer gehen davon aus, das mit dem hebräischen »eth hadar« (»schöne Bäume«), die Ethrog-Zitrone gemeint ist, eine der vier Baumarten, die zum Bau der Laubhütte verwendet wurden. Die Finger-Zitrone, in China als »Buddhahand« bezeichnete C. media var. sacrodactylis (siehe Bild oben rechts) hat große, leuchtend gelbe Früchte, die am oberen Ende fingerartig aufgespalten sind. Die meist 10 (–13) »Finger« sind je nach Sorte faustartig gekrümmt oder fast völlig freistehend. Sie können so der typischen Gebetshaltung der Hände der Buddhisten gleichen.

Allgemeines: Das Fruchtfleisch der Pampelmusen ist reich an Provitamin A und Vitamin C. Die Früchte werden frisch verzehrt oder industriell zu Marmeladen, Gelee oder Fruchtsirup verarbeitet. In Malaysia und China werden die Früchte auch als Heilmittel genutzt.

In Malaysia werden vor allem die sehr saftigen, süßen und fast samenlosen Sorten 'Banda Navel', 'Cassomba' und 'Djeroek Bali' angebaut. In Indonesien sind drei Sorten mit rotem Fruchtfleisch von Bedeutung: 'Pandan', 'Beuer' und 'Pandan Wangi'. In Indien wird vor allem 'Bombay Red' (Fruchtfleisch tiefrot), in Japan 'Hirado' und in China 'Sungma' angebaut.

Pampelmuse
Citrus maxima

Familie: Rautengewächse, Rutaceae
Habitus: Immergrüner, bis 15 m hoher, rundkroniger Baum, junge Zweige behaart, Zweigdornen stumpf, dünn, oft fehlend.
Blätter: Elliptisch-eiförmig, 10–20 cm lang, vorne spitz, an der Basis abgerundet, oberseits glänzend dunkelgrün, unterseits behaart, Blattstiel breit geflügelt.
Blüten: Einzeln oder in kleinen Büscheln, weiß.
Früchte: Die größten aller Zitrus-Früchte, sie sind kugelig, abgeflacht kugelig oder breit birnenförmig, 10–25 cm dick, bis 6 kg schwer, Schale dick, pappig, hellzitronengelb, Fruchtfleisch in Segmente eingeteilt, grünlich, gelb oder rot, im Geschmack süßsäuerlich, würzig und leicht bitter.
Verbreitung: Tropisches und subtropisches Asien, von Indien über Malaysia bis nach China und Japan; Anbau in Westindien, Florida, Kalifornien, Süd-Afrika (Kapland) und Israel.

Grapefruit
Citrus × paradisi

Familie: Rautengewächse, Rutaceae
Habitus: Großer, rundkroniger, dicht beblätterter Baum, Zweige dünn, anfangs kantig, kahl oder fast kahl.
Blätter: Eiförmig, größer als bei *C. sinensis*, kleiner als bei *C. maxima*, vorne stumpf, an der Basis breit abgerundet, Stiel mit ziemlich breiten, verkehrt lanzettlichen bis verkehrt eiförmigen Flügeln.
Blüten: Einzeln oder in kleinen Büscheln in den Blattachseln, Kronblätter kleiner als bei *C. maxima*, größer als bei *C. sinensis*.
Früchte: Kugelig oder abgeflacht kugelig, 10–15 cm breit, Schale dick, fest, hellgelb bis rötlich gelb, Fleisch sehr saftreich, etwas herbsäuerlich bis bitter, mit wenigen Kernen oder kernlos, Innenschale weiß, wattig.
Verbreitung: 1837 auf den Westindischen Inseln aus *C. maxima × C. sinensis* entstanden. Anbau in zahlreichen tropischen Ländern sowie in den Mittelmeerländern Israel und Marokko.

Allgemeines: Das Fruchtfleisch der Grapefruit, nicht selten fälschlich auch als Pampelmuse bezeichnet, ist reich an wertvollen Inhaltsstoffen, u. a. dem schwach bitter schmeckenden Limonin mit dem hochwertigen Vitamin-P-Faktor Naringin, außerdem enthält das Fruchtfleisch Mineralien, Spurenelemente und Vitamine. Der Vitamin-C-Gehalt liegt zwischen dem der Apfelsine und der Zitrone.
Aus einer Kreuzung zwischen Pampelmuse *(C. maxima)* und Grapefruit ist in Israel die Pomelo entstanden (rechtes Bild). In angelsächsischen und romanischen Ländern wird Pomelo [Pummello] auch für Grapefruit und Pampelmusen verwendet. Die Pomelo ist kleiner als die Pampelmuse, aber größer als die Grapefruit. Sie ist birnenförmig oder spitz rundlich, hat eine ziemlich glatte, weißgelbe bis grünliche, grobporige, sehr dicke, dem Fruchtfleisch fest anliegende Schale. Das in Segmente aufgeteilte Fruchtfleisch ist hellgelb, bei einigen neueren, kernlosen Sorten auch weiß oder rosafarben, es schmeckt angenehm säuerlich, die weiße Haut unter der Schale dagegen bitter. Die Inhaltsstoffe gleichen denen der Grapefruit.

Mandarine, Satsuma, Tangarine
Citrus reticulata

Familie: Rautengewächse, Rutaceae
Habitus: Immergrüner Strauch oder 4–6 m hoher Baum, Zweige dünn.
Blätter: Lanzettlich bis breit lanzettlich, bis 4 cm lang, Stiel schmal geflügelt.
Blüten: Einzeln oder in kleinen, achselständigen Büscheln, weiß.
Früchte: Kugelig bis abgeflacht kugelig, bis 8 cm dick, gelborange; Schale sehr dünn, dem Fruchtfleisch nur lose anhaftend und sich gut lösend; neun bis zwölf Fruchtfächer; Fruchtfleisch zart, saftig, farbkräftig, süß, aromatisch, orangenähnlich, mit bis zu 25 Kernen, es enthält Provitamin A, Vitamin C und reichlich Zucker.
Verbreitung: Heimisch in Südostchina, Nordostindien und auf den Philippinen; Anbau heute weltweit, seit 1805 im Mittelmeergebiet, Anbau dort vor allem in Sizilien, Spanien, Marokko, Ägypten, Israel, Libanon und Türkei.
Allgemeines: Zu den Mandarinen werden eine Fülle von Varietäten, Formen und Kreuzungen gestellt, die spontan oder durch systematische Kreuzungen entstanden sind und die sich mehr oder weniger deutlich voneinander unterscheiden.

Die eigentliche, gewöhnliche Mandarine umfasst zwei Varietäten: Satsuma = *C. reticulata* var. *unshiu* und Tangerine = *C. reticulata* var. *deliciosa*.

Häufig angeboten werden auch Clementinen. Sie sind vermutlich aus einer Kreuzung zwischen Mandarine und Pomeranze *(C. aurantium)* hervorgegangen. Sie sind 1902 von Pierre Clément gefunden und nach ihm benannt worden. Clementinen haben kleine bis mittelgroße, abgeflacht kugelige Früchte mit glatter, glänzender, orange bis rötlicher, mitteldicker Schale, die sich etwas schwerer vom Kern löst als bei Mandarinen. Das dunkelrote, sehr saftige, angenehm süße und aromatische Fruchtfleisch enthält keine oder nur wenige Kerne. Für Clementinen mit mehr als zehn Kernen hat sich im Anbau, im Handel und beim Verbraucher die Bezeichnung »Monreales« durchgesetzt.

Apfelsine, Orange
Citrus sinensis

Familie: Rautengewächse, Rutaceae
Habitus: Immergrüner, 8–13 m hoher, rundkroniger Baum, Zweige anfangs kantig, Zweigdornen dünn, stumpf, gelegentlich fehlend.
Blätter: Mittelgroß, vorne spitz, an der Basis
abgerundet, Stiel schmal geflügelt.
Blüten: Einzeln oder in kleinen, achselständigen Trauben, stark duftend, weiß, Staubblätter
20–25.
Früchte: In Form, Farbe und Größe stark va-
riierend, sie sind groß oder klein, oval, rund
oder abgeplattet rundlich, mattgelb bis leuchtend orangegelb und rot; unter der Schale befindet sich eine weiße, pelzig schwammige
Schicht, die als Albedo bezeichnet und vor dem
Verzehr entfernt wird; Fruchtfleisch gelb bis
blutrot, saftig, süßsäuerlich, in sechs bis zwölf
Segmente geteilt.
Verbreitung: Vermutlich in Südchina entstanden, dort seit 3 000 Jahren in Kultur; Anbau in
allen wärmeren Zonen der Welt.
Allgemeines: Zu den Orangen gehört eine na-

hezu unübersehbare Fülle von Sorten (400–
1000 Stück), die verschiedenen Gruppen zugeordnet werden können:
Winterorangen werden überwiegend aus dem
Mittelmeergebiet importiert und kommen von
November bis Mai, Juni auf den Markt. Zu ihnen gehören die Blond- und Blutorangen mit ihren verschiedenen Untergruppen.
Blondorangen (Navelorangen) stammen vorwiegend aus den westlichen Mittelmeerländern (Spanien, Marokko, Algerien), aus Griechenland und der Türkei. Sie sind an ihrem
eigentümlichen Nabel (engl. = navel) zu erkennen. Der Nabel am früheren Blütenansatz ist
nicht völlig geschlossen, weil sich darunter und
zwischen den Fruchtsegmenten noch eine
kleine, verkümmerte Tochterfrucht befindet,
die bei den älteren Sorten die Kerne aufnehmen sollte. Moderne Sorten sind kernlos, sie
haben ein gelbes, aromatisches Fruchtfleisch
und sind leicht zu schälen. Hauptsorten: 'Washington Navel', 'Thompson-Navel' und 'Naveli-
na'. Die bekannteste und am häufigsten angebaute Sorte dieser Gruppe ist die spät reifende,
wärmebedürftige 'Valencia Late' (siehe Abbildung), die in der Regel gleichzeitig blüht und

fruchtet. Hauptanbauländer sind neben den Tropen und Subtropen verschiedener Länder Spanien, Marokko, Israel und Zypern. Die rundlichen bis ovalen Früchte werden in den Mittelmeerländern vorwiegend von Anfang Februar bis Mitte Mai, außerhalb Europas von Juli bis Mitte November geerntet. Die Früchte haben eine dünne, glatte, leicht gekörnte, kräftig gefärbte Schale und ein aromatisches Fruchtfleisch mit wenigen oder fehlenden Kernen.

Von den übrigen Sorten der Blond-Orangen sind unter anderen die »Jaffa-Orangen« ein Begriff. Unter diesem warenzeichenrechtlich geschützten Namen wird vor allem die in den östlichen Mittelmeerländern (Israel und Zypern) angebaute Sorte 'Shamouti' vertrieben. Die Sorte hat eine dicke, zähe, etwas raue Schale, die sich leicht ablösen lässt. Die Fruchtsegmente lassen sich leicht teilen. Das Fruchtfleisch ist hellorange, fest, saftig und süßaromatisch.

Der Handelsbezeichnung »Jaffa-Orangen« entsprechen die Bezeichnungen »Sunkist« für Orangen aus Kalifornien und »Outspan« für Früchte aus Süd-Afrika.

Blutorangen werden vorwiegend von Dezember bis April angeboten. Die Verfärbung von Fruchtfleisch und Schale wird durch eine Anreicherung des Zellsaftes mit dem Farbstoff Anthocyan hervorgerufen, der sich unter dem Einfluss von Säure rot verfärbt. Man unterscheidet Voll- und Halbblutorangen, jeweils mit einer Reihe von Sorten. Bei Vollblutorangen sind Schale und Fruchtfleisch rot gefärbt, bei den Halbblutorangen hat die Schale keine oder eine leichte Rotfärbung, das Fruchtfleisch ist mehr oder weniger rot gefärbt.

Sommerorangen werden von Mai bis November eingeführt. Weil sie zu dieser Zeit mit zahlreichen anderen Obstarten konkurrieren, haben sie eine weit geringere Bedeutung als Winterorangen. Im Gegensatz zu den Winterorangen, die fast ausschließlich frisch verzehrt werden, sind Sommerorangen teilweise nur zum Entsaften geeignet. Hauptlieferant für Sommerorangen ist Süd-Afrika, von dort kommen Früchte von Mai bis November. Aus dem Mittelmeergebiet wird eine der Hauptsorten, 'Valencia Late', neuerdings noch bis in den Juli hinein geliefert.

Kumquat
Fortunella margarita

Familie: Rautengewächse, Rutaceae
Habitus: Kleiner, dicht verzweigter, dornenloser, bis 1,5 m hoher Strauch, junge Zweige grün und kahl.
Blätter: Wechselständig, schmal elliptisch, 4–8 cm lang, glänzend dunkelgrün, Stiel kurz, dick, schmal geflügelt.
Blüten: Einzeln oder zu drei bis vier in den Blattachseln an den Triebenden, weiß, duftend, 1,3 cm breit, mit dicken, wachsartigen Blütenblättern, 18–20 Staubblätter.
Früchte: Eiförmige bis elliptische, 2,5–4 cm lange, goldgelbe bis orangefarbene, duftende Zitrusfrüchte mit vier bis fünf Segmenten, Fruchtfleisch sauer, Schale dünn, glatt, süß, essbar.
Verbreitung: Südchina, Kanton.
Allgemeines: Die Gattung ist mit sechs Arten in Ost-Asien und dem Malaiischen Archipel verbreitet. Die Früchte werden roh gegessen oder in Ost-Asien zu Konfitüren verarbeitet. Kumquats sind aber nicht nur Obstgehölze, sondern auch beliebte Zierpflanzen, die bei uns nicht selten als Kübelpflanze gehalten werden.

Kumquats werden gegenwärtig in fast allen »Zitrus«-Ländern angebaut, mit Schwerpunkt in China, Japan, Brasilien, USA und Israel. Aus einer Kreuzung zwischen *F. margarita* und der Limette, *Citrus aurantiifolia*, ist die Limquat hervorgegangen. Sie hat ein sehr erfrischendes, säuerliches Fruchtfleisch mit einem leichten Limettenaroma.
F. margarita, die Ovale Kumquat, hat mit ihren zahlreichen Sorten die größten Früchte. Bei *F. hindsii*, der Wilden Kumquat, sind die länglich runden, orange bis scharlachorange gefärbten Früchte etwa 1,3 cm dick. Die Art entwickelt sich zu einem kleinen, steifen Strauch, der dick-ledrige Blätter und dicke, stechend scharfe Dornen trägt. *F. japonica*, die Runde Kumquat, ist ein kleiner Baum mit dornigen Zweigen, eiförmigen Blättern, geflügeltem Blattstiel und 2,5 cm dicken, kugeligen, goldgelben Früchten.

Bananen
Musa-Arten

Familie: Bananengewächse, Musaceae
Habitus: 6–9 m hohe Stauden (bei *M. ingens* bis 15 m hoch) mit ausdauerndem, knolligem Rhizom, aus dem die Blätter entspringen. Nach sieben bis neun Monaten tritt aus dem Scheinstamm der Blütenstand hervor, die Früchte reifen nach weiteren drei Monaten, danach stirbt der Spross ab.
Blätter: Sehr groß, länglich oder linealisch, ungeteilt, aber durch den Wind oft bis zur Mitte, parallel zu den Seitennerven, fiedrig zerrissen.
Blüten: In einem Blütenstand, der sich stark krümmt und mehr oder weniger ausgeprägt nach unten wächst. Er besteht aus einer langen Achse mit zahlreichen spiralförmig angeordneten rotvioletten Hochblättern (Brakteen), in deren Achseln sich die Blüten in Gruppen entwickeln. Die Geschlechtsverteilung innerhalb des Blütenstandes ist in Zonen aufgeteilt. Die untersten zehn bis zwölf Tragblätter bringen weibliche (bei den Wildarten zwittrige) Blüten hervor, die jeweils zu 14–18 in doppelten Quer-

reihen angeordnet sind. Den weiblichen Blüten folgen zunächst Tragblätter mit zwittrigen Blüten, die sich aber nicht weiterentwickeln, dann solche mit männlichen Blüten. Zwittrige Blüten sind nicht bei allen Sorten vorhanden.
Früchte: Die Wildarten bringen nach der Bestäubung durch Fledermäuse relativ kleine, samenreiche Früchte hervor. Bei den Obstbananen entwickelt sich der Fruchtknoten der weiblichen Blüten ohne Befruchtung zu Früchten (Parthenokarpie = Jungfernfrüchtigkeit). Die sich aus den Blüten jeder Braktee entwickelnden Früchte bezeichnet man als »Hand«, die Einzelfrüchte als »Finger«. Obstbananen enthalten nur das bekannte samenlose Fruchtfleisch, das als Pulpa bezeichnet wird. Unreife Früchte sind zunächst reich an Stärke und von adstringierendem Geschmack. Mit zunehmender Reife wandelt sich die Stärke in Zucker, die Früchte werden weich und süß.
Verbreitung: Die Gattung ist mit etwa 60 Arten in den Tropen der Alten Welt verbreitet. Nur zwei Arten – *M. acuminata* und *M. balbisiana* – sind am Zustandekommen der Obst- und Mehlbananen beteiligt. Die Heimat der formenreichen *M. acuminata* liegt in Myanmar, Thailand,

Malaysia, Indochina und auf Borneo; *M. balbi-siana* ist in Indien, Nordmyanmar, Südchina, auf Sri Lanka, den Philippinen und im östlichen Neuguinea heimisch. Dort, wo sich die Verbreitungsgebiete überschneiden, sind aus den beiden Arten unsere Bananen entstanden. Alle Hybridformen werden heute als *M.* × *paradisiaca* bezeichnet (Bild Seite 285).

Schon im ersten Jahrtausend kamen Bananen durch Indo-Malaien oder Araber nach Afrika, von dort gelangten sie zu Beginn des 16. Jahrhunderts über die Kanarischen Inseln und Santo Domingo nach Südamerika, wo sie von den Indios rasch verbreitet wurden. Heute werden in allen tropischen und subtropischen Ländern Bananen angebaut.

Allgemeines: Bei den kultivierten Arten unterscheidet man entsprechend der Verwendung der Früchte zwischen Obst- oder Dessert- und Mehl-Bananen. Obst-Bananen werden überwiegend frisch verzehrt, die stärkereichen Mehlbananen werden dagegen gekocht, gebraten oder gebacken oder getrocknet und zu Bananenmehl verarbeitet – eine häufige Beigabe zu Schonkostdiäten. Aus Mehl- und unreifen Obst-Bananen wird auch Stärke hergestellt.

Die Obstbanane ist heute die wichtigste Tropenfrucht. Zusammen mit den Wurzelfrüchten (Batate oder Yam) sind Bananen, einschließlich der Mehl-Bananen, in vielen tropischen Ländern ein wichtiges Grundnahrungsmittel.

Bei uns kommen überwiegend großfrüchtige tropische Sorten wie 'Gros Michel', 'Giant Cavendish', 'Robusta' und andere auf den Markt. Zwergbananen ('Dwarf Cavendish', Bild unten links) sind anspruchsloser und können auch in den Subtropen angebaut werden. Ihre Früchte sind zwar klein, aber keinesfalls weniger schmackhaft.

Auf den Philippinen wird aus den Blattstielfasern der Textil-Banane, *M. textilis*, der Manilahanf gewonnen, eine Faser, die sich zur Herstellung grober Garne und von Papier eignet.

Auf den japanischen Riukiuinseln ist die Japanische Banane, *Musa basjo*, heimisch (Bild oben). Sie erreicht Wuchshöhen bis 5 m und hat bis 2 m lange, länglich lanzettliche, dünne, leuchtend grüne Blätter. Bis 6 cm lang werden die gelbgrünen Früchte mit dem weißen Fruchtfleisch und schwarzen Samen.

Mangobaum
Mangifera indica

Familie: Sumachgewächse, Anacardiaceae
Habitus: Stattlicher, immergrüner, bis 30 m hoher Baum mit dicht belaubter, kugeliger, weit ausladender Krone. Reich tragende Bäume bleiben in der Regel etwas kleiner.
Blätter: Wechselständig, lanzettlich, bis 30 cm lang. Auffallend ist hier die Lauberneuerung, die als Laubausschüttung bezeichnet wird: zwischen dem alten dunkelgrünen Laub fallen einzelne Zweige mit frischem, hellem Laub auf, die Blätter hängen zunächst schlaff herab und sind rot gefärbt.
Blüten: Zu sehr vielen (2000–5000) in rispenförmigen, endständigen Blütenständen, Einzelblüten klein und blass grünlich bis gelb gefärbt. Mangoblüten werden oft für religiöse Zeremonien verwendet.
Früchte: Die Steinfrüchte sind sehr unterschiedlich in Textur, Form und Größe. Sie haben eine grünlich gelbe bis gelbrote, ziemlich druckempfindliche Haut und goldgelbes, schmelzend saftiges, von Fasern durchsetztes und sich nicht vom großen Steinkern lösendes Fruchtfleisch mit mehr oder weniger starkem Terpentingeschmack.
Verbreitung: Urspüngliche Heimat sind Nordostindien und Nordmyanmar. In Indien seit mehr als 4000 Jahren in Kultur. Heute bis weit in die Subtropen angebaut.
Allgemeines: Mangos sind nach den Bananen die wichtigsten tropischen Früchte. Von den rund 300 Arten der Gattung hat *M. indica* die weitaus größte Bedeutung. In Südost-Asien sind einige andere Arten von lokaler Relevanz. Die heutigen Sorten sind in Geschmack, Größe und in Bezug auf ihren Gehalt an Terpentin, Zucker und Vitaminen sehr unterschiedlich. Im Allgemeinen enthalten die Früchte reichlich Vitamin A (sie bilden die stärkste Vitamin-A-Quelle unter allen Früchten) und C. Sie sind, vor allem in Indien, für die Ernährung der Bevölkerung von großer Bedeutung.

Kaschubaum, Acajubaum
Anacardium occidentale

Familie: Sumachgewächse, Anacardiaceae
Habitus: Kleine, bis 12 m hohe Bäume, manchmal nur staudig.
Blätter: Wechselständig, 4–22 cm lang, verkehrt eiförmig bis breit elliptisch, ledrig, hellgrün geadert.
Blüten: Eingeschlechtlich oder zwittrig, in bis 26 cm langen Rispen oder Dolden.
Früchte: Nierenförmige, 1-samige Nussfrüchte (Kaschunuss, Cashewnuss), die auf einem verdickten, birnenförmigen, fleischig saftigen, essbaren Fruchtstiel (Kaschuapfel) sitzen, der zur Reife rot oder gelb gefärbt ist.
Verbreitung: Heimisch in Brasilien. Wurde bereits vor der Ankunft der Europäer von verschiedenen Indianerstämmen kultiviert. Als Obstbaum von Spaniern und Portugiesen schon früh in anderen Tropenländern eingeführt.
Allgemeines: Bis zur Entwicklung industrieller Röstverfahren zur Abscheidung des Schalenöls und der maschinellen Trennung der Schalen und Samenschalen von den Kernen waren die Kaschuäpfel das Hauptprodukt des Baumes.

Kaschuäpfel haben einen süßsäuerlichen, apfelartigen, herben Geschmack. Sie liefern kein besonders gutes Tafelobst, werden aber zu Konserven, Fruchtsäften, Wein und Essig verarbeitet.

Die Schalen der Kaschufrüchte, auch als »Elefantenläuse« bezeichnet, enthalten 15–30% Öl. Kaschu-Öl wird zu Kunstharzen verarbeitet, die vor allem bei der Herstellung von Bremsbelägen, Kupplungsscheiben, hitze- und korrosionsbeständigen Anstrichen und in Bauplatten Verwendung finden. Die geschälten Kerne (Kaschunüsse) werden an der Sonne oder durch Heißluftbehandlung getrocknet und sofort verpackt.

Im Verbreitungsgebiet der Kaschunuss brauten die Indianer aus frischen, zerriebenen und in Wasser aufgeschwemmten Fruchtstielen ein berauschendes Bier, das eine rituelle und medizinische Bedeutung hatte.

Brotfruchtbaum
Artocarpus altilis

Familie: Maulbeerbaumgewächse, Moraceae
Habitus: 15–20 m hoher, immergrüner Baum mit wenig verzweigter Krone. Er führt in allen Teilen Milchsaft.
Blätter: Bis 60 cm lang, eiförmig, tief 3-lappig, ledrig, glänzend dunkelgrün, unterseits und Nervatur oberseits behaart.
Blüten: Getrenntgeschlechtlich, männliche gelb, in 30 cm langen, abwärts gebogenen oder hängenden Kolben, weibliche in kugeligen Ständen mit Hunderten von Blüten.
Früchte: Nahezu kugelige, 10–20 cm lang, etwa 20 cm breite, bis zu 1 kg schwere Sammelfrucht, außen grün und warzig, im Innern zur Reife eine teigige, gelbweiße Masse, Samen kastanienartig, braun und etwa 2–3 cm groß.
Verbreitung: Der Brotfruchtbaum stammt ursprünglich aus dem Gebiet der Molukken und Neuguinea. Heute ist er in allen Tropenländern vor allem als Zierbaum verbreitet.
Allgemeines: Der Brotfruchtbaum ist in seiner Heimat eine sehr wichtige Nahrungspflanze; in geringerem Umfang gilt dies auch für andere süd- und südostasiatische Länder. Als Fruchtbaum werden vor allem die samenlosen Sorten gezogen. Das Fruchtfleisch wird gekocht oder gebacken. Frische Früchte sind leicht verdaulich: sie werden in Scheiben geschnitten, an der Luft oder in Kopra-Öfen getrocknet und so konserviert. Durch Eingraben der Früchte in den Boden kann man einen vergorenen Käse herstellen. Die Samen werden auf verschiedene Weise gekocht und geröstet. Der Rindenbast eignet sich als Flecht- und Bindematerial, das Holz zum Bau von Booten.
Weltweites Aufsehen erregte die Brotfrucht durch die berühmte Meuterei auf der »Bounty«. Kapitän Bligh erhielt 1789 den Auftrag, 1 000 Brotfruchtbäume vom Malaiischen Archipel in die Neue Welt zu bringen.

Jackfruchtbaum
Artocarpus heterophyllus

Familie: Maulbeerbaumgewächse, Moraceae
Habitus: Bis 25 m hoher, immergrüner Baum.
Blätter: 5–25 cm lang, elliptisch bis verkehrt eiförmig-elliptisch, kurz zugespitzt, bei juvenilen Blätter mit 1–2 Paar Basallappen.
Blüten: Getrenntgeschlechtlich, unscheinbar, Blütenstände im Gegensatz zu *A. altilis* unmittelbar dem Stamm und älteren Ästen entspringend (Kauliflorie).
Früchte: Bis zu 30 cm breite und bis zu 1 m lange, bis 50 kg schwere Sammelfrüchte, zusammengesetzt aus zahlreichen Fruchtblättern, die durch Milchröhren und Faserstränge miteinander verbunden sind. Sie gehören damit zu den größten tropischen Baumfrüchten
Verbreitung: Ursprüngliche Heimat ist Indien. Heute weltweit angebaut, vor allem in Südost-Asien, seltener auch in Afrika und Amerika.
Allgemeines: Die großen Samen werden gekocht oder geröstet gegessen, sie sind reich an Stärke und erinnern im Geschmack an geröstete Maronen. Die Früchte werden frisch verzehrt, sie bilden für viele Eingeborene ein wichtiges Grundnahrungsmittel. Ihr strenger Capronsäuregeruch lässt sich durch Einlegen in Salz über Nacht weitgehend beseitigen. Das harte Holz des Baumes eignet sich unter anderem für den Bootsbau, in Südost-Asien wird es auch zum Schnitzen von Masken verwendet. Außerdem liefert es Basanti, die gelbe Farbe für die Kleidung buddhistischer Mönche.

Neben *A. altilis* und *A. heterophyllus* sind auch andere Arten der Gattung Nahrungslieferanten:

A. integer. Angebaut im Malaiischen Archipel. Das Fruchtfleisch ähnelt dem der Jackfrucht, ist aber weicher und aromatischer.

A. odoratissimus wird auf Borneo und den Philippinen angebaut. Das Fruchtfleisch ist süß und saftig, die Kerne werden geröstet gegessen.

Feigenbaum
Ficus carica

Familie: Maulbeerbaumgewächse, Moraceae
Habitus: 10–15 m hoher Strauch oder Baum, dicktriebig, weichholzig, Milchsaft führend.
Blätter: Wechselständig, breit eiförmig bis rundlich, 20–30 cm breit, tief 3- bis 5-lappig.
Blüten: Äußerlich nicht sichtbar, sie sitzen auf den Innenseiten krugförmig eingesenkter Blütenstandsachsen, deren Öffnung durch Schuppenblätter fast verschlossen ist. Aus der Wildform des Feigenbaumes haben sich infolge jahrtausendelanger Kultur zwei Formen entwickelt, die Bocks-, Holz- oder Caprifeige und die Kulturfeige. Die Blütenstände der Kulturfeigen enthalten nur langgriffelige weibliche Blüten, die der Bocksfeigen dagegen neben kurzgriffeligen weiblichen auch männliche Blüten. Die Feigenwespe, *Blastophaga psenes*, deren Larven sich in den Blüten der Bocksfeigen entwickeln, werden beim Verlassen des Blütenstandes mit Pollen bedeckt und sorgen so auch für die Befruchtung der Kulturfeigen. Diese eigenartige Blütenbiologie der Feigen, die notwendige Symbiose zwischen Feigenblüte und bestimmten Insekten, ist bereits von den alten griechischen und römischen Naturforschern Aristoteles und Theophrast beobachtet worden. Schon damals wurde die Bestäubung durch das Aufhängen von Zweigen der Holzfeige in Essfeigenbäumen gefördert. Eine Fruchtentwicklung ist bei den Feigen jedoch auch ohne Bestäubung möglich, allerdings werden dabei keine Samen gebildet. Samenlose Sorten isst man in der Regel als Frischobst, Sorten mit Samen werden als Trockenobst angeboten.
Als Trockenfeigen werden die Smyrna-Typen vorgezogen, sie enthalten Samen, die der Frucht einen angenehmen Nussgeschmack verleihen. Ihre Früchte entwickeln sich nur nach einer Bestäubung. Sie müssen also zusammen mit Holzfeigen gepflanzt werden.
Früchte: Als getrocknete Feigen allgemein bekannt. Es handelt sich dabei um den zur Reife angeschwollenen und fleischig gewordenen Blütenstand.
Ess- und Holzfeigen liefern dreimal jährlich Früchte. Frühjahrsfeigen werden noch vor dem Laubfall im Herbst angelegt, Sommer- und Herbstfeigen am diesjährigen Holz. Besonders wohlschmeckend sind die Frühjahrsfeigen. Sommerfeigen bringen die höchsten Erträge, Herbstfeigen nur geringer Qualität.
Verbreitung: Die ursprüngliche Heimat liegt in Vorderasien. Schon im Altertum war die Feige im ganzen Mittelmeerraum verbreitet, wo heute noch mehr als 90% der Weltproduktion erzeugt werden. Sie gedeiht auch in subtropischen Zonen mit Sommerregen, kann dort aber nicht getrocknet werden.
Allgemeines: Unter den rund 800 Arten der Gattung befinden sich nicht nur immergrüne und Laub abwerfende Bäume und Sträucher, sondern auch kletternde Arten, die z. T. als »Würge-Feigen« auftreten.

Ananas
Ananas comosus

Familie: Ananasgewächse, Bromeliaceae
Habitus: Mehrjährige Pflanze mit gedrängter Sprossachse und rosettenförmig gestellten Blättern.
Blätter: Zu 30–50 in einer dichten Rosette, schwertförmig, 80–100 cm lang, am Rand stark bedornt. Die wichtigste Sorte 'Smooth Cayenne' hat glatte Blätter, die die Arbeit auf dem Feld und die Ernte wesentlich erleichtern.
Blüten: Auf einem kurzen Schaft in dichten, vielblütigen, zapfenförmigen Ähren, die von einem Schopf kleiner Blätter gekrönt sind. Die Ähren bestehen aus zahlreichen lang zugespitzten, rosa Tragblättern, in deren Achseln 2,5 cm große, 3-zählige, rosa Blüten stehen.
Früchte: Beerenfrüchte, die mit der Blütenstandsachse und den Tragblättern zu einem fleischigen, essbaren Sammelfruchtstand verwachsen. Alle Ananassorten sind selbststeril, die Fruchtbildung vollzieht sich ohne vorherige Bestäubung, die Früchte enthalten keine Samen.

Verbreitung: Ursprünglich im tropischen Südamerika heimisch, man findet sie dort noch heute in vielen Formen als Halbkultur der Indios. Nach der Entdeckung Amerikas durch Kolumbus wurde sie rasch verbreitet.
Heute baut man sie in allen tropischen Ländern zwischen 25° nördlicher und südlicher Breite großflächig an. Als Xerophyt verträgt sie monatelange Trockenheit. An den Blättern schlägt sich Regen, Nebel und Tau nieder, die Flüssigkeit wird hauptsächlich durch stammbürtige Wurzeln, unter Umständen zusammen mit Nährstoffen, aufgenommen.
Allgemeines: Ein großer Teil der Ananasproduktion wird in den Anbauländern als Frischobst und Saft verzehrt. In den Export gehen vor allem Konserven, aber auch frische Früchte, die dann halbreif geerntet werden und auf Kühlschiffen nachreifen.
Das Fruchtfleisch ist durch seinen Vitamingehalt wertvoll. Als Nebenprodukt wird das verdauungsfördernde Enzym Bromelain gewonnen, das in der Lebensmittel- und Lederindustrie sowie in der Medizin verwertet wird.
Die Blätter besitzen eine der feinsten Blattfasern, die von Hand unter anderem für Spitzenschleier (Mantillas) verarbeitet werden.
Ananaspflanzen liefern zwei Ernten, 15–18 Monate nach der Haupternte folgt eine etwas geringere Nacherne von den nachwachsenden Seitensprossen.
Die wichtigsten Sortengruppen sind 'Smooth Cayenne', 'Spanish', 'Queen' und 'Abacaxis'. 'Smooth Cayenne' hat große, glatte Früchte, sie wird weltweit angebaut und ist die wichtigste Konservensorte. 'Spanish' wird vor allem in Malaysia angebaut, sie hat mittelgroße, wohlschmeckende Früchte. 'Queen', die vor allem in Süd-Afrika und Australien angebaut wird, ist eine sehr aromatische Sorte, die zum Frischverzehr bevorzugt wird, ebenso wie die in Brasilien angebaute 'Abacaxis'.

Papaya
Carica papaya

Familie: Melonenbaumgewächse, Caricaceae

Habitus: 6–8 m hoher Baum mit kaum verzweigtem, grünem, weichholzigem Stamm, der auffällige dreieckige Blattnarben und einen endständigen Blattschopf trägt.

Blätter: Bis 70 cm breit, tief handförmig gelappt, die 7 Lappen länglich lanzettlich, tief eingeschnitten

Blüten: Meist zweihäusig (bei der wichtigsten Exportsorte 'Solo' Bäume mit weiblichen oder zwittrigen Blüten), blattachselständig, männliche Blütenstände verzweigt und überhängend, mit schmalen, trichterförmigen, 4 cm langen Röhrenblüten, weibliche Blütenstände kurz und gabelig verzweigt, Blüten größer, gelbweiß. Um einen guten Fruchtansatz sicherzustellen, werden pro 25 weibliche Bäume ein männlicher Baum gepflanzt.

Früchte: Melonenartig, sehr verschieden in der Größe (500–1000 g, aber auch bis 10 kg und mehr) und Form (rund oval bis lang gurkenförmig), Fruchtfleisch weißlich, tiefgelb, orange oder rot, mit großen Unterschieden im Aroma und von butterartiger Konsistenz. Die Innenfläche der Fruchthöhlung ist mit pfefferkorngroßen, schwarzgrauen, kresseartig schmeckenden Samen bedeckt.

Verbreitung: Südamerika, in zahlreichen tropischen Ländern eingebürgert. Die Papaya wurde schon in vorkolumbianischer Zeit von den Indianern Mittelamerikas und Brasiliens der wohlschmeckenden Früchte und der hervorragenden medizinischen Eigenschaften wegen kultiviert. Ende des 18. Jahrhunderts kam sie nach Asien, und heute wird sie weltweit angebaut.

Allgemeines: Die Bäume beginnen in Plantagen schon am Ende des ersten Jahres zu tragen. Weil die sehr vitaminreichen Früchte wenig haltbar und sehr druckempfindlich sind, werden sie überwiegend in den Anbauländern verzehrt, vor allem frisch, mit Zitrone und Zucker in Fruchtsalaten, oder gekocht als Gemüse.

Neuerdings werden frische Früchte, Papaya-Saft oder Früchte in Form geschälter, entkerter und gewürfelter Konserven auch exportiert, sie kommen von Oktober bis März aus Brasilien, von Oktober bis Mai aus den USA und ganzjährig von der Elfenbeinküste, aus Kenia, Hawaii und Thailand. Sie werden halbreif geerntet, müssen vorsichtig transportiert und rasch umgeschlagen werden. Inzwischen werden etwa 50 Papayasorten kommerziell verwertet. Neuere Sorten tragen relativ kleine, aber sehr aromatische Früchte.

Der Milchsaft der Pflanze enthält das Eiweiß spaltende Enzym Papain. Als Handelsprodukt wird das bei weitem wichtigste der pflanzlichen proteolytischen Enzyme durch Anritzen der grünen Früchte am Baum gewonnen. Es wird unter anderem zum Stabilisieren von Bier, zum Weichmachen von Fleisch, in der Medizin als Zahnreinigungs- und Wurmmittel sowie gegen Verdauungsstörungen und zur Herstellung nicht einlaufender Wolle und Seide verwendet.

Avocado
Persea americana

Familie: Lorbeergewächse, Lauraceae
Habitus: Bis 20 m hoher, immergrüner Baum oder Strauch.
Blätter: Wechselständig, 10–25 cm lang, eiförmig-elliptisch, oberseits dunkelgrün, unterseits heller.
Blüten: Klein, gelblich grün, in vielblütigen, endständigen Rispen. Man unterscheidet blütenbiologisch zwei Typen: Beim Typ A sind die Narben am Vormittag zur Empfängnis bereit, während sich die Staubgefäße am Nachmittag des folgenden Tages öffnen; beim Typ B können die Narben am Nachmittag Pollen empfangen, die Staubgefäße öffnen sich am Vormittag des folgenden Tages. Zur Fruchtgewinnung müssen beide Typen nebeneinander gepflanzt werden.
Früchte: Meist birnenförmige Steinfrucht mit glatter Außenhaut und zur Reife butterweichem, cremefarbenem bis gelbgrünem Fruchtfleisch von nussartigem Geschmack, das einen großen Samen umschließt. Es gibt heute zahlreiche Sorten, die sich durch Fruchtgröße, Geschmack und Ölgehalt des Fruchtfleisches unterscheiden. Große Unterschiede bestehen auch in der Anpassungsfähigkeit an klimatische Bedingungen.
Verbreitung: Mexiko, Mittelamerika, tropisches Südamerika. Seit Anfang des Jahrhunderts auch außerhalb des ursprünglichen Verbreitungsgebietes angebaut. Die Avocado entwickelte sich nach dem Zweiten Weltkrieg zu einer bedeutenden Exportfrucht.
Allgemeines: Bedingt durch Wohlgeschmack, hohen Proteingehalt (höher als bei jeder anderen Frucht der Tropen) und einem Ölgehalt bis zu 32% (wird nur von der Olive übertroffen) ist die Avocado eine der wertvollsten tropischen Obstarten. Die Frucht wird überwiegend frisch verzehrt – entweder mit Zucker und Zitrone versehen und ausgelöffelt oder in verschiedener Weise als Salat zubereitet, zum Beispiel mit Tomaten, Zwiebeln, Pfeffer, Salz und Senf als Mexikanischer Guacamolè-Salat. Die Schwarzfärbung aufgeschnittener Fruchthälften lässt sich durch das Bestreichen mit Zitronensaft vermeiden. Schließlich werden die Früchte auch zur Herstellung von Likören, zum Beispiel dem Advokaat-Likör, verwendet. Aus überreifen Früchten wird das sehr wertvolle Avocado-Öl gewonnen, das vorwiegend in der Kosmetikindustrie verarbeitet, aber auch als Speiseöl verwendet wird.

Die Bezeichnung Avocado leitet sich von der aztekischen Bezeichnung der Frucht »auacatl« ab. Avocados wurden schon in vorkolumbianischer Zeit in den tropischen Gebieten Mittel- und Südamerikas kultiviert. Archäologische Funde deuten darauf hin, dass sie bereits um 7800 v. Chr. in Oaxaka angebaut wurden. Die Früchte dienten der Ernährung, aus anderen Teilen der Pflanze wurden zahlreiche Heilmittel hergestellt. Die Zweigenden dienten bei Mann und Frau als Fruchtbarkeitsamulett. Avocado-Öl wurde schon von den Azteken als Kosmetikum und Arznei verwendet, beispielsweise gegen Haarschuppen und Ohrenvereiterung.

Zur Gattung gehören etwa 150 Arten immergrüner Bäume und Sträucher.

Purpur-Granadilla, Gelbe Granadilla
Passiflora edulis

Familie: Passionsblumengewächse, Passifloraceae

Habitus: Immergrüner, mit blattachselständigen Ranken kletternder Strauch.

Blätter: Wechselständig, 10–20 cm lang, tief 3-lappig, Lappen eiförmig, drüsig gezähnt, glänzend grün, kahl.

Blüten: 7,5 cm breit, Kelchblätter länglich, abspreizend, oberseits weiß, unterseits grün, Kronblätter etwas kleiner und heller, der Kranz aus Staubblättern weiß, mit einem purpurfarbenen oder indigoblauen Band.

Früchte: Kugelige oder eiförmige, 4–5 cm dicke, grünlich gelbe (fo. *flavicarpa*, Gelbe Granadilla) bis dunkelpurpurfarbene (var. *edulis*, Purpur-Granadilla), zur Vollreife runzelige Beerenfrüchte mit zahlreichen Samen, die von einem geleeartigen, hoch aromatischen Fruchtfleisch umgeben sind (rechtes Bild).

Verbreitung: Ursprüngliche Heimat ist Brasilien. Die wirtschaftlich wichtigste Art wird heute weltweit in Hochlagen der Tropen (var. *edulis*) und im Tiefland feuchter Tropen (fo. *flavicarpa*) angebaut.

Allgemeines: Von den etwa 400 Arten der Gattung, die überwiegend im tropischen und subtropischen Amerika verbreitet sind, haben etwa 20 Arten essbare Früchte, davon werden die vier hier vorgestellten Arten in größerem Umfang angebaut. Lokal werden die Früchte durch Auslöffeln der aufgeschnittenen Frucht frisch verzehrt oder in Obstsalaten verwendet, dabei werden die Samen nicht vom Fruchtfleisch getrennt. Von größerer Bedeutung ist dagegen die Verarbeitung der Früchte zur Extraktion des Saftes, der wegen seines besonderen Aromas zu verschiedenen Getränken, allein oder mit anderen Obstarten vermischt, verarbeitet wird. In einigen Ländern wird aus den Samen ein hochwertiges Speiseöl gewonnen. Die Blätter werden pharmazeutisch verwendet.

Passiflora ligularis, die Süße Granadilla (linkes Bild) hat etwa 8 cm lange, kahle, ovale Früchte mit einer festen, pergamentartigen, glatt bleibenden, gelben bis dunkelroten Schale.

Königs-Granadilla
Passiflora quadrangularis

Familie: Passionsblumengewächse, Passifloraceae

Habitus: Mit blattachselständigen Ranken kletternder Strauch mit 4-kantigen Sprossen.

Blätter: Wechselständig, einfach, bis 22 cm lang, eiförmig oder eiförmig-lanzettlich, vorne plötzlich zugespitzt, an der Basis abgerundet oder herzförmig, ganzrandig, kahl, glänzend dunkelgrün.

Blüten: Sehr auffällig, bis 12 cm breit, Kelchblätter 4 cm lang, unterseits grün, oberseits graugrün und rosarot getönt, Kelchblätter etwas größer, fleischig, rötlich, Staubblätterkranz weiß, blau oder rötlich purpurfarben gebändert.

Früchte: Bis 30 cm lang und 15 cm dick, länglich eiförmig, kahl, Schale hell grüngelb bis dunkelrot, die fleischigen, essbaren Fruchtwände grünlich gelb, Pulpe saftig, säuerlich aber weniger aromatisch als bei anderen Arten. Unreife Früchte werden gekocht zubereitet.

Die Wurzelknollen können wie Yams gegessen werden.

Verbreitung: Tropisches Amerika, heute in tropischen Regionen weltweit angebaut.

Allgemeines: Zu den *Passiflora*-Arten mit essbaren Früchten gehört auch die Bananen-Granadilla, *P. molissima*, die auch als Curuba bezeichnet wird. Heimisch ist die Art in Westvenezuela, Kolumbien, Südostperu und Nordargentinien, sie wird in tropischen Regionen weltweit angebaut. Ihre Sprosse sind mit weichen, goldgelben Haaren bedeckt. Die 3-lappigen Blätter sind 10–12 cm lang, die Lappen spitz eiförmig und am Rand scharf gesägt-gezähnt. Die Blüten haben einen 8 cm langen, röhrenförmigen, olivgrünen Kelch, die 3,5 cm langen Kelch- und Kronblätter sind hellrosa gefärbt. 3–12 cm lang sind die länglich eiförmigen Früchte mit der grünlich oder gelb gefärbten, außen ledrigen, innen weißen Schale. Das ziemlich saure, grünliche Fruchtfleisch hat einen spezifischen, würzigen Geschmack.

Annonen
Annona-Arten

Familie: Schuppenapfelgewächse, Annonaceae
Habitus: Kleine Bäume oder Sträucher mit essbaren Früchten.
Blätter: Wechselständig, einfach, elliptisch bis länglich, aromatisch.
Blüten: Einzeln oder in Büscheln, unscheinbar, aber sehr angenehm duftend, Kelch 3-teilig, die sechs Kronblättern in zwei Kreisen, von denen der innere oft reduziert ist oder fehlt.
Früchte: Aus vielen Fruchtblättern einer Blüte wird eine Sammelfrucht mit schuppiger oder netzartig gefelderter Oberfläche gebildet. Die Früchte sind leicht verderblich, sie werden entweder frisch verzehrt oder zu Fruchtsäften und zu Fruchtsalaten sowie zu Speiseeis verarbeitet.
Verbreitung: Rund 100 Arten sind überwiegend in den amerikanischen Tropen verbreitet, zehn Arten kommen in Afrika vor.
Allgemeines: Die vier genannten *Annona*-Arten haben ihren Ursprung in der Neuen Welt. Nur lokale Bedeutung haben die Stachel-Anno-ne, *A. muricata*, und die Netz-Annone, *A. reticulata*. Von größerem kommerziellem Interesse sind die Cherimoya, *A. cherimola*, und die Schuppen-Annone oder Zimtapfel, *A. squamosa*. Altweltliche Arten sind für den Anbau ohne Bedeutung.

A. cherimola, Cherimoya. Heimisch im Hochland von Peru und Ekuador, nur im tropischen Hochland und in den Subtropen in Kultur. Früchte graugrün, herzförmig, im Durchmesser 10–15 cm, mit regelmäßigem Schuppenmuster. Das Fruchtfleisch erinnert in Konsistenz und Süße an Birnen, im leichten, edlen Harzgeschmack an Mangos. Auf den europäischen Markt kommen die Früchte hauptsächlich aus Spanien und Israel.

A. squamosa, Schuppen-Annone (auch Rahmapfel und Süßsack genannt, Bild). Mittelamerika und Westindien. Wirtschaftlich wichtigste Art, sie wird heute weltweit angebaut. Frucht rundlich, mit eiförmigen Schuppen und graugrüner Haut, die durch Druck rasch schwarze Flecken bekommt. Das Fruchtfleisch ist cremig, gelblich weiß und schmeckt angenehm aromatisch süß. Die Hauptmenge wird frisch verzehrt, ein kleinerer Teil zu Nektar verarbeitet. Der Export nach Europa ist unbedeutend.

A. reticulata, Netz-Annone, Ochsenherz-Annone. Mexiko und Westindien. Früchte kugelig, 7–12 cm im Durchmesser, an der Oberfläche mit regelmäßigen Netzsegmenten. Fruchtfleisch cremeweiß, saftig und süß, aber fade schmeckend und weniger wertvoll.

A. muricata, Stachel-Annone, Sauersack. Südmexiko, Mittelamerika, Westindien, tropisches Südamerika. Früchte bis 35 cm lang und 2–4 kg schwer, Oberfläche mit vielen weichen Stacheln besetzt. Fruchtfleisch angenehm duftend, saftig faserig, aromatisch, mit erfrischend säuerlichem Geschmack.

Mangostane
Garcinia mangostana

Familie: Clusiaceae (Guthferae)
Habitus: 10–20 m hoher Baum mit tief angesetzten Ästen und dicht belaubter Krone.
Blätter: Gegenständig, 15–25 cm lang, elliptisch länglich, ledrig, dunkelgrün.
Blüten: Einzeln oder in Paaren, 4–6 cm breit,
rosa, in der Mitte cremeweiß, mit je vier Kelch-
und Kronblättern, in gabelig verzweigten Ständen. Die Blüten öffnen sich am Nachmittag, die
Blütenblätter fallen dann rasch ab. Oft nur weibliche Blüten oder Blüten mit sterilen Staubblättern, daher Fruchtentwicklung ohne Befruchtung.
Früchte: Bis 9 cm große, purpurbraune Beeren, an der Basis mit großen, holzigen Kelchblättern, an der Spitze fünf bis acht flach anliegende Narbenreste, äußere Schale knapp 1 cm
dick, weinrot, leicht faserig, innen fünf bis acht
fleischig-saftige, sehr wohlschmeckende Segmente, die Früchte dienen als Samenmäntel,
aber oft samenlos.

Verbreitung: Heimisch in den tropischen Regenwäldern des Malaiischen Archipels. Heute
zerstreut in allen äquatorialen Tropengebieten
angebaut und regional von wirtschaftlicher Bedeutung.
Allgemeines: Rund 200 *Garcinia*-Arten sind in
den Tropen der Alten Welt, überwiegend vom
tropischen Asien bis zu den Fidschi-Inseln verbreitet. Viele Arten haben essbare Früchte.
Stellenweise wird auch das Samenfett genutzt.
Die Mangostane wird in ihrer Heimat seit Jahrhunderten angebaut, obwohl die Kultur offen-
bar recht schwierig ist und die Bäume erst nach
10–15 Jahren tragen. Die Frucht gilt mit ihrem
unvergleichlichen Wohlgeschmack für manchen als das köstlichste Obst der Tropen. Gelegentlich werden die Früchte auch bei uns angeboten.
In Thailand und Indochina werden wild wachsende *G. hanburyi* zur Gewinnung von Farb-
stoffen gesammelt.

Guave
Psidium guajava

Familie: Myrtengewächse, Myrtaceae

Habitus: Kleiner, etwas knorriger, bis 10 m hoher, außerordentlich robuster und anspruchsvoller Baum, junge Zweige 4-kantig, Rinde grünlich braun und schuppig abblätternd. Wird in Kultur meist strauchförmig gezogen.

Blätter: Gegenständig, bis 15 cm lang, eiförmig bis länglich elliptisch, unterseits fein flaumig behaart.

Blüten: Weiß, 2,5 cm breit, einzeln oder zu wenigen auf einem dünnen Stiel, Staubblätter zahlreich.

Früchte: Kugelig, ei- oder birnenförmig, bis 10 cm lang, mit glatter, meist gelber Außenhaut, bleibendem Kelch und zahlreichen rauschaligen Samen (Fruchtsorten auch mit wenigen oder keinen Samen). Fruchtfleisch unterschiedlich dick, weiß, rosa oder lachsrot, von leicht sahniger Konsistenz, im Geschmack süß bis sauer und mehr oder weniger harzig.

Verbreitung: Mexiko, Mittelamerika, tropisches Südamerika. Heute weltweit von den feuchten Tropen bis in die äußeren Subtropen angebaut. In den Tropen der Alten Welt auch verwildert. Ein beträchtlicher Teil der Weltproduktion stammt von solchen Wildpflanzen. Großfrüchtige Zuchtsorten müssen aber vegetativ (über Veredeln oder Stecklinge) vermehrt werden.

Allgemeines: Von den etwa 100 Arten im tropischen und subtropischen Amerika haben mehrere Arten essbare Früchte. Weltweit angebaut wird nur *P. guajava*.

Die wohlschmeckenden, sehr Vitamin-C-reichen Früchte werden auch in den Tropen nur selten roh gegessen. Sie eignen sich aber hervorragend für die industrielle Verarbeitung zu Säften, Marmelade, Gelee, Fruchtpaste und eingemachten Früchten.

Aus Guaven lässt sich auch gut Likör und Wein herstellen. Guavensaft schmeckt ausgesprochen aromatisch. Die Blätter (Djamboeblätter) werden medizinisch bei Verdauungsstörungen angewandt.

Rosenapfel
Syzygium jambos

Familie: Myrtengewächse, Myrtaceae
Habitus: Bis 10 m hoher, breitkroniger Baum.
Blätter: Gegenständig, elliptisch lanzettlich, bis 20 cm lang, ledrig, glänzend grün, mit Öldrüsen, junge Blätter in schlaffen, rosa oder rot gefärbten Büscheln.
Blüten: Weiß, zu wenigen in endständigen, Rispen, angenehm süß duftend, die rundlichen Kronblätter zuletzt zurückgeschlagen, Staubblätter zahlreich, bis 4 cm lang, cremeweiß.
Früchte: Kreisel- bis birnenförmige, bis 6 cm dicke, grünliche oder weißliche, auch hochrote Steinbeeren mit verdickten, bleibenden Kelchblättern, rosenähnlichem Duft und erfrischendem, aber etwas fadem Geschmack. Die Früchte werden frisch oder gekocht gegessen und zu Gelee verarbeitet.
Verbreitung: Heimisch in Südost-Asien. In allen Tropenländern als Obst-, Zier- und Schattenbaum beliebt.

Allgemeines: Die Gattung ist mit rund 500 Arten in den Tropen der Alten Welt und in Australien weit verbreitet.
Neben *S. jambos* werden auch andere Arten als Obst- und Ziergehölze gepflanzt. Bei allen Arten werden die Früchte frisch verzehrt oder zu Getränken und Marmelade verarbeitet.
S. malaccense, Apfel-Jambuse. Großer Baum. Fällt durch mehr als 50 cm lange, lanzettliche Blätter und zahlreiche Blüten mit sehr dicht stehenden, leuchtend rosaroten Staubgefäßen auf. Früchte birnenförmig, etwa apfelgroß, nach Rosen duftend. Wird weltweit gepflanzt, dient aber außerhalb seiner Heimat Malaysia überwiegend als Zier- und Schattenbaum oder als Windschutz.
Ein weltweit angebauter Obst- und Schattenbaum ist auch die im Malaiischen Archipel heimische Wachs-Jambuse, *S. cumini*, mit kleinen, ovalen, zur Riefe schwach oder dunkelpurpurfarbenen Früchten.

Surinamkirsche, Pitanga
Eugenia uniflora

Familie: Myrtengewächse, Myrtaceae
Habitus: 3–10 m hoher, immergrüner Baum oder Strauch, gelegentlich als Hecke gezogen.
Blätter: 2,5–6 cm lang, eiförmig bis eiförmig-lanzettlich, kurz zugespitzt.
Blüten: Cremeweiß, 1 cm breit, meist einzeln in den Achseln von Tragblättern, gelegentlich zu 4–8.
Früchte: Abgeflacht kugelig, bis 3 cm dick, 8-rippig, dünnhäutig, kirschrot. Im fleischigen Gewebe zeigt sich die Herkunft aus dem Achsenanteil und den Fruchtblattwänden durch einen deutlichen Absatz. Fruchtfleisch weich und schmelzend, mit würzigem, säuerlichem Geschmack.
Verbreitung: Heimisch im tropischen Südamerika und Westindien. Heute in weiten Teilen der Tropen und Subtropen zu finden. Wird im tropischen Amerika häufiger angebaut als in Südost-Asien.
Allgemeines: Die Gattung *Eugenia* ist mit etwa 1000 Arten in den Tropen und Subtropen aller Erdteile verbreitet, darunter sind viele Arten mit essbaren Früchten. Angebaut und lokal vermarktet werden aber überwiegend *E. uniflora* und, fast ausschließlich in ihrem Heimatgebiet, die südbrasilianische *E. dombeyi* (engl. Brazil Cherry).

Die vitaminreichen Früchte der Pitanga, auch als Kirschmyrte bezeichnet, werden roh oder gekocht gegessen, zu aromatischem Gelee und Sorbet oder zu Getränken verarbeitet. In Südost-Asien werden unreife Früchte in Essig oder Salz eingelegt oder zu Chutney verkocht.

Zu den Myrtaceae gehört auch die Feijoa, *Acca sellowiana*, ein kleiner, immergrüner Baum aus Südbrasilien, Uruguay, Paraguay und Nordargentinien mit elliptischen bis eiförmigen, glänzend dunkelgrünen Blättern. Die 3–4 cm breiten, weißlichen Blüten haben eine rötliche Mitte. Er trägt 5 cm lange, eiförmige, gelbgrüne, beerenartige Früchte mit säuerlichem, wohlschmeckendem Fruchtfleisch. Sie werden überwiegend roh gegessen.

Durianbaum
Durio zibethinus

Familie: Wollbaumgewächse, Bombacaceae

Habitus: 20–40 m hoher Baum mit schlankem Stamm und fast horizontal abstehenden Ästen.

Blätter: Bis 18 cm lang, elliptisch bis länglich, zugespitzt, oberseits glatt und glänzend bronze- bis olivgrün, unterseits dicht silbrig behaart.

Blüten: zu 3–30 in trugdoldigen Ständen, die unmittelbar aus Stamm und Ästen entspringen, 5–6 cm breit, gelblich weiß, unangenehm riechend (wie saure Milch).

Früchte: Bis 30 cm lange, dicht mit spitzen Stacheln besetzte, kugelige bis ellipsoide, 5-klappige Kapseln. Jedes der fünf Fruchtfächer enthält zwei bis sechs große, braune Samen, die von einem dicken, cremigen, gelblich weißen Samenmantel (Arillus) umgeben sind. Bei aufgeschnittenen Früchten zersetzt sich das Fruchtfleisch in wenigen Tagen. Es nimmt dabei einen sauren Geschmack an, verströmt einen starken, unangenehmen Geruch und wird rasch ungenießbar.

Verbreitung: Natürlich verbreitet im Malaiischen Archipel. Seit Jahrhunderten im südostasiatischen Raum kultiviert mit Schwerpunkten in Thailand, Indonesien und Malaysia.

Allgemeines: Der Durian gehört zu den berühmtesten Früchten Malaysias. Bei keiner anderen Frucht gehen die Meinungen in Bezug auf Geschmack und Geruch so weit auseinander. Dem Fruchtfleisch, zur richtigen Zeit genossen, wird größter Wohlgeschmack bestätigt, obwohl reife Durians entsetzlich stinken sollen. Für viele Menschen sind die Früchte deshalb ungenießbar. Das Fruchtfleisch enthält Eiweiß, Fett und verschiedene Zucker. Es wird vor allem roh gegessen, ist aber auch in unreifem, halbreifem und fermentiertem Zustand Bestandteil verschiedener Gerichte. In Asien gilt die Frucht als Aphrodisiakum. Wurzel, Rinde und Blätter werden in der Volksmedizin verwendet, die Samen geröstet oder in Öl gebacken.

Litchi
Litchi chinensis

Familie: Seifenbaumgewächse, Sapindaceae
Habitus: 12–20 m hoher, immergrüner, dichtkroniger Baum.
Blätter: Wechselständig, bis 25 cm lang, mit 1–2, selten 3 Paar Fiedern, diese dick-ledrig, länglich elliptisch bis lanzettlich.
Blüten: Weiß, gelb oder grün überhaucht, 4- oder 5-lappig, zu 5–12 in Zymen, die zu bis 30 cm langen, endständigen Trugdolden vereint sind.
Früchte: 4–5 cm lang, kugelig bis eiförmig, zur Reife meist leuchtend rot, nach einigen Tagen braun werdend, Haut pergamentartig dünn und brüchig, nicht mit dem Fruchtfleisch verwachsen. Frucht in kleine, fünfeckige Felder gegliedert, die Mitte jedes Feldes zu einem kleinen Stachel erhoben, Fruchtfleisch durchscheinend, weiß, saftig, geleeartig, im Geschmack süßsäuerlich, und von feinem Aroma, das auch bei der Konservierung gut erhalten bleibt.
Verbreitung: Heimisch im subtropischen Südchina, dort in mehr als 100 Sorten bekannt.

Heute wird sie in allen subtropischen Regionen als Fruchtbaum angebaut.
Allgemeines: Litchi wird in China schon seit etwa 2000 v. Chr. als Obstbaum kultiviert. Sie gilt dort als feinste aller Früchte und wird als Frischobst oder auch getrocknet (Litchinüsse) verzehrt.
Im Allgemeinen isst man die vitaminreichen Litchi frisch, in Fruchtsalaten und zu Fleischgerichten oder man verarbeitet sie zu Konserven und Wein. Sie werden als Dosenkonserven exportiert.
Das fast unverwüstliche Holz ist in der Bau- und Möbelindustrie hoch geschätzt. Blätter, Früchte und Wurzelrinde werden in der Volksmedizin in vielfältiger Weise genutzt.
Dimocarpus longan, Longan. Vom östlichen Indien bis Südchina als Obst- und Zierbaum verbreitet. Die Früchte sehen wie kleine, fast glattschalige Litchi aus. Sie sind mit ihrem weinartigen Aroma im Geschmack aber nicht so fein wie diese und werden sowohl frisch als auch eingemacht oder getrocknet gegessen.

Rambutan
Nephelium lappaceum

Familie: Seifenbaumgewächse, Sapindaceae
Habitus: Kaum mehr als 10 m hoher, breitkroniger Baum.
Blätter: Gefiedert, die 1–2 Paar Blättchen elliptisch, 20–25 cm lang, dunkelgrün, matt glänzend.
Blüten: Unscheinbar, in rispenförmigen, lang gestielten Infloreszensen.
Früchte: Eiförmig bis kugelig, zur Reife rot, Haut dünn, pergamentartig, mit zahlreichen langen, weichen, roten Stacheln besetzt. Das weiße, transparente, saftige, süße Fruchtfleisch (Arillus) umschließt einen einzigen Samen. Haupternte von Mai bis Juli, eine ertragsärmere Nachernte im Dezember.
Verbreitung: Indien, Südvietnam, Malaiischer Archipel, Philippinen. Vor allem in Südost-Asien als Fruchtbaum gezogen, dort in zahlreichen Sorten kultiviert.
Allgemeines: Die mit der Litchi nahe verwandten, aber kleineren und rasch verderblichen Früchte werden überwiegend im Land frisch verzehrt oder zu Kompott verarbeitet. Weil er weniger ertragreich ist, hat Rambutan nicht die kommerzielle Bedeutung von Litchi. Für die Konservenindustrie und den Exporthandel spielt Rambutan keine Rolle. Die nahezu 40% Fett enthaltenden, bitteren, narkotisch wirkenden Samen werden gelegentlich geröstet oder zu Rambutan-Talg verarbeitet. Die Blätter finden in der Volksmedizin Anwendung. Rambutan leitet sich vom malaiischen Wort »rambut« für haarig ab und beschreibt gut das Aussehen der Früchte.

Nephelium mutabile, der Pulasan, ist eine nahe Verwandte des Rambutan. Die Früchte haben eine stachelige, aber nicht stechende Oberfläche. Das Fruchtfleisch ist süß und saftig, weiß bis gelblich, löst sich besser vom Kern als beim Rambutan und wird wie dieses verwendet. Der Anbau ist auf Westjava beschränkt.

Lansibaum, Langsat
Lansium domesticum

Familie: Zedrachgewächse, Meliaceae
Habitus: 10–20 m hoher Baum.
Blätter: Unpaarig gefiedert, jedes Fiederblatt mit 10–20 Paar elliptisch lanzettlicher, 12–25 cm langer Blättchen.
Blüten: Klein, gelbgrün, 5-zählig, süßlich duftend. In dichten, traubigen Blütenständen unmittelbar aus größeren Ästen entspringend.
Früchte: Bis 4 cm große, längliche, 5-fächrige Beerenfrüchte von strohgelber Farbe. Die grünen Samen schmecken bitter. Die weißen, sich leicht voneinander lösenden Segmente sind saftig-fleischige Samenmäntel, die aber oft keinen Samen umschließen. Das Fruchtfleisch ist wohlschmeckend, leicht säuerlich und sehr erfrischend.
Verbreitung: Heimisch im Malaiischen Archipel, den Philippinen, Sulawesi und Neuguinea; im tropischen Asien häufig als Fruchtbaum in Kultur. Unter den zahlreichen Kulturformen kommen auch samenlose Formen vor.

Allgemeines: Die Früchte werden roh gegessen oder zu Getränken und Gelee verarbeitet. Langsat wird in zahlreichen, auch samenlosen Formen kultiviert. Als Duku wird auf Java eine Form bezeichnet, die größere und süßere, rundliche Früchte hat. Die säuerlichen Früchte werden in Java Langsep genannt. Fruchtschale derber, aber ohne Milchsaft in der Außenhaut.
Mit sechs bis sieben Arten ist die Gattung im indomalaiischen Raum verbreitet.
In Malaysia wird eine andere Art der Familie als Fruchtbaum angebaut, der Sandoribaum, *Sandoricum koetjape*. Die Früchte sind aber oft minderwertig. Außerhalb Malaysias findet man den Baum oft als raschwüchsigen Schatten- und Straßenbaum.

Stachelbeerbaum
Phyllanthus acidus

Familie: Wolfsmilchgewächse, Euphorbiaceae
Habitus: Strauch oder kleiner, bis 10 m hoher, sparsam verzweigter Baum.
Blätter: 2-zeilig stehend, 6–7,5 cm lang, eiförmig-lanzettlich bis breit eiförmig, hellgrün. Die beblätterten Triebe, die wie Fiederblätter wirken, stehen am Ende stärkerer Zweige schopfartig gehäuft, sie werden mit den Blättern abgeworfen.
Blüten: In traubenartigen Ständen direkt an den Ästen, sehr klein, rot, unscheinbar, eingeschlechtlich, Kronblätter fehlend, Kelchblätter vier bis sechs, schuppenartig. Der Baum blüht und fruchtet das ganze Jahr über.
Früchte: Büschelweise an den Ästen, abgeflacht kugelige, 2 cm dicke, kantige, längs gefurchte, grünlich gelbe, saure Steinfrüchte, in jedem Fach zwei Samen.
Verbreitung: Madagaskar, Indien, Malaiischer Archipel, eingebürgert in Florida und Westindien.

Allgemeines: *P. acidus*, als Star Gooseberry oder als Otaheite Gooseberry bezeichnet, wird in tropischen Regionen lokal der Früchte wegen angebaut. Die Früchte schmecken roh sehr sauer, sie werden gesüßt als Dessert gegessen, vor allem aber zu Relishes, Gelee und Süßspeisen verarbeitet oder als süßsaure Pickles eingelegt, die zu verschiedenen Fisch- und Fleischgerichten serviert werden.
Phyllanthus ist eine sehr umfangreiche Gattung, die mit etwa 650 Arten in tropischen und subtropischen Regionen der ganzen Welt verbreitet ist.
Zu den wirtschaftlich genutzten Arten gehört auch *P. emblica*, die als Emblican oder Myrobalan bezeichnet wird. Sie stammt aus dem tropischen Asien, wurde zunächst zur Gewinnung von Tannin nach Florida eingeführt, heute aber der Früchte wegen angebaut. Die 2,5 cm dicken, gelben, sehr sauren Früchte sind reich an Pektinen, Kohlenhydraten, Mineralstoffen und Vitamin C.

Karambole, Sternfrucht
Averrhoa carambola

Familie: Sauerkleegewächse, Oxalidaceae
Habitus: Bis 14 m hoher, dichtkroniger Baum, Zweige oft hängend.
Blätter: Unpaarig gefiedert, bis 10 cm lang, sehr variabel, unterseits bläulich grün, in endständigen Büscheln gedrängt stehend.
Blüten: In aufrechten, achselständigen oder stammbürtigen Rispen, Kechblätter bis 4 mm lang, leuchtend rot, Kronblätter bis 8 mm lang.
Früchte: Bis 12 cm lang, eiförmig, 5-kantig, gelb, im Querschnitt sternförmig, mit zehn bis zwölf Samen, Fruchtfleisch der Kultursorten knackig und saftig, mild säuerlich, aromatisch und erfrischend. Die Früchte von Wildformen sind wegen des höheren Gehaltes an Oxalsäure sauer.
Verbreitung: Als ursprüngliche Heimat gilt der Malaiische Archipel. Heute als Kulturpflanze über die ganzen Tropen verbreitet, aber nur in geringem Umfang angebaut, fast ausschließlich in Hausgärten und für den Eigenverbrauch.

Allgemeines: Die Früchte der Karambole sind gute Durstlöscher. Sie können frisch verzehrt werden. Die dünne Haut wird abgezogen oder mitgegessen. Sie sind reif, wenn das durchscheinende Fruchtfleisch nicht mehr grün, sondern bernsteinfarben ist. Häufig werden die Früchte in sternförmige Scheiben geschnitten und zu Obstsalaten, Süßspeisen, Sekt, Bowlen Cocktails, Mischgetränken gegeben oder zum Garnieren von Fleischgerichten verwendet. Die Früchte können außerdem zu Marmeladen, Kompotten, Konfitüren, Gelee und zu erfrischenden Getränken verarbeitet werden. Die Früchte können helfen, bei Diabetikern den Blutzucker zu senken. Auf Java fügt man die sauren Blüten Salaten zu.
Die zweite Art der Gattung, die Bilimbi, *A. bilimbi*, wird kommerziell nur in ihrem Heimatgebiet Malaysia, sonst lediglich in Hausgärten angebaut. Sie hat kleinere, hellgelbe, weiche, weniger stark gerippte, sehr saure Früchte, die im Allgemeinen nur mit Zucker gekocht oder eingemacht (als Pickles) gegessen werden.

Breiapfelbaum, Sapote
Manilkara zapota

Familie: Sapotagewächse, Sapotaceae
Habitus: 10–15(-30) m hoher, Milchsaft führender Baum mit sehr hartem und dauerhaftem Holz.
Blätter: 6,5–14,5 cm lang, elliptisch bis eiförmig-elliptisch oder lanzettlich, an den Zweigenden gehäuft stehend.
Blüten: Zwittrig, einzeln in den Blattachseln, etwa 2 cm breit, Kronzipfel 6(–7).
Früchte: Kugelige oder längliche, 3–8 cm lange Beerenfrüchte mit brauner, rauer Haut, Fruchtfleisch gelbbraun mit eingebetteten Granulaten, zur Vollreife schmelzend weich und süß, im Geschmack an überreife Birnen erinnernd. Die schwarzen, abgeflachten Samen sind 2 cm lang.
Verbreitung: Heimisch in Südmexiko und Mittelamerika, in Florida eingebürgert, heute vor allem in Südost-Asien angebaut.
Allgemeines: Die Sapote gilt als beste unter den Früchten der Sapotaceae. Man verzehrt sie überwiegend frisch.

Der Baum wird auch zur Gewinnung von Latex (Chicle) angebaut. In längeren Abständen werden die Bäume angezapft, den Milchsaft dickt man durch Kochen ein. Chicle ist die wichtigste Grundlage der Kaugummiindustrie, da Kaugummi aus gesüßtem und aromatisiertem Chicle besteht. Inzwischen gibt es allerdings auch vollsynthetische Kaugummibasen.

Von den zahlreichen Pflanzen aus der Familie der Sapotaceae hat nach dem Breiapfel- der Sternapfelbaum, *Chrysophyllum cainito*, die größte Bedeutung. Der immergrüne, bis 15 m hohe, dekorative Baum ist in Mittelamerika heimisch; außerhalb seiner Heimat wird er vor allem als Zierbaum gepflanzt. Er bildet kugelförmige, apfelgroße Früchte mit weichem Fruchtfleisch und einem Kerngehäuse, das durchgeschnitten einem 9-strahligen Stern gleicht. Das Fruchtfleisch ist gallertartig, süßlich und wohlschmeckend, hat aber kein prägnantes Aroma. Die Früchte werden überwiegend frisch verzehrt oder zu Marmelade verkocht.

Feigenkaktus
Opuntia ficus-indica

Familie: Kakteengewächse, Cactaceae
Habitus: Sukkulente, 5(-7) m hohe Sträucher mit scheibenförmigen, zweiseitig abgeflachten, 20–60 cm langen und 10–40 cm breiten, grünen oder blaugrünen, meist stark bestachelten Sprossen.
Blätter: Sehr klein, pfriemförmig, rasch abfallend.
Blüten: Schalenförmig, 6–7 cm breit, glänzend schwefelgelb, einzeln am Rand der Sprossglieder stehen, Staubblätter zahlreich, Griffel kräftig, Narbe grün.
Früchte: Vielsamige, birnenförmige, 5–10 cm lange, höckrige, grün, rötlich, lachsfarben, gelb oder braun gefärbte Beeren, Fruchtfleisch essbar
Verbreitung: Die ursprüngliche Heimat ist Mexiko. Heute wird der Feigenkaktus in den trockenen Zonen der Subtropen weltweit kultiviert. Im Mittelmeerraum (im 16. Jahrhundert von spanischen Seeleuten eingeführt), in Australien und in Süd-Afrika ist er stellenweise zu einem lästiges Unkraut geworden.
Allgemeines: Mit 87 Gattungen und rund 2000 Arten sind die Kakteen eine besonders umfangreiche Pflanzenfamilie. Sie besiedeln überwiegend Halbwüsten in Nord-, Mittel- und Südamerika. Alle Arten sind fast oder völlig blattlos und mehr oder weniger sukkulent. Ihre verdickten Sprosse dienen als Wasserspeicher. Die Photosynthese findet in den jungen, grünen Sprossen statt, die später verkorken.
Die Früchte des Feigenkaktus sind in Trockengebieten ein wichtiges Obst, das man frisch oder getrocknet verzehrt. In Mittelamerika liefern auch zahlreiche andere Kakteen essbare Früchte. Stachellose Sorten dienen als Viehfutter. Entsprechende Selektionen gelangten schon 1769 durch Franziskanermönche aus Mexiko nach Kalifornien, sie werden lokal immer noch als »mission cacti« bezeichnet. Vermutlich handelt es sich um Auslesen, die schon in der indianischen Kulturepoche auftraten und die später in Vergessenheit gerieten.

Pitahaya
Hylocereus-Arten

Familie: Kaktusgewächse, Cactaceae
Habitus: Kletternde oder kriechende, in Kultur an Stützen oder Bäumen gezogene, teilweise epiphytisch wachsende, reich verzweigte Sträucher, oft Luftwurzeln bildend. Zweige 3-flügelig oder 3-kantig, in Segmente geteilt, grün oder bläulich gefärbt, die Dornenpolster mit einigen kurzen Dornen, Segmente am Rand wellig gebuchtet, Rand bei einigen Arten hornig.
Blätter: Klein, hinfällig, die Photosynthese findet in den jungen Trieben statt.
Blüten: Meist sehr groß, 20–30 cm breit, trichterförmig, weiß, selten auch rot, nachts aufblühend, der unterständige Fruchtknoten mit zahlreichen Samenanlagen, er steht auf einer nackten oder nahezu nackten Areole, die bei zahlreichen anderen Kakteengewächsen sonst mit Haaren, Borsten oder Dornen bedeckt ist, Griffel dick.
Früchte: Fleischig, rundlich, eiförmig oder länglich, bis 12 cm lang, gelb oder rot gefärbt, die Schale mit mehr oder weniger erhabenen und zugespitzten Schuppen. Im weißlichen oder rötlichen Fruchtfleisch zahlreiche kleine, schwarzbraune Samen. Das Fruchtfleisch schmeckt sehr aromatisch und kann, in größeren Mengen genossen, stark verdauungsfördernd wirken.
Verbreitung: Etwa 16 Arten in Mittelamerika, Westindien, Kolumbien und Venezuela.
Allgemeines: In tropischen Regionen wird vor allem *H. undatus*, Queen-of-the-Night, heimisch auf Haiti, Jamaica und Martinique, zur Fruchtgewinnung angebaut. Ihre Früchte sind rundlich bis länglich, 10–15 cm lang und 10–12 cm breit, ihre fleischigen Schuppen sind lang zugespitzt.
Essbare Früchte liefern auch *H. ocamponis*, heimisch in Mexiko, und *H. triangularis* (Bild), heimisch auf Kuba und Jamaika.
Pitahaya-Früchte sind inzwischen auch auf europäischen Märkten zu finden. Sie werden roh verzehrt. Man schneidet sie längs auf und löffelt das Fruchtfleisch aus.

Granatapfelbaum
Punica granatum

Familie: Granatapfelgewächse, Punicaceae
Habitus: Aufrechter, stark verzweigter Strauch oder 3–5 m hoher Baum, Zweige gelegentlich dornig.
Blätter: Gegenständig, 2–8 cm lang, verkehrt eiförmig bis länglich, steif-ledrig, glänzend hellgrün.
Blüten: Bis 3 cm breit, orangerot, trichterförmig-radförmig, zu 1–5 in achsel- oder endständige Büscheln, die 5–8 Kelchblätter fleischig, Kronblätter 5–7, Staubblätter zahlreich.
Früchte: Kugelige, bis 12 cm große Beeren mit dicker, lederartiger, braun-orangefarbener, rötlich überlaufener Haut und bleibendem Kelch. Die zahlreichen in Fruchtfächern liegenden Samen besitzen eine äußere, fleischig geleeartige, süße bis säuerliche, weinartig schmeckende und zu einem kantigen Klötzchen geformte Samenschale, die den essbaren Teil der Frucht darstellt.
Verbreitung: Türkei, Südwest-Asien, Mittel-Asien; in Süd-Europa eingebürgert. In den Tropen und Subtropen weltweit angebaut und von großem Handelswert. Der Granatapfel wird nicht nur als Fruchtbaum, sondern oft auch als Zier- und Heckenstrauch gehalten. In Vorderasien und im Mittelmeergebiet ist er häufig verwildert.

Allgemeines: Die Gattung besteht aus nur zwei Arten. Als Obstbaum ist lediglich *P. granatum* mit relativ wenigen Kultursorten von Bedeutung. Der Baum ist sehr anspruchslos, trockenresistent und salztolerant, deshalb eignet er sich auch für Bewässerungsgebiete.

Die Frucht wird frisch gegessen (ausgelöffelt oder ausgepresst), vor allem aber zu limonadenartigen Getränken (Scherbet, Sorbet) und Grenadinesirup verarbeitet. Die Fruchtschalen enthalten 30% Gerbstoff, sie werden als Arznei verwendet und liefern zitronengelbe bis rotbraune Farben für orientalische Teppiche.

Der Granatapfel ist eine uralte Kulturpflanze, sie wurde schon in den altägyptischen Gärten gehalten. Stets hatte die Frucht auch eine kultische und mystische Bedeutung. In allen Anbaugebieten, vom Orient bis nach China, ist der Granatapfel seines Samenreichtums wegen Symbol der Lebensfülle und Fruchtbarkeit (hundert Kerne für hundert Söhne). Er zählt zu den Attributen griechischer und orientalischer Vegetationsgottheiten wie Hera, Adonis und Baal.

Die rote Farbe von Fruchtschale und Fruchtfleisch machte den Purpurapfel auch zum Symbol feuriger Liebe (noch heute schenkt man in Griechenland einander Granatäpfel als besonderes Liebeszeichen), aber auch zum Zeichen von Blut und Tod.

In griechischen Sagen ist der Granatapfel aus Menschenblut entstanden. Im syro-phönizischen Götterkult war der Granatapfel von so hoher Bedeutung, dass sein Name »Rimmon« mit dem des Sonnengottes gleich lautend war.

In Palästina gehört der Granatapfel zu den ausgezeichnetsten Produkten des Landes. Er wird in der heiligen Schrift des Alten Bundes mehrfach erwähnt und ist unter den Früchten aufgeführt, die die Kundschafter aus Kanaan mitbringen.

Japanische Mispel
Eriobotrya japonica

Familie: Rosengewächse, Rosaceae
Habitus: Immergrüner, kleiner, 5–7 m hoher Baum, Zweige dick und in der Jugend weißwollig behaart
Blätter: Wechselständig, bis 25 cm lang, breit verkehrt lanzettlich bis schmal verkehrt eiförmig, sehr derb, mit ausgeprägter Nervatur, oberseits tiefgrün, zuletzt kahl, unterseits bräunlich filzig.
Blüten: Weiß, 1–2 cm breit, 5-zählig, in aufrechten, grdrängten Rispen.
Früchte: Birnenförmige, 3–4 cm lange, gelbliche, wenig haltbare Apfelfrüchte mit großen Samen, Fruchtfleisch fest, saftig, angenehm süßsäuerlich, Fruchtreife im zeitigen Frühjahr. Bäume in der Regel mit hohem Fruchtbehang.
Verbreitung: Heimisch in Südjapan und China. Heute weltweit in den Höhenlagen der Tropen, in den Subtropen und bis in den Mittelmeerraum angebaut; lokal ein wichtiger Handelsartikel. Wird auch als schön belaubter Schattenbaum gehalten. Bei uns eine beliebte Kübelpflanze.
Allgemeines: Von den zehn in Ost-Asien verbreiteten Arten der Gattung ist als Fruchtbaum nur *E. japonica* (engl. Loquat) von Bedeutung. Die Früchte werden nach dem Abbau ihres hohen Säuregehaltes in voll gereiftem Zustand geerntet und überwiegend frisch verzehrt. Aus Taiwan und China kommen Konserven mit geschälten, entsteinten und gezuckerten Früchten. Die Früchte können auch in Obstsalaten, zu Säften, Mus, Gelees, Kompotten, Cremes und Trockenfrüchten verarbeitet werden. Im Anbau befindet sich nicht mehr die Wildform, sondern zahlreiche großfrüchtige Sorten.
Die Familie der Rosaceae, die in unseren Breiten mit Äpfeln, Birnen, Kirschen, Pflaumen, Pfirsichen und Aprikosen die meisten Obstarten stellt, hat außer der Japanischen Mispel, auch als Wollmispel oder Brasilianische Aprikose bezeichnet, kaum ausgesprochen tropische Vertreter. Nur Erdbeeren und Brombeeren werden in tropischen und subtropischen Regionen weltweit angebaut, sie haben meist eine erhebliche kommerzielle Bedeutung.

Paranussbaum
Bertholletia excelsa

Familie: Topffruchtbaumgewächse, Lecythidaceae

Habitus: Bis 50 m hoher Baum mit mächtigem Stamm und großer Krone.

Blätter: Wechselständig, bis 36 cm lang, einfach, länglich, ledrig, kahl.

Blüten: Bis 3 cm breit, gelb, 4-zählig, in end- oder achselständigen Rispen, Staubblätter zahlreich.

Früchte: Bis 15 cm dicke, kugelige, verholzende, braune, bis 1,5 kg schwere Kapseln mit einer dicken Außenschale, die 12–24 gekrümmten, 3-kantigen, wohlschmeckenden, als »Nüsse« bezeichneten Samen mit holziger Schale. Als nährstoffreiches Speichergewebe fungiert der vergrößerte Teil zwischen Keimblättern und Primärwurzel.

Verbreitung: Häufig in den Regenwäldern am Amazonas und Orinoco, in Brasilien, Bolivien, Peru, Ekuador, Kolumbien und Venezuela. Wächst an nie überschwemmten, höher gelegenen Standorten, den so genannten Barrancas.

Allgemeines: Der Paranussbaum, die einzige Art seiner Gattung, gehört zu den größten Urwaldbäumen des tropischen Südamerika. Die auch bei uns gut eingeführte »Nuss« ist im botanischen Sinn keine Nussfrucht, es handelt sich vielmehr um Samen einer Kapselfrucht. Paranüsse enthalten bis zu 67% Fett, 14% Eiweiß und 8% Kohlenhydrate, werden vorwiegend roh verzehrt, liefern aber auch ein vorzügliches Speiseöl, das sich ebenso zur Herstellung feiner Seifen eignet. Die Paranuss wird überwiegend von Urwaldbäumen geerntet. Es gibt deshalb keine Sorten. Früchte des Handels werden nur nach Herkunftsgebieten unterschieden. Die schmackhaftesten Paranüsse sollen aus Manaos stammen.

Wichtigstes Exportland ist Brasilien mit 20 000–40 000 t pro Jahr. Mit fast 50% der Welternte sind die USA der größte Importeur, gefolgt von England und Deutschland.

Makadamia
Macadamia integrifolia

Familie: Proteusgewächse, Proteaceae
Habitus: Mittelgroßer, bis 20 m hoher Baum mit dichter, rundlicher Krone.
Blätter: Zu dritt quirlständig, einfach, bis 14 cm lang, länglich bis verkehrt eiförmig, junge Blätter gesägt.
Blüten: Bis 12 mm breit, zwittrig, weiß, paarweise zu 75–100 in zylindrischen, hängenden, traubigen, unverzweigten, bis 30 cm langen Trauben.
Früchte: 1-samige, kugelige Balgfrucht, in der der Same (die »Nuss«) von einer harten glatten Schale umgeben ist, die bis zur Reife grün bleibt und nur unvollständig aufspringt. Das weiße bis cremefarbene Nährgewebe des Samens hat bei der Reife einen Ölgehalt von 50–80 %.
Verbreitung: Heimisch in Ost-Australien, deswegen auch als Queenslandnuss bezeichnet. Wird heute kommerziell in tropischen und subtropischen Gebieten wie Hawaii, Australien, Malawi und Süd-Afrika, in geringerem Umfang auch in Südkalifornien, Florida, Mexiko, Costa Rica, Brasilien, Simbabwe, Panama und Jamaika angebaut.
Allgemeines: Man lässt die Früchte zu Boden fallen und sammelt sie dann von Hand oder maschinell auf. Die äußeren Schalen werden maschinell entfernt, die geschälten Samen bis auf einen Feuchtigkeitsgehalt von 3,5 % getrocknet. Die Samen werden durch einen Flotationsprozess nach ihrem Ölgehalt sortiert. Minderwertige Samen werden lokal verkauft. Hochwertige Samen werden in Kokos-Öl geröstet (durch das Rösten werden giftige Cyanide zerstört), anschließend gesalzen und dann in Dosen oder Gläsern luftdicht verpackt.
Von den zehn Arten der Gattung, die in Ost-Australien, Madagaskar, Celebes und Neukaledonien heimisch sind, wird auch *M. tetraphylla* zur Gewinnung von Früchten angebaut. Sie unterscheidet sich von *M. integrifolia* durch niedrigeren Wuchs, dornige Blattränder und rauschalige Früchte.

Kakipflaume
Diospyros kaki

Familie: Ebenholzgewächse, Ebenaceae
Habitus: Sommergrüner, bis 14 m hoher, rundkroniger Baum.
Blätter: Wechselständig, einfach 10–20 cm lang, eiförmig bis verkehrt eiförmig, oberseits dunkelgrün und glänzend, unterseits heller und mit deutlicher Nervatur, Herbstfärbung orangerot.
Blüten: Männliche Blüten in achselständigen Büscheln, weibliche einzeln stehend, gelb, 15 mm breit.
Früchte: Fleischige, abgeflacht kugelige, längliche oder kegelförmige, bis 7,5 cm dicke, goldgelbe, orangerote oder tomatenrote Beeren mit großem, 4-teiligem Kelch, lange am Baum haftend.
Verbreitung: Heimisch in Japan, Südkorea und China. Heute in den Höhenlagen der Tropen, in den Subtropen und mediterranen Regionen weltweit angebaut.
Allgemeines: Die Kakipflaume ist eine alte ostasiatische Kulturpflanze, von der zahlreiche

Sorten bekannt sind, u. a. die kernlose 'Sharon'. Die Früchte sind reich an Gerbstoffen und Zucker (15–20%) und erst in vollreifem Zustand wohlschmeckend. Getrocknete Früchte sind als Kakifeigen in Ost-Asien ein beliebtes Trockenobst.
Die Gattung *Diospyros* ist mit rund 475 Arten in den Tropen und Subtropen verbreitet. Neben *D. kaki* werden zwei weitere Arten als Obstbäume kultiviert.
D. lotus, Lotuspflaume. Heimisch von West-Asien bis zum Nordwesthimalaja, in China, Korea und Japan. Ein 12–15 m hoher, sommergrüner Baum, der kirschgroße, schwarzblaue Früchte trägt. Ihres hohen Tanningehaltes wegen sollten sie vor dem Verzehr mit heißem Wasser behandelt werden.
D. virginiana, Persimone. Heimisch in Nordamerika, wächst dort zu einem bis 20 m hohen, sommergrünen Baum heran. Die Früchte sind 2–3 cm groß (bei Kultursorten auch größer) und orangefarben. Zum unmittelbaren Frischverzehr sind nur dunkelfarbige Sorten mit wenigstens vier voll entwickelten Samen geeignet.

Tamarinde
Tamarindus indica

Familie: Caesalpiniengewächse, Caesalpiniaceae

Habitus: Bis 25 m hoher, immergrüner, breitkroniger Baum mit starkem Stamm, Zweige hängend.

Blätter: 5–10 cm lang, paarig gefiedert, Blättchen bis 3,2 cm lang, in 9–18 Paaren.

Blüten: Klein, zu 6–10 in 1–15 cm langen, hängenden Trauben, die 5 Kronblätter gelb oder cremefarben, rot oder rosa gestreift.

Früchte: Dicke, braune, zerbrechliche Hülsen, innen ein breiiges Fruchtmark, in dem die in harten Fruchtkammern eingebetteten Samen liegen.

Verbreitung: Heimisch im tropischen Sommerregengebiet Afrikas. Heute in allen tropischen Ländern als Zier-, Schatten- und Fruchtbaum gepflanzt. Wird zur Fruchtproduktion hauptsächlich in Indien angebaut.

Allgemeines: Die Gattung umfasst nur diese eine Art. Das Fruchtmark (Pulpa) hat einen erfrischenden, süßsäuerlichen Geschmack. Es wird frisch, mit Zucker bestreut, gegessen. Ein Großteil der Früchte wird aber zu Getränken, Fruchtsirup, Würzsoßen (Bestandteil der Worcestersauce) und Bonbons verarbeitet.

Als »Pulpa Tamarindorum« ist das Fruchtmark für seine leicht abführende Wirkung bekannt. Die reifen Früchte haben eine gegenteilige Wirkung.

Die Araber verglichen das getrocknete Fruchtmark mit Datteln und nannten es »Tamur Hindi«, Indische Dattel.

Die jungen, säuerlich schmeckenden Blätter werden in Thailand zu Fischsalaten oder in heißen, sauren Suppen, »kaeng som« gegessen. Auch die Blüten schmecken säuerlich, sie werden roh oder gekocht verwendet, in Garnelenpasten oder Chilisauce verarbeitet oder zu heißen, sauren Suppen gegeben. Junge Früchte können frisch mit süßer Garnelenpaste zubereitet werden. Ausgewachsene, aber noch unreife Früchte werden zusammen mit »phrik ka kriea« (Mischung aus zerkleinertem Chili, Salz und Zucker) verzehrt. Reife Samen werden geröstet, in Wasser gekocht und dann gegessen oder als Kaffeeersatz verwendet.

Jujuba, Chinesische Dattel
Ziziphus jujuba

Familie: Kreuzdorngewächse, Rhamnaceae
Habitus: Sommergrüner Strauch oder bis 9 m
hoher Baum, Zweige hin und her gebogen und
dornig, jeweils ein Dorn gerade und 3 cm lang,
der andere kurz und hakenförmig gebogen.
Blätter: Wechselständig, 2-zeilig stehend, kurz
gestielt, elliptisch bis eiförmig-lanzettlich, 2,5–
6 cm lang, vorn stumpf bis abgerundet, an der
Basis schief, am Rand kerbig gesägt, derb, kahl,
von der Basis an mit drei Hauptnerven,
Blüten: Meist zwittrig, 5-zählig, gelb, zu zwei
bis drei in den Achseln der Blätter.
Früchte: Eiförmig längliche, 1,5–2,5 cm lange,
dunkelrote, zuletzt schwarze Steinfrüchte.
Verbreitung: Heimisch in Süd- und Südost-
Asien, West-Asien, Syrien, Belutschistan, Nordwestindien, Himalaja, Nordchina und Japan.
Z. jujuba gelangte schon im klassischen Altertum ins Mittelmeergebiet. Heute wird sie in allen Weltteilen angebaut. Eine größere ökono-
mische Bedeutung hat sie aber nur in China.

Dort sind die getrockneten und kandierten
Früchte ein wichtiger Handelsartikel.
Allgemeines: Die Gattung ist mit 86 Arten im
tropischen Amerika, Afrika, dem Mittelmeergebiet, Australien und dem indomalaiischen
Raum verbreitet. Mehrere Wildarten liefern
Früchte, die lokal als Notnahrung oder als
Viehfutter verwendet werden.
Zwei Arten sind seit Jahrtausenden als Obstgehölze in Kultur. Durch Auslese und Züchtung
sind die heutigen Sorten gegenüber den ursprünglichen Wildarten erheblich verbessert
worden. *Z. jujuba* wird in subtropisch gemäßigten Zonen angebaut, *Z. mauritiana* in tropischen Bereichen. Ihre größte Bedeutung hat
sie mit zahlreichen Sorten in Indien. Die 2,5 cm
dicken Steinfrüchte haben ein süßes Fruchtfleisch, sie werden frisch, getrocknet oder kandiert gegessen.

Kapstachelbeere, Peruanische Judenkirsche
Physalis peruviana

Familie: Nachtschattengewächse, Solanaceae
Habitus: Mehrjährige, krautige Pflanze. Im Anbau in der Regel einjährig gezogen.
Blätter: Wechselständig, einfach, bis 10 cm lang, eiförmig bis herzförmig.
Blüten: 3 cm breit, gelb, purpurbraun gepunktet, einzeln achselständig, Kronzipfel 5, blaugrün, Staubgefäße 5, violett.
Früchte: Gelbe, zur Fruchtreife von dem vergrößerten, blasig aufgetriebenen, ballonartigen, gerippten Kelch umschlossene Beeren.
Verbreitung: Heimisch vermutlich in den Anden von Peru. Anbau heute außerdem in Indien, Süd- und Südost-Afrika sowie Australien. In begrenzten Gebieten von hohem Handelswert.
Allgemeines: Mit etwa 80 Arten ist die Gattung überwiegend in den wärmeren Teilen von Nord-, Mittel- und Südamerika verbreitet. Zur Gattung gehört auch die durch ihre orangeroten, lampionähnlichen Fruchthüllen bei uns gut

bekannte Lampionblume, *P. alkekengi*, die von Südost-Europa bis West-Asien verbreitet ist.
Die Kapstachelbeere, auch als Goldbeere (engl. Cape Gooseberry) bezeichnet, hat ein knackig saftiges Fruchtfleisch, das reich an Provitamin A ist. In vollreifem Zustand sind die Früchte auch roh sehr wohlschmeckend, in der Regel werden sie aber zu Marmelade verarbeitet, auch zu köstlichen Nachspeisen oder in Speiseeis. Hauptanbauländer der Kapstachelbeeren sind Süd- und Ost-Afrika und Australien. Eine weitere Art, die Goldkirsche (engl. Strawberry Tomato), *P. pruinosa*, wird in ihrem Heimatgebiet (südliches Nordamerika, Antillen) wie die Kapstachelbeere verwendet.
P. philadelphica, Mexikanische Blasenkirsche, heimisch in Mexiko, wird hauptsächlich von Guatemala bis Südtexas angebaut, in subtropischen Gebieten oder tropischen Hochlagen nur in geringen Mengen. Die gelben bis purpurfarbenen Früchte werden in erster Linie zu Suppen und Soßen verarbeitet, in Indien zu Marmelade.

Eierfrucht, Aubergine
Solanum melongena

Familie: Nachtschattengewächse, Solanaceae
Habitus: Bis 3 m hoher, verholzender Busch mit tiefreichender Pfahlwurzel, Sprosse und Blätter grau behaart.
Blätter: 10–20 cm lang, eiförmig, grob gezähnt oder seicht gelappt.
Blüten: 1,5–4 cm breit, 5-zipfelig, violett oder hellblau, meist einzeln stehend..
Früchte: Beerenfrüchte bei Wildpflanzen kugelig, 3 cm dick, gelb, bei Kulturpflanzen bis 20 cm lang, weiß bis purpurn oder schwarz.
Verbreitung: Als ursprüngliche Heimat der Art, aus der durch Domestikation die heutige *S. melongena* entstand, wird Indien vermutet. Heute wird die Aubergine in den Tropen und Subtropen als wichtige Gemüsepflanze weltweit kultiviert.
Allgemeines: Unter den etwa 1400 Arten der Gattung *Solanum* befinden sich auch zahlreiche andere Arten, die als Gemüsepflanzen angebaut werden.

S. aethiopicum aus West- und Zentral-Afrika. Die Blätter werden für Suppen verwendet, reife Früchte werden gekocht.
S. incanum, West-Afrika, auch als Unkraut weit verbreitet. Unreife Früchte werden roh und gekocht gegessen.
S. macrocarpon. Anbau hauptsächlich in West-Afrika, Herkunft aber wohl Ost-Afrika bis Madagaskar. Die Blätter werden spinatähnlich zubereitet, gekochte Früchte als Gemüse gegessen.
S. nigrum wird weltweit kultiviert, ist als Unkraut weit verbreitet. Stellenweise als Gemüsepflanze angebaut.
S. torvum. Der Anbau ist auf Ost-, Südost- und Süd-Asien beschränkt. Verwendung auch für medizinische Zwecke.
Während die hier besprochenen *Solanum*-Arten im Allgemeinen dem Gemüse zugerechnet werden, stuft man andere Arten der Gattung eher als Obst ein (siehe Baumtomate Seite 322).

Pepino, Melonenbirne
Solanum muricatum

Familie: Nachtschattengewächse, Solanaceae
Habitus: Mehrjährige, strauch- oder buschförmig wachsende, aufrechte, bis 1 m hohe Pflanze, wird oft an Schnüren eintriebig gezogen und kann dann bis zu 1,80 m hoch werden.
Blätter: Bis 15 cm lang, eiförmig-lanzettlich, einfach oder mit 1–2 Paar basaler Seitenblättchen.
Blüten: Zwittrig, 5-zählig, 5–8 cm breit, bis zu zwölf in lockeren Ständen im oberen Bereich der Pflanzen, Kronblätter gedreht, weiß bis tiefblau. Die Blütenfarbe ist abhängig von der Tagesdurchschnittstemperatur. Sie ist tiefblau bei mittleren (10–20°C) und weiß bei hohen (höher als 27°C) Temperaturen.
Früchte: Hängende, 2- oder mehrkammerige Beeren von unterschiedlicher Gestalt, Größe und Färbung. Sie können 8–20 cm lang werden, eiförmig, länglich oder kugelförmig sein. Sie sind grün, gelb oder leicht orange gefärbt und reif mit purpurroten oder blauvioletten Streifen und Backen gezeichnet.

Verbreitung: Die alte Kulturpflanze hat ihren höchsten Formenreichtum in Kolumbien. Sie ist vermutlich von den indianischen Völkern Mittel- und Südamerikas domestiziert worden. Nachweise für ihre Kultur finden sich in keramischen Nachbildungen der Moche- und Solenar-Kultur (etwa 600–800 n. Chr.) im nördlichen Peru.
Allgemeines: Angebaut wird *S. muricatum* gegenwärtig nicht nur in den traditionellen Ländern Mexiko, Kolumbien, Chile und Peru, sondern neuerdings auch in Neuseeland, Australien, Kalifornien und Florida.
Die reifen Früchte haben ein gelbes, süßes, saftiges, wohlriechendes, melonenartig schmeckendes Fruchtfleisch. Die Früchte werden geschält und vorwiegend roh gegessen, aber auch als energiearmes Gemüse gekocht. Der Vitamin-C-Gehalt der Früchte liegt recht hoch.

Baumtomate, Tomarillo
Cyphomandra betacea

Familie: Nachtschattengewächse, Solanaceae
Habitus: Kleiner, 4–5 m hoher, sparsam verzweigter, baumartiger Strauch.
Blätter: Wechselständig, bis 25 cm lang, einfach, herzförmig oder eiförmig, fleischig.
Blüten: 5-zählig, anfangs rosa, später grünlich, in bis 15 cm langen, achselständigen Zymen.
Früchte: Bis 6 cm lange, eiförmig-elliptische, ziegel- oder orangerote, langgestielte, 2-fächrige Beeren, Schale glatt, dick und ungenießbar, Fruchtfleisch tomatenähnlich, aromatisch, süßsäuerlich.
Verbreitung: Heimisch in den südamerikanischen Anden. Heute in den Tropen und Subtropen der ganzen Welt verbreitet; stellenweise von großem Handelswert.
Allgemeines: Die vitaminreichen Früchte der Baumtomate werden wie Tomaten als Salat zubereitet, als Gemüse gekocht, sauer eingelegt und zu Gelee oder Marmelade verarbeitet.

Neben der Baumtomate sind auch die Früchte einiger *Solanum*-Arten lokal von wirtschaftlicher Bedeutung.

S. hyporhodium, Cocona. Heimisch am oberen Amazonas in Peru. Früchte mit roter Schale und cremefarbem Fruchtfleisch. Besonders geeignet für die Herstellung von Marmeladen und anderen Konserven.

S. quitoense, Naranjilla, Lulo. Die bis 3 m hohe, mehrjährige, halbstrauchige Pflanze hat ihren Ursprung in Ekuador und Kolumbien. Sie wird vor allem in diesen Ländern in tropischen Hochlagen zwischen 1000 und 2000 m bei ganzjährig starker Bewölkung und gleichmäßig verteilten Niederschlägen kultiviert. Aus ihren etwa 4 cm dicken, rundlichen, orangeroten, behaarten Früchten wird ein erfrischendes, aromatisches Getränk hergestellt.

S. topiro, Orinokoapfel. Kolumbien und Bolivien. Die Früchte können roh gegessen werden, hauptsächlich aber bereitet man aus ihnen ein erfrischendes Getränk.

Okra, Gombo
Abelmoschus esculentus

Familie: Malvengewächse, Malvaceae
Habitus: Krautige, bis 2 m hohe Pflanze.
Blätter: Wechselständig, bis 20 cm lang, 5- oder 7-lappig, lang gestielt, am Rande gezähnt-gesägt, kahl oder unterseits auf den Nerven behaart.
Blüten: Einzeln in den Achseln der oberen Blätter, 5-zählig, 4–8 cm breit, weiß bis leuchtend gelb, an der Basis rot oder purpurn.
Früchte: Kegelförmige, ausgereift bis 30 cm lange, fleischige, längs gefurchte und schnabelförmig gebogene, mehrfächrige Kapsel, Schale fest, gelb- oder dunkelgrün, mit einem feinen Flaum bedeckt, Samen kugelig, grün bis dunkelbraun, essbar. Es gibt zahlreiche Sorten, die sich in Fruchtform und -größe unterscheiden, vor allem aber in der Fähigkeit zur Anpassung an die lokalen klimatischen Verhältnisse.
Verbreitung: Okra stammt wahrscheinlich aus Indien und Nordost-Afrika. Heute überall in den Tropen und Subtropen Asiens und Afrikas an-gebaut, auch im Mittelmeergebiet, in den Südstaaten der USA und in Südamerika.
Allgemeines: Okra (engl. Lady's Fingers) ist eine uralte Kulturpflanze, ihr Anbau lässt sich bereits für das 2. Jahrtausend v. Chr. in Ägypten belegen.

Okra liefert ein wohlschmeckendes und bekömmliches Gemüse, das inzwischen auch auf dem europäischen Markt angeboten wird. Gekocht entwickelt es einen milden, aromatischen Geschmack. Roh kann man es als Salat zubereiten. Es ist energiearm und reich an Vitaminen und Mineralstoffen. Dank ihres hohen Schleimgehaltes werden die Früchte als Diätkost für Magenkranke empfohlen. Die Samen enthalten ein ätherisches Öl, das als Ambretta bezeichnet wird. Man verwendet es in der Getränke- und Parfümindustrie. Darüber hinaus nutzt die Papierindustrie den Wurzelschleim dieser Pflanze.

Wassermelone
Citrullus lanatus

Familie: Kürbisgewächse, Cucurbitaceae
Habitus: Einjährige, mit Haupt- und Nebentrieben reich verzweigte Kriechpflanze, Sprosse je nach Sorte unterschiedlich stark behaart.
Blätter: Fiederspaltig gelappt, eiförmig, gezähnt, die 3–5 Lappen stumpf eiförmig.
Blüten: Einzeln, etwa 3 cm breit, gelb, männliche und weibliche Blüten zu verschiedenen Zeiten und an getrennten Stellen.
Früchte: Kugelig bis zylindrisch, bis 1 m lang und 0,4 cm dick, hell- und dunkelgrün gepunktet und gesteift, Fruchtfleisch rosa bis rot, Samen schwarz oder dunkelrot.
Verbreitung: Heimisch in Namibia.
Allgemeines: Als »Wildmelone« (von manchen Autoren werden Wild- und Kulturformen verschiedenen Arten zugeordnet) wird die Frucht seit Jahrtausenden von den Buschmännern der Kalahari genutzt, unter anderem als Wasserspender in der Trockenzeit. Die als Tsama bezeichneten Früchte werden dazu an einer Seite geköpft und die Pulpa zu einem Brei verrührt, den man dann ausschlürft.

Aus der Wildmelone sind in jahrtausendelangen Ausleseprozessen die heute pantropisch angebauten Kulturformen entstanden, vermutlich auch die in Indien als Finda bezeichnete *C. fistulosus.*

Ungenießbar sind dagegen die Früchte der Koloquinte, *C. colocynthis*, einer ausdauernden Wüstenpflanze, die in Nord-Afrika, West- und Süd-Asien verbreitet ist. Ihre Früchte sind etwa hühnereigroß, unbestachelt, grün und gelblich weiß gestreift. Pflanze und Früchte enthalten einen starken Bitterstoff, sie werden seit dem Altertum medizinisch verwendet (als Abführmittel). Aus den Samen lässt sich Öl gewinnen.

In Südwest-Afrika werden die Samen wild wachsender Exemplare von *C. ecirrhosus* von den Buschmännern gesammelt und gegessen.

Melone, Zucker-Melone
Cucumis melo

Familie: Kürbisgewächse, Cucurbitaceae
Habitus: Einjährige Kriechpflanze, Sprosse und Blätter sind mit weichen, grauen Haaren bedeckt.
Blätter: 5–15 cm lang und gleich breit, dünn, fast nierenförmig, stumpf, 5-eckig oder seicht 3- bis 5-lappig.
Blüten: Klein, gelb, meist eingeschlechtlich, männliche Blüten meist eine Woche vor den weiblichen. Handelssorten auch mit zwittrigen Blüten.
Früchte: Die zahlreichen Melonensorten werden in Gruppen zusammengefasst, die mit Namen wie Cantalupensis, Conomon, Dudaim und Inodorus bezeichnet werden. Die Sorten unterscheiden sich in Fruchtform und -größe, in der Struktur der Oberfläche und im Geschmack des Fruchtfleisches.
Verbreitung: Als ursprüngliche Heimat gilt Afrika. Wildformen mit 3–10 cm großen Früchten kommen heute noch von West- bis Süd-

Afrika vor. Die Ausbreitung nach Asien erfolgte schon in vorgeschichtlicher Zeit.

Melonen sind schon lange Zeit in Kultur, Wassermelonen (*Citrullus lanatus*) und Zucker-Melonen waren bereits im Altertum bekannt. Heute werden Zucker-Melonen in den Tropen und Subtropen weltweit angebaut und haben einen ähnlichen Handelswert wie die Wassermelonen.

Allgemeines: Zur Gattung *Cucumis* gehört auch die Gurke, *C. sativus*, von der zahlreiche Sorten auch für die feuchten Tropen geeignet sind. Seit über 3000 Jahren baut man sie in Indien an, ihr Ursprungsgebiet liegt in den subtropischen Tälern des Himalaja.

Zahlreiche andere *Cucumis*-Arten liefern ebenfalls essbare Früchte oder werden anderweitig genutzt.

Das Fruchtfleisch von *C. callosus* ist ein Abführmittel, das Samenöl wird für Öllampen verwendet. *C. prophetarum* wird in Indien als Brech- und Abführmittel benutzt. Eine Varietät der Zucker-Melone, *C. melo* subsp. *dudaim*, ist eine beliebte Zier- und Parfümpflanze.

Riesen-Kürbis
Cucurbita maxima

Familie: Kürbisgewächse, Cucurbitaceae
Habitus: Einjährige Pflanzen mit langen, kriechenden, stielrunden, stachellosen Sprossen. Sehr formenreiche Art.
Blätter: Groß, rundlich oder nierenförmig, stumpf, nur wenig gelappt.
Blüten: Hell- bis leuchtendgelb, fein duftend.
Früchte: Sehr groß, je nach Sorte annähernd kugelig bis elliptisch, mit oder ohne Fruchthals und teilweise mit großen, flachen Warzen. Die Früchte zeichnen sich durch gute Haltbarkeit aus, deshalb ist die Art für den Anbau in den Tropen gut geeignet.
Verbreitung: Ursprünglich in Südamerika heimisch. Seit alters in Kultur und heute weltweit angebaut. Neben den Früchten werden in den Tropen auch die jungen Blätter als Gemüse verzehrt.
Allgemeines: Von den 27 Arten der Gattung, die alle aus dem tropischen Amerika stammen, werden auch die folgenden als Gemüsepflanzen angebaut:

C. ficifolia, Feigenblatt-Kürbis. Heimisch in Mittelamerika, relativ kälteresistent, deshalb bis in die Hochlagen (2500 m) der Tropen angebaut. Fruchtfleisch recht faserig, in der Qualität schwächer als bei anderen Kürbisarten.
C. argyrosperma (Syn. *C. mixta*), Ayote, heimisch in Mexiko, hat kugelige bis eiförmige, 15–20 cm dicke, grauweiß gestreifte und markierte Früchte.
C. moschata, Moschus-Kürbis. Ursprüngliche Heimat nicht bekannt, heute die wichtigste Art in Mittelamerika. Es gibt zahlreiche Sorten mit wohlschmeckendem Fleisch und sehr guter Haltbarkeit.
C. pepo, Garten-Kürbis. Eine Art mit ähnlich großer Mannigfaltigkeit wie bei *C. maxima*. Von allen Kürbisarten am weitesten verbreitet. Er unterscheidet sich von *C. maxima* durch gefurchte und mehr oder weniger stachelig behaarte Sprosse sowie durch die beinahe herzförmigen, fast immer deutlich gelappten Blätter.

Afrikanische Horngurke, Melano, Kiwano
Cucumis metuliferus

Familie: Kürbisgewächse, Cucurbitaceae
Habitus: Einjährig, mit Ranken kletternd oder niederliegend, in Kultur an Drähten gezogen, Sprosse steif behaart.
Blätter: 4–10 cm lang, breit eiförmig, an der Basis herzförmig, gesägt, meist 3-lappig, die Lappen eiförmig-dreieckig, lang behaart, besonders unterseits auf den Nerven.
Blüten: Gelb, 5-zählig, weibliche einzeln, 2–6 cm breit, männliche einzeln oder zu 1–4, bis 1 cm breit, Kelchröhre hellgrün, Fruchtknoten hellgrün, mit fleischigen Ausstülpungen.
Früchte: Bei kultivierten Formen 7–20 cm lang, walzenförmig, reif goldgelb bis orange, Schale 4–6 mm dick, mit zahlreichen hornartigen Ausstülpungen, innen mit einer verdickten Stützwand und zahlreichen Samenfächern, in denen die flachen Samen in ein meer- bis dunkelgrünes, gallertartiges Fruchtfleisch eingebettet sind. Das Fruchtfleisch schmeckt erfrischend und fein säuerlich.

Verbreitung: Heimisch im tropischen bis südlichen Afrika.
Allgemeines: Die seit rund 3000 Jahren unter anderem im Wüstengebiet der Kalahari genutzte Wildfrucht ist erst vor einigen Jahren zu einer internationalen Handelsfrucht geworden. In Neuseeland ist die Pflanze seit etwa 60 Jahren bekannt. Dort erhielt das Ehepaar John und Sharyn Morris 1981 Saatgut. Sie entwickelten durch fortlaufende Selektionen die Früchte zu ihrer heutigen Form. Inzwischen wird *C. metuliferus* auch in anderen Ländern angebaut, unter anderem in Südafrika, Kenia, Israel und Italien, dort unter dem Namen Lemonbana.
Zum Genuss wird die Frucht, die nur einen verhältnismäßig geringen Vitamin-Gehalt hat, am besten längs aufgeschnitten und das Fruchtfleisch, mit etwas Zucker bestreut, ausgelöffelt.

Flaschenkürbis
Lagenaria siceraria

Familie: Kürbisgewächse, Cucurbitaceae
Habitus: Kriechend oder bis 10 m hoch kletternd, Sprosse klebrig behaart.
Blätter: Bis 23 cm lang und gleich breit, eiförmig-herzförmig, selten gelappt, buchtig gezähnt.
Blüten: Einhäusig, weiß, Kelch glockig oder trichterförmig, männliche Blüten lang gestielt, weibliche mit einem länglich eiförmigen oder walzenförmigen Fruchtknoten.
Früchte: Sehr vielgestaltig, nahezu kugelig bis länglich, grün bis grünlich gelb. Zur Reife wird die 4–6 mm dicke Fruchtwand hart, wasserundurchlässig und sehr dauerhaft. Es gibt auch weichschalige Sorten ohne bitteres Fruchtfleisch, die in Indien und Afrika als Gemüse gegessen werden.
Verbreitung: Die ursprüngliche Heimat ist nicht mehr nachweisbar. Seit langer Zeit eine Kulturpflanze, inzwischen längst pantropisch verbreitet.

Allgemeines: Der Flaschenkürbis ist als eine der ehrwürdigsten Kulturpflanzen der Menschheit bezeichnet worden. Seit der Frühgeschichte waren die Früchte unentbehrliche Gebrauchsgegenstände. Sie wurden als Löffel und Schöpfkellen, Essschalen, Wasser- und Vorratsbehälter, als Schwimmbojen zum Fischfang und zur Herstellung von Musikinstrumenten verwendet. Besonders schlanke, längliche Sorten dienten auch als Penisköcher, dem einzigen Kleidungsstück der Bergpapuas in Neuguinea und bestimmter Negerstämme in Swaziland.
Für die ältesten Nachweise von Flaschenkürbissen als Gebrauchsgegenstände hält man Funde, die bei Ausgrabungen in Thailand und bei Tamaulipas in Mexiko gemacht wurden, datiert etwa auf das Jahr 7000 v. Chr.
Kalebassen wurden in Mittelamerika und Süd-Afrika oft durch Brandmalereien verziert. In Indien werden große Kalebassen künstlerisch ausgeschmückt, um daraus das Musikinstrument Sitar herzustellen.

Schwammgurke
Luffa cylindrica

Familie: Kürbisgewächse, Cucurbitaceae
Habitus: Krautige Pflanze, kletternd oder bis 15 m weit kriechend, Stängel fein behaart.
Blätter: Handförmig gelappt, bis 18 cm lang und etwa gleich breit, eiförmig-herzförmig, die 3–5 Lappen eiförmig.
Blüten: Ansehnlich, gelb, die männlichen in 12–35 cm langen Trauben, die weiblichen einzeln, Fruchtknoten zylindrisch, dicht behaart.
Früchte: Zylindrisch oder verlängert keulenförmig, 30–60 cm lang, 6–12 cm dick, nicht gerippt, mit bleibendem Griffel.
Verbreitung: Afrika, tropisches Asien. Wird gegenwärtig in den Tropen und Subtropen weltweit angebaut. In Japan, Indien und Ägypten ist sie eine wichtige Kulturpflanze.
Allgemeines: Mit sechs Arten ist die Gattung in den Tropen der Alten Welt verbreitet. Eine Art kommt im tropischen Amerika vor.
Typisch für die Gattung sind die trockenen, länglichen oder zylindrischen Früchte mit ihrem stark entwickelten Gefäßbündelnetz. Das aus reifen Früchten gewonnene Netzwerk wird für die Herstellung von Badeschwämmen (Luffa-Schwämme), Frottierlappen, Schuheinlagen, Filter und Tapeten benutzt. Man gewinnt das Netzwerk, indem man Außenschicht, Fruchtfleisch und Samen nach mehrtägigem Einweichen der Früchte in Wasser auswäscht. Aus den Samen wird Öl gewonnen. Die jungen Früchte nicht bitterer Formen werden als Gemüse zubereitet.
In Südost-Asien ist auch *L. acutangula* ein wichtiges Gemüse. Hier sind ebenfalls nur die jungen Früchte genießbar. Sie sind kürzer als bei *L. cylindrica*, glatt, keulenförmig und 10-rippig. Auch aus der in Brasilien heimischen *L. operculata* lassen sich Luffa-Schwämme herstellen. Die Früchte sind außerdem ein indianisches Hausmittel. Eine Kaltwassermazeration wird in Brasilien und Kolumbien als drastisches Abführmittel verabreicht. Alkoholische Extrakte werden innerlich und äußerlich nach Schlangenbissen und bei Gewebeschmerzen angewendet.

Balsamapfel
Momordica balsamina

Familie: Kürbisgewächse, Cucurbitaceae

Habitus: Einjährige, bis 1,5 m hohe Kletterpflanze mit sehr zierlichen Stängeln und einfachen Ranken.

Blätter: Breit eiförmig bis nierenförmig, an der Basis herzförmig, tief und spitzkantig gelappt, scharf gesägt, behaart.

Blüten: Getrenntgeschlechtig, einzeln, radförmig, 5-zipfelig, etwa 3 cm breit, Kronblätter gelb mit grüner Nervatur.

Früchte: An langen Stielen hängend, breit eiförmig, außen kammartig höckerig, anfangs grün, zur Reife orangegelb, mit dicker, fleischiger Schale und rötlichem Fruchtmark. Die Früchte reißen zur Reife mit zwei bis drei Segmenten von unten her auf und sind dann besonders dekorativ.

Verbreitung: Afrika, West-Asien, Nordwestindien, Malaiischer Archipel, Australien. Heute weltweit in den Tropen und Subtropen angebaut.

Allgemeines: Die Gattung umfasst rund 45 Arten, davon sind 40 im tropischen und subtropischen Afrika, der Rest in Indien und Indonesien verbreitet.

Von wirtschaftlicher Bedeutung ist auch die Balsambirne, *M. charantia*. Ihre Früchte sind länglich und höckerig kantig, das Fruchtfleisch scharlach- oder blutrot. Auch sie ist in den Tropen weltweit verbreitet und im südöstlichen Nordamerika eingebürgert. Man nimmt an, dass beide Arten mit den afrikanischen Sklaven nach Amerika gelangten, die sie ihrer saftigen, fleischigen Früchte wegen anbauten.

Die Früchte des Balsamapfels werden unreif und reif als Gemüse gegessen. Die unreifen Früchte der Balsambirne finden dagegen als Abführmittel medizinische Verwendung.

Auch andere *Momordica*-Arten werden lokal genutzt. In Südchina liefern die Samen von *M. cochinchinensis* ein Brennöl, sie werden auch medizinisch verwendet. Die Wurzeln benutzt man anstelle von Seife. Die in Afrika heimische *M. foetida* enthält das antidiabetisch wirkende Foetidin.

Chayote, Chouchou
Sechium edule

Familie: Kürbisgewächse, Cucurbitaceae
Habitus: Ausdauernde, Dickichte bildende Kletterpflanze, mit knollenartig verdickten Wurzeln.
Blätter: 5–18 cm lang, eiförmig bis nahezu rundlich, 3- bis 5-kantig oder 3- bis 5-lappig, oberseits schuppig.
Blüten: Einhäusig, männliche Blüten hellgelb, etwa 3 cm breit, in 10–30 cm langen Trauben, weibliche grünlich, einzeln stehend.
Früchte: Verkehrt eiförmige bis birnenförmige, grünlich gelbe, weich bestachelte, bis 18 cm lange und bis 1 kg schwere, 1-samige Beeren.
Verbreitung: Wild ist die Art nirgends bekannt, als Heimat wird Mittelamerika bis Mexiko angenommen. Die größte Formenvielfalt findet sich in Guatemala. »Wilde« Formen werden als Kulturflüchtlinge aufgefasst.
Allgemeines: Die Gattung umfasst acht Arten. Die Chayote wurde schon von den Azteken in Kultur genommene, inzwischen ist sie pantropisch verbreitet und vor allem in Lateinamerika ein wichtiges Gemüse. Die Früchte isst man roh und gekocht als Gemüse oder verwendet sie als Viehfutter. Auch die bis zu 10 kg schweren, stärkereichen (bis 20% Stärke) Wurzelknollen werden geerntet und wie Kartoffeln gekocht. Es handelt sich um knollenförmig verdickte Seitenwurzeln der rübenähnlichen Hauptwurzel, die an ihrem oberen, scheibenförmig verbreiterten Ende zahlreiche Erneuerungsknospen aufweist. Junge Triebe und einjährige Wurzeln werden wie Spargel zubereitet. Die Stängel liefern Blattfasern.
In Costa Rica dient auch eine andere *Sechium*-Art, *S. tacaco*, als Gemüsepflanze.
Die *Sechium*-Pflanze kann in einem einzigen Vegetationszyklus Hunderte von Früchten hervorbringen. Interessant ist, dass der eine große Samen schon in der Frucht zu keimen beginnt. Oft bildet sich schon auf der Mutterpflanze eine vollkommen entwickelte Jungpflanze aus.

Schlangenhaargurke
Trichosanthes cucumerina
var. anguina

Familie: Kürbisgewächse, Cucurbitaceae
Habitus: Mit verzweigten Ranken bis 4 m hoch kletternde, einjährige Pflanze.
Blätter: Bis 15 cm lang und 18 cm breit, seicht oder tief 3- bis 5-lappig, Blättchen ganzrandig oder mit gekerbtem oder wellig gezähntem Rand.
Blüten: Getrenntgeschlechtig, männliche Blüten zu 8–15, weiß, radförmig, Kronblätter mit haarförmig gefranstem Saum, weibliche Blüten einzeln.
Früchte: 0,3–2 m lang, nur 4 cm im Durchmesser, schlangenartig gewunden, vorne spitz zulaufend, anfangs grünweiß gestreift, zur Reife orangefarben, Oberfläche wachsartig, Fruchtfleisch rötlich, darin eingebettet 40–70 braune Samen.
Verbreitung: Heimisch in Indien. Wird vor allem in Südost-Asien und West-Afrika angebaut.

Allgemeines: Die Gattung umfasst 15 Arten, die in Südost-Asien und Australien heimisch sind.
Die reifen Früchte der Schlangengurke haben ein angenehm süßliches Fleisch, das gekocht als Gemüse gegessen wird. Kalorien- und Proteingehalt sind niedrig, der Eiweißgehalt der jungen Früchte beträgt 2%, der der Blätter 5,4%. In Indien gehört diese Gurke zu den wichtigsten Kochgemüsen. Auch junge Blätter und Sprosse werden genutzt.
Die Früchte der in Assam und im Norden Indiens heimischen *T. dioica* werden noch mehr geschätzt als die der oben genannten Art. Im Gegensatz zu *T. cucumerina* ist *T. dioica* mehrjährig, weibliche Pflanzen können deshalb gezielt vegetativ vermehrt werden. Das Fleisch der als »Parwal« bezeichneten Frucht gilt als besonders leicht verdaulich und kreislaufanregend.

Wachskürbis
Benincasa hispida

Familie: Kürbisgewächse, Cucurbitaceae
Habitus: Krautige, niederliegende, flaumig behaarte Pflanze mit dünnen, 2- bis 3-teiligen Ranken.
Blätter: Handförmig gelappt, rundlich, 10–25 cm lang und breit, an der Basis tief herzförmig, mit fünf bis sieben Lappen, oberseits behaart, unterseits mit kurzen Borsten, Stiel zottig behaart, ohne Drüsen.
Blüten: Einhäusig, einzeln in den Blattachseln, gelb, die fünf lanzettlichen Kelchblätter gesägt und zurückgeschlagen, die 5-zählige Blumenkrone radförmig bis glockig.
Früchte: Groß, kürbisähnlich, fleischig, länglich bis rundlich, graugrün oder bläulich, zuletzt glatt und mit wachsartigem Überzug. Samen zahlreich, abgeflacht, eiförmig länglich, 1 cm lang.
Verbreitung: Malaiischer Archipel; in den Tropen der Alten Welt, vor allem in Südost- und Ost-Asien als Gemüse angebaut.

Wird wie Kürbis gekocht oder mit einer Fleisch- oder Gemüsefüllung zubereitet. Der guten Haltbarkeit wegen wird *Benincasa*, von der nur diese eine Art bekannt ist, auch als Winter Melon bezeichnet.
Allgemeines: Aus der Familie der Kürbisgewächse sind auch andere Arten und Gattungen von lokaler Bedeutung.
Coccinia abyssinica, Anchoté. Wird in Äthiopien als Wurzelgemüse angebaut.
C. grandis, Ivy Gourd. Wächst in Südost-Asien wild und wird in Indien angebaut, ihre jungen Triebe und grünen Früchte werden als Gemüse gekocht.
Cucumeropsis mannii, White Egusi. Ist in West-Afrika wegen der wohlschmeckenden, nahrhaften Samen in Kultur.
Cucumis anguria var. *anguria*, West Indian Gherkin. Stammt aus Afrika und wird in der Karibik, in Mittel- und Südamerika als Gemüse angebaut.
Cyclanthera pedata, Cayhua. Ist in Mittel- und Südamerika heimisch und wird dort auch angebaut. Die Früchte werden roh oder gekocht gegessen.

Artischocke
Cynara scolymus

Familie: Korbblütler, Asteraceae
Habitus: Ausdauernde, distelartige, bis 2 m hohe Pflanze mit dicken, beblätterten Stängeln, im ersten Jahr nur eine Laubblattrosette ausbildend.
Blätter: Gelappt, bis 80 cm lang und 40 cm, oberseits behaart, unterseits weißfilzig, Blattsegmente unbedornt.
Blüten: In 7–8 cm breiten, blauvioletten Köpfchen an den Zweigenden, Köpfchenboden vergrößert, fleischig und essbar, Blätter des Hüllkelches in mehreren Reihen stehend, die äußeren und mittleren am Grunde fleischig, an der Spitze abgestumpft oder nur mit einer kurzen, harten Spitze.
Früchte: Kahl, dick, abgestutzt, Haarkrone mit zahlreichen, fedrigen Borsten.
Verbreitung: Eine Wildform ist nicht bekannt. Die Artischocke wird schon seit dem Altertum im Mittelmeerraum als Gemüse kultiviert und ist vermutlich aus der Kardone, *Cynara cardunculus*, entstanden.

Allgemeines: Seit Jahrhunderten gehört die Artischocke zu den delikaten Feingemüsen. Gedünstet oder gekocht werden die fleischigen Böden der großen Blütenköpfe und die fleischigen Basalteile der Hüllblätter gegessen. Sie wird in zahlreichen Sorten weltweit in den Subtropen und den Höhenlagen der Tropen angebaut. Getrocknete Blätter liefern Bitterstoffe für alkoholische Getränke.
Die Kardone, die im südlichen und westlichen Mittelmeergebiet heimisch ist, unterscheidet sich von der Artischocke unter anderem durch stärker fiederspaltige Blätter, deren Abschnitte in einen langen, gelben Stachel auslaufen. Bei den als Gemüsepflanzen kultivierten Formen sind die Stacheln der Laub- und Hüllblätter entweder kurz oder sie fehlen ganz. Blattstiele und -rippen sind fleischig. Sie werden gebleicht und dann als Gemüse zubereitet.

Indischer Spinat
Basella alba

Familie: Schlingmeldengewächse, Basellaceae

Habitus: Krautige, 1–9 m hohe, stark wachsende, reich verzweigte, windende Pflanze, die Sprosse sind hin und her gebogen.

Blätter: Wechselständig, einfach, fleischig, 5–15 cm lang und 4–12 cm breit, länglich oder breit eiförmig, vorne spitz oder stumpf zugespitzt, an der Basis schwach herzförmig, abgerundet oder gestutzt, hellgrün, oft etwas rötlich getönt.

Blüten: Klein, zwittrig, weiß, rosa, rot oder purpurn gefärbt, in bis 15 cm breiten, achselständigen Ähren, die in einer 2-blättrigen Hochblatthülle sitzen. Die urnenförmige Blütenhülle schwillt bei der Reife an, wird fleischig und umschließt die Frucht, die fünf Staubblätter sind mit den Blütenhüllblättern am Grunde verwachsen, der oberständige, ungefächerte Fruchtknoten besteht aus drei vereinigten Fruchtblättern, die eine basale Samenanlage enthalten, der Griffel ist mit drei Narben ausgestattet.

Früchte: Etwa 6 mm dicke, glänzende, schwarz, dunkelrot oder weiß gefärbte Steinfrüchte, die von den fleischigen Blütenhüllblättern umgeben sind.

Verbreitung: Ursprünglich vermutlich in Afrika und Südost-Asien, heute pantropisch verbreitet. Zur Gattung gehören fünf Arten.

Allgemeines: *B. alba*, auch als Malabarspinat bezeichnet, ist hervorragend an die warmfeuchten Bedingungen der Tropen angepasst und wird deshalb in vielen tropischen Gebieten als Gemüsepflanze angebaut. Die Pflanzen werden durch Ableger oder Samen vermehrt. Über einen Zeitraum von sechs Monaten nach dem Pflanzen werden die jungen, beblätterten Triebe geerntet und ausschließlich als Kochgemüse zubereitet. Die fleischigen Blätter haben einen guten Nährwert. Sie enthalten unter anderem 5 % Kohlenhydrate, 5 % Eiweiß, 0,7 % Fett, Kalzium, Phosphor, Eisen, Provitamin A und 86 mg % Vitamin C.

Die Früchte enthalten einen dunkelroten Saft, der im alten China als Färbemittel und Tinte genutzt wurde.

Nahe verwandt mit den Schlingmeldengewächsen sind die Portulakgewächse. Auch sie stellen mit *Talium triangulare*, dem Ceylonspinat, eine tropische Gemüsepflanze, die vor allem in West-Afrika, in geringerem Umfang auch in Südost-Asien sowie in Süd- und Mittelamerika angebaut wird. Die ursprüngliche Heimat der Pflanze ist nicht genau bekannt, sie stammt wahrscheinlich aus dem tropischen Amerika, vielleicht aber auch aus Zentral-Afrika.

T. triangulare ist eine ausdauernde, bis 60 cm hohe Pflanze mit fleischigen, bis 7,5 cm langen, verkehrt eiförmigen Blättern und roten bis weißen oder gelben Blüten in aufrechten, endständigen, rispigen oder trugdoldigen Ständen. Blätter und Blütenstände werden in Suppen oder als Kochgemüse verwendet.

Yambohne
Pachyrhizus erosus

Familie: Schmetterlingsblütler, Fabaceae
Habitus: Starkwüchsige, krautige, bis 5 m hoch rankende Kletterpflanze mit rübenartig verdickten, im Alter sehr stärkereichen Wurzeln.
Blätter: 3-teilig, Blättchen eckig, rhombisch, ei- oder nierenförmig, scharf gesägt oder gelappt, Seitenblättchen bis 15 cm, Mittelblättchen bis 19 cm lang.
Blüten: In langen, achselständigen, aufrechten, bis 50 cm langen Trauben, Blüten zahlreich, schmetterlingsförmig, 2,5 cm groß, mit lang genagelten Kronblättern, bläulich violett bis weiß.
Früchte: Längliche, 7–13 cm lange, bis 1,5 cm breite Hülse, mit einem dichten, feinen Haarkleid, die bis zu neun Samen, klebrig, 7 mm breit, bräunlich.
Verbreitung: Mexiko, Mittelamerika; als Gemüsepflanze angebaut in Mittelamerika, der Karibik, in Ost- und Südost-Asien.

Allgemeines: Die breit eiförmigen bis kreiselförmigen, 5–15 cm breiten, fleischigen, cremeweißen Knollen sind ein beliebtes Gemüse. Die Knollen enthalten 88% Wasser. Berechnet auf die Trockensubstanz beträgt ihr Eiweißgehalt 10%. Ältere Knollen werden faserig und enthalten mehr Stärke. Geerntet werden in der Regel die jungen Knollen, etwa acht bis neun Monate nach der Aussaat. Sie werden roh in Salaten oder gekocht gegessen. In Thailand isst man sie auch mit »phrik ka kriea«, einer Mischung aus zerstoßenem Chili, Zucker und Salz. Auch die jungen Hülsen werden als Gemüse genutzt. In Asien wird aus den Wurzeln Stärke gewonnen und als falsches Arrow-root in den Handel gebracht.
Von den insgesamt sechs Arten der Gattung werden als Gemüsepflanzen auch *P. ahipa* aus Nordargentinien und Bolivien und *P. tuberosus* mit sehr großen Knollen aus dem oberen Amazonasgebiet kultiviert.
Die drei *Pachyrhizus*-Arten sind uralte indianische Kulturpflanzen.

Parkia
Parkia speciosa

Familie: Mimosengewächse, Mimosaceae
Habitus: Großer, bis 30 m hoher, immergrüner Baum mit weit ausgebreiteter Krone, Stamm aufrecht, Zweige teilweise behaart.
Blätter: Wechselständig, doppelt gefiedert, die 14–18 Paar Fiedern mit jeweils 31–38 Paar Blättchen, diese 6–9 cm lang, linealisch, an der Spitze abgerundet, Rhachis bis 30 cm lang.
Blüten: Gelblich weiß, klein, annähernd röhrenförmig, in lang gestielten, hängenden, rundlichen, bis 4 cm breiten Ständen.
Früchte: Bis 45 cm lange, 3–5 cm breite, flache, gedrehte, über den Samen geschwollene Hülsen, Samen rundlich, 2–2,5 cm lang, 1,5–2 cm breit, in einer mehligen, orangerosa Pulpe eingebettet, Samenschale dünn.
Verbreitung: Heimisch in den immergrünen Regenwäldern des Malaiischen Archipels. In Thailand als Nittat Tree oder Sato bezeichnet. In den tropischen Regionen Ost-Asiens stellenweise als Zier- und Fruchtbaum kultiviert.

Allgemeines: Die Gattung umfasst etwa 40 Arten an immergrünen Bäumen und Sträuchern mit tropischer Verbreitung.
Mindestens einige von ihnen werden als Zier- und Fruchtbäume kultiviert.
Von *P. speciosa* werden die jungen Blätter roh als Gemüse gegessen. Die jungen Früchte werden ebenfalls roh, geröstet oder gekocht mit »nam phrik« (= scharfe Soße mit verschiedenen Zutaten, die in den einzelnen Regionen sehr unterschiedlich zusammengesetzt sind) gegessen.
Von *P. timoriana*, einem bis 50 m hohen Baum aus den immergrünen Regenwäldern Thailands, werden fermentierte oder gekochte Keimlinge mit »nam phrik« gegessen. *P. javanica*, ein über 40 m hoher Baum aus den immergrünen Regenwäldern Javas, hat bis 50 cm lange Früchte, deren Samen roh oder geröstet verzehrt werden.

Mosobambus
Phyllostachys edulis

Familie: Gräser, Poaceae
Habitus: Bis 27 m, hoher, Ausläufer treibender Bambus, die verholzenden Halme, zuletzt meist gelblich orange gefärbt, sehr dickwandig und bis 30 cm im Durchmesser.
Blätter: Zahlreich, 5–12 cm lang und 0,5–2 cm breit.
Blüten und Früchte: In rispenförmigen Blüten- und Fruchtständen, in der Regel aber nicht zu sehen, weil alle Bambusarten nur in großen und unregelmäßigen Zeitabständen blühen und fruchten.
Verbreitung: Heimisch in Südostchina und Taiwan. In China und Japan eine der wichtigsten Arten für die Gewinnung von Bambussprossen.
Allgemeines: Bambussprosse werden entweder in eigens dafür angelegten Kulturen geerntet oder als Nebennutzung in natürlichen und angelegten Bambushainen und -wäldern, die zur Gewinnung von Material für die Baustoff- und Papierindustrie dienen. Hauptarten für die Nutzung von Bambussprossen sind neben der oben erwähnten Art in Japan und auf Taiwan auch *Bambusa vulgaris*, in Indien *Bambusa arundinacea* und *B. vulgaris*, in Indien und Malaysia *Dendrocalamus asper* (siehe Abb. Seite 357). Geerntet werden die zwischen den älteren Sprossen aus dem Boden kommenden Schösslinge, sobald sie die Mulchdecke aus herabfallendem Laub durchbrochen haben.

Bambussprossen sind nur dann genießbar, wenn sie noch zart und unverholzt sind. Die delikat schmeckenden Bambussprossen haben nur einen geringen Nährwert und auch nur geringe Gehalte an Vitaminen und Mineralstoffen. Sie enthalten ein giftiges Blausäureglykosid, das nur durch Erhitzen abgebaut werden kann.

Bambussprossen werden gedünstet als Gemüse, als Einlagen in Gemüsesuppen und zu Salaten und in der japanischen und chinesischen Küche als Beilage zu Reis und Glasnudeln gereicht.

Getränke und Stimulanzien

Nur sechs Pflanzenarten, aus deren Blättern oder Früchten Getränke hergestellt werden, können hier behandelt werden: Tee, Kaffee, Kakao, Yerba-Mate, Kola und Koka. Es gibt darüber hinaus aber noch zahlreiche andere Pflanzen, die Getränke, Genuss- und Anregungsmittel liefern. Es sei nur an den weltweit verbreiteten Tabak erinnert, an Betelpfeffer (siehe Seite 349) und an die Betelpalme (siehe Seite 46) oder an die Haschisch und Marihuana liefernde *Cannabis sativa*.

Bestimmte chemische Inhaltsstoffe der Pflanzen, vor allem Koffein, Theobromin, Kokain oder Nikotin, sind in der Lage, die körperlichen und geistigen Fähigkeiten des Menschen zu steigern, Durst und Hunger zu stillen, zu beruhigen und einzuschläfern, psychische Hemmungen zu lösen oder phantastische Träume hervorzurufen.

Das Wissen um solche Pflanzen reicht weit in die Vorgeschichte der Menschheit zurück. Es gibt kaum ein Volk, bei dem nicht der Gebrauch von Pflanzenteilen in Form von Getränken, Kau- und Schnupfmitteln oder Rauch zur täglichen Gewohnheit gehört. Man ist versucht, die Nutzung solcher Mittel als kennzeichnend für den Menschen gegenüber dem Tier anzusehen (nach REHM, ESPIG 1996).

Einige dieser Pflanzen wurden sehr früh in Kultur genommen, andere werden noch heute als Wildpflanzen gesammelt. Nur bei wenigen Genussmitteln werden die Pflanzenteile unverarbeitet verwendet, meistens werden sie vorher getrocknet, geröstet, fermentiert oder vergoren oder erst durch Hinzufügen anderer Mittel nutzbar gemacht wie beispielsweise der Zusatz von Kalk bei Betel und Koka.

Wie der Kokastrauch (siehe Seite 346) gehört auch eine andere südamerikanische Pflanze zu den Alkaloid liefernden Nutzpflanzen: *Paullinia cupana* aus der Familie der Seifenbaumgewächse, die als Guarana bekannt ist. *P. cupana* ist ein lianenartig wachsender Strauch aus den Urwäldern am Amazonas mit großen, bis 20 cm langen, eiförmigen, glänzend grünen Blättern und 2–3 cm großen, roten Früchten, die einen schwarzen Samen bergen. Die Samen enthalten bis zu 6,5% Koffein und übertreffen damit alle anderen alkaloidhaltigen Nutzpflanzen. Guarana wir von den Amazonasindianern seit langem genutzt. Die Früchte werden über Nacht aufgeweicht, danach wird der rote Samenmantel entfernt. Durch einen langsamen Röstvorgang werden die etwa haselnussgroßen Samen von ihrer dunklen Schale befreit und anschließend zerstampft. Die so gewonnene Masse, die etwa die Konsistenz eines schweren Brotteiges hat, wird zu kurzen, zylindrischen Pasten, »Bastones de Guarana«, verarbeitet. Die Paste wird geraspelt, bei den Indianern mit der knöchernen Zunge eines Fisches. Das so entstandene feine Pulver wird in Wasser aufgeschwemmt und als anregende Erfrischung getrunken.

In Brasilien wird aus Guarana eine erfrischende Limonade unter dem gleichen Namen bereitet. Gegenwärtig wird Guarana in Pulverform auch hierzulande stellenweise angeboten. Guaranasamen werden von den Urwaldindianern aber nicht nur unverfälscht zu einer Paste verarbeitet, sondern nach dem Zerstampfen auch mit Maniokmehl und Wasser vermischt und anschließend vergoren.

Ähnlich wie *P. cupana* wird auch *P. yoco* von den Eingeborenen der Flussgebiete Kolumbiens und Ekuadors als stimulierendes Getränk verwendet.

Viele Genussmittel haben bis heute nur lokale Bedeutung, andere dagegen, besonders Tee, Kakao und Kaffee, werden längst weltweit genutzt. Alle heute wichtigen Getränke und Genussmittel kommen aus tropischen und subtropischen Ländern. Sie sind für die wirtschaftliche Situation einiger Länder von ganz entscheidender Bedeutung. In einigen Entwicklungsländern stellen sie das Hauptexportprodukt dar. Der Exportwert der Genussmittel ist höher als der aller anderen pflanzlichen Produkte.

Nächste Seite: Teeplantage auf Java.

Teestrauch
Camellia sinensis

Familie: Teestrauchgewächse, Theaceae
Habitus: Kleiner, bis 10 m hoher, immergrüner Baum, in Kultur strauchig gehalten und oft in langen Reihen als halbrunde Buschhügel kultiviert.
Blätter: Bei *C. s.* var. *sinensis* (Chinatee) klein, hart, deutlich gezahnt, ohne Spitze und stark aromatisch, bei *C. s.* var. *assamica* (Assam-Tee) groß, weich, glattrandig, mit Spitze und schwach aromatisch. In der Regel werden heute Hybriden zwischen den beiden Varietäten kultiviert.
Blüten: Weiß, 1,5–2 cm breit, die sieben bis acht Kronblätter breit eiförmig bis rundlich, Staubblätter zahlreich.
Früchte: 3-spaltige Kapsel mit je einem großen, ölhaltigen Samen.
Verbreitung: Ursprünglich vermutlich im südostasiatischen Bergland heimisch. Der Assam-Tee, *C. s.* var. *assamica*, hat seine ursprüngliche Heimat in Nordindien, Assa, Myanmar, Indochina, Thailand und Südchina. Auch gegen-

wärtig stammen noch 77% der Weltproduktion aus Ost- und Südost-Asien. Es folgen Afrika, die ehemalige UdSSR und Südamerika.
Allgemeines: Das Trinken von Tee war in Südchina bereits in vorchristlicher Zeit bekannt, aber erst im siebten Jahrhundert n. Chr. wurde Tee in China zum Volksgetränk. Etwa zur gleichen Zeit brachten buddhistische Mönche den Tee nach Japan. Durch mongolische Krieger gelangte er nach Russland. Im 17. Jahrhundert wurde Tee in Holland und England allgemein bekannt. Aber erst im vorigen Jahrhundert entwickelte sich der Teestrauch zu einer weltwirtschaftlich wichtigen Kulturpflanze im tropischen Plantagenanbau.
Die jungen Triebspitzen werden mit Endknospe und meist zwei Blättern zu Tee verarbeitet; sie haben den höchsten Catechin- und Koffeingehalt. Bis zu 15-mal werden die Sträucher in mehr oder weniger kurzen Abständen bepflückt, in der Regel von Hand. Man pflückt die Blattknospe mit den obersten zwei Blättern. In Japan und in der ehemaligen UdSSR wird aber schon ein erheblicher Teil des Tees mechanisch geerntet.
Zur Herstellung des schwarzen Tees werden die frischen Blätter in einem Luftstrom angewelkt, in mehreren Arbeitsgängen maschinell gerollt und anschließend fermentiert. Durch das Rollen und die Fermentation werden chemische Prozesse in Gang gesetzt, die Aroma und Charakter des Tees bestimmen. Der Tee wird häufig durch eine Zugabe von Jasmin-, Rosen- oder Gardeniablüten oder dem Öl der Bergamotte parfümiert.
In Ost-Asien und in den arabischen Ländern wird der grüne Tee bevorzugt. Bei ihm werden die Phenoloxidasen der frischen Blätter zunächst durch Erhitzen im Wasserdampf oder in Pfannen inaktiviert, sodass die Catechine in ihrer ursprünglichen Zusammensetzung erhalten bleiben. Dann folgt wiederholtes Rollen und Trocknen, oft noch in Handarbeit. Grüner Tee schmeckt etwas herber als schwarzer Tee, gilt aber als anregender und gesundheitsförderlich.

Kaffeestrauch
Coffea arabica

Familie: Krappgewächse, Rubiaceae
Habitus: Bis 7 m hoher, immergrüner Strauch, in Kultur oft niedriger gehalten.
Blätter: Gegenständig, bis 10 cm lang, elliptisch bis eiförmig oder länglich, ledrig, glänzend dunkelgrün.
Blüten: Weiß, duftend, stieltellerförmig, 5-zählig, etwa 2,5 cm breit, in achselständigen Büscheln, sich nach der Regenzeit öffnend, bei *C. canephora* unregelmäßig.
Früchte: Steinfrüchte (als Kaffeekirschen bezeichnet) mit zäher Schale, saftigem Fruchtfleisch und harter Fruchtschale (Pergamenthaut), welche die beiden Samen (Kaffeebohnen) umschließt. Die Samen sind von einer Silberhaut umgeben.
Verbreitung: Die Gattung ist mit rund 40 Arten in den Tropen der Alten Welt verbreitet. Alle angebauten Arten stammen aus Afrika. Den größten Teil macht mit 74% der Erzeugung *C. arabica* (Arabica-Kaffee) aus, mit 25% folgt *C. canephora* (Robusta-Kaffee). Außerdem gibt

es *C. liberica* (Liberia-Kaffee) und *C. stenophylla* (Hochland-Kaffee).
Allgemeines: Kaffee ist als Getränk wesentlich jünger als Tee. Man nimmt an, dass die Domestikation von *C. arabica* zwischen 1000 und 1300 n. Chr. an der Küste des Roten Meeres begann. Von den Arabern übernahmen die Türken den Kaffee – 1550 wurde in Konstantinopel ein öffentliches Kaffee-Trinkhaus eröffnet. Nach West-Europa kam 1576 durch den deutschen Arzt und Botaniker Rauwolf die erste Nachricht über Kaffee. 1683 öffnete in Wien das erste Café.
Qualitätskaffee wird nur von den Samen vollreifer Früchte gewonnen. Sie werden gepflückt oder aufgelesen und dann getrocknet oder zerquetscht. Durch maschinelles Schälen und Polieren werden Fruchtschale und Silberhaut von den Bohnen entfernt, die dann als grüne Bohnen fast unbegrenzt lagerfähig sind. Sie werden erst im Verbraucherland bei 200–250°C geröstet, weil gerösteter Kaffee rasch sein Aroma verliert.

Yerba-Mate
Ilex paraguayensis

Familie: Stechpalmengewächse, Aquifoliaceae
Habitus: Bis 15 m hoher, schlanker, immergrüner Baum, in Kultur meist niedriger gehalten.
Blätter: 7,5–11 cm lang, verkehrt-eiflörmig bis länglich, derb-ledrig, gesägt, matt mittelgrün.
Blüten: Zweihäusig, unscheinbar, 4-zählig, grünlich weiß.
Früchte: 5 mm dicke, kugelige, zur Reife rote Steinfrüchte.
Verbreitung: Als Unterholz in den immergrünen Wäldern des südlichen Brasiliens, zwischen Rio Parana und Rio Paraguay.
Allgemeines: Yerba-Mate ist das koffeinhaltige Nationalgetränk der Argentinier, welches aber auch in Uruguay, Paraguay und Brasilien täglich von Millionen Menschen genossen wird. Die Verwendung der Blätter von *I. paraguayensis* hat eine lange Tradition. Bereits in vorkolonialer Zeit (vielleicht schon in der indianischen Frühzeit) wurde die stimulierende Wirkung von Mate-Tee von südamerikanischen Indianern geschätzt.

Yerba-Mate wird nach einer alten, zeremoniell anmutenden Cirollo-Sitte aus einer kleinen Kalebasse, der Frucht eines Flaschenkürbis, mittels eines metallenen Saugröhrchens, der Bombilla, getrunken. Bei Gauchos und Mestizen ersetzt der gemeinsame und schweigsame Genuss von »mate con bombilla« die Friedenspfeife der nördlichen Indianerstämme.

Die Blätter von *I. paraguariensis* werden nicht wie die des ostasiatischen Tees einer Fermentation unterworfen, sondern unter Raucheinwirkung getrocknet und anschließend zerrieben. Neben Koffein enthalten die Blätter bis zu 15 % Gerbstoffe, die dem Tee seinen typischen adstringierenden Geschmack verleihen.

Der Tee wird auch Jesuiten-Tee genannt. Der von 1609–1773 im heutigen Paraguay gelegene Jesuiten-Staat besaß zeitweilig das Monopol der Yerba-Produktion.

Kakaobaum
Theobroma cacao

Familie: Sterkuliengewächse, Sterculiaceae
Habitus: 10–15 m hoher, immergrüner Baum mit etagenförmiger Verzweigung, in Kultur meist strauchig gehalten.
Blätter: 10–40 cm lang, länglich verkehrt eiförmig, dünn-ledrig, im Austrieb rötlich.
Blüten: Sehr klein, hellgelb, zwittrig, zu vielen in gestauchten Büscheln, die in den Achseln abgestorbener Blätter unmittelbar aus Stamm und dicken Ästen entspringen (Kauliflorie).
Früchte: 12–30 cm lange, 10-rippige, gelb, braun oder purpurn gefärbte Beerenfrüchte, Samen 2–2,5 cm lang, ellipsoid, in einem weißen, süßen und schleimigen Fruchtmus (Pulpa) eingebettet.
Verbreitung: Die Gattung ist mit 20 Arten in Mittel- und dem tropischen Südamerika heimisch. Die Bäume wachsen vorwiegend im Unterholz tropischer Regenwälder.
In Afrika, besonders an der Elfenbeinküste, wird mit über 50% die Hauptmenge der Weltproduktion erzeugt. Seit mehr als zehn Jahren wird der Weltmarkt aber auch aus Malaysia und Indonesien beliefert. Kakaobohnen werden hauptsächlich von der variablen Art *T. cacao* geerntet, aber auch andere Arten werden wirtschaftlich genutzt. Sie tragen ihre Blüten und Früchte nicht am Stamm und an dickeren Ästen, sondern an dünneren Seitenästen oder jungen Zweigen. In Mittelamerika werden *T. bicolor* (Früchte mit netzartiger Oberfläche, an Seitenzweigen) und *T. angustifolium* (Früchte mit rostfarbenem Flaum, an Seitenästen) angebaut. In Brasilien und der Amazonasregion Kolumbiens wird *T. grandiflorum* (Früchte groß, hartschalig, an jungen Zweigen) kultiviert. Aus ihrem wohlschmeckenden Fruchtmus werden Süßspeisen und ein süßes, aromatisches Getränk hergestellt. Aus ihren Samen wird ein Fett gewonnen, das der Kakaobutter gleicht.
Allgemeines: Der Genuss von Kakao ist uralt. Aus fermentierten und gerösteten Kakaobohnen wurde, zusammen mit Vanille und Pfeffer, das »Göttergetränk« der Maya-, Azteken- und Inkakultur bereitet. Im Reich Montezumas war die Kakaobohne außerdem Grundlage des Münzsystems; 1000 Samen entsprachen zur Zeit von Cortes, der 1528 wohl die ersten Kakaofrüchte nach Europa brachte, drei Golddukaten.
Die Aufbereitung der Kakaobohnen beginnt mit dem Fermentieren bei etwa 45°C in Schwitzkästen. Durch Oxidationsprozesse entwickelt sich das unlösliche Kakaobraun, die Keimblätter verlieren ihren herben, bitteren Geschmack, die Bohnen zeigen ihr typisches Aroma. Später werden die trockenen Bohnen bei 90–140°C geröstet, gebrochen und gemahlen. Zu Schokolade wird das Mahlgut unmittelbar verarbeitet, zur Gewinnung von Kakaopulver wird der größte Teil der Kakaobutter hydraulisch abgepresst. Ein Großteil der Kakaobutter, die ein wichtiges Nebenprodukt darstellt, wird zur Herstellung von Schokolade und Pralinen verwendet, aber auch zu pharmazeutischen und kosmetischen Zwecken.

Kolabaum
Cola nitida

Familie: Sterkuliengewächse, Sterculiaceae
Habitus: 10–20 m hoher, immergrüner Baum.
Blätter: 10–30 cm lang, länglich bis lanzettlich, meist ungeteilt, glänzendgrün.
Blüten: Männliche 2–3 cm breit, weiblich 3–4 cm breit, in sternförmig behaarten Trauben oder Rispen, Kelch 5-teilig, außen hellgelb gefärbt, dicht sternförmig behaart.
Früchte: Hängende Sammelfrucht, die aus sieben bis acht ledrigen oder holzigen, balgfruchtähnlichen Teilfrüchten besteht, im Innern vier bis zehn pflaumengroße Samen, die von einer schleimigen Samenschale umgeben sind. Die Samen enthalten neben Stärke, Zucker, Fett und Eiweiß etwa 2,5 % Koffein und 0,05 % Theobromin.
Verbreitung: Liberia. Die Gattung ist mit 125 Arten in den tropischen Regenwäldern West- und Zentral-Afrikas verbreitet.
C. nitida ist als Lieferant von »Kolanüssen« die bei weitem wichtigste Art. Neben *C. nitida* werden in wesentlich geringerem Umfang auch die koffeinhaltigen Samen von *C. acuminata* und anderen Arten genutzt, sie werden vorwiegend von Wildbäumen gesammelt.
Allgemeines: Kola ist in Afrika seit alters ein geschätztes Genussmittel. In den Anbaugebieten wurde Kola auch vielseitig zu medizinischen Zwecken benutzt. Die stimulierende Wirkung von Kola beruht auf dem Gehalt an Glykosen und Koffein (etwa 2,5 %). In ihrer afrikanischen Heimat wurden die etwas bitteren »Kolanüsse« oft frisch gekaut, die anregende Wirkung ist dann am stärksten. Beim Kauen entsteht aus der bitteren Catechinverbindung Kolanin das Kolarot.
Das lokale Handelsprodukt sind hauptsächlich die Keimblätter, von denen die Samenschale durch eine Fermentation abgerieben wurde. Je Hektar und Jahr können 30 000 Nüsse geerntet werden. Hauptanbauländer sind Nigeria, aber auch Brasilien und die Westindischen Inseln. Weltweit bekannt wurde der Kolabaum durch das Erfrischungsgetränk Coca-Cola.

Kokastrauch
Erythroxylum coca

Familie: Kokastrauchgewächse, Erythroxylaceae

Habitus: Immergrüner, bis 5 m hoher Strauch mit rötlicher Rinde.

Blätter: Wechselständig, einfach, 5–15 cm lang, elliptisch, vorne stumpf, an der Basis spitz zulaufend.

Blüten: Klein, weiß, zwittrig, in Büscheln in den Achseln der Blätter, Kelch glockig, 5-zipfelig, Krone mit vier freien, hinfälligen Blättern, die zehn Staubblätter stehen in zwei Kreisen, der oberständige Fruchtknoten besteht aus drei oder vier verwachsenen Fruchtblättern mit ebenso vielen Fächern, von denen nur jedes zweite fruchtbar ist.

Früchte: Eiförmige, zur Reife rot gefärbte Steinfrucht, die oberhalb des bleibenden Kelches steht.

Verbreitung: Heimisch in Südperu, Bolivien. Zur Gewinnung der Blätter, vor allem in Peru, Bolivien, Kolumbien und Brasilien, im Randbereich des Amazonasbeckens, sowie in höheren Lagen in Afrika, Indonesien und Sri Lanka angebaut.

Allgemeines: Von den 250 Arten, die vorwiegend im tropischen und subtropischen Amerika sowie in Madagaskar heimisch sind, hat nur *E. coca* eine größere wirtschaftliche Bedeutung.

Die Blätter des Kokastrauches werden bei den Indianern der Anden seit Urzeiten für kultische und medizinische Zwecke genutzt. Die stark alkaloidhaltigen Blätter werden gekaut, geschnupft oder als Tee zubereitet, um Hunger, Kälte und Schlaf zu verdrängen. Noch immer wird der weitaus größte Teil der gewonnenen Droge von der Bevölkerung in den Erzeugerländern als Stimulantium und Euphoricum benutzt. Der Tageskonsum der Kokakauer, »Coquederos«, kann bis zu 50 g roher Blätter (= 1–2 g Kokain) betragen. Darüber hinaus werden Kokablätter als Nervenanregungs- und Magenmittel sowie zur Herstellung des Kokains verwendet. Getrocknete Blätter enthalten 0,5–1,3 % Alkaloide und bis zu 75 % Kokain. Kokain wird medizinisch als Schleimbeutelanästhetikum in der Mund-, Rachen-, Kehlkopf- und Nasenschleimhauttherapie eingesetzt, seltener auch in der Augenheilkunde. Bei häufiger Anwendung von Kokain besteht Suchtgefahr.

Im kommerziellen Anbau werden die Sträucher durch Schnitt in ihrem Höhenwachstum begrenzt. Die Blätter werden im Abstand von zwei bis drei Monaten gepflückt und in der Morgensonne oder bei mäßiger künstlicher Erwärmung (ca. 40 °C) getrocknet. Nach dem Entfernen des Kokains werden die Blattreste als Geschmacksstoff für Getränke verwendet.

Neben *E. coca* wird zur gleichen Verwendung auch das vor allem in Kolumbien heimische *E. novogranatense*, Truxillo-Coca, angebaut, in größerem Ausmaß auch in Venezuela und Westindien, die Art gedeiht in geringerer Meereshöhe als *E. coca*.

Andere *Erythroxylum*-Arten besitzen ein Holz von besonderer Festigkeit, das als Eisen- oder Rotholz bezeichnet wird und als Bau- und Werkholz verwendet wird. Dazu gehören *E. areolatum*, *E. australe*, *E. cuneatum*, *E. hypericifolium* und *E. laurifolium*.

Gewürze

Ebenso wie Getränke und Genussmittel sind Gewürze untrennbar mit der Entwicklung des Menschen verbunden, obwohl sie in der Frühzeit wahrscheinlich nicht speziell als Speisegewürze, sondern als Nahrungspflanzen verwendet wurden.

Aufzeichnungen über Gewürze sind Jahrtausende alt, etwa in dem chinesischen Medizinbuch des legendären Kaisers Shen-nung, der lange vor Christi Geburt lebte. Die ersten genauen Nachrichten über Gewürze aus dem alten Ägypten finden sich auf einer Papyrusrolle aus dem Jahr 1500 v. Chr. Sie enthält unter anderem 877 Rezepte mit Zutaten wie Wermut, Anis, Bockshornklee, Senf, Minze, Safran, Kassia, Kalamus, Koriander, Sesam und Kümmel.

Gewürze waren seit Jahrtausenden das wichtigste Handelsprodukt zwischen Asien als dem Kontinent, aus dem die meisten tropischen Gewürze stammen, und Nordost-Afrika. Über uralte Karawanenwege wurden Gewürze in langen Reisen aus dem Fernen Osten nach Nordost-Afrika, in den Mittelmeerraum und nach Europa gebracht. Sie waren deshalb überaus kostbar.

Die Suche nach Seewegen zu den sagenhaften Gewürzländern ermutigte Männer wie Kolumbus (1451–1506), Vasco da Gama (um 1460–1524) und Magalhães (1811–1882) zu ihren großen Reisen. Der Gewürzhandel markiert den Beginn der europäischen Interessen in Asien und Afrika. Um den Besitz von Gewürzländern wurden jahrhundertelang blutige Kriege geführt. Gewürze wurden künstlich knapp gehalten, um möglichst hohe Gewinne zu erzielen.

Die Abgrenzung zwischen Gewürz und Nahrungsmittel ist schwierig, denn nicht wenige Pflanzenprodukte sind beides zugleich. Andere werden zudem auch als Heilpflanzen oder zur Gewinnung ätherischer Öle genutzt.

Alle heute weltweit benutzten Gewürze werden angebaut, nur wenige Gewürze von lokaler Bedeutung stammen von Wildpflanzen. Zahlreiche unserer täglich verwendeten Gewürze stammen aus tropischen und subtropischen Ländern. Ihr Anbau und ihre oft aufwändige Verarbeitung ist für manche Entwicklungsländer von großer wirtschaftlicher Bedeutung.

Die meisten Gewürze kommen bereits in verarbeiteter Form zu uns, nur auf den Märkten in den Anbauländern kann man sie noch im Naturzustand sehen.

Hier werden die wichtigsten Gewürzpflanzen tropischer Herkunft vorgestellt. Zahlreiche weitere tropische Gewürze können hier nicht behandelt werden, diverse sind schon in einem anderen Zusammenhang erwähnt worden wie Pfefferbaum (Seite 109), Kapernstrauch (Seite 230) oder Galgant (Seite 231).

Capsicum annuum

Paprika
Capsicum-Arten

Familie: Nachtschattengewächse, Solanaceae
Habitus: Ausdauernde oder einjährige, bis etwa 60 cm hohe Pflanzen mit lebhaft gefärbten Früchten von scharfem Geschmack.
Blätter: Wechselständig, paarweise oder zu 2–3, einfach, zugespitzt.
Blüten: Zu 1–3, weiß, Krone radförmig, tief 5-lappig, der fleischige Kelch zur Fruchtreife vergrößert.
Früchte: 2- bis 3-fächrige, scharf schmeckende Beerenfrüchte, anfangs grün, zur Reife rot, gelb oder orangefarben.
Verbreitung: Ursprünglich in Mittel- und Südamerika. Dort werden seit Jahrtausenden verschiedene wilde und kultivierte Arten als Gewürz genutzt. Heute in allen tropischen und subtropischen Ländern sowie in warmen Gebieten nördlicher Zonen angebaut. Hauptproduzenten sind China, Pakistan, Indien, Malaysia, Ungarn und Spanien.
Allgemeines: Von allen Gewürzen ist in den Tropen und Subtropen Paprika am weitesten verbreitet. Bei uns ist Gewürzpaprika auch als Roter Pfeffer, Spanischer Pfeffer, Chilli oder Cayennepfeffer, *C. frutescens*, bekannt. Von den 35 Arten der Gattung hat *C. annuum* (Bild) die größte Bedeutung, zu ihr gehören auch die Gemüsepaprikas.

Der scharfe Geschmack des Gewürzpaprikas wird durch Capsaicin hervorgerufen, das vor allem in den Samen und in den Leisten im Fruchtinneren lokalisiert ist. Es fehlt im Gemüsepaprika fast vollständig. Die Früchte enthalten außerdem hauptsächlich Capsanthin und andere Carotinoide, die für die Rotfärbung der Früchte verantwortlich sind. Als Gewürzpaprika wird überwiegend das gemahlene Fruchtfleisch vertrieben. Kleinfrüchtige Sorten werden meist als Ganzes getrocknet, großfrüchtige nach Auftrennung und Entfernung der Samen und Innenwände. In den tropischen Anbaugebieten werden oft frische Früchte, grün oder reif, als Gewürz genutzt.

Pfeffer
Piper nigrum

Familie: Pfeffergewächse, Piperaceae
Habitus: Mithilfe von Haftwurzeln bis 4 m hoch kletternd.
Blätter: Wechselständig, bis 9 cm lang, breit eiförmig oder herzförmig.
Blüten: Unscheinbar, grünlich, ohne Blütenhülle, Staubblätter zwei, in 15 cm langen, hängenden, meist bisexuellen Ähren.
Früchte: Etwa 5 mm dicke, zunächst grüne, zur Reife dunkelrote, beerenartige Steinfrüchte.
Verbreitung: Die ursprüngliche Heimat liegt vermutlich an der Küste von Malabar. Pfeffer wird heute in allen Tropenländern angebaut. Die wichtigsten Exportländer sind Indien, Indonesien, Brasilien und Malaysia.
Allgemeines: Die Gattung *Piper* umfasst mehr als 1 000 Arten. Als Gewürz ist gegenwärtig nur *P. nigrum* von Bedeutung, er liefert den schwarzen, weißen und grünen Pfeffer. (Der gelegentlich angebotene rote Pfeffer stammt vom Pfefferbaum *Schinus molle*, siehe Seite 109.) Die

Früchte enthalten das scharf schmeckende Piperin (5–10%) und Aromastoffe (Öl und Harze). Beim schwarzen Pfeffer handelt es sich um ganze, getrocknete, kurz vor der Vollreife geerntete Früchte. Für die Erzeugung von weißem Pfeffer wird bei vollreifen Früchten die äußere Fruchtwand durch eine Wasserröste teilweise zersetzt und anschließend abgerieben. Weißer Pfeffer ist durch den prozentual höheren Anteil an Piperin schärfer als schwarzer, enthält aber weniger Aromastoffe. Zur Gewinnung von grünem Pfeffer werden die ausgewachsenen, aber noch grünen Beeren geerntet und sofort in Salzlauge eingelegt, um ein Braunwerden zu verhindern.

Von Polynesien über die malaiischen Staaten bis Vorderindien ist der Betel-Pfeffer, *P. betle*, als Stimulans bekannt. Genutzt werden seine frischen Blätter, die ätherische Öle mit dem belebenden Eugenol enthalten, um daraus »Betelbissen« zu bereiten (rechtes Bild).

Echte Vanille
Vanilla planifolia

Familie: Orchideen, Orchidaceae
Habitus: Starkwüchsige Kletterpflanze mit langen, grünen, fleischigen, etwa 1 cm dicken Sprossen.
Blätter: Bis 15 cm lang, 5 cm breit, länglich, parallelnervig, dickfleischig.
Blüten: In dichten, achselständigen Trauben, hell gelblich grün, Lippe gelblich behaart, Kelch- und Kronblätter 5–6 cm lang, verkehrt lanzettlich.
Früchte: Schmale, linealische, 15–30 cm lange Kapselfrüchte, die als »Schoten« bezeichnet werden, im Innern der Schoten Zehntausende winziger Samen.
Verbreitung: Mittel- und Südamerika, Westindien. Die Hauptproduzenten sind heute Madagaskar, die Komoren und Réunion. Sie haben sich 1964 zur »Alliance de la Vanille« zusammengeschlossen und liefern 80% des Weltexportes. Das Handelsprodukt wird als Bourbon Vanille bezeichnet. Eine geringere Bedeutung als Produktionsländer haben Mexiko, Indonesien (Java) und Uganda.

Allgemeines: In Kultur wird Vanille an lebenden Bäumen oder Stangen gezogen. Außerhalb des ursprünglichen Verbreitungsgebietes bedarf es einer Bestäubung von Hand, weil die zur Bestäubung notwendigen Bienen und Kolibris fehlen.

Handelsvanille wird durch einen umständlichen Fermentationsprozess gewonnen. Die Früchte werden zunächst bei Temperaturen von etwa 70 °C durch eine Heißluft- oder Heißwasserbehandlung abgetötet. In einem wochenlangen Prozess hydrolysiert das Glucovanillin zu Glucose und freiem Vanillin. Durch Oxidation entsteht die braunschwarze Farbe der fermentierten Schoten, die 1,5–3% Vanillin enthalten.

Ihres überragenden Aromas wegen hat natürliche Vanille wieder an Bedeutung gewonnen. Synthetisches Vanillin, das aus Lignin hergestellt werden kann, besitzt bei weitem nicht das Aroma der natürlichen Vanille. Vanille ist seit Ende des 16. Jahrhunderts das wichtigste Gewürz der Schokoladenindustrie.

In der Likörindustrie wird Vanille unter anderem bei Eier-, Kakao- und Kaffeelikören verwendet. In der Parfümerie spielt Vanille bei künstlichen Ambradüften und zur Parfümierung von Gesichtspuder eine Rolle. In der Küche wird Vanille als Vanillezucker (von Vanillinzucker durch die zahlreichen schwarzen Pünktchen zu unterscheiden) oder in Form von Vanillestangen als »Königin der Gewürze« vielseitig verwendet.

Zum spezifischen Aroma der Vanille tragen neben Vanillin und Glucose rund 35 weitere Substanzen bei.

Neben der echten Vanille werden in kleinerem Umfang auch *Vanilla pompona*, die Westindische Vanille (Frucht als Vanillons im Handel) und *V. tahitiensis*, die Tahiti-Vanille, angebaut. Während die Tahiti-Vanille in den USA höhere Preise als echte Vanille erzielt, gilt die Westindische Vanille als minderwertig. Vanille ist die einzige der zahlreichen Orchideenarten, die der menschlichen Ernährung dient.

Ceylon-Zimt
Cinnamonum zeylanicum

Familie: Lorbeergewächse, Lauraceae
Habitus: Immergrüner, 10–12 m hoher Baum mit rötlicher, aromatischer Rinde.
Blätter: Gegenständig, 7–18 cm lang, eiförmig bis eiförmig-elliptisch, vorn spitz bis stumpf, auffallend 3-nervig, ledrig, glänzend dunkelgrün, im Austrieb rötlich.
Blüten: Unscheinbar, weißlich gelb, in Rispen.
Früchte: Bis 1,2 cm dicke, eiförmige, dunkelgrüne bis braunrote Beeren.
Verbreitung: Heimisch in Südwestindien und Sri Lanka, wird heute in vielen Tropenländern angebaut.
Allgemeines: Zimt wird als Gewürz von mehreren *Cinnamomum*-Arten gewonnen. Die Hauptproduktion stammt von *C. aromaticum*, dem Chinesischen Zimt, der auch unter dem Namen Cassia bekannt ist. Von größerer Bedeutung und in Europa wegen seines feineren Aromas beliebter ist der Ceylon-Zimt, der vor allem auf Sri Lanka, Madagaskar, den Seychellen sowie in Brasilien angebaut wird.

Zur Gewinnung von Zimt wird die Rinde von 1- bis 2-jährigen Stockausschlägen (bei *C. zeylanicum*, Syn. *C. verum*) oder von 6- bis 10-jährigen Bäumen, später die von gleichaltrigen Stockausschlägen (bei *C. aromaticum*) gewonnen. Bei *C. zeylanicum* wird die Außenseite der Rinde abgeschabt. Beim Trocknen rollt sie sich zu engen Röhren auf. Zur Gewinnung von Chinesischem Zimt, der vor allem in Südchina und Südost-Asien angebaut wird, schabt man die Außenschicht der Rinde meist nicht oder nur unvollständig ab, weshalb sich die Rindenstücke nicht so eng aufrollen wie beim Ceylon-Zimt. Das Aroma ist kräftiger, der Gehalt an ätherischen Ölen höher als beim Ceylon-Zimt. Das gilt auch für andere Zimtarten, etwa den Pandang- oder Burma-Zimt, *C. burmanii*, aus Indonesien und von den Philippinen, sowie den Saigon-Zimt, *C. louvreiri*, aus Indochina.

Unter Flores Cassiae (engl. Cassia Buds) versteht man die ebenfalls als Gewürz verwendeten getrockneten, unreifen Früchte von *C. aromaticum*.

Zimt wird in geschnittenen Stangen und als Zimtpulver gehandelt, er dient zum Würzen von Süßspeisen, Suppen, Heißgetränken und Backwaren. Er ist im Curry enthalten und neben Nelken die am häufigsten gebrauchte Gewürzdroge in der Likörindustrie.

Zimt gehört zu den ältesten Gewürzen der Menschen. Er soll schon im alten China zur Zeit des mythischen Kaisers Shen-nung (3. Jahrtausend v. Chr.) bekannt gewesen sein. Zimt gehörte zu den Pflanzen, die die ägyptische Pharaonin Hatschepsut durch eine große Expedition aus dem Land Punt bringen ließ.

Auch in der Bibel finden sich zahlreiche Hinweise auf Zimt und Cassie. Zimtöl, aus dem Chinesischen Zimt gewonnen, war ein kostbarer Duftstoff, einer der Bestandteile des heiligen Öles zur Salbung des »heiligen Zeltes« und des Hohen Priesters Aaron und seiner Söhne. Es war auch Bestandteil des Weihrauches, der im Tempel verbrannt wurde.

Kardamom
Elettaria cardamomum

Familie: Ingwergewächse, Zingiberaceae

Habitus: Bis 3 m hohe Staude mit eleganten Blattschäften und unterirdischem Wurzelstock.

Blätter: Bis 60 cm lang, 10 cm breit, linealischlanzettlich, zugespitzt, unterseits behaart.

Blüten: Bis 2 cm breit, weiß, Lippe lila oder violett, rosa gestreift, am Rand gelb, in 60 cm langen Ähren auf blattlosen Blütenschäften, die unmittelbar dem Rhizom entspringen.

Früchte: Gut 1 cm dicke, länglich eiförmige, 3-klappig aufspringende, dünnwandige Kapsel.

Verbreitung: Tropische Bergwälder von Südindien, Sri Lanka und Südost-Asien. Wird heute in tropischen Ländern weltweit angebaut. Wichtigstes Produktionsland ist Indien, dann folgen Guatemala, Thailand und Sri Lanka.

Allgemeines: Kardamom wird in der Regel als ganze, getrocknete Früchte gehandelt. Man belässt die Samen, die Träger des Gewürzstoffes, bis zur Verwendung in den Kapseln. Die Samen verströmen den typischen aromatischen Geruch, sie schmecken süßlich, kräftig würzig und brennend. Man verwendet sie als Küchen- und Kuchengewürz, vor allem in der Weihnachtsbäckerei (Pfefferkuchen), für Obstspeisen und Marinaden und als wesentlichen Bestandteil des Currypulvers. Größter Abnehmer sind die arabischen Länder, dort wird Kardamom dem Kaffee zugefügt, dessen Zubereitung nach einem zeremoniellen Ritual erfolgt und Symbol der arabischen Gastfreundschaft ist. Nach Safran (Narben von *Crocus sativus*) und Vanille ist Kardamom das teuerste Gewürz.

Zur Familie der Ingwergewürze gehört auch die Gelbwurzel oder Kurkuma, *Curcuma longa*, eine etwa 1 m hohe Staude mit großen, lanzettlichen Blättern, 20 cm langen Blütenständen, gelben Blüten und einem verzweigten, knollig verdickten Rhizom. Sie wird in den Tropen weltweit angebaut. Als Gewürz verwendet man die Rhizome, die bis zu 5 % ätherisches Öl, Bitterstoff, Harz und den lichtempfindlichen Farbstoff Curcumin enthalten. Die gelblichen Rhizome riechen angenehm aromatisch, sie schmecken leicht bitter und würzig brennend. Kurkuma ist in allen Curry-Rezepten enthalten, früher wurde die Gelbwurzel auch zum Färben verwendet.

Muskatnussbaum
Myristica fragrans

Familie: Muskatnussgewächse, Myristicaceae
Habitus: Immergrüner, zweihäusiger, bis 10 m hoher Baum mit dicht belaubter Krone.
Blätter: Wechselständig, einfach, aromatisch duftend, bis 12 cm lang, länglich, anfangs dicht silbrig schuppig.
Blüten: 1 cm lang, hellgelb, Blütenkrone fehlend, in achselständigen Büscheln.
Früchte: Bis 5 cm dick, 1-samig, Same (Muskatnuss) von einer dicken, zur Reife an Bauch- und Rückennaht aufspringenden äußeren Schale und einem dünnen, durchbrochenen, scharlachroten Nähr- und Speichergewebe (Muskatblüte) umgeben.
Verbreitung: Ursprünglich auf den Molukken und den Banda-Inseln verbreitet. Wird heute in tropischen Ländern weltweit angebaut, besonders in Südost-Asien und auf den Westindischen Inseln.
Allgemeines: Als Gewürz dienen die von den Schalen befreiten und getrockneten Samen, die man als Muskatnüsse bezeichnet, sowie das ge-

trocknete Nährgewebe, Mazis genannt. Das Fruchtfleisch wird lokal zu Konfitüren und Pickles verarbeitet.

Die Samen enthalten zwar 30 % Öl und 30 % Stärke, für die Verwendung spielt aber nur der Anteil an ätherischen Ölen (7–16 %) mit Myristicin als Hauptbestandteil eine Rolle. Myristicin ist eine nicht ungefährliche Substanz, sie kann rauscherzeugend und toxisch wirken. Schon der Verzehr einer halben »Nuss« kann für den Menschen tödlich sein.

Muskatnüsse werden als Ganzes oder in zerkleinerter Form vertrieben und in sehr geringen Mengen zum Würzen von Speisen (Backwaren, Fleischgerichte, Suppen), für Liköre sowie in der Parfümindustrie verwendet. Durch Destillation gewinnt man aus dem Samen Muskatnuss-Öl, aus den Samenmänteln Muskatnussblüten-Öl.

Gewürznelkenbaum
Syzygium aromaticum

Familie: Myrtengewächse, Myrtaceae
Habitus: Bis 20 m hoher, immergrüner Baum mit dichter, kegelförmiger Krone.
Blätter: 8–13 cm lang, eiförmig-lanzettlich, zum Stiel hin verschmälert, ledrig, dunkelgrün glänzend.
Blüten: Duftend, in endständigen, 3-gabeligen Trugdolden, Blütenboden rosa, nach dem Abfallen der zahlreichen Staubblätter tief rosarot.
Früchte: 2,5–3 cm lange, elliptische, purpurn gefärbte Beeren, früher als »Mutternelken« im Handel.
Verbreitung: Ursprünglich auf den Molukken heimisch. Heute werden Gewürznelken hauptsächlich in Indonesien, Tansania, Brasilien sowie auf Madagaskar angebaut.
Allgemeines: Die Gewürznelken (Gewürznägelein) des Handels sind die 12–18 mm langen, getrockneten, dunkel verfärbten, nagelförmigen und noch mit den Kelchdeckeln behafteten Blütenknospen des Baumes. Sie enthalten bis zu 21 % ätherisches Öl, das im Wesentlichen aus Eugenol besteht. Gewürznelken dienen nicht nur als Speisegewürz. In Indonesien, dem größten Produzenten und Verbraucher, werden jährlich 40 000 t zum Würzen der weit verbreiteten Kretek-Zigaretten verbraucht. Nelken-Öl wird hauptsächlich aus Abfällen, jungen Sprossen und Blättern destilliert.

Gewürznelken sind als Ganzdroge oder als dunkelbraunes Gewürznelkenpulver im Handel. Der Geruch ist aromatisch, der Geschmack durch den Gehalt an Eugenol brennend aromatisch. Gewürznelken sind ein wichtiges Gewürz für Backwaren (beispielsweise Lebkuchen), Süßspeisen, Fischmarinaden, Glühwein und Liköre. Die meisten Gewürz-, Kräuter- und Bitterliköre enthalten Nelkenmazerate und -destillate. Nelken-Öl dient in der Medizin als Magenmittel, Antiseptikum und Stimulans. In der Zahnheilkunde gilt es als unentbehrlich. Und auch in der Parfüm- und Kosmetikindustrie wird Nelken-Öl verarbeitet. Schließlich kann die Gewürznelke, zusammen mit anderen zerstampften Gewürzen, Bestandteil des Betelbissens sein.

Zu den Myrtengewächsen gehört ferner der Pimentbaum (auch als Nelkenpfeffer oder Jamaikapfeffer bezeichnet), *Pimenta dioica.* Es handelt sich um einen kleinen, immergrünen, vorwiegend in Mexiko, Mittelamerika und auf den Westindischen Inseln angebauten Baum. Als Gewürz benutzt man die vor der Reife geernteten und getrockneten, braunschwarzen Beeren. Die Früchte enthalten 3–5 % ätherisches Öl, fettes Öl, Harz und Gerbstoffe. Sie erinnern im Geruch an Gewürznelke, Muskat und Zimt, im Geschmack ebenfalls an Gewürznelke mit leichter Pfefferschärfe. Piment dient zum Würzen von Gebäck, Gemüse, Salaten, Fleischgerichten, Würsten und Marinaden. Piment-Öl wird bei der Herstellung von Likör, in der Kosmetik- und Seifenindustrie verwendet.

Ingwer
Zingiber officinale

Familie: Ingwergewächse, Zingiberaceae
Habitus: Bis 1,5 m Staude mit knolligem Rhizom.
Blätter: 2-zeilig stehend, sitzend, bis 15 cm lang, lanzettlich, zugespitzt.
Blüten: In dichten, 5 cm langen, ellipsoiden Ähren, endständig auf einem 15–20 cm langen Schaft, Tragblätter breit eiförmig hellgrün bis ockerfarben, Krone geblich grün, die Lippe länglich-eiförmig, tiefpurpunr, gelb gepunktet und gestrieft.
Früchte: Fleischige, dünnwandige, 3-klappige Kapseln mit kleinen schwarzen Samen.
Verbreitung: Mit 100 Arten ist die Gattung vom tropischen Asien bis Nord-Australien verbreitet. *Z. officinale* wird überall in den Tropen angebaut. Hauptproduzenten sind China und Indien.
Allgemeines: In den ostasiatischen Ländern wird Ingwer seit Jahrhunderten angebaut. Ingwer-Rhizome schmecken brennend scharf, sie enthalten das scharfe Gingeröl, ätherisches Öl

und Stärke. Ingwer kommt als Pulver oder in Form von frischen, getrockneten oder kandierten Rhizomstücken in den Handel, außerdem als Extrakt (Resinoid) und als ätherisches Öl. Beim weißen Ingwer handelt es sich um geschälte und getrocknete, teilweise auch gekalkte Rhizomstücke, während schwarzer Ingwer ungeschält vertrieben wird.

Ingwer dient überwiegend getrocknet und gemahlen zum Würzen und ist Bestandteil von Mischgewürzen (Curry). Zahlreiche Getränke werden mit Ingwer aromatisiert, vor allem Ginger Beer und Ginger Ale. Kandiert werden noch nicht voll ausgereifte und deshalb weniger scharf schmeckende Rhizome verwendet.

In asiatischen Ländern gewinnt man aus Ingwer ein Einreibemittel bei Rheumatismus sowie ein Mittel gegen Magen- und Zahnschmerzen.

Koriander
Coriandrum sativum

Familie: Doldenblütler, Apiaceae

Habitus: Einjährige, krautige, 40–80 cm hohe, aufrechte, in allen Teilen aromatische Pflanze mit rundlichem, gestreiften Stängel; sie bildet zunächst eine Rosette grundständiger, im Umriss rundlicher, 3-lappiger Blätter mit keilförmigen Segmenten, die unteren Blätter fallen bald ab.

Blätter: Die mittleren Blätter sind doppelt fiederteilig, die oberen in linealische Streifen zerschnitten.

Blüten: Zahlreich, weiß bis rötlich, bis zu zehn in endständigen, 2- bis 5-strahligen Dolden, die Randblüten deutlich vergrößert und 2-lappig.

Früchte: Kugelig, bestehend aus zwei halbrunden, gelblich braunen Teilfrüchten, einer so genannten Doppelachäne, die sich, anders als bei sonstigen Doldenblütlern, nicht trennen.

Verbreitung: Die ursprüngliche Heimat liegt im Vorderen Orient. Schon vor Jahrtausenden hat sich der Anbau von Koriander im Bereich der alten Kulturen in Asien und dem mediterranen Raum ausgedehnt. Haupterzeugerländer sind Indien, dort werden 50 % der Gesamtproduktion erzeugt, Pakistan, China, Japan, Südrussland sowie die Balkan- und Mittelmeerländer.

Allgemeines: Korianderfrüchte enthalten 0,2–1,2 % ätherisches Öl, 13–20 % fettes Öl, bis 17 % Eiweiß, Zucker, Gerbstoffe und Vitamin C. Verwendet werden sie als ganze Früchte und gemahlen, als Gewürz in Backwaren, Fleisch- und Fischgerichten, vorzugsweise in der orientalischen und südamerikanischen Küche. Koriander ist außerdem Bestandteil verschiedener Gewürzmischungen, zum Beispiel im Curry-Puder mit einem Anteil von 25–40 %. Das ätherische Öl wird in der Lebensmittelindustrie, in der Parfümerie und in der Medizin als Garminativum, Spasmolytikum und Rheumamittel verwendet. In der Getränke- und Süßwarenindustrie wird Koriander-Oleoresin verarbeitet.

Pflanzen mit technischem Nutzen

Im letzten Kapitel sollen einige technisch nützliche Pflanzen behandelt werden. Mit diversen Fertigprodukten, die aus Teilen tropischer Pflanzenarten hergestellt werden, haben wir fast alle täglich zu tun, etwa mit Baumwolle oder Kautschuk. Produkte anderer Arten wie Sisal, Jute und Kapok hatten einst eine weit größere Bedeutung als heute. Tropenreisende treffen aber auch jetzt noch in verschiedenen Teilen der Welt gelegentlich auf feld- oder plantagenmäßigen Anbau dieser Arten. Den Kapokbaum sieht man in Ost-Asien, etwa auf Java, oft im Streuanbau als Begrenzung von Reis- und Gemüsefeldern. Junge Bäume fallen durch ihren eigenwilligen, streng etagenförmigen Aufbau, alte Bäume durch ihre großen Dimensionen auf.

Zu den technisch nützlichen Pflanzen gehören auch die Tungölbäume und der Orleansbaum, eine wichtige tropische Färbepflanze. China-rindenbäume, Niembäume und Zauwolfia sind dagegen eher als Heilpflanzen einzustufen.

Von den zahlreichen tropischen Baumarten, die als Nutzholzlieferanten eine überregionale Bedeutung haben, wird hier nur der Teakbaum, Djati und der Mahagonibaum, behandelt. Bei Überlandfahrten in Ost-Asien kommt man nicht selten an Djati-Forsten vorbei. Die Bäume fallen vor allem durch ihre großen Blätter auf. Viele Baumarten, die auch Nutzholz liefern, sind schon in den Kapiteln »Palmen« und »Bäume der Tropen« behandelt worden.

Dendrocalamus asper (siehe Seite 357).

Riesenbambus
Dendrocalamus giganteus

Familie: Gräser, Poaceae
Habitus: 25–30 m hoher Bambus. Die verholzenden, bis 25 cm dicken Halme erreichen innerhalb einer Vegetationsperiode ihre volle Länge, an günstigen Tagen kann ein Zuwachs von etwa 50 cm erreicht werden.
Blätter: 30–55 cm lang, lanzettlich, am Grunde abgerundet, mit rauem Rand.
Blüten und Früchte: In rispenförmigen Blüten- bzw. Fruchtständen, in der Regel aber nicht zu sehen, da alle Bambusarten nur in sehr großen und unregelmäßigen Zeitabständen blühen.
Verbreitung: Neuguinea, Myanmar, Thailand, Indien, China: Sichuan. In vielen tropischen Ländern häufig kultiviert.
Allgemeines: *D. giganteus* ist eine von etwa 30 Arten der Gattung, die in Ost-Asien heimisch sind; sie gilt als größte aller Bambusarten.
Viele der rund 1 000 Bambusarten, die vorwiegend in Südost-Asien vorkommen, haben für die Menschen fundamentale Bedeutung. Bambus liefert Material für den Bau von Häusern und Baugerüsten, Wasserleitungen und Zäunen, Brücken, Booten und Flößen sowie für zahlreiche Gegenstände des täglichen Lebens wie Möbel, Vorhänge, Eimer, Ess- und Trinkgefäße, sowie Rohstoff für die Herstellung von Papier. Aus Bambusgewebe werden Körbe, Matten und Kopfbedeckungen geflochten. Aus Bambus werden Musikinstrumente, Maultrommeln, Flöten und xylophonähnliche Instrumente hergestellt. Bambus liefert Material für den Bau von Jagd- und Kriegsgeräten wie Blasrohr, Pfeil und Bogen, Fallen und Fischreusen.
Nicht zuletzt ergeben die jungen Schösslinge einiger Arten ein schmackhaftes, kalorienarmes Gemüse; sie werden geerntet wie bei uns der Spargel. Zu den Gemüse liefernden Arten gehört auch *D. asper* (Bild Seite 356).

Brasilianischer Kautschukbaum
Hevea brasiliensis

Familie: Wolfsmilchgewächse, Euphorbiaceae
Habitus: 20–30 m hoher, Laub abwerfender Baum mit glatter, hellgrauer Rinde.
Blätter: 3-zählig, spiralig angeordnet, lang gestielt, Blättchen 30–60 cm lang, bis 30 cm lang gestielt, elliptisch, dick-ledrig.
Blüten: Getrennt geschlechtlich, unscheinbar, weißlich gelb, duftend, in großen, endständigen, lockeren Rispen. Die Bestäubung erfolgt durch den Wind.
Früchte: 3-klappige Kapseln, die drei 2–2,5 cm lange Samen enthalten. Der Ölgehalt der Samen beträgt 40–50 %; das Öl wird beispielsweise in Sri Lanka für technische Zwecke genutzt.
Verbreitung: Heimisch in den Regenwaldgebieten am Amazonas und an seinen südlichen Nebenflüssen. Heute wird der Kautschukbaum vor allem in Südost-Asien zur Gewinnung von Kautschuk angebaut.
Allgemeines: Von allen Pflanzen der Tropen, die in ihren Zellen Milchsaft führen (über 1000 Arten aus 80 Gattungen), aus dem Kaut-

schuk gewonnen werden kann, hat allein der Brasilianische Kautschukbaum eine weltweite Bedeutung erlangt.

Die erste Nachricht über Kautschuk stammt aus dem Jahr 1521: Der Spanier Pedro Martir de Anghiera hatte auf Haiti beobachtet, dass Indios Spielbälle aus Gummi benutzten; das Gummi hatten sie aus dem Sekret des Ule-Baumes gewonnen.

Erste wissenschaftliche Darstellungen vom Kautschukbaum *(H. pauciflora)* lieferten Humboldt und Bonpland nach ihrer Amerikareise in den Jahren 1799 und 1800. Viele Jahrzehnte blieb die Kautschukgewinnung ein Privileg der südamerikanischen Länder Brasilien, Peru, Venezuela und Kolumbien. Erst 1877 gelang es, Samen nach England zu bringen. Die daraus gezogenen Jungpflanzen wurden nach Singapur verschifft. Sie waren das Ausgangsmaterial für die Begründung der Kautschukkulturen in Indonesien.

Beim Kautschukbaum wird der Milchsaft aus Schnitten gewonnen, die nur so tief in den Stamm eindringen dürfen, dass die Kambiumschicht zwischen Holz und Rinde nicht verletzt wird. Der größte Teil des Latex wird am Anbauort durch Zusatz von Essig- oder Ameisensäure koaguliert, ausgewalzt, zu Ballen gepresst und in dieser Form exportiert.

Die Hauptanbaugebiete für Kautschuk liegen in Südost-Asien, in Malaysia, Indonesien, Thailand und Sri Lanka; dort werden 94 % der Weltproduktion (3,8 Mio. t) erzeugt. Der Rest verteilt sich auf West-Afrika und Südamerika.

Kein natürlicher Rohstoff hat eine so wechselhafte Geschichte wie der Kautschuk. Sein Anbau erlebte märchenhafte Blüten, aber auch existenzvernichtende Katastrophen. In der Zukunft bestehen günstige Voraussetzungen für eine Erweiterung des Absatzmarktes, da Naturkautschuk bevorzugt wieder für Fahrzeugbereifungen eingesetzt wird.

Baumwolle
Gossypium-Arten

Familie: Malvengewächse, Malvaceae
Habitus: Ein- oder mehrjährige Kräuter, Halbsträucher, Sträucher oder kleine Bäume, in Kultur meist 1-jährig gezogen.
Blätter: Gestielt, eiförmig, mehr oder weniger stark gelappt.
Blüten: Einzeln, endständig an Seitenzweigen, groß und ansehnlich, Kronblätter in der Knospenlage gedreht, Blütenkrone von drei tief eingeschnittenen Hochblättern (Außenkelch) eingefasst.
Früchte: Zur Reife trockene Kapsel, die in der Mitte eines jeden Fruchtblattes aufspringt. Die Samenhaare lockern sich beim Öffnen zu einem dicken Flausch auf. Dieser dient der Verbreitung der erbsengroßen Samen. Die Haare können eine Länge von bis zu 4 cm erreichen, sie bestehen aus nahezu reiner Zellulose und aus einer einzigen, extrem dünnen Zelle, die bis zu 5000-mal länger als breit ist.
Verbreitung: Von den zahlreichen Baumwollarten, die vor allem in semiariden Gebieten aller Kontinente verbreitet sind, werden heute überwiegend *G. hirsutum* (Bild) und *G. barbadense* kultiviert; sie haben einen Anteil von 80% bzw. 15% an der Weltproduktion.
Allgemeines: *G. herbaceum* aus dem südlichen Afrika gilt als Ausgangsart aller kultivierten Baumwollarten. Sie kam schon in vorgeschichtlicher Zeit nach Asien, und dort entstand aus ihr die Art *G. arboreum*. Wissenschaftler streiten noch, ob *G. herbaceum* über den Atlantik nach Südamerika kam oder eine der beiden asiatischen Arten *G. herbaceum* oder *G. arboreum* über den Pazifik nach Peru gelangte. Durch Hybridisierung mit einheimischen Arten entstanden dort neue Arten.

Baumwolle gehört zu den ältesten Kulturpflanzen des Menschen. Sie ist heute die weitaus wichtigste Faserpflanze und hält trotz der Zunahme synthetischer Fasern in der Textilindustrie einen Anteil von 60% am Weltmarkt.

Entscheidend für den heutigen Stellenwert der Baumwolle war die Erfindung der Entkörnungsmaschine durch den Amerikaner Whitney im Jahre 1794 und die Entwicklung moderner Insektizide, die den plantagenmäßigen Anbau der hoch empfindlichen Baumwollpflanze erst ermöglichten.

Ein Großteil der Weltproduktion wird auch gegenwärtig noch von Hand gepflückt. Durch dieses aufwändige Verfahren erzielt man die höchsten Flächenerträge und die beste Qualität.

Die größten Produzenten von Baumwollfasern sind die USA, China, die ehemalige UdSSR und Indien. Die USA und die ehemalige UdSSR sind die größten Exporteure unverarbeiteter Baumwolle, es folgen Pakistan, die Türkei, Mexiko und Ägypten. Für einige Entwicklungsländer ist Baumwolle der wichtigste Exportartikel; er macht in Ägypten, dem Sudan und Tschad wertmäßig mehr als die Hälfte des Gesamtexportes aus. Baumwolle stellt auch in Syrien, der Zentralafrikanischen Republik, Pakistan, Iran, der Türkei und einigen anderen Ländern einen der größten Ausfuhrposten dar.

Kapokbaum
Ceiba pentandra

Familie: Wollbaumgewächse, Bombacaceae
Habitus: Mächtiger, bis 60 m hoher Baum mit glattem Stamm, Krone anfangs mit sehr regelmäßig in Etagen angeordneten Ästen, Stamm bis 3 m dick, mehr oder weniger dicht mit Stacheln bedeckt, im Alter oft mit ausgeprägten, meterhohen Brettwurzeln. Äste rechtwinklig vom Stamm abgehend, sie bilden eine riesige, schirmförmige Krone.
Blätter: Handförmig gelappt, Blättchen 5–8, bis 20 cm lang, länglich lanzettlich, Austrieb oft rot gefärbt.
Blüten: Kelch schalenförmig, 4- bis 5-lappig, Kronblätter bis 3 cm lang, länglich vekehrt eiförmig, wollig behaart, gelb, rosa oder weiß, sich vor der Laubentfaltung öffnend, Bestäubung durch Fledermäuse.
Früchte: 10–30 cm lange, elliptische, ledrige Kapseln mit zahlreichen kleinen, schwarzen Samen. Die 2–4 cm langen, 1-zelligen Samenhaare sind wegen ihrer dünnen Wand und ihres großen Lumens nicht verspinnbar. Sie entspringen nicht der Samenschale, sondern sind Bildungen der Fruchtinnenwand-Epidermis.

Verbreitung: Die ursprüngliche Heimat des Kapokbaumes sind immer- und regengrüne Feuchtwälder, aber auch die Trocken- und Galeriewälder (Wälder in den Talauen der tropischen Steppen- und Savannengebiete) Süd- und Mittelamerikas. Zur Gewinnung von Kapok wird der Baum außer in seiner Heimat in der Neuen Welt, in Südost-Asien und Afrika angebaut. Er wird auch als Schattenbaum in Pfefferkulturen verwendet.

Mit vier Arten ist die Gattung im tropischen Amerika und Afrika verbreitet.

Allgemeines: Die zu 65 % aus Zellulose und Hemizellulose bestehenden Kapokfasern sind glatt, Wasser abweisend und von hoher Elastizität. Sie besitzen im Wasser eine Tragfähigkeit, die das 30fache des Eigengewichtes ausmacht (Kork nur das 3fache). Deshalb eignen sich Kapokfasern besonders gut als Isolier- und Stopfmaterial sowie zur Herstellung von Schwimmwesten und Rettungsringen. Früher wurden die Fasern vor allem zur Herstellung von Matratzen verwendet, lokal sind sie dafür immer noch von Bedeutung. Zur Gewinnung von Kapok werden zum Beispiel auf Java Reinkulturen angelegt, die schon im dritten Jahr 130–150 kg/ha und später 2 000–4 000 kg/ha liefern. Die Samen enthalten bis zu 25 % Öl, das unter anderem als Lampenöl und zur Herstellung von Seife verwendet wird. In Indonesien werden junge Früchte, Samen und Keimlinge gegessen. Für die Indianerkulturen Mittelamerikas hatte der Baum große mythologische Bedeutung. Heute trägt ihn Nicaragua in seinem Staatswappen.

Sisal-Agave
Agave sisalana

Familie: Agavengewächse, Agavaceae
Habitus: Ausdauernde, ornamentale Pflanze mit kurzem Stamm, mächtiger Blattrosette und langem Blütenschaft, nach einer einmaligen Blüte absterbend.
Blätter: Sukkulent, starr, schwertförmig, etwa 120 cm lang, oft über 100 Blätter dicht und quirlartig um einen kurzen Stamm gruppiert.
Blüten: Blüten bis 6,5 cm breit, gelblich grün, mit unangenehmem Geruch, Blütenschaft bis 6 m lang, mit Tausenden von Blüten besetzt.
Früchte: Werden nur selten ausgebildet. In den Achseln der Blüten-Tragblätter bilden sich Brutknospen (Bulbillen), die für eine Vermehrung der Pflanzen sorgen.
Verbreitung: Heimisch in Mexiko. Die Halbinsel Yukatan ist das Ursprungsland des Sisalanbaus. Heute pflanzt man Sisal in kleinerem Umfang in vielen tropischen und subtropischen Ländern.
Allgemeines: Von den etwa 300 *Agave*-Arten hat als Faserpflanze nur *A. sisalana* weltweite

Bedeutung. Verarbeitet werden die Sklerenchym- und Leitbündelfasern der Blätter. Sie sind hart und lassen sich nur zu groben Fäden verspinnen, aus denen Bindegarn, Stricke, Taue, grobe Säcke, Bürsten und Pinsel gefertigt werden.
In Mexiko werden andere *Agave*-Arten, vor allem *A. atrovirens*, zur Gewinnung des alkoholhaltigen mexikanischen Nationalgetränks Pulque angebaut. Dazu entfernt man die noch jungen Blütenschäfte; aus den Wunden fließt ein süßsäuerlicher Saft, der 9–12 % Rohrzucker enthält und vergoren wird. Von einer Pflanze können bis zu 100 l Saft, bei Tagesmengen von 4–5 l, gewonnen werden. Auch der Saft anderer Agaven, beispielsweise von *A. salmiana* und *A. lehmannii*, wird zu Wein (Tlachique) vergoren. In Höhenlagen unter 1 700 m wird aus den so genannten Schnaps-Agaven, zum Beispiel *A. tequilana*, Mezcal oder Tequila bereitet, das sind Branntweine mit hohem Alkoholgehalt.

Orleansbaum, Anatto
Bixa orellana

Familie: Annatogewächse, Bixaceae
Habitus: Bis 8 m hoher Baum oder Strauch, unge Zweige rostig behaart, ältere kahl.
Blätter: Wechselständig, lang gestielt, bis 20 cm lang, breit eiförmig, lang zugespitzt, ganzrandig.
Blüten: Zwittrig, rosa oder weiß, purpurn getönt, zu fünf in endständigen Rispen, die fünf Kronblätter bis 2,5 cm lang, verkehrt eiförmig, abstehend.
Früchte: Eiförmig abgeflachte, 2-klappige, 2–3 cm lange, zur Reife rotbraune Kapseln, Schalen innen sehr hart, außen fleischig und von zahlreichen roten Papillen bedeckt.
Verbreitung: Mexiko, Mittelamerika, tropisches Südamerika, Westindien. In anderen tropischen Ländern als Zier- und Nutzbaum schon lange kultiviert und stellenweise eingebürgert.
Allgemeines: Zur Familie Bixaceae zählt nur die monotypische Gattung *Bixa*. Die Früchte enthalten in den Papillen ihrer Samenschalen die roten Farbstoffe Bixin und Norbixin. Bixin ist fett-, das Alkalisalz des Norbixins wasserlöslich. Daraus ergeben sich vielseitige Anwendungsmöglichkeiten in der Lebensmittel- und Parfümindustrie. Der Farbstoff wird vor allem zum Färben von Butter, Käse, Schokolade und Suppen verwendet. Wolle und Seide verleiht er eine orange Färbung. Die Indianer Südamerikas benutzten ihn zum Färben von Haut und Haar.

Für eine Reihe von Entwicklungsländern (Indien, die ostafrikanischen Staaten, Peru, Panama, Ekuador, Jamaika) ist der Farbstoff inzwischen ein wichtiger Exportartikel geworden.

Die Samenschalen werden außerdem als Wurmmittel benutzt, ein Extrakt aus der unreifen Samenschale dient als Ersatz für Senfpflaster. Blätter und Wurzeln gelten in Südamerika und Asien als Heilmittel gegen Kopfschmerzen. In Mexiko und Paraguay werden aus dem Orleansbaum gewonnene Drogen zur Behandlung von Krebswunden eingesetzt.

Ramie, Chinesische Nessel
Boehmeria nivea

Familie: Brennnesselgewächse, Urticaceae
Habitus: Bis 2 m hohe, gelegentlich verholzende, ausdauernde, einhäusige Pflanze, Sprosse dicht seidig bis steif behaart.
Blätter: Wechselständig, lang gestielt, etwa 15 cm lang, eiförmig, lang zugespitzt, scharf gesägt, unterseits dicht weiß-filzig behaart.
Blüten: Unscheinbar, grün, in dichten, achselständigen Rispen.
Früchte: Schließfrüchte 1 mm dick, mit krustiger Schale.
Verbreitung: China, Malaiischer Archipel, Indochina, Japan. In China schon seit Jahrhunderten in Kultur. Seit Beginn des vorigen Jahrhunderts wird Ramie in Europa, Nord-Afrika und Nordamerika, später auch in Brasilien und auf den Philippinen kultiviert. Der Anbau ist lokal von großer Bedeutung. Vom Weltmarkt wurde die Faser inzwischen durch Kunstfasern verdrängt.
Allgemeines: Wie bei Jute (siehe Seite 365) ist auch hier die Gewinnung der Rohfaser sehr aufwändig. Nach der Ernte, die 4- bis 6-mal jährlich erfolgen kann, werden die entblätterten und getrockneten Stängel nach kurzem Einweichen in Wasser manuell oder maschinell geschält. Die nutzbaren Fasern sind als Festigungsgewebe in der Rinde enthalten. Sie sind von einem pektinartigen Gummibelag umgeben, der durch die Einwirkung einer wässrigen Lauge gelöst wird. Die gebleichten Rohfasern kennt man unter dem Namen Chinagras.
Die Einzelfasern sind bis zu 26 cm lang, stark und fein. Das aus ihnen hergestellte Gespinst ist 8-mal stärker als Baumwollgewebe. Die gegen Wasser widerstandsfähige, stark hygroskopische Ramiefaser wird bevorzugt zu Tischtüchern, Servietten, Bettwäsche, Gardinen, Kleidung und verschiedenen Spezialgeweben verarbeitet.

Jute
Corchorus-Arten

Familie: Lindengewächse, Tiliaceae
Habitus: Bis 3,6 m hohe, einjährige oder halb-strauchige, sparsam verzweigte Pflanzen mit schlanken, etwas mehr als fingerdicken Stängeln.
Blätter: Wechselständig, einfach, lanzettlich, kurz gestielt, oft an der Basis mit zwei langen Zähnen. Blätter bei *C. capsularis*, der Rundkapsel-Jute (Bild), 5–15 cm lang, meist bitter. Bei *C. olitorus*, der Langkapsel-Jute, bis 20 cm lang, glänzend, nicht bitter und deshalb essbar.
Blüten: Gelblich weiß, 5-zählig, unscheinbar, einzeln oder paarweise an den Stängelknoten.
Früchte: Kapseln. Bei *C. capsularis* braun, rund, 1,5 cm im Durchmesser. Bei *C. olitorius* 5–10 cm lang, 3–8 mm breit, grau bis schwarz oder grünlich.
Verbreitung: Von *C. capsularis* sind Wildvorkommen nicht bekannt. Als Faserpflanze ist die Art im Raum Ostindien – Myanmar entstanden, sie liefert in Indien und Bangladesch 75% der Jute.

C. olitorius ist als niedrig bleibendes Unkraut in den Tropen der Alten Welt verbreitet. In Afrika, dem Vorderen Orient und Indien liefert die Art seit alters ein beliebtes Gemüse. Die hoch-wüchsigen, faserreichen Formen sind in Ost-Asien entwickelt worden. In Indien und Bangladesch werden etwa 100 Sorten unterschieden, die sich sowohl in ihren morphologischen Merkmalen als auch in ihren Standortansprüchen und der Faserqualität unterscheiden.
Allgemeines: Bei Jute gestaltet sich die Faser-gewinnung als sehr arbeitsaufwändig. Die Pflanzen schneidet man nach einer Kulturzeit von rund 100 Tagen (oft noch mit der Sichel) und unterzieht die Stängel dann acht bis zehn Tage lang einer Wasserröste bei Wassertem-peraturen von 25 °C. Anschließend werden die Fasern von Hand gelöst, gewaschen und in der Sonne getrocknet. Der Fasergehalt liegt durch-schnittlich bei 5,5%, bezogen auf das Frischge-wicht der Stängel.

Kenaf
Hibiscus cannabinus

Familie: Malvengewächse, Malvaceae
Habitus: Einjährige oder kurzlebige, bis 3,5 m hohe Pflanze mit rauhaarigem Stängel.
Blätter: Die oberen schwach gelappt oder ungelappt und lanzettlich, die unteren 3- bis 7-lappig, Lappen lanzettlich bis linealisch.
Blüten: Kronblätter 4–8 cm lang, hellgelb bis hellpurpurn, an der Basis purpurrot gefleckt, Kelch wollig behaart und mit pfriemförmigen, zur Samenreife trockenen Zipfeln.
Früchte: 5-fächrige Kapseln mit 20–25 3-kantigen, graubraunen Samen.
Verbreitung: Ursprüngliche Heimat unbekannt. Wird als Faserpflanze in Afrika, Mittel- und Südamerika sowie in Asien angebaut.
Allgemeines: Von den zahlreichen *Hibiscus*-Arten sind zwei als Faserlieferanten von Bedeutung: Kenaf und Roselle, *H. sabdariffa* var. *altissima*. Beide Arten sind nur schwer zu unterscheiden und ihre Fasern nahezu identisch, weshalb für beide oft Kenaf als Sammelname gebraucht wird. Roselle, vor allem in Süd-

ost-Asien angebaut, unterscheidet sich von Kenaf unter anderem durch weichhaarige Stängel, fingerförmig gelappte Blätter mit schmalen Zipfeln, breite, grün bleibende Kelchzipfel und den mit dem Kelch verwachsenen Außenkelch. Bei *H. sabdariffa* wird der Kelch zur Samenreife fleischig, er ist dann leuchtend rot gefärbt, besitzt eine angenehme Säure und wird zur Herstellung von Limonaden und Süßspeisen verwendet.

Kenaf und Roselle liefern juteähnliche Rindenfasern, die sich vor allem zu groben Säcken verarbeiten lassen. Die nach der Fasergewinnung anfallenden Rückstände, aber auch ganze Pflanzen werden zur Herstellung von Papier benutzt. Die jungen Blätter der Pflanzen sind in vielen Ländern ein wertvolles Gemüse. Seit 15 Jahren nehmen Kenaf und Roselle bei den Faserpflanzen die dritte Stelle ein.

Zur raschen Ausbreitung des Anbaues haben unter anderem die Bestrebungen vieler Entwicklungsländer, vom Juteimport aus Asien unabhängig zu werden, beigetragen.

Wunderbaum
Ricinus communis

Familie: Wolfsmilchgewächse, Euphorbiaceae
Habitus: Bis 12 m hoher, in Kultur meist nur bis 4 m hoher Strauch, bei uns meist 1-jährig kultiviert.
Blätter: Sehr ornamental, 50–70 cm lang, fächerförmig eingeschnitten und lang gestielt, hellgrün bis dunkelviolett, Blattstiele mit mehreren Nektardrüsen.
Blüten: In großen, bis 50 cm langen, endständigen Rispen, in der Regel im oberen Teil des Blütenstandes weibliche, im unteren Teil männliche Blüten, Blütenkrone fehlend, Staubblätter verästelt und zerschlitzt, am Ende mit zahlreichen kleinen Antheren, Griffel mit 3-teiliger, rötlicher Narbe.
Früchte: 3-fächrige, stachelige Kapseln, die bei Wildformen aufspringen, bei Zuchtsorten jedoch geschlossen bleiben.
Verbreitung: Ursprünglich vermutlich im tropischen Sommerregengebiet Afrikas heimisch. Heute in allen warmen Ländern verwildert und angebaut.

Allgemeines: Zur Gewinnung von Öl werden die Samen geschält, gewalzt und ausgepresst oder extrahiert; sie enthalten 42–56% Öl. Rizinus-Öl ist durch seinen hohen Anteil an der chemisch sehr reaktiven Ricinolsäure besonders wertvoll.

Das Öl wird zur Herstellung von Synthesefasern und Kunstharzen, für schnell trocknende Anstrichmittel und für pharmazeutisch-kosmetische Zwecke (Herstellung von Lippenstiften, anderen kosmetischen Artikeln und Druckfarben) benutzt. Es behält seine Viskosität bei hohen und tiefen Temperaturen und ist deshalb ein wertvolles Schmiermittel, unter anderem für Flugzeugmotoren. Da es Kautschuk nicht angreift, wird es in hydraulischen Systemen sowie als Bremsflüssigkeit eingesetzt. Als Abführmittel hat Rizinus seine Bedeutung verloren. Die Verwendung von Rizinus-Öl hat eine sehr lange Tradition, die Ägypter kannten es schon 4000 v. Chr.

Tungbäume, Holzölbäume
Aleurites-Arten

Familie: Wolfsmilchgewächse, Euphorbiaceae
Habitus: Kleine, 6–7 m hohe, immergrüne,
einhäusige, Laub abwerfende Bäume.
Blätter: Wechselständig, lang gestielt, ungeteilt, Rand 3- bis 7lappig, Basis herzförmig,
Blattstiel mit Honigdrüsen.
Blüten: Weiß, oft rosa überhaucht, Kelchblätter 2–5, Kronblätter 5, endständig in Blütenständen, entweder vor der Laubentfaltung an
den vorjährigen Trieben *(A. fordii)* oder an den
jungen, diesjährigen Trieben *(A. montana)*,
männliche und weibliche Blüten am gleichen
Blütenstand.
Früchte: Fleischige, 2- bis 5-fächrige, kugelige,
glatte oder runzelige Steinfrüchte, Fruchtfleisch mehr oder weniger faserig, Fruchtfächer hartwandig.
Verbreitung: Sechs Arten in Ost-Asien.
Allgemeines: Tung-Öl (Lumbang-Öl) wird aus
den Samen von drei *Aleurites*-Arten gewonnen:
A. cordata aus China und Japan, *A. fordii* aus
West- und Zentralchina und *A. moluccana*,

Lichtnussbaum (Bild), Malaiischer Archipel.
Das Öl wird ausschließlich für technische Zwecke genutzt. Man schätzt es sehr für schnell
trocknende, harte und wetterbeständige Holz-
anstriche, besonders für Fußböden und Boote.
Aus Hawaii wird berichtet, dass die alten Ha-
waiianer Blüten, Nüsse und Rinde von *A. moluccana* gegen allgemeine Erschöpfungszu-
stände, Asthma, Schmerzen, Geschwüre, geschwollenen Unterleib und Verstopfung an-
wandten. Blüten und polierte Nüsse wurden
auch in Blütenkränze eingeflochten, während
sich aus der Rinde und dem herben Saft der
Früchte ein Färbemittel für Trommeln und Ka-
nuanstriche herstellen ließ. Geröstet, zu Brei
zerquetscht und mit Salz vermischt, ergaben
die Nüsse eine Speisewürze (Inanoma). 1959
wurde *A. moluccana* zum Staatsbaum Hawaiis
erklärt.

Teakholzbaum, Djati
Tectona grandis

Familie: Eisenkrautgewächse, Verbenaceae
Habitus: Bis 50 m hoher, Laub abwerfender Baum, mit hohem, zylindrischem Stamm, grauer, tief längsrissiger Borke und stark Schatten spendender Krone.
Blätter: Bis 70 cm lang und 35 cm breit, derbledrig, elliptisch bis breit elliptisch, an der Basis kurz oder allmälich verjüngt, gegenständig oder bis zu dritt quirlig, oberseits kahl, unterseits warzig und dicht behaart.
Blüten: Bis 6 mm breit, hellgrün, 5-zählig, in aufrechten, etwa 30 cm langen und am Grunde fast ebenso breiten, endständigen, reichblütigen, lockeren Rispen.
Früchte: Kugelige, 1 cm große, bräunliche Steinfrüchte mit vier Fruchtklappen und ein bis drei Samen.
Verbreitung: Monsungebiete des indischen Subkontinents, vor allem in Indien, Myanmar, Thailand, Laos, Kambodscha, Vietnam und auf Java. Wird häufig in ausgedehnten Forsten kultiviert.

Allgemeines: Teak (engl. Indian Oak) ist der wichtigste Nutzholzbaum der ostasiatischen Monsungebiete. Das Holz des raschwüchsigen Baumes ist kieselsäure- und ölhaltig, hellbraun, besitzt einen dunkleren Kern und riecht in frischem Zustand durchdringend. Teakholz ist in jeder Beziehung von besonders hoher Qualität. Es ist termitenfest und resistent gegenüber Insekten- und Pilzbefall. Es gilt als eines der besten Schiffshölzer und wird in der Möbelindustrie ebenso geschätzt wie für Decken- und Wandverkleidungen.
In seinem Verbreitungsgebiet wird Teak als Holzkohle- und Brennholz sowie zur Herstellung von Hausgeräten bevorzugt. Der purpurrote Saft der Blätter eignet sich zum Färben von Stoffen. Blüten, Blätter und Rinde werden sogar für medizinische Zwecke verwendet. Schließlich nutzt man die großen Blätter in Thailand zum Dachdecken. Der Baum ist in der Jugend außerordentlich raschwüchsig.

Mahagonibaum
Swietenia macrophylla

Familie: Zedrachgewächse, Meliaceae
Habitus: Immergrüner, mächtiger, 40–50 m hoher Baum mit reich verzweigter Krone, Stamm im Alter graubraun und rissig, an der Basis oft mit auffälligen Brettwurzeln.
Blätter: Wechselständig, 25–45 cm lang, paarig gefiedert, die vier bis acht Paar Fiederblättchen gegenständig, länglich eiförmig, lang zugespitzt, glänzend grün.
Blüten: Unscheinbar, cremegelb, in 15–25 langen, achselständigen Rispen. Die Blüten sind die Nationalblume der Dominikanischen Republik.
Früchte: 12–16 cm lange, verholzende Kapseln, die fünf Fruchtkammern jeweils mit zwei Reihen geflügelter Samen.
Verbreitung: Heimisch in den tropischen Regenwäldern von Yucatan in Mexiko über Mittelamerika, Kolumbien, Peru, Venezuela und Brasilien. An den natürlichen Standorten selten geworden oder ausgerottet. Heute im gesamten tropischen Raum forstlich angebaut.

Allgemeines: Als Mahagoni wird das Holz von 100 Baumarten gehandelt, die verschiedenen Familien und Gattungen angehören und aus Afrika, Australien und Südost-Asien stammen. Sie leiten ihren Namen von der mehr oder weniger ähnlichen Farbe des Holzes ab, sind aber in Bezug auf Maserung, Struktur und Festigkeit sehr verschieden.
Als echtes Mahagoni gilt nur das Holz der Gattung *Swietenia*, neben *S. macrophylla* vor allem auch *S. mahagoni*, heimisch auf den Antillen und im südlichen Florida und *S. humilis*, heimisch in Mexiko und Costa Rica.
Das Farbspektrum des Holzes reicht von rötlich zu gelblich braun und dunkelrotbraun, wobei der natürliche Glanz dem Holz seine besondere Qualität verleiht. Begehrt sind vor allem die schön gemaserten Hölzer. Die große Festigkeit und Beständigkeit des Holzes sind die Ursache dafür, daß die Stämme heute vorrangig als Furnierholz verwendet werden.
In den Herkunftsländern wurde Mahagoni vorwiegend für den Kanu- und Schiffsbau sowie für alle Außen- und Innenbauten verwendet.

369

der Rinde isolierten Alkaloiden sind Chinin, Chichonin, Chinidin und Chinchonidin die wichtigsten. In niedrigen Dosierungen wird Chinin seiner fiebersenkenden und schmerzstillenden Eigenschaften wegen auch heute noch in Grippemitteln verwendet. Wegen seines Geschmacks wird Chinin Likören und Limonaden (Tonic Water) zugesetzt. Chinidin ist ein wichtiges Mittel zur Behandlung von Herzrhythmusstörungen.

Die botanische Zuordnung der angebauten *Cinchona*-Arten gilt als schwierig, weil gegenwärtig meist vegetativ vermehrte Hybriden oder Selektionen angebaut werden. Wichtigste Art ist *C. calisaya* mit bis 3% Chinidin und bis 10% Gesamtalkaloiden in der Rinde, *C. officinalis* (unter Einschluss von *C. ledgeriana*), mit bis zu 16% Gesamtalkaloiden, aber niedrigem Chinidingehalt, und *C. pubescens* (Syn. *C. succirubra*) (Bild), die gern als Unterlage für vegetativ vermehrte Pflanzen verwendet wird. Chinarinde wurde zunächst von wild wachsenden Bäumen gewonnen. Der große Bedarf führte zum Raubbau und schließlich zur Anlage von Plantagen. Für einen erfolgreichen Anbau ist ein humides, tropisches Höhenklima oder ein entsprechendes subtropisches Klima notwendig. Die Bäume werden im Turnus von 10–15 Jahren auf den Stock gesetzt, die Rinde von den geschlagenen Bäumen geerntet. Gegenwärtig liegen die Schwerpunkte des Anbaues in Zaire, Bolivien, Ekuador und Peru, außerdem in Indien, Indonesien und den GUS-Ländern.

Chinarindenbäume
Cinchona-Arten

Familie: Krappgewächse, Rubiaceae
Habitus: Bis 30 m hohe, immergrüne Bäume.
Blätter: Wechselständig, groß, breit lanzettlich bis fast eiförmig, ledrig.
Blüten: Rosafarben oder gelblich weiß in großen, endständigen Rispen.
Früchte: Kleine, kugelige bis längliche, teilweise gerippte Kapseln mit bleibendem Kelch. Die Kapseln von *C. succirubra* sind hochrot gefärbt.
Verbreitung: Die Gattung ist mit 15 Arten im tropischen Amerika, an den Osthängen der Anden in der Nebelwaldzone zwischen 1000 und 3000 m Höhe verbreitet. Einige Arten werden auch in anderen tropischen Ländern in Plantagen angebaut.
Allgemeines: Bevor synthetische Chinin-Präparate hergestellt werden konnten, war das aus der Rinde von Zweigen, Stämmen und Wurzeln verschiedener *Cinchona*-Arten hergestellte Chinin das einzige Mittel gegen Malaria und andere Fieberkrankheiten. Von den 30 bisher aus

Niembaum
Melia azaridachta

Familie: Zedrachgewächse, Meliaceae
Habitus: Immergrüner, bis 16 m hoher, raschwüchsiger, zierlich belaubter, breitkroniger Baum.
Blätter: Wechselständig, einfach gefiedert, bis 5 cm lang, Blättchen bis 1,3 cm lang, eiförmiglanzettlich, lang zugespitzt, grob gezähnt oder gelappt, kahl.
Blüten: Weiß, klein, in 15–22,5 cm langen, achselständigen Rispen, Kronblätter bewimpert, Staubblätter zehn bis zwölf, die Staubfäden zu einer aufrechten, zylindrischen Röhre vereint.
Früchte: Von einer fleischigen Hülle umgebene, 1–7 mm dicke, ovale, purpurn gefärbte Steinfrucht.
Verbreitung: Heimisch in Nordostindien, Bangladesch, Myanmar.
Allgemeines: Der Niembaum (engl. Neem Tree), auch unter dem Namen *Azaridachta indica* oder *Antelaea azaridachta* bekannt, ist in seiner Heimat seit Jahrtausenden eng mit dem Leben der Menschen verbunden. Schon in den ältesten Sanskritschriften werden die zahlreichen nützlichen Eigenschaften des Baumes erwähnt und dieser als Geschenk des Himmels bezeichnet. Der raschwüchsige Baum ist seit alten Zeiten als Schattenbaum sehr beliebt. Seine bitteren Samen enthalten unter anderem den Wirkstoff Azadirachtin und etwa 48 % fettes Öl. Indische Bauern stellen seit jeher durch Zerreiben der Samen auf einem flachen Stein ein insektizides Pulver her. Inzwischen hat sich die insektizide Wirkung von Niembaum-Extrakten auch wissenschaftlich bestätigt: Azadirachtin blockiert sehr spezifisch ein für die Häutung von Insekten verantwortliches Hormon. Die Wirkstoffe aus Blättern und Früchten haben den Weg in verschiedene homöopathische Arzneimittel, in Zahn- und Hautpflegemittel gefunden.

Rauvolfia
Rauvolfia tetraphylla

Familie: Hundsgiftgewächse, Apocynaceae
Habitus: Immergrüner, bis 2,5 m hoher Strauch, Zweige rutenförmig.
Blätter: Gegenständig oder zu vier in Quirlen angeordnet, innerhalb des Quirles ungleich groß, kurz gestielt, eiförmig bis elliptisch, bis 15 cm lang, flaumig behaart.
Blüten: In wenigblütigen Büscheln, 5-zählig, urnenförmig, Kronblätter 1 cm lang, weiß bis elfenbeinfarben oder rosa, Kronröhre schlank, doppelt so lang wie die Kronblätter.
Früchte: Kugelige, bis 1,5 cm dicke, zur Reife schwarze, fleischige Steinfrüchte mit zwei Samen.
Verbreitung: Tropisches Amerika.
Allgemeines: Rauvolfia-Alkaloide wurden erst 1947 in die moderne Medizin eingeführt und sind heute unentbehrlich geworden. Reserpin dämpft die Erregbarkeit des Zentralnervensystems und setzt Blutdruck und Pulszahl herab. In der Psychiatrie wird es als starkes Neuroleptikum eingesetzt.

In den Wurzeln, dem alkaloidhaltigsten Teil der Pflanze, der alten indischen Heilpflanze *R. serpentina (R. canescens)* sind über 30 verschiedene Alkaloide nachgewiesen worden, von denen Reserpin das aktivste ist. Alkaloide in ähnlichen Konzentrationen wurden auch in *R. tetraphylla* und *R. vomitoria* (heimisch in Afrika und in Zaire ausgebeutet) gefunden. Für den Anbau ist die leicht vegetativ zu vermehrende *R. serpentina* am wichtigsten, sie wird seit Jahren in Indien, Thailand und den Philippinen kultiviert. Die Gattung wurde nach dem Arzt und Botaniker Leonhart Rauwolf (1535–1596) benannt.
R. verticillata (Bild), heimisch in Indochina, China und Taiwan, ist ein immergrüner, bis 2 m hoher Strauch. Die elliptischen bis verkehrt lanzettlichen Blätter sind bis 12 cm lang, vorne zugespitzt und an der Basis in den Stiel verschmälert. Die weißen, 5 mm breiten Blüten stehen in endständigen Büscheln zusammen. Bis 1,5 cm dick sind die ellipsoiden, rot gefärbten Früchte.

Literatur

AEBI, H., BAUMGARTNER, E., FIEDLER, H. P., OHLOFF, G.: Kosmetica, Riechstoffe und Lebensmittelzusatzstoffe. Georg Thieme Verlag, Stuttgart 1978.

BALLY, W.: Tropische und subtropische Weltwirtschaftspflanzen. II. Teil Ölpflanzen. Ferdinand Enke Verlag, Stuttgart 1962.

BECHTEL, H., CRIBB, PH., LAUNERT, E.: Orchideen-Atlas. Verlag Eugen Ulmer, Stuttgart 1985, 2. Auflage.

BENDIX, E. H. und andere Autoren: Urania-Pflanzenreich. 5 Bände. Urania-Verlag, Leipzig, Jena, Berlin 1991–1995.

BOR, N. L., RAIZADA, M. B.: Some Beautiful Indian Climbers and Shrubs. Bombay Natural History Society, Bombay 1982.

BRÜCHER, H.: Tropische Nutzpflanzen. Springer Verlag, Berlin, Heidelberg, New York 1977.

BRUGGEMANN, L.: Tuinboek vor de Tropen. N. V. Uitgeversbedrijf »De Spiegelhel«, Amsterdam, 1956, 4. Auflage.

BÜNNING, E.: Der tropische Regenwald. Springer Verlag, Berlin, Göttingen, Heidelberg 1956.

CHIN, H. F.: Malaysian Flowers in Colour. Tropical Press, Kuala Lumpur 1977.

DASSLER, E.: Warenkunde für den Fruchthandel. Verlag Paul Parey, Berlin und Hamburg 1969.

DE WITT, H. C. D.: Knaurs Pflanzenreich in Farben. Deutsche Bearbeitung von H. Paul. Band 1 und 2. Droemersche Verlagsanstalt, Zürich 1964/65.

ENCKE, F.: Parays Blumengärtnerei. Verlag Paul Parey, Berlin und Hamburg 1958, 2. Auflage.

– Kalt- und Warmhauspflanzen. Verlag Eugen Ulmer, Stuttgart 1987, 2. Auflage.

ERHARDT, W., GÖTZ, E., SEYBOLD, S. und BÖDECKER, N.: Zander – Handwörterbuch der Pflanzennamen, Verlag Eugen Ulmer, Stuttgart 2000, 16. Auflage.

ESDORN, I., PIRSON, H.: Die Nutzpflanzen der Tropen und Subtropen in der Weltwirtschaft. Gustav Fischer Verlag, Stuttgart 1983.

FISCHER, G., KRUG, E.: Heilkräuter und Arzneipflanzen. Verlag Karl F. Haug, Heidelberg 1980, 6. Auflage.

FORSTNER, D.: Die Welt der christlichen Symbole. Tyrolia-Verlag, Innsbruck, Wien, München 1982, 4. Auflage.

FRANKE, G. (Hrsg.): Nutzpflanzen der Tropen und Subtropen. Band 1–3 (1994–1995). Verlag Eugen Ulmer, Stuttgart.

GÖÖCK, R.: Das Buch der Gewürze. Verlag W. Heyne, München 1981.

Graf, A. B.: Tropica cyclopedia of exotic Plants and Trees. E. Rutherford, USA 1978.

HABERLANDT, G.: Eine botanische Tropenreise. Verlag Wilhelm Engelmann, Leipzig 1926, 3. Auflage.

HAYWOOD, V. H.: Blütenpflanzen der Welt. Birkhäuser, Basel und Stuttgart 1982.

HUXLEY, A., GRIFFITHIS, M., LEVY, M.: New Royal Horticultural Society Dictionary of Gardening. The Macmillan Press Limited, London and Basingstoke, 1992.

JAQUAT, C.: Plants from the Markets of Thailand. Editions Duang Kamol, Thailand 1990.

KLOCK, P.: Das große Buch der Passionsblumen. Lagerstroemia Verlag Peter Klock, Hamburg 1886.

KRANZ, B.: Das große Buch der Früchte. Südwest Verlag, München 1981.

KREMNITZ, W. A.: Tropische Pflanzen Afrikas. Ambro Lacus, Buch- und Bildverlag, Andechs 1980.

– Neu-Guinea. Floristische und ethnobotanische Betrachtungen. Ambro Lacus, Buch- und Bildverlag, Andechs 1988.

LANZARA, P., PIZZETTI, M.: Guide to the Trees. Simon and Schuster, New York 1978.

LIEBSTER, G.: Warenkunde, Band 1. Obst. Morion Verlagsproduktion, Düsseldorf 1995, 5. Auflage.

– Warenkunde, Band 2 Gemüse. Morion Verlagsproduktion, Düsseldorf 1995, 5. Auflage.

LÖTSCHERT, E., BEESE, G.: Pflanzen der Tropen. BLV Verlagsgesellschaft, München, Wien, Zürich 1984, 2. Auflage.

– Palmen. Botanik, Kultur, Nutzung. Verlag Eugen Ulmer, Stuttgart, 2. Auflage 1995.

MACMILLAN, H. F.: Tropical Planting and Gardening. Macmillan, London 1962.

MCMAKIN, P. D.: Flowering Plants of Thailand. White Lotus Co., Bangkok, 1988.

MANSFELD, R.: Vorläufiges Verzeichnis landwirtschaftlich oder gärtnerisch kultivierter Pflanzenarten. Akademie-Verlag, Berlin 1962.

MELCHIOR, H., KASTNER, H.: Gewürze. Verlag Paul Parey, Berlin und Hamburg 1974.

MENNINGER, E. A.:Flowering Trees of the World. Hearthside Press Inc., New York 1962.

– Flowering Vines of the World. Hearthside Press. Inc., New York 1972.

MONSELISE, S. P.: Citrusfrüchte als Rohware für die Herstellung von Säften und anderen Erzeugnissen. Verlag Günter Hempel, Braunschweig 1973.

NICOLAI, M.: Lexikon der tropischen, subtropischen und mediterranen Nahrungs- und Genußmittel. Nicolaische Verlagsbuchhandlung, Herford 1966.

NOVAK, B. UND SCHULZ, B.: Tropische Früchte. BLV-Verlagsgesellschaft, München, Wien, Zürich 1998.

Oxford-Enzyklopädie: Die Bäume der Welt. DRW-Verlag, Stuttgart 1981.

PALGRAVE, K. C.: Trees of Southern Africa. Sixth Impression. Struik Publishers, Cape Town 1992.

PREISSEL, U. & H.-G.: Engelstrompeten, Burgmansia und Datura, Verlag Eugen Ulmer, Stuttgart 1997, 2. Auflage.

RAUH, W., LEHMANN, H.: Bromelien. Verlag Eugen Ulmer, Stuttgart 1981, 2. Auflage.

REHM, S., ESPIG, G.: Die Kulturpflanzen der Tropen und Subtropen. Verlag Eugen Ulmer, Stuttgart 1996, 3. Auflage.

REHM, S. (Hrsg.): Spezieller Pflanzenbau in den Tropen und Subtropen. Verlag Eugen Ulmer, Stuttgart 1989, 2. Auflage.

SCHRÖDER, R.: Kaffee, Tee und Kardamon. Verlag Eugen Ulmer, Stuttgart 1991.

SCHULTES, E. R., HOFMANN, A.: Pflanzen der Götter. Hallwag Verlag, Bern und Stuttgart 1980.

UHL, N. W. & DRANSFIELD: Genera Palmarum. Allan Press, USA 1987.

ULMER, B. & T.: Passionsblumen, eine faszinierende Gattung. Torsten und Bettina Ulmer, Witten 1997.

VARESCHI, V.: Vegetationsökologie der Tropen. Verlag Eugen Ulmer, Stuttgart 1980.

WALTER, H.: Die Vegetation der Erde. Bd. I. Die tropischen und subtropischen Zonen. Gustav Fischer Verlag, Stuttgart 1973, 3. Auflage.

– Vegetation und Klimazonen. Uni-Taschenbücher (14). Verlag Eugen Ulmer, Stuttgart 1984, 5. Auflage.

WECK, G.: Die Wälder der Erde. Springer Verlag, Berlin, Göttingen, Heidelberg 1957.

WEIGLEIN, W., ZAHORKA, H.: Expeditionen durch Indonesien. Edition Momos im ztv-Verlag, Dreieich bei Frankfurt 1986.

WICHTL, M. (Hrsg.): Teedrogen. Ein Handbuch für Apotheker und Ärzte. Wissenschaftliche Verlagsanstalt, Stuttgart 1984.

Bildquellen

Barthe, D., Frankenthal/Pfalz: Seite 51.

Department of Tropical Crop Science, Agricultural University, NL.-Wageningen: Seite 262 (rechts).

Espig, G., Stuttgart: Seite 344 (rechts).

Grandjot, W., Lübbecke: Seite 69.

Hahn, M., Kronberg: Seite 318.

Lischke, B., Buhlenberg: Seite 297.

Lötschert, W. (†): Seite 30 (rechts), 109 (rechts).

Morell, E., Dreieich: Seite 75, 198 (rechts), 228, 252, 267 (links), 270, 359.

Nolte, F., Kassel: Seite 67, 227.

Pahler, A., Aichtal-Aich: Seite 63.

Rauh, W., Heidelberg: Seite 109 (links), 156, 264 (links), 289, 311, 351 (beide).

Roth, D. (Bildarchiv A. Bärtels, Waake): Seite 93.

Seidl, S., München: Seite 73, 163, 164, 166, 170 (rechts), 229 (links), 233, 301.

Senghas, K., und Botanischer Garten der Universität Heidelberg: Seite 249, 250 (rechts), 251, 348 (rechts).

World Wide Plant Pictures, NL-Haarlem: Seite 41, 59, 102, 115, 118, 130, 138, 151, 154, 165, 180, 188, 200 (links), 212, 215, 217, 226, 232, 269, 288, 291, 313, 316, 320, 332, 333, 344 (links), 345, 355, 372.

Alle anderen Aufnahmen stammen vom Autor.

Register

Register der wissenschaftlichen und deutschen, sowie anderer volkstümlicher Pflanzennamen
(einschließlich der synonymen, nicht mehr gültigen wissenschaftlichen Namen)